海上丝绸之路研究书系（概要篇）

"一带一路"广东要览

YIDAI YILU GUANGDONG YAOLAN

广东省人民政府参事室　编
广东省人民政府文史研究馆

王培楠　主编

南方出版传媒
广东经济出版社
·广州·

图书在版编目（CIP）数据

"一带一路"广东要览/广东省人民政府参事室、广东省人民政府文史研究馆编；王培楠主编.—广州：广东经济出版社，2016.12
ISBN 978-7-5454-4995-2

Ⅰ.①一… Ⅱ.①广… ②王… Ⅲ.①区域经济合作—国际合作—研究—广东 Ⅳ.①F127.65

中国版本图书馆CIP数据核字（2016）第275669号

"一带一路"广东要览
"Yi Dai Yi Lu" Guangdong Yaolan

出版人：姚丹林　责任编辑：周　晶　毛一飞　责任技编：许伟斌

出版发行	广东经济出版社（广州市环市东路水荫路11号11~12楼）
经销	全国新华书店
排版	广州市友间文化传播有限公司
印刷	广州市东盛彩印有限公司（广州市天河区广棠西路3号A、B栋1楼）
开本	787毫米×1092毫米　1/16
印张	24.25
字数	470千字
版次	2016年12月第1版
印次	2016年12月第1次
书号	ISBN 978-7-5454-4995-2
定价	120.00元

如发现印装质量问题，影响阅读，请与承印厂联系调换。
广东经济出版社常年法律顾问：何剑桥律师
·版权所有　翻印必究·

《海上丝绸之路研究书系》
编撰组织成员名单

总组委会

主　任：徐少华
副主任：张爱军　张小兰　周　义

总编委会

主　任：张小兰　周　义
副主任：陈小敏　麦淑萍　黄　尤　彭　赟　庄福伍
编　委：（按姓氏笔画排序）
　　　　王培楠　白　玲　苏泽群　周克元　林王平　胡浩民
　　　　洪三泰　索健元　黄淼章　蔡高声　蔡玉明

学术委员会

主　任：黄伟宗
副主任：司徒尚纪　王元林
委　员：（按姓氏笔画排序）
　　　　叶春生　田　丰　朱　竑　刘正刚　李兴新　杨兴锋
　　　　吴松营　冷　东　张　磊　陈永正　陈海烈　郑楚宣
　　　　侯月祥　顾涧清　徐远通　衷海燕　黄启臣　章文钦
　　　　韩　强　曾　骐　谭元亨

编辑部

总　主　编：黄伟宗
副总主编：王培楠　司徒尚纪　王元林
总主编助理：郑佩瑗

广东省人民政府参事室
广东省人民政府文史研究馆
广东省海上丝绸之路研究开发项目组
广东省珠江文化研究会
组　编

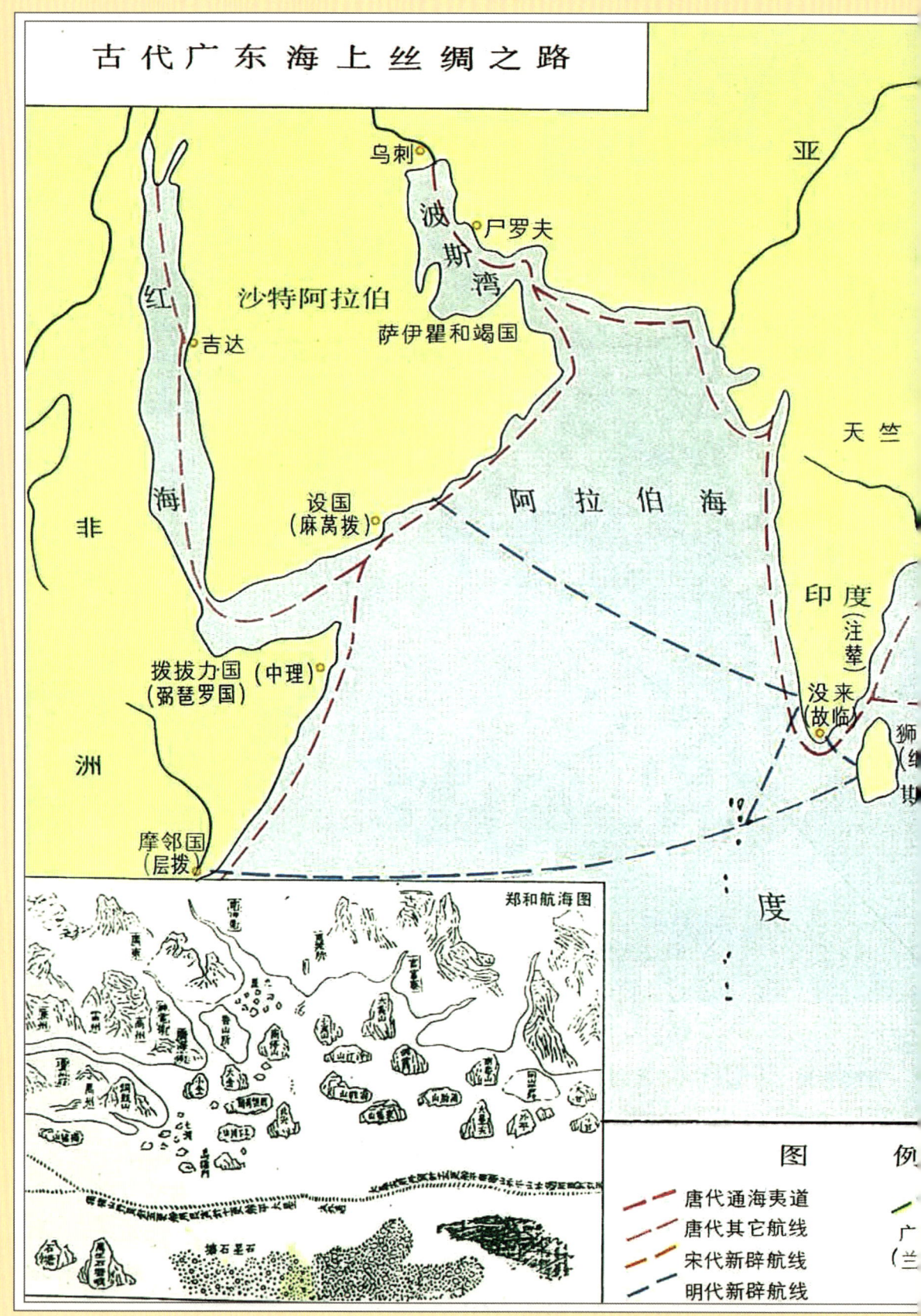

■ 古代广东海上丝绸之路地图,载《广东历史地图集》,广东省地图出版社,1995年

序　言

■ 张小兰

建设丝绸之路经济带与21世纪海上丝绸之路（简称"一带一路"），是习近平总书记站在历史的高度，着眼于世界大局制定的伟大战略。自我国提出"一带一路"合作倡议以来，迅速得到世界各国、各地区和国际友人的理解认同与积极响应。广东作为古代海上丝绸之路的重要发祥地，在"一带一路"建设中迎来了历史性的发展机遇，并正在努力打造21世纪海上丝绸之路重要引擎、战略枢纽和经贸合作中心，积极争当"一带一路"建设的排头兵和主力军。

为落实中共广东省委、省政府关于"一带一路"建设的战略部署，广东省人民政府参事室（文史研究馆）陆续出版《海上丝绸之路研究书系》，持续推动"广东省21世纪海上丝绸之路建设工程研究系列项目"工作的开展，《"一带一路"广东要览》为该项目重要成果之一。

广东凭海而立，因海而兴。从历史或空间维度纵览，广东是经济总量最大、开放程度最高、对外贸易总量和对外投资规模居首的省份，更是中国大陆与海上丝绸之路沿线国家经贸合作量最大的省份。自"一带一路"战略实施以来，广东抓住这一扩大对外开放的重大历史机遇，与沿线国家不断加强互联互通、深化经贸合作、推进双向投资、促进人文交流，成绩显著、成果颇丰。而且，随着"一带一路"建设的推进，广东与沿线国家的经贸、文化等各方面的往来还会不断加强，将开创一个全面的开放空间和深化合作的新局面。

当前，我省参与"一带一路"建设已进入全面实施阶段。因此，本书力求鉴史通今，进而立史为鉴、继往开来。从体例而言，该书立足广东、点线相辅，以史纵览、以实横概，从广东"一带一路"形成发展的自然人文环境、格局特色、地位和影响等宏观方面开篇，继而按照先秦、秦汉、三国、隋唐、宋元、明清的历史脉络演述，再举隅名人、名篇、名胜、名物及宗教、语言、艺术等诸多亮点，辅之以全省21个地级以上市关涉"一带一路"的梗概，后篇再以全省重要经济数据、对外贸易状况分析、广东"一带一路"大事记等内容揽底，做到了古今之脉清晰、点面之合相映，实正"要览"之名。

然而，溯古及今，最终就是为了踏着历史的厚重继续前行，并在这份厚重中形成共识、坚定信心、汲取力量，这也是《海上丝绸之路研究书系》出版的初衷。也正是基于此，《"一带一路"广东要览》一书希望通过"要览"形式，全视角展现广东在"一带一路"建设中的古今简史，以此为广东继续拓展与海上丝绸之路沿线国家的互联互通、经贸往来、产业投资、海域协作、能源开发、金融互通、旅游合作、人文交流、外事磋商等重点工作寥举资政之力。

是为序。

2016年8月12日

[作者系广东省人民政府参事室（文史研究馆）
党组书记、主任（馆长）]

前 言

■ 黄伟宗

广东省海上丝绸之路研究开发项目组和广东省珠江文化研究会同仁组成的学术团队，在广东省人民政府参事室党组领导下，从20世纪90年代初起步以来，一直进行海上丝绸之路研究开发工作，致力于认识和献策、考察和发现、定位和开发、范围和方式、著述和致用五方面的不断深入扩大。

从前是这样，现在还是这样，未来更是这样。现在出版的这部《"一带一路"广东要览》（下称《要览》），是我们近年出版的《海上丝绸之路研究书系》［开拓篇］［星座篇］的续篇，也是我们坚持著述和致用深入扩大道路的新战果。全书分两部分，上半部分是我们学术团队几位主要专家（司徒尚纪、王元林、谭元亨、郑佩瑗）分别执笔撰写的绪论、历史纵览、亮点举隅、大事记等章节，分别以宏观的视野详析了广东丝绸之路文化形成发展的自然人文环境、格局特色、历史地位和影响，纵览了从秦汉、魏晋南北朝、隋唐五代、宋元、到明清，历代的广东两千年海丝文化进程和节点，列举了广东海丝文化的各种有代表性的亮点，包括名人、名篇、名胜、名物、名（宗）教，以及外来的语言、艺术；下半部分，主要是全省各市（即广州、深圳、珠海、汕头、佛山、韶关、河源、梅州、惠州、汕尾、东莞、中山、江门、阳江、湛江、茂名、肇庆、清远、潮州、揭阳、云浮等市）提供的当地"一带一路"文化览胜，以及广东2015年重要经济数据、广东省"一带一路"大事记等。全书由项目组副组长王培楠主编统稿。可以说，全书概述了广东"一带一路"古今经济文化的方方面面，纵横捭阖，脉络清晰，亮点突出，称得上是"穿越古今，画龙点睛"之作，是名副其实的"要览"，广东"一带一路"前世今生的简明大著。

其实，这部书既是广东海丝文化和建设的"要览"，也可以说是我们学术成果的"要览",是我们20余年来持续认识和献策、考察和发现、定位和开发、范围和方式,尤其是著述和致用持续深入扩大战果的缩影和集萃。书的上半部分内容,是我们过去和现在所取得"穿越古今"战果的"画龙点睛";下半部分内容,则是全省各市及有关部门对本地(本业)"一带一路"历史遗存和当今研究开发成果的概观和览胜。可以说,全书既是"要览"学术成果的著述,又是"要览"致用功能的工具书,因为本书对于了解广东古今"一带一路"的主要亮点,具有"一览无遗"的功能和作用,既可以为各级政府部门和企业事业单位进行研究开发"一带一路"的指引或参考书,又可以作为开展外事和旅游活动的"名片"和导游"手册",更可以作为中外爱好古今文化的各界人士"读懂"或"走进"广东的"通书"。

2016年7月25日脱稿于广州康乐园寓居

(作者系广东省人民政府参事室特聘参事、广东省海上丝绸之路研究开发项目组组长、广东省建设21世纪海上丝绸之路专家智库成员、广东省海上丝绸之路研究院学术委员、广东省珠江文化研究会创会会长、中山大学教授,《珠江文化丛书》《海上丝绸之路研究书系》总主编。)

目 录 CONTENTS

一、绪 论

（一）广东"一带一路"形成发展的自然、人文环境 ………… 002
1. 濒临南海，世界海运一个中心 ………… 002
2. 港湾众多 ………… 003
3. 丰富的海洋资源 ………… 004
4. 常年盛行贸易风（信风） ………… 004
5. 历代中央政府对广东从不闭关 ………… 005
6. 岭南文化风格的作用 ………… 007

（二）广东"一带一路"格局特色 ………… 011
1. 海上丝路历时性长，从未中断 ………… 011
2. 港口群构成海岸经济带 ………… 012
3. 海陆丝路对接 ………… 012
4. 商帮集团经营概况 ………… 013
5. 华侨是海上丝路一支重要力量 ………… 014

（三）广东"一带一路"的历史地位和影响 ………… 015
1. 促进广东商品生产和流通 ………… 015
2. 是广东融入世界市场的一种动力 ………… 016
3. 加速城镇体系的形成 ………… 017

4. 促进中外文化交流 …………………………………… 018
（四）广东海上丝路文化精神 ……………………………… 019
1. 协和万邦，平等合作 ………………………………… 019
2. 包容开放，和而不同 ………………………………… 020
3. 重利务实，刻苦耐劳 ………………………………… 021
4. 敢为人先，开拓进取 ………………………………… 022
5. 自由平等，公平交易 ………………………………… 023

二、历史纵览

（一）先秦时期海上丝路的萌芽 …………………………… 028
1. 四大文明古国与中外交通 …………………………… 028
2. 广东与早期丝路的萌芽 ……………………………… 030
（二）秦汉时期海上丝路的开辟 …………………………… 031
1. 秦人南下通道：牂牁道、桂阳道、东江道 ………… 031
2. 汉代徐闻、合浦：海上丝路港口与路线 …………… 033
3. 汉代翻越五岭的古道与岭南各河流的联通 ………… 036
4. 番禺：陆海丝路的交汇点 …………………………… 040
（三）六朝时期陆海丝路的初步发展 ……………………… 042
1. 广州：岭南陆海丝路的中心 ………………………… 042
2. 粤北、粤西交通重镇与道路的联通 ………………… 047
（四）隋唐五代时期海上丝路的兴盛与海陆丝路的对接 … 050
1. 唐代岭南岭北交通路线 ……………………………… 050
2. "广州通海夷道"联通中外 ………………………… 055
3. 南汉政权对外贸易持续进行 ………………………… 062
（五）宋元时期海上丝路的发展和繁荣 …………………… 062
1. 宋代南北通道全面铺开 ……………………………… 062
2. 梅关古道与珠玑巷 …………………………………… 066
3. 广州等港口的贸易路线与商贸繁荣 ………………… 067
4. 元代大德《南海志》所载海外诸国与海路 ………… 072
5. 元代广东驿道与全国的商贸交流 …………………… 078
（六）明代时期大帆船贸易与陆上古道焕发新颜 ………… 080

1. 明代广州、澳门大帆船贸易与联通各国路线 …………………… 080
 2. 岭南港口对外贸易的特征 ………………………………………… 085
 3. 广东水陆纵横的联系网络 ………………………………………… 087
（七）清代前期海上丝路从鼎盛到终结 ………………………………… 094
 1. 海上航线延伸与交往国增多 ……………………………………… 094
 2. 陆上古道与赣、桂、湘、闽的联系 ……………………………… 097
 3. 陆海交接与广州十三行的兴盛 …………………………………… 104

三、亮点举隅

（一）名人 ………………………………………………………………… 112
 1. 弁子 ………………………………………………………………… 112
 2. 惠能 ………………………………………………………………… 112
 3. 法显 ………………………………………………………………… 113
 4. 义净 ………………………………………………………………… 114
 5. 郑和 ………………………………………………………………… 114
 6. 利玛窦 ……………………………………………………………… 115
 7. 林怀兰 ……………………………………………………………… 116
 8. 梁廷枏 ……………………………………………………………… 116
（二）名篇 ………………………………………………………………… 117
 1.《汉书·地理志》…………………………………………………… 117
 2.《唐书·地理志》…………………………………………………… 118
 3. 余靖《海潮图序》………………………………………………… 118
 4. 利玛窦《山海舆地全图》………………………………………… 119
 5. 梁廷枏《粤海关志》……………………………………………… 120
 6. 周去非《岭外代答》……………………………………………… 120
 7. 赵汝适《诸蕃志》………………………………………………… 121
 8. 陈大震《南海志》………………………………………………… 121
（三）名胜 ………………………………………………………………… 122
 1. 西汉南越王墓 ……………………………………………………… 122
 2. 南越国宫署遗址 …………………………………………………… 122
 3. 西来初地 …………………………………………………………… 123

4. 华林寺 ……………………………………………………… 123
5. 光孝寺 ……………………………………………………… 123
6. 怀圣寺 ……………………………………………………… 124
7. 光塔 ………………………………………………………… 124
8. 南华寺 ……………………………………………………… 125
9. 云门寺 ……………………………………………………… 126
10. 开元寺 ……………………………………………………… 126
11. 清真先贤古墓 ……………………………………………… 126
12. 大庾岭道 …………………………………………………… 127
13. "南海Ⅰ号" ………………………………………………… 128
14. 南海神庙 …………………………………………………… 128
15. 雷州天后庙 ………………………………………………… 129
16. 黄埔无声塔 ………………………………………………… 129
17. 炮台 ………………………………………………………… 129
18. 卫所 ………………………………………………………… 129
19. 十三行 ……………………………………………………… 130
20. 锦纶会馆 …………………………………………………… 131
21. 潇贺古道 …………………………………………………… 131
22. 西京古道 …………………………………………………… 131

（四）名物 ……………………………………………………… 132
1. 芒果 ………………………………………………………… 132
2. 茉莉花 ……………………………………………………… 132
3. 菠萝蜜 ……………………………………………………… 133
4. 占城稻 ……………………………………………………… 133
5. 番薯 ………………………………………………………… 133
6. 玉米 ………………………………………………………… 134
7. 烟草 ………………………………………………………… 135
8. 丝绸 ………………………………………………………… 135
9. 名香 ………………………………………………………… 136
10. 名茶 ………………………………………………………… 137
11. 名瓷 ………………………………………………………… 137
12. 广船 ………………………………………………………… 138

（五）名（宗）教 ·· 138
　1. 佛教 ·· 138
　2. 伊斯兰教 ·· 140
　3. 基督宗教 ·· 141
（六）语言 ·· 142
　1. 佛教语 ··· 143
　2. 阿拉伯语 ·· 144
　3. 葡语 ·· 144
　4. 英语 ·· 145
　5. 马来语 ··· 146
（七）艺术 ·· 147
　1. 西洋音乐 ·· 147
　2. 文学 ·· 148
　3. 美术——岭南画派 ··· 150
　4. 建筑——骑楼 ·· 151
　5. 娱乐史 ··· 151

四、地市撷英

广州：文化名城　滨海商都 ···································· 154
深圳：以建设世界一流粤港澳大湾区为引领，打造"一带一路"
　　　战略枢纽 ··· 164
珠海：毗邻港澳连接世界的开放型城市 ····················· 171
汕头：打造"21世纪海上丝绸之路"重要门户 ············ 178
佛山："中国制造"名牌云集的珠三角腹地之城 ········· 185
韶关：珠三角北上拓展的"桥头堡" ·························· 193
河源：世界客家文化交流重要纽带 ··························· 199
梅州："一带一路"的"世界客都" ··························· 206
惠州：打造广东海上丝路"桥头堡" ·························· 212
汕尾：新兴的赣南、珠东出海口城市 ························ 218
东莞："一带一路"重要节点城市 ····························· 225
中山：争当全省开拓"一带一路"排头兵 ··················· 232

江门：联通粤西与大西南的枢纽门户城市 …………………………… 239
阳江：21世纪海上丝绸之路重要节点城市 …………………………… 247
湛江：构建21海上丝绸之路的重要战略支点城市 …………………… 254
茂名：向海而兴的滨海新城市 …………………………………………… 261
肇庆：珠三角连接大西南的枢纽门户城市 ……………………………… 268
清远：南融北拓桥头堡，水秀山青后花园 ……………………………… 275
潮州："海丝"文化重镇、潮人精神家园 ……………………………… 282
揭阳：打造"一带一路"广东对德合作门户 …………………………… 288
云浮：连接珠三角、沟通大西南的"广东大西关" …………………… 295

五、广东2015年重要经济数据

（一）广东2015年重要经济数据 …………………………………… 304
1. 全年经济保持稳中有升增长态势 ………………………………… 304
2. 广东主要经济指标表现良好，为全国经济稳定发展提供重要支撑
   ………………………………………………………………………… 304
3. 从供给侧看，农业、工业增速平稳，服务业增速较快，发挥拉动
   作用 …………………………………………………………………… 304
4. 从市场销售看，国内市场相对较好，外部市场疲弱 …………… 305
5. 广东对"一带一路"国家贸易投资简况 ………………………… 306
（二）广东2015年对外贸易状况分析 ……………………………… 310
2015年广东的对外贸易 ………………………………………………… 310
当前广东对外贸易的结构 ……………………………………………… 314
（三）《"一带一路"大数据报告（2016）》（摘要）……………… 324
1. 全球首份"一带一路"大数据报告发布 ………………………… 324
2. "一带一路"国别合作度评价报告：俄罗斯、哈萨克斯坦、泰
   国、巴基斯坦、印度尼西亚位列前五名 ………………………… 324
3. "一带一路"省市参与度评价报告：广东、浙江、上海、天津、
   福建位列前五名 …………………………………………………… 325
4. 《报告》提出的对策建议 ………………………………………… 326

六、广东省"一带一路"大事记

（一）先秦 ········· 328
（二）秦 ········· 328
（三）汉 ········· 328
（四）三国两晋南北朝 ········· 330
（五）隋唐五代 ········· 331
（六）宋元 ········· 336
（七）明 ········· 342
（八）清 ········· 347
（九）民国 ········· 358
（十）中华人民共和国 ········· 359

七、专题报告：持续深化扩大战果

（一）认识和献策的深化扩大 ········· 362
（二）考察和发现的深化扩大 ········· 363
（三）定位和开发的深化扩大 ········· 364
（四）范围和方式的深化扩大 ········· 365
（五）著述和致用的深化扩大 ········· 367

后 记

"丝路"明月照岭南 ········· 369

一、绪　论

◎广东"一带一路"形成发展的自然、人文环境
◎广东"一带一路"格局特色
◎广东"一带一路"历史地位和影响

（一）广东"一带一路"形成发展的自然、人文环境

广东是我国海上丝绸之路历史最悠久，规模最大，港湾最多，延续时间最长的省区，这与广东独特的地理区位，众多港湾，常年吹信风，以及中央政府对广东的特殊政策，加之其岭南文化风格有很大关系。如此众多有利因素，造就了广东海上丝绸之路在中国、在世界历史上独领风骚数千年的局面。

1. 濒临南海，世界海运一个中心

在中国沿边五大海区中，南海是最大的边缘海，位于北纬3°11′~23°15′，东经98°00′~120°15′，南北跨20°多纬度，东西跨22°多经度。南北长约1600公里，东西宽约1212公里，呈东北—西南走向的菱形或称"U"形。面积约350万平方公里，约是渤海、黄海、东海面积之和的3倍，（台湾省以东的太平洋海域面积缺）。平均水深1212米，最大深度5559米。南海这个地理区位和幅员，全在热带范围之内，故海洋生物量最大，一年四季可以航行或从事生产作业，包括沿海采集、养殖、海上捕捞等，海产最丰、海洋文化发展也最盛，比之亚热带或副热带、四季分明的渤海、东海、黄海等，实胜一筹。

南海入海的主要河流有中国的珠江、越南的红河、湄公河和泰国的湄南河等。其中珠江由西江、东江、北江以及珠江三角洲网河水系组成，径流丰富，仅次于长江。西江源于云南曲靖马雄山，长2055公里。珠江由虎门、蕉门、洪奇沥、横门、磨刀门、鸡啼门、虎跳门、崖门八口归海。此外，在中国境内独流注入南海的尚有韩江、榕江、漠阳江、鉴江、九洲江、南渡江、昌化江、万泉河、南流江、大风江、钦江、北仑河等。这些河流腹地纵深广阔，连接中国南方大部分省区，不但带来大量冲积物沉积于河口和沿岸地区，形成大面积河口三角洲（如珠江三角洲、韩江三角洲、漠阳江三角洲等）和滩涂，以供耕凿和海水养殖、增殖，而且作为海陆相连的纽带，也为海上贸易、中外文化交流发挥了巨大的作用。特别是珠江水系绾毂广州附近的扇形地理格局，珠江河口区海河动力强大，河流输沙量少，河床流量大，水深，造就了千年不衰的港市——广州，使它拥有十分宽广的陆向和海向腹地，荟萃天下货物，奠定了其作为海上丝路转口贸易的强大物质基础。按照大江大河必有大城市的原理，其他江河出海口，也形成规模不等的海上贸易中心城市，如潮州、汕头、汕尾、香港、深圳、珠海、澳门、阳江、湛江、海口、三亚、北海、钦州、防城等，星罗棋布于南海海岸线上。其数量之多、分布之广、海洋文化特质之鲜明，甲于中国其他海区沿

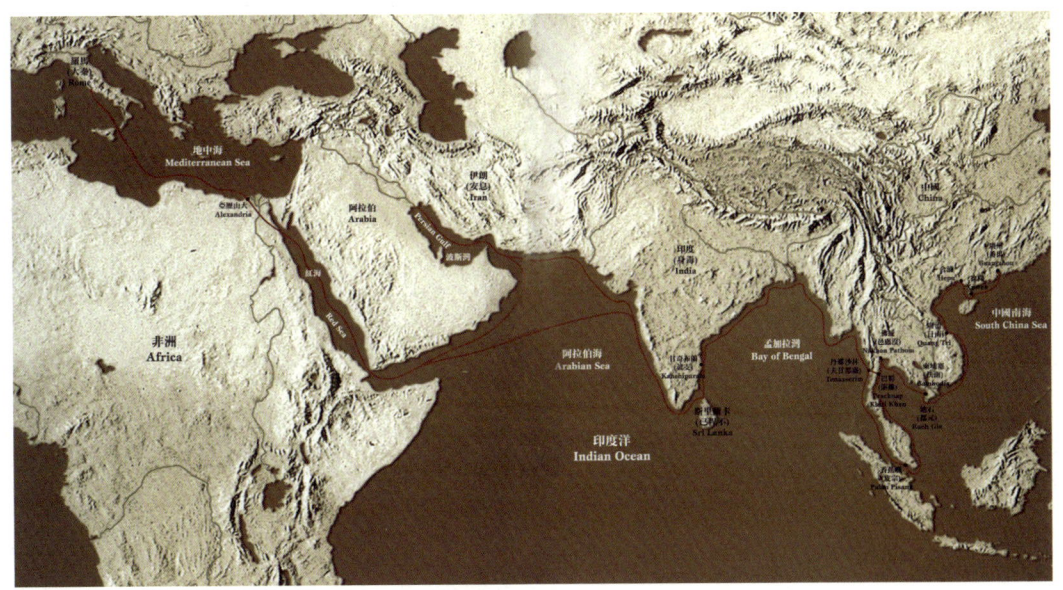

■ 汉代海上丝绸之路航线图

海城市，与广州一起，共同组成广东海上丝路港口城市的体系。广东这个临海区位优势，恰如维新变法主要人物、近代中国文化大师梁启超在《世界史上广东之位置》一文中指出的："今之广东依然为世界交通第一孔道。……虽利物浦、纽约、马赛不能过也。"基于这个区位优势，梁启超在《中国地理大势论》中又说，广东"其民族与他地绝异、言语异、风习异、性质异，故其人有独立思想、进取之志。"这都奠定了广东在海上丝绸之路上处于特殊地位的地缘基础。

2. 港湾众多

港湾是海洋一部分，根据地质构造、地貌背景和海岸动力等条件及其组合区域差异，南海北部具有山地溺谷、台地溺谷、潟湖、河口和人工港湾等类型港湾共48处，约占全国沿海可建港址总数的30%[1]。这些港湾大部分水深，纳潮量大，沉积物少，可建设为良港。民国初年，孙中山在《建国方略·实业计划》中列入开发建设的即有广州、钦州、汕头、电白、海口、汕尾、海安、榆林港等。此后，港湾建设时有兴衰，改革开放以来始形成蓬勃发展之势。这些港湾背靠中国大陆，拥有辽阔的陆向腹地，同时拥有范围更为广大的东南亚、印度洋、阿拉伯海，乃至环太平洋等海向腹地。借助于海上丝绸之路，我国与这些海区国家和地区自古以来就有贸易往来，形成"以海为商"的海洋商业文化模式和传统，成为中国海洋文化特质最明显的一个表现，也为广东海上丝绸之路长盛不衰提供了强大的文化软实力支持。

3. 丰富的海洋资源

南海不但拥有丰富的海水化学、动力、海洋生物、滩涂、海岛、港湾、旅游等资源，而且近年随着海洋科技、海洋勘探技术进步，油气资源相继被发现，部分投入开采。据有关报道，在南海至少可以找到200个油气田，总探明可采石油储量约为200亿吨，天然气储量约为4万亿立方米[2]。近年这些数字不断被刷新。南沙群岛由于油气资源丰富而被誉为"第二个波斯湾"。在南海北部大陆架，则有珠江口盆地、北部湾盆地、莺歌海盆地、琼东南盆地、台湾浅滩南盆地（台西南盆地）等油气田，有的已在开采，有的在勘探，前景非常看好。一批石油重化工业也在沿海港湾城市崛起，出现了像茂名、湛江东海岛这样的石油城。海洋石油是当今世界上最富有实力的经济产业。广东建设21世纪海上丝绸之路，为南海油气资源提供的强大物质基础，也是支持这条丝路走向世界、参与国际竞争的一个强大后劲。

4. 常年盛行贸易风（信风）

由于海陆热力差异，南海盛行季风，冬季吹东北风，夏季吹西南风，已成为风向规律，古代称信风。中国人早就利用季风扬帆南溟，从事对外经济文化交流，所以又把季风称为"贸易风"，夏季风称为"舶棹风"。宋代著名文学家苏东坡还写过一首《舶棹风》，诗曰："三旬已过黄梅雨，万里初来舶棹风。"说明最迟从宋代起，中国人假道南海的商贸活动就非常兴旺了，"以海为商"的海洋商业文化已达到相当高水平。梁启超在《世界史上广东之位置》一文中指出"自宋以前，以广东之交通，而一国食其利。"元代吴莱在《渊颖集》中更说："广海在南服万里，为天子外府。"指的是朝廷对广东海上商贸税收的严重依赖。明清以来海上商贸活动更频繁，给沿海地区带来可观的经济效益。屈大均《广东新语·食语》说，广州地区商人"其黠者南走澳门，至于红毛、日本、琉球、暹罗斛、吕宋，帆踔二洋，倏攸数千万里，以中国珍丽之物相贸易，获大赢利"。清同治二年（1863年）广东巡抚郭嵩焘奏曰："广东之富，在商不在农"，海上贸易令岭南富庶可见一斑。这点连舜帝都极为赞美，《古诗源》引述《孔子家语》"舜弹五弦之琴，歌南风之诗"，其辞曰："南风之薰兮，可以解吾民之愠兮。南风之时兮，可以阜吾民之财兮。"[3]舜帝这首《南风歌》隐喻着对南海将带来经济利益和改善民生的祈望。近年，人们把有华侨港澳台关系称"南风窗"，意亦指依赖于海上贸易或来源于海外而致富。

当然，南海也是世界台风最频繁的海区之一，影响南海的台风平均每年有14个左右，有产生于南海的"土台风"，也有发源于菲律宾以东的西太平洋台风。

土台风范围小,强度弱,但风向多变,难预测其登陆地点,且来势猛烈,在气象学上称"非常态台风",对海上作业和沿海人民生命财产带来很大威胁。但生活在南海周边的中国人民,像熟悉季风一样了解台风,并创造了适应台风的文化模式。例如采用矮脚稻种,防止台风吹拂而倒伏;在沿海或村落、橡胶场周边种植防护林,尽量减少台风带来的损失。在台风肆虐以后,当地居民很快恢复生产和社会秩序,保障海上贸易有充足货源。另一方面,岭南人对台风见惯不怪,大海的波涛造就了他们敢于和善于向外开拓进取的精神。岭南沿岸"人多以舟楫为食","逐海洋之利",其人"习海竞渡角旺"[4],"粤东滨海地区,耕三渔七"[5],成为沿海居民共有的海洋文化品格。故著名地理学者华南师范大学曾昭璇教授说"炎黄文化,众流所宗;岭南亲海,热带民风"[6]。即总结了南海热带海洋对岭南历史文化的作用和贡献,也指出广东海上丝路与其他省区差异之一。

鸦片战争以后,欧洲殖民主义者大规模入侵中国,主要是取道南海登陆中国海岸的。在这段以剑与火写成的中国近代历史上,在传入西方科技文化的同时,南海也留下一些以西方人姓名命名的英文地名,如中沙群岛礼乐滩称为ReedBank,Reed为英国船长。东沙群岛北卫滩和南卫滩称为North Vereker和South Vereker。此中Vereker亦为英国船长(Hon F. C. P. Vereker);南沙群岛乐斯暗沙,乐斯即为英国海军上尉V.H.lys;又南沙雄南滩1885年被定名为Marie Louise Bank,Marie Louise(1791—1847年)即为拿破仑第二个妻子。南海有252个岛、礁、洲、暗沙、暗滩(1983年),粤、琼、桂三省区沿海500平方米以上海岛达1758个[7]。这些岛礁不少是海上交通港口、导航、补给设施等所在,在连接岭南与海外诸国经济、文化交流中发挥着重要作用,是形成南海海洋文化的一个不可忽视因素。

5. 历代中央政府对广东从不闭关

广东(历史上包括海南)海陆区位,跨热带、亚热带和赤道带,加上地形影响,又兼具寒带、温带、亚热带等垂直地带性特点,形成水平和垂直两个方向上复杂的地理环境。水、土、光、热和生物资源极其丰富,为人类驯化生物品种,捕捞水产,创造丰富多样的物质文明提供了强大的后备基地,所以古人说广东"兼中外之所产,备南北之所有"[8]。这除了在广东本土出产的以外,还包括通过南海海上贸易从海外得到奇珍异宝,以满足中央王朝对这些物品的需求。另外,海上贸易带来的巨额利润也是中央和地方政府的财政之源之一,从晋代起,广州就有"天子南库"之誉。这类依赖南海及其商贸而致富之例,史不绝书。兹可列数例。

如果说舜帝《南风歌》"阜吾民以财兮"还带有某种传疑成分的话,那么到商代伊尹制定《四方献令》，对南方各民族"请令以珠玑、玳瑁、象齿、文犀、翠羽、菌鹤、短狗为献"[9]，则已成为事实。南方大部处南海之滨，南海中特产多种宝货。春秋时，楚国强大，降服粤人，即称"无求于晋"，因得南海宝货之故。另据《白云越秀二山合志》关于越人公师隅条下说："时三晋惟魏最强，越王与魏通好，于是使隅往南海，求犀角、象齿以献之魏"，为越王勾践复国而集南海珍宝献魏，此事后见出土《古本竹书记年》。秦始皇在灭六国、统一天下以后，即发兵50万平岭南，置南海、桂林、象郡三郡，部分原因是利越人之犀、象、珠玑。汉初赵佗立南越国，很重视海外贸易。《史记·主父偃传》曰："边境之民靡敝愁苦，将吏相疑外市，故赵佗、章邯得成其私。"广州南越王墓出土的非洲象牙、波斯银盒即为南越海上贸易兴盛的旁证。汉代番禺（广州）为全国性经济都会，《汉书·地理志》说："中国往商贾者多取富焉。"晋代广州有至爪哇航船，50天一往返。晋武帝太康二年（281年）大秦国（东罗马帝国）来广州献火布。《晋书·吴隐之传》称"（广州）一箧之宝，可资数世"；五代时，《南齐书·王琨传》云："世云，广州刺史但经城门一过，便得三千万也"，即广州海关收入甚肥，三千万不在少数；唐代"广州通海夷道"远至东非，广州海向腹地甚广。唐僖宗乾符五年（878年），黄巢起义军攻克广州。黄巢上表请为岭南节度使即归顺不反，唐僖宗不许，认为"贼得益富，而国用乃屈"[10]。可见南海贸易获利甚巨，为唐帝国主要收入来源。南汉刘䶮政权，虽偏安岭南一隅，但颇注意发展外贸，故府库充实。《南汉书·黄损传》云广州"犀、象、珠、玉、翠、玳、果布之富，甲于天下"。刘䶮时首都兴王府（广州）修离宫别苑数百所，所耗巨资，几取之于海上贸易所得。宋代南海商船横渡印度洋，阿拉伯商人来广州经商的甚多。宋广州东、西、中三城，比唐代大四倍又开新南城区，其资金一部分为阿拉伯商人捐赠。元代通商规模又比宋大，陈大震《南海志·船货》称"珍货之盛，倍于前志所书"。明清海上贸易兴旺，清代广州十三行出现国际性富商，如伍浩官、潘正炜家族，年贡皇银5万～15万两，举凡皇帝大寿、军费、治河等费用亦靠行商。无怪郑和说："欲国家富强，不可置海洋于不顾，财富取于海上，危险也来自海上。"[11]这已为南海海洋文化史所验证。这些事例显示，南海贸易为封建王朝提供大量财源，故中央政府对岭南一直采取保护开放政策，即使明清闭关锁国之时，也或明或暗开放广州口岸，维持海上财源不致中断。隋文帝平陈之初，在《安边诏》中令：南海诸国"使人欲来京邑（指今南京），所有船舶沿溯江河，任其载运"[12]，对海上贸易采取开放政策，岭南更不例外，隋在广州港建南海神庙即为对外开放的一个最好例证。唐代比过去更加开放，唐高宗显庆六年（661年）颁布《定夷舶市场例敕》，内云："南中有诸国舶，宜令所司，每年四月以前预支应须市物，委本道长史，船至十日内，依数交付价值，市了任百姓交易，其官市物送少府监简择进内。"[13]进一步明确了广州商民开始与外国商人贸易。唐玄宗开元二年（714年）始有"安南市舶使"记载。市舶使职能类似海关，安南市舶使也是岭南道的市舶使。作为对外海上贸易专门机构的设置，显示唐政府对岭南海上贸易重视有加，极大地促进了"以海为商"岭南海洋商业文化的繁荣。在广州出现专为阿拉伯商人聚居而设的"蕃坊"，即为海外文化在岭南传播、立足的见证。

宋元一秉唐代对外开放政策，故有上述广州商业繁盛。明代出于防倭和断绝逃亡海上张士诚、方国珍余党与内地联系，在沿海严行海禁，只准许与明朝有朝贡关系的国家进行朝贡贸易，但对广东却有例外，准许非朝贡国家船舶入广东贸易，出现"番舶不绝于海澨，蛮夷杂递于州城"[14]的繁荣景象。嘉靖中，由于各种原因，"遂革福建、浙江二市舶司，惟荐广东市舶司"[15]。南海诸国与中国贸易"俱在广州，设市舶司领之"[16]，以及"凡夷船趁贸货物，具赴省城（广州）公卖输税"[17]。同时规定"广州船舶往诸蕃出虎头门，始入大洋"[18]。内地商人只好将货物运到广州后再出口，称曰"走广"。到隆庆元年（1567年）部分开放海禁后，"广州几垄断西南海之航线，西洋海舶常泊广州"[19]。这些特殊政策使广州成为与南海诸国等唯一通商口岸。入清以后，虽然也实行海禁和迁海政策，但广东仍有人铤而走险，走私贸易仍十分猖獗，保持南海对外通商贸易。康熙中，沿海局势安定，废除海禁，设粤海、江海、浙海、闽海四个海关为对外通商口岸，粤海关居四关之首，税收至丰。到乾隆二十二年（1757年），清政府又封闭闽、浙、江三个海关，规定"蕃商将来只许在广东收泊贸易"[20]，这个规定后来又被强化。自此，粤海关成为全国对外通商唯一口岸，直到鸦片战争结束。

综观历代中央王朝，几毫无例外对广东实行各种特殊开放政策，保持南海海上贸易强大通道从不间断，由此带来经济、社会、文化等效应，也是南海海上丝路对广东海洋文化形成及其特质异于其他海区海洋文化的一个优势背景和强大动因。

6. 岭南文化风格的作用

岭南文化基本特征归结为外向性、开放性、冒险性、崇商性、多元性、包容性风格，造就了广东宽松、和谐的社会环境，吸引外商在广东登陆、留居。

①外向性。作为海洋文化载体或者介质，海水永远处于无休止的运动中，处于从不间断的流动中。人类必须适应海洋这种属性和环境来进行海上的活动。因海水不停顿地在一个海区与另一个海区之间交换，具有稳定的外向运动特点，所以海上丝绸之路文化也从它产生的海区或大海边缘向外传播。特别是在交通不发达的古代，海洋是人类往来的重要通道，海上交流借此而发生，这比大陆要容易

得多，这也决定了广东文化的外向性特质。

古代孤悬海外的海南岛不但沿岛居民生活资仰于海洋，而且深处五指山区的黎人，也以输出槟榔、椰子为经济来源。宋人王象之指出："琼人以槟榔为命，……岁过闽广者不知其几千百万也。又市舶门曰：'非槟榔之利，不能此一州也。'"[21]槟榔文化支持了海南经济发展，这种文化完全是外向型的，是海上丝绸之路文化外向性一个范例。

②开放性。海洋是一个大系统，这个系统下的某个海区、海岛、海湾、海峡、海岸带等都是它的子系统，不但在这些大小系统内不断进行物质和能量的交流，以维持各自生存、运动和平衡，而且在海洋和大陆之间，也发生同样的过程，舍此，海洋文化不能产生，这就决定了海洋文化必定是开放性的。另外，只有依靠这种开放性，海洋文化的结构、功能、景观等才不断得到调整，其文化势能、动能得以消长，产生势位差，形成文化运动即文化交流，产生文化区域效应，推动社会经济发展。海洋文化这种开放性是它优越于大陆文化的特质之一。"亚洲四小龙"（中国香港、中国台湾、新加坡、韩国）或为海岛，或为半岛，同样敞开自己大门，吸纳四海各种资源，充实、壮大自己，在世界经济版图上赢得了一席之地。

在中国历史上，虽然长期实行闭关锁国政策，但广东却因区位、政策等因素，始终保持对外开放状态，故广东人早就不断假道海洋，迈出国门，走上与世界各地交往的道路，吸收海外先进文化，滋润、壮大自己，形成远胜于内陆的岭南文化海洋性风格。恰是得益于这种文化风格，广东才在近现代中国历史上表现得有声有色，对推动中国历史发展做出重大贡献。

③冒险性。海洋风波险恶，变幻莫测，历被视为畏途。宋代苏东坡过琼州海峡"舣舟将济，股栗魂丧"[22]，直到海上交通颇为发达的明代，进入海南的人"稍有识者，当少知避"[23]，琼州海峡一直是一道巨大障碍。近现代航海技术进步，但要超越海洋，仍有许多风险，包括狂风恶浪和海盗的剽杀等。在这种海洋环境下创造的海洋文化，冒险是其最普遍、最显著特征。明清时期，海上走私贸易十分兴旺，实际上这些商人集团不少是海盗式的，一方面出于武装自保，另一方面则是为了掠夺。明嘉靖年间"闽广徽浙，无赖亡命，潜匿倭国者，不下千数，居成里巷，街名大唐，有资本者则纠倭贸易，无财力者则联夷肆劫"[24]。鸦片战争以后，"自外夷通商以来，商船大半歇业，前之受雇于访商者，多以衣食无资，流而为匪"[25]。活跃在南海洋面上的著名海盗商人集团就有广东张琏、陈祖义、澄海林道乾、潮州林凤等。[26]，所以海洋文化的冒险性，就是指在海上活动要有冒险心态，不惜以生命为代价的价值观，以及敢于面对大海、挑战大海的大无畏精神。两广华侨漂洋过海在侨居地开拓、拼搏，即冒着极大的海洋自然和

人为艰险。广东广府、潮汕、客家商帮集团常年往来于各大海大洋之间，靠得也是这种冒险性。

④崇商性，或曰重商性。黑格尔在《历史哲学》中谈到西方海洋文化，实际就是海上贸易，说中国没有海洋文化，没有分享海洋赋予的文明，也就是缺少海上贸易。这种与事实相反的悖论，虽不足取，但也说明，海上贸易确是海洋文化一个最主要的内涵。海上贸易不仅发生在沿海，而且穿过海洋腹地，抵达远方港口是最富于商性业、冒险性的活动。广州是中国历史上历时最长的外贸中心，唐代有著名的"广州通海夷道"，宋代与50多个国家和地区通商，元代与140多个国家和地区通商，明清时近乎全民经商狂热。屈大均《广东新语·事语·食语》说广东"无官不贾，且又无贾不官""民之贾十三，而官之贾十七""儒从商者为数众多""而官之贾日多，遍于山海之间，或坐或行，近而广（东）之十郡，远而东西二洋，无不有也"。在长期经商中形成的粤商集团，以经营舶来品著称，著名的广州十三行就是一个舶卖洋货之地。随着近年改革开放的发展，广东商品经济大放异彩，一方面是"广货"节节北上，另一方面大批岭北人南下，形成"东西南北中，发财到广东"时代潮流，即为岭南海洋文化重商性在当代一种折射。它已成为在当今经济全球化背景下，广东接受世界经济转移和对外辐射的一种强大原动力，也是建设新海上丝路一个显著优势。

⑤多元性。《易》曰："海纳百川，有容乃大。"江河与大海对接使海洋能接受多种文化成分，兼收并蓄，融会贯通，形成多元文化特质。岭南文化的海洋性，除了缘于南海海洋环境，主要还有假道南海传播而来的海外印度文化、波斯文化、阿拉伯文化、近世西洋文化等，既互相融合，又和而不同，共生共存共荣，形成一种复合型文化，其多元性甲于内地许多地域文化。著名人文地理学者北京大学胡兆量教授认为："广东是世界上历史文化十分复杂，因而也是十分典型的省份，加上海南岛，自成一个历史文化区，进行深入研究，十分必要"。[27]当然，多元性并不是海洋文化所独有的，许多地域文化也这种特性，但海洋的宽广无涯、江海相通、海水强大亲和力等性质，却是大陆难以相比的，在此基础上产生的海洋文化更富有多元性也是不争的事实。广州、香港、澳门作为中西文化交流中心，其文化的多元性，既是一个背景，也是这种交流的一种结果，由此形成粤港澳区域文化综合体，即为多元文化融合产物。

⑥包容性（兼容性）。海水有溶解万物的自然属性，且不停地流动、交换。海洋这种作用可以将不同地域、民族的文化在海水所到之处找到自己的位置，能够相互容忍、自由地发展，并相互交流、整合，形成你中有我、我中有你的状态，这就是海洋文化的包容性。在岭南文化发展史上，绝少出现因文化特质差异而发生重大冲突、对抗事件，从明末"西风东渐"以降，从西方传进被北方一些

人喻为"奇技淫巧"的科技文化到近年改革开放传进新鲜事物，无不如此。相反，一些大陆文化，因缺乏包容性而凸现、强化了它们的排他性，结果由文化冲突导致政治、军事冲突。中东地区近年暴力事件不断，从深层根源来说与文化的排他性不无关系。

实际上，岭南文化这些特质都是一个整体，相互之间不但可以沟通，而且相互影响。上述外向性与开放性的关系如此，多元性与包容性的关系一样如此。又海洋文化主要以海上商业贸易为主，商品生产和流通具有强烈的外向性和扩张性，目的是追逐利润，由此必然要有勇气、有胆识、有谋略去挑战大海，渡过惊涛骇浪，航行到利润所在的一切地方，为此，也必然要承担风险。所以海洋文化的冒险性与生俱来，在商业贸易背景之下，商品价值观念、交换观念、竞争观念等深入民心，崇商性也就成为海洋民族最本质的一个文化个性。

在中国传统四海之中，南海最大，这些文化特质无疑彰显得最为完备、充分，也最有代表性，因而历史上广东中外商旅云集，不同种族、肤色、民族和不同宗教信仰的人能在广东尤其是广州和而不同，共生共存共荣，相互友好地相处发展，恰是海上丝路文化本质的体现。

■ 徐闻古港近照

（二）广东"一带一路"格局特色

在独特自然、人文环境下形成、发展起来的广东"一带一路"，在历史长河中，在空间分布上，在与陆上丝路关系，以及存在载体等方面，都有自己的个性和风格，形成异于海上丝路其他省区的特点，亦即其格局特色，堪可比雄于其他省区。

1. 海上丝路历时性长，从未中断

从时间维度观察，广东海上丝路渊源很早，正式开辟于西汉，终结于鸦片战争，历时2000多年，虽有过兴衰起伏，但从未中断，故其历史作用与丝路存在相始终。特别在明清大部分时间实行海禁的背景下，独留广州一口对外通商，保持与海上丝路各个国家、地区的联系，使广东独享海上丝路之利。特别重要的还在于，明清时期是地理大发现、欧洲文艺复兴、资本主义兴起时期，西方文化不断向外扩张和传播时期，广东作为首受之区，最早接受西方文化影响，从中吸收自己需要的养分，滋润和发展、壮大自己，使岭南文化（或曰珠江文化）内涵更加丰富，先进成分更多，由此积累起来的文化势能更强大，对外辐射作用也越大，范围更广，这是海上丝路其他省区所欠缺的。例如明末意大利传教士利玛窦入粤，即带来欧洲文艺复兴以来的西方科技文化，在东西方文化之间架起一座交流的桥梁，故利玛窦被称为"中西文化交流第一人"。他卓有成效的科学活动，促进岭南文化成为时代先进文化。有赖于此，广东能先于其他省区制作先进仪器，吸收先进医术、绘画、音乐、建筑、天文、地理、测量、制图等知识和技能，遥遥领先于其他省区。即使鸦片战争的结果使海上丝路已发生质变，不再是中西之间和平、友好、平等的经济文化往来，而代之以铁和血写成的文字，但中西文化交流并未停止，澳门、香港这两个中西文化交流中心城市，仍然继续发挥它们的文化辐射作用，在各个文化要素和层面上影响岭南文化，并随着历史的发展，粤港澳文化不断交融、整合，最后形成一个独特的粤港澳文化综合体，出现在中国地域文化版图。[28]港澳文化既是岭南文化的一个组成部分，但又有自己的特质和风格，它们与岭南文化的交流和互动，使岭南文化不断获得生机和活力，促进自己的创新和提高，岭南文化这个发展驱动力和优势，是海上丝路其他省区难以相比的。

在建设21世纪海上丝路的背景下，港澳文化的许多优势，如效率观念、法治观念、管理制度等都对广东有借鉴、参考作用。港澳实行"一国两制"，更便于

与西方世界交往，广东可借助于港澳这座桥梁，与海外建立更加广泛的交流和合作，获得更多的资讯、资金、人才等，为广东"一带一路"建设服务。所以，广东海上丝路的历时性、阶段性、连续性和不间断性，使广东的发展始终深受海上丝路的影响，不断接受海上因素的作用，再加上广东自身的发展动力，无疑会发展得更快、更全面和更持续长久，这已为广东两千多年海上丝路历史所证明了的。

2. 港口群构成海岸经济带

从空间维度观察，广东漫长的海岸线、众多岛屿和港湾，造就了一大批海上丝路港口，成为海上丝路依托，构建起海岸经济走廊或经济带。特别是珠江八口归海、江海一体、扇形辐辏于广州的三江交汇地理格局，以及韩江、鉴江、漠阳江、南渡河等独流入海河流，都各有自己的陆向和海向腹地，既各自独立，又相互制约，协调地、综合地发挥各港的吐呑功能，取得 $1+1 \geq 2$ 的效果。这些海港，在广东划分为粤东、粤中、粤西三个港口群。每个港口群由一个枢纽港、若干个地方中心港和一批地方港组成，其中有些是专业港。这样一种层次分明、分工明确、布局合理的港口群，在历史上曾有力地推动了海上丝路的发展，也为建设21世纪海上丝路提供决策参考。例如粤东港群，包括潮州（原三百门改称）、汕头、汕尾、莱芜、海山、神泉、后宅港等，主要对东南亚贸易；粤中港群，即珠三角及邻近港口，历史上以广州港、澳门港、佛山港、江门港为主，近现代以来兴起香港港、南沙港、沙角港、沙田港、交椅湾港、妈湾港、赤湾港、蛇口湾、崖门港、高栏港、铜鼓港、盐田港、澳头港等，加上广州内港、江门港、容奇港、中山港、九洲港、太平港、东觉头港、莲花山港、九江港、沙鱼涌港等。这些港口不少是远洋港，航行于欧美、澳大利亚、日本、俄罗斯等地，将广东与世界各地联在一起，带来海上丝路各种效应，更是21世纪海上丝路建设的主要依托港。粤西港群，从阳江东平港到廉江安铺港，除广州湾（今湛江港）港以外，其他皆为小港，如沙扒、博贺、黄坡、海康、流沙、北潭港等[29]，亦多通东南亚，进行少额贸易，但也是海上丝路不可或缺角色。这三大港群，相互连成海岸经济轴线，呈海陆双向辅射格局，甚有利于海洋经济发展，历史上形成"以海为商"和"以海为田"的经济模式，即为海上丝路经济的一种反映。

3. 海陆丝路对接

广东位于南海北部边缘，海上丝路对内陆的货流，在五岭以北长江、黄河流域。这两大流域恰是陆上丝路辐射地区，它们也与海洋发生某种联系，于是产生了海陆丝路对接问题。这些海陆丝路对接通道，大多经过广东。所以，广东海上丝路都有相应的陆上通道，相互连成一个交通体系，有效地发挥自己的功能。秦汉以来历次进军岭南和五岭的南北商货、人员往来，多假道这些海陆丝路对接路线进行。这些对接通道，自东往西，一有南雄梅关古道，即大庾岭道，自唐张九龄重修以后，一直为中外商贸人员利用最多通道；二为骑田岭道，即从广州溯北江循武水经乐昌进入湖南湖北转中原各地。东汉岭南贡献荔枝上长安即走此道，为此专门开辟"西京驿道"，一直使用至1936年粤汉铁路全线通车；三是从广州沿西江上封开入广西梧州，再经漓江、贺江、潇水及湖南各地；另一条从合浦港北上通南、北流江入西江接湘桂走廊，更是连接汉代开辟海上丝路的通衢大道。这些海陆丝路对接通道，极大地方便了广东与海内外经济文化交流。恰如张九龄《开凿大庾岭路序》所说，开通之前，"岭东路废，人苦峻极，行赍缘，数里重林之表；飞梁嶫峨，千丈层崖之半。颠跻用惕，渐绝其元。故以载则不容轨，以运则负之以背。而海外诸国，日以通商，齿革羽毛之殷，鱼盐蜃蛤之利，上足以备府库之用，下足以赡江淮之求。而越人绵力薄财，夫负妻载，劳亦久矣。"[30]这里讲得很清楚：大批海外商品，供应江淮地区，这条通道改变了老百姓昔日体力运载之苦。海陆丝路对接确实产生了显著的经济效益。

4. 商帮集团经营概况

从运营载体观察，广东海上丝路在明清时期主要是由商帮集团从事海上贸易的。这些粤商可分为广州帮、潮州帮、客家帮三大商帮集团。他们族群归属不同，经营商品范围和地域的差异，反映了广东海上丝路具有多样性的文化品格，这也是广东不同于其他省区海上丝路风格之处。广州帮是指籍贯为广府区的商人，除利用珠江水系和沿海航线做生意以外，同时也利用南海交通角逐海外市场，经营地域除了东南亚，还广及美国、日本、欧洲、澳大利亚等，足迹遍及全世界。海外市场的角逐均需取道南海、东海、黄海、横渡太平洋、印度洋等海域。而且在这些陌生国度里，还要适应、熟悉当地自然、社会环境。这需要坚韧的心理素质，包容地对待海外异质文化，而为了融入当地社会，还要克服语言、风俗、法律、生活习惯等障碍，成为生活的强者。广州帮商人在经济活动中，很善于观察、把握商情，及时调整自己的营销策略和商品结构，力争赢利，还建立商品生产基地，直接加工出口，讲究诚信，热心公益事业，讲求价廉物美等，使之在茫茫商海竞争中取胜。以广州十三行商人为代表，他们卓有成效的经商活动，集中反映了广州帮海上丝路的文化风格。

潮州帮商人为广东第二大地缘性商人集团，形成于康熙以后的开海贸易。初为海盗集团，后为海商，以红头船为标志，以东南亚为主要经商范围。潮州帮既善于经商，又独具冒险、开拓精神，不少潮商只身出洋，身无长物，经数年拼搏，辄成巨富。又潮州人本有坚强的内聚力，强烈的地域认同感和文化认同感，在海上经商中也突出地表现了这种文化风格。几乎整个东南亚都是他们驱驰的市场，无论在潮汕地区还是在东南亚各地区都有潮商的足迹，并对这些地区产生了深刻的影响，成为海上丝路在粤东的一个很独特的文化风格，至今仍在发挥它们的作用。

客家人虽是山居族群，但在人口、资源、环境的压力下也下海经商，形成客家帮商人集团。经商范围包括印度尼西亚、马来西亚、檀香山、新加坡，以及印度洋沿岸的一些地区。从商人数、活动范围比广州帮、潮州帮要小；但客家人以刻苦耐劳、敢于开拓著称，也是海上丝路的一支劲旅。近年联合国教科文组织在梅州松口镇竖立"印度洋移民广场"碑，即为客家人移民印度洋毛里求斯、走海上丝路的一个标志。

5. 华侨是海上丝路一支重要力量

广东从唐代起就有人移民南洋，以后代有其人，明清进入移民高潮，鸦片战争以后达到历史高峰。这个海外发展群体，初期不一定从商，但在侨民安定下来、稍有积蓄以后，一些人开始从事海上贸易，加入海上丝路行列。这也是广东海上丝路一个重要标志。因华侨散布全世界，他们创业、经商等活动在侨居国，但根又在故土，具有二元文化结构特点，在经商、文化交流方面熟悉两地情，双向联系方便，故无论对历史海上丝路还是21世纪新海上丝路来说，华侨都是一项宝贵的人力资源和经济资源。据保守估计，广东华侨约2000万人（一说3000万人），通常按一个华侨与4个人有直接或间接关系计算，则广东有8000万人在海外，相当于广东本土人口数，故有"海外广东"一说。华侨所拥有的经济观念、商业意识、技术、资金、信息、人才等优势，对海上丝路发展作出过积极贡献，孙中山就说过"华侨为革命之母"。在广东"一带一路"建设中，华侨更是一种不可或缺的"正能量"。改革开放以来，仅1978—1987年，广东全省实际利用外资55.7亿美元，其中侨资和港澳资占80%～90%。至1987年，广东侨户创办个体、集体企业4万多家，总金额10亿元以上，解决了50多万人的劳动就业问题。华侨捐资办公益事业更是不可胜数，1978—1987年这种捐款达23亿元，新建、扩建中小学3200所，助资兴办汕头、五邑、嘉应、深圳、海南五所高校。江门市1970—1990年侨资新建、扩建学校1224间，医院871间（所），[31]使千百万人受益。近年，这些数字不断被刷新。从海上丝路既是海上贸易之路，也是文化交流之路观察，广东华侨在文化建设上对广东的贡献可圈可点，其他省区华侨难以望其项背。华侨这一巨大的经济和文化潜在资源，在新丝路建设中将发挥更大的作用，这是毋庸置疑的，也是广东新丝路建设的一个最大的优势。

（三）广东"一带一路"的历史地位和影响

"一带一路"对于广东来说，主要内涵还是海上丝路。而海上丝路是个包括政治、经济、文化、外交、宗教等和平、友好、平等往来的代名词，不局限于以丝绸为代表的商业贸易往来。上述广东海上丝路的特点，决定了它的历史地位是崇高的，影响是广泛而深刻的。两者共同彪炳于中华文明史册。

1. 促进广东商品生产和流通

唐宋以前，经广东海上丝路出口的商品，特别是丝绸，很大一部分生产于岭外，集中于广州后，再输到海外国家和地区。到了明清时期，广东的商品经济有了很大的发展，珠三角基塘农业崛起，广东生产的蔗糖、丝绸、干果、塘鱼、茶叶、粮食，以及陶瓷、铁器等手工业大宗出口海外。同时从海外进口银元、香料、毛纺织品、象犀、各类珍宝等，使广东成为中外商品荟萃之地。屈大均《广东新语·事语》指出："计天下所有之食货，东粤（即广东）几尽有之，东粤之所有食货，天下未必尽有之。"这种商品的集聚，必然推动商品生产的发展及其组织布局形式的改变。特别在珠三角，基塘农业、海外市场的需求，促使珠三角摸索出桑基鱼塘这种土地利用方式，生产大量生丝经葡萄牙人之手，经澳门运销日本、菲律宾、印度和中南美洲，从而大大地刺激三角洲蚕桑业和丝织业发展，后来桑基鱼塘取代果基鱼塘，成为珠三角主要的土地利用方式。这在很大程度上为海外市场所支配，充分体现了广东沿海经济发展的特色。

甘蔗也是如此。明中叶，广东生产的片糖，"天下所资"[32]，获得全国性意义。明末清初，广东生产的白砂糖和冰糖，已"售于东西两洋"[33]，成为海上丝路一种重要的出口物质，反过来又促进广东蔗区的扩大。《广东新语·草语》指出："糖之利甚溥，粤人开糖坊者多以致富。盖番禺、东莞、增城糖居十之四，阳春糖居十之六，而蔗田与禾田等矣。"在东莞篁村、河田一带，"白紫二蔗，动连千顷"，进行专门化、集中化生产。甘蔗所在地区"连岗接埠，一望丛若芦苇然""每冬初遍诸村岗垄，皆闻戛糖之声"，小糖寮星罗棋布，一片繁荣，皆广东大量蔗糖外销所致。

佛山本无煤炭和铁矿石，但依靠西江水运带来了大量丰富的铁矿和木炭，明代建立起全国仅次于河北遵化的第二大钢铁联合企业，成为一个"其焰冲天，黑浊之气，数十里不散"的冶炼中心。其产品"薄而光滑，冶炼既精，工法又熟，诸铁器率以佛山为良"[33]，从而远销国内外。佛山陶瓷业，于明代经过一系列的技术革新，从而在全国同行中异军突起，成为综合性陶瓷业基地。近人李景康在《石湾陶业考》中指出："石湾陶业全盛时代，共有陶窑107座，容纳男女工人六万有奇。"加上它对"业陶者亦必候其工而求之"，质量要求十分严格，"故石湾之陶遍二广及海外之国"[34]。赢得"石湾瓦、甲天下"之誉，所以海上丝路又叫"陶瓷之路"。

商品生产必然促进商品流通（即贸易）。广东成为中外商品荟萃市场，即为商品流通的结果。由此产生的外贸收入，是明清广东地方财政收入的重要来源，"初（明正德以前），广东文武月俸，多以番货代"[35]。有时还是军饷之源。有次暹罗国的船因风飘至广东境内，"镇巡官会议，税其货以备军需"[36]。万历三十年（1551年）以前，广州市舶司每年收入税饷多至四、五万两，为他省的三、四倍。[37]许多贪官污吏，亦以走私或受贿致富。至于以贸易为生者，人数更巨，故时人说："广东旧称富庶，良以此耳。"[38]因此，从某种意义上来说，海上贸易是广东大部分地区经济的生命线，它的盛衰，制约着不少地方生产的枯荣和演替，也是广东经济命脉所在。

2. 是广东融入世界市场的一种动力

16世纪以后，资本主义在西方兴起，并积极向东方寻找市场，实现其原始资本积累，同时不择手段地占领、扩充、掠夺殖民地。澳门被租赁以及后来主权被损害即为这种侵略的一部分。这种世界性形势的改变，使中国海上贸易的对象从东南亚、印度洋沿岸和非洲各国转变为欧美列强。这些新兴资本主义国家，具有发达的生产力，在输出商品的同时，还向中国输出大量白银，仅通过广州输入的白银就达4亿元左右。[39]这种硬通货，对我国尤其是广东的商品经济的发展起了重要的促进作用。在这种新的海上贸易背景下，清代南海贸易发展到历史黄金时代，南海北部各口岸全面开海贸易。《粤海关志》称："粤东之海，东起潮州，西尽廉，南尽琼崖，凡分三路，在在均有出海门户。"[40]大批广东海商"通于山海之间，远而东西二洋。"[41]"就粤而论，借外来洋船以资生计者，约计数十万人。"[42]往来南海商舶数量大为增加，广州是主要进出港。据《粤海关志》统计，从乾隆十四年（1749年）到道光十八年（1838年）的89年中，外舶到粤海关口岸的贸易商船共5266艘，以英、美商船居多。贸易商品吨位大为增加，其中英国商船吨位增加36倍。[43]而为适应这些转变，英、法、荷兰、丹麦、瑞典等国纷纷在广州设立商馆。这些商馆对促进广东海上贸易发挥了重要作用，也加强了中西文化交流。与此同时，入清以后，海上丝路又开辟一些新航线，形成全球大循环格局，广东对外贸易港口更多。海上贸易成为最重要的生财致富之道。

时人指出:"华夷同体,有无相同,实理势之所必然。中国与夷,各擅生产,故贸易难绝。利之所在,人必趋之。"[44]在这个潮流下继续发展的广州作为全国最大外贸基地,"全盛时,番舶衔尾而至,豪商大贾,各以其土所宜相贸易,得利不赀"。广东商人除与内地贸易以外,"其黠者南走澳门,至于红毛、日本、琉球、暹罗斛、吕宋,帆踔二洋,倏忽数千万里,以中国珍丽之物相贸易,获大赢利"[45]。广东市场成为世界市场的一部分,其动力离不开海上丝路贸易。

3. 加速城镇体系的形成

海上丝路的历史作用,对外使广东融入世界市场,对内则加速了珠三角和沿海城镇体系的产生。这在海上丝路发展每个阶段,都留下了历史印记。恰如马克思说的:"商业依靠于城市的发展,而城市的发展也要以商业为条件。这是不言而喻的。"[46]

从汉代开始,岭南城镇发展就离不开海上丝路,番禺、徐闻、合浦、龙编(今越南河内)、广信(广西梧州与广东封开之间)、布山(广西贵港)、桂林等城镇都因输出、输入商品而加速发展起来。魏晋南北朝时期,广州成为"天子南库",依靠海外贸易税收。唐代海上贸易是最活跃的经济部门,广州城西商业区的出现,即得力于海上外贸的支持,而"蕃坊"形成,更是这种支持最直观的

■ "中国皇后号"1784年从纽约出发

表现。位处海陆丝路对接通道上的韶州，商贸之盛仅次于广州，"岭南属州以百数，韶州为大"[47]。恩州（阳江）"当海南五郡泛海路"，商旅往来频繁，时称"远郡之沃壤"[48]。与恩州相接的新州亦为南道交通枢纽，商旅必经，为"西南道尤好郡也"[49]。粤东潮州，"与韶州同"，为"岭南大郡"[50]。隋代陈稜、张镇周经略流求，以潮州为基地。宋代广州多次筑城，所用资金大部分来自海上税收，阿拉伯商人也出资赞助。元代广州外贸虽逊于泉州，但广东也出现新港市，如粤东辟望港（今澄海市区），"群以海为命，自富贾大商，以暨龙户商人，咸以是托业焉，当风利潮高，扬帆飞渡……贸易数省"[51]。明代海上丝路繁荣，使城市人口大增，明初广州人口仅27500人，嘉靖四十一年（1562年）增至30万人，成为"百货之肆，五都之市"[52]。圩市更如雨后春笋，嘉靖年间（1522—1566年），珠三角16县有圩市175个[53]，到明末仅顺德、东莞、南海、新会四县就达115个[54]，到乾隆年间（1723—1795年），珠三角圩市上升到570个[55]，出现了以"广佛陈龙"广东四大镇为轴线的城镇体系，形成了向内陆和海外双向辐射的经济格局。

4. 促进中外文化交流

海上丝路的实质是中外文化交流，这对双方的文明和进步都有裨益。广东为海上丝路一个重要地区，也是海外文化最早登陆、传播的地区，无论是物质还是精神文化，先后都被融合为岭南文化一部分，使之内涵更加丰富，风格更加多姿多彩，影响深远，至今仍史迹斑斑，粲然可观。当然，岭南文化也假道海上丝路传播到海外，对人类文明和进步作出了不朽贡献。这里主要突出介绍海外文化在广东的历史功绩。

秦汉到南北朝为海上丝路第一次中外文化大交流时期，从海外传入棉花、柚子、枣椰、无花果、茉莉花等新作物，为岭南农业文化增添异彩。印度佛教也首途岭南，传入内地，对中国人的思想观念、语言、文学艺术、建筑、思维等产生了重大而深远的影响。经唐代惠能的创新，形成禅宗顿教，使印度佛教中国化、平民化、世俗化、务实化，通过他培养的千人弟子，形成"花开五叶"的法流格局，使他的教理走向世界，成为全人类文化的一部分。

唐、宋是海上丝路第二次文化大交流时期，引入岭南有菩提树、蒲桃、菠萝蜜树、油橄榄、占城稻、小粒花生等新作物，粮食大幅度增产，占城稻的引入和推广被誉为近千年来我国粮食生产经历的第一次革命[56]。伊斯兰教也在隋代传入广州，为岭南增加了一种新宗教。伊斯兰教建筑广州怀圣寺、光塔、先贤古墓、伊斯兰教徒聚居的蕃坊，以及阿拉伯语、清真饮食等，成为广州重要的文化景观，加强了广东文化的多元性和包容性。

明代开始了海上丝路第三次中西文化大交流的高潮，内容更加广泛、新颖，影响也最深广。海外新作物如番薯、玉米、烟草、花生（大粒种）、南瓜、辣椒、甘蓝等，极大地改变了土地利用格局和人们的生活方式，特别是高产作物——番薯引种，挽救了大量处于饥荒中的人民，并成为干旱地区的主粮。玉米则成为山区的主要粮食作物，烟草则使抽烟变为社会风气。这些新作物的经济和社会效应都是破天荒的，故有人将番薯的引进称为中国粮食生产史上的第二次革命。尤为重要的还在于，明末西洋教士利玛窦入粤，在传播西方宗教之同时，将欧洲地理大发现以来的西方科技文化，包括天文、地理、地图、文字、历法、数学、器艺、建筑、绘画、音乐、医药等，传入广东，开启了中西文化交流新时代，对增广见闻、扩大人们文化视野，贡献匪浅。而首得西方科技文化风气之先的广东也就成了东西方文化的结合部，以及交融、整合和内外传播的中心。

鸦片战争虽然结束了海上丝路的历史，但中西文化交流并没有停止，战后传进广东的西方政治、经济、宗教、语言、文学艺术、科技等，对广东影响更大，效果更显著，由此引起了社会异动和变革，使广东成为近代中国革命的策源地，掀起一个又一个变革现实、推动社会前进的革命运动。这都与广东人继承并发扬海上丝路的传统分不开。

（四）广东海上丝路文化精神

广东两千多年的海上丝路史不仅为广东、为中国、为丝路所经国家和地区的商贸和文化交流作出了巨大贡献，而且还留下了海上丝路精神这笔宝贵的精神财富。这对广东重走海上丝路有着不可估量的作用。

1. 协和万邦，平等合作

《尚书·尧典》曰："协和万邦。"这是中华传统文化一个永久性的价值取向，与孔子说"四海之内皆兄弟也"一样，表达了天下一家的高尚理想与追求。这对当今建设"一带一路"仍不失其现实意义。

细捡广东海上丝路历史，无一不体现了这种海上丝路精神。最早从徐闻、合浦出发的海上丝路，承载着和平使命，与沿线国家互通有无、平等交换。《汉书·地理志》说汉"译长，属黄门，与应募者俱入海市明珠、璧琉璃、奇石异物，赍黄金杂缯而往。所至国皆禀食为耦，蛮夷贾船，转送致之，亦利交易。"这里看不出有任何暴力行为，纯为互通有无而来。东晋时期，广州成为海上丝路始发港，外商云集，涉及外贸国家和地区有15个。唐代，广州作为世界性巨港、"广州通海夷道"起点，唐代宗大历五年（770年）到广州外舶有4000多艘，珠江水面，樯帆如云，热闹非凡。《新唐书·徐申传》载"广州有海舶之利，货贝狎至""瑰宝山积""外国之货日至，珠、香、象、犀、玳瑁，稀世之珍，溢于中国"[57]。唐玄宗天宝七年（748年）和尚鉴真从海南北上，路过广州，见珠江河面一派繁华、祥和景观："江中有婆罗门，波斯，昆仑等舶，不计其数，并载香药珍宝，积载如山，舶深六七丈，狮子国、大石（食）国、骨唐国、白蛮、赤蛮等往来居住，种类极多。"[58]这些外国人即"蕃僚与华人错居，相婚嫁，多占田，营第舍"[59]。到明末清初，顾炎武总结："自唐设结好使于广州，自是商人立户，迄宋不绝。诡服殊音，多流寓滨湾泊之地，筑石头联城，以长子孙。……宋时（蕃）商户巨富，服饰皆金珠罗绮，器用皆金银器皿。"[60]

这是一派中外一家、难分彼此的景观。到元代，在与元政府有外交往来的141个国家和地区中，大部分驻足广州，未见纷争、摩擦对立事件。明清时期，即使大部分时间严行海禁，但广州仍保持中外和平相处格局，出现了明清三十六行和十三行专业性贸易市场，互利互赢，各方满意。广东海上丝路这种协和万邦、平等合作的精神，贯穿了整个历史时期，符合有关各方的共同利益，顺应了当时历史潮流，故能使海上贸易长盛不衰，历久弥坚。今天，中国毫不动摇地坚持独立自主的和平外交政策，坚持走和平发展的道路，坚持互利共赢的开放战略，秉持正确义利观和沿线国家共商、共建、共享原则。这对广东这个海上丝路最大省区走向新海上丝路，谱写新历史篇章，提供了最强有力的精神文化支持。

2. 包容开放，和而不同

《周易·大传》有曰："天下一致而百虑，同归而殊途。"孔子也说："君子和而不同。"[61]都主张思想文化应多元开放、相互包容。广东多水，江河密布，江海一体，形成水国环境。郦道元《水经注·巨马水》曰："水德含和，变通在我。"水有溶解万物的自然属性，也有"海纳百川，有容乃大"的人文属性。即孔子说"水性使人通，山性使人塞"。黑格尔也说："水势使人合，山势使人离。"都说明水具有强大的亲和力、凝聚力，在文化上即包容性风格。岭南文化最大的特质是它的包容性。在长期从不封闭的历史环境中，造就了多元文化。在广东的外国人，尤其是做生意的外国人，带来了印度文化、波斯文化、阿拉伯文化、东南亚文化、日本文化和西洋文化等，它们都各占有自己的位置，互不排斥，互不伤害，按照自己的生存方式存在和发展起来，正如冯友兰《西南联大纪念碑》所说的"五色交辉，相得益彰；八音合奏，终和且平"。历史上除了唐代黄巢军队屠杀大批广州阿拉伯人以外，绝少因文化冲突而发生对抗事件。即使鸦片战争前后由于西方教士的胡作非为而出现了一些教案，但广东人民反对的只是他们的罪恶，并不排斥西方先进文化；相反，广东人非常欢迎和善于吸

■ 红头船模型

收西方文化的长处，借以滋润、充实、提高自己，自明末"西风东渐"以来无不如此，故岭南文化成分多而复杂，但都被整合为岭南文化的一部分。这对于重走海上丝路，能为来自世界各地人种、民族、国家和地区的不同人群和文化，提供一个宽松、和平、安全的社会文化环境，利于他们从事与海上丝路相关的活动，达到预期效果。近年在广州小北、登峰路一带，聚集了数以万计的外籍人士，有非洲人、印巴人，各种宗教信仰的人群等，在广州从事商业活动，也按自己宗教信仰和风俗开展各种文化活动。广州人以宽广的襟怀和包容、友好的态度接纳他们在广州的合法居留和活动。这是广州的一种历史传承，自古而今就有各色人种的民族在广州生存、活动和发展，形成包容开放、和而不同的社会历史态势和现状。这将为广东更大规模、更全方位、更宽更广领域的海上丝路建设，接纳世界上一切以平等待我之民族、人群和文化，提供一个大有作为的广阔天地。

3. 重利务实，刻苦耐劳

广东远离中原，少受"君子谋道不谋食"信条影响，商品的价值，交换的价值深入人心，形成了不务虚而务实，不尚空谈而重物利的人生观、价值观，成为长期"以海为商"广东海洋族群的文化品格。潮汕潮阳县"滨海以鱼盐为业，朝出暮归，可俯仰自给。至于巨商逐海洋之利，往来燕齐吴越富者颇多"[62]，南澳县"耕田作海，船只往返，所以通商贸而广财利"[63]。嘉道年间（1796—1850年），海阳商人"则海帮遍历，而新加坡、暹罗尤多，列肆而居"[64]。战后汕头人"闽越之轻生海外者，冒风险蹈覆溺而不顾"[65]。

总之，广东沿海"人多以舟楫为食""逐海洋之利"，其人"习海竞渡角旺"[66]。大海的波涛造就了当地居民敢于和善于向外开拓的进取精神。最迟从唐代开始，粤人就敢于冒险犯难，前往南洋，后来又闯澳洲、南北美洲，建立家园和从事商业活动，以谋取商业利润最大化。为此，粤人最讲求实效，办实事，少说多干。过去在衣食住行等方面，都很注重器物的实用价值，如衣着简单，赤足，住低矮瓦屋，甚至茅草屋。民国初年，引入西方骑楼，前店后居，亦商亦住，遮阳避雨，被称"风雨廊"，堪为务实建筑之范本。广东人笃信神明，航海充满风险，故广东庙宇多，往往诸神共存同一空间，人们既拜妈祖，也信仰其他神明，往往同时参拜。在他们心目中，只要有一个灵，就可以达到自己的目的。显而易见，这种崇拜带有鲜明的功利性，也是丝路文化务实性的一个最好脚注。

现代，海洋商业已成为经济全球化最大一项产业，建设新海上丝路，实际上是以海商领先，把商业贸易做到全球每一个角落。这需要冒风险，吃大苦，耐大劳，更需要讲求商业技巧，讲法治，讲风俗，才能赢利而归。广东历史积累的重利务实精神，对今天仍有很大影响。

4. 敢为人先，开拓进取

海洋是一个整体，不同于大陆为山川分割，但海洋充满了诱惑和风险。人类对海洋往往抱有好奇、新鲜的态度，因而有了不止一次的探险发现，有了达·伽马、哥伦布、麦哲伦这样的冒险家、航海家，发现了新大陆，完成了环球航行等壮举。这里所需要的是敢为人先、开拓进取的精神。海上丝路航行，也需要大航海时代英雄们的超人胆识和勇气、智慧和力量。

粤人从西汉开辟海上丝路以来，就不乏这种精神力量和文化风格，故在长期的商业竞争中，不囿于陆地，而驰骋于大海。历史上许多广东人背井离乡，漂洋过海，在外面拼搏创业，开拓一方属于自己的土地，其中不少人成为当地工商界、金融界巨子。《志》称潮州帮既善于经商，又独具冒险、开拓精神。有曰："潮人善经商，窭空之子，只身出洋，皮枕毡衾以外无长物。受雇数年，稍稍谋独立之业；再越数年，几无一不作海外巨商矣。尤不可及者，为商业冒险进行之精神，其赢而入者，一遇眼光所达之点，辄悉投其资于中。万一失败，犹足自之；一旦胜利，倍蓰其赢，而商业上之所挥斥益雄。"[67]这种冒险进取的精神促进了潮州商业的繁荣。

实际上，并非潮州帮商人如此，整个广东人大抵都一样。20世纪二三十年代，林语堂说："在中国正南的广东，我们又遇到另一种中国人。他们充满了种族的活力，人人都是男子汉。吃饭、工作都是男子汉的风格。他们有事业心，无忧无虑，挥霍浪费，好斗，好冒险，图进取，脾气急躁，在表面的中国文化之下是吃蛇的土著居民的传统，这显然是中国古代南方粤人血统的强烈混合物。"[68]

这种敢为人先、开拓进取的精神，在改革开放背景下发展到了极致。改革开放之初，广东人以"杀开一条血路"的勇气和魄力，抓住机遇，用足政策，不仅在很短时间内，在珠三角完成了资本主义上百年才完成的产业革命，创造世界经济史上的奇迹，而且也创造了引领时代潮流的新观念、新思想，包括农村工业化，引进外资和技术、人才、各种经济成分一起上，推行自上而下和自下而上的农村城镇化，传统产业转型升级，大力发展新兴工业、现代农业、商业和服务业，修路筑桥，兴办经济特区，联手港澳台和外资发展经济，以及讲究效率，鼓励变通文化意识等，使广东经济起飞，珠三角崛起为全国经济高峰区，而为举世瞩目。21世纪海上丝路建设是一项前无古人的事业，将面临更多的艰难险阻和各种各样的困难，甚至还会有许多风险，这更需要敢为人先、开拓进取的精神去克服、清除和缓解。幸运的是，广东已在这方面经历了各种考验，积累了正反两方面的经验和教训，也就有足够的信心来面对一切从未遇到的矛盾和问题，达到海上丝路的各个目标。

5. 自由平等，公平交易

大海是没有天然界限的，具有大尺度开放、自由的特点。相对于大陆，人们可以在大海上自由地、无拘无束地从事商业、航行、休闲等活动。在商业买卖中，遵循价值规律、平等、自由地互通有无，公平交易。由疍民组成的海洋社会，在相当程度上表现了这种海洋文化精神，有"海阔疍家强"之说。不少亡命者，也以大海为渊薮，逃避各种追捕，故海洋比之于大陆应是个自由的世界。在海上丝路历史上，这种洋文化精神一直贯穿到近代。只是鸦片战争才使它成为过去，但并没有消灭，而是以文化积淀的方式，沉积在广东海洋文化深层之中。现在正是发掘、发挥其作用的时候，应不失时机地开发利用这种宝贵的海洋文化遗产，为建设21世纪海上丝路服务。

（作者司徒尚纪系广东省人民政府参事室特聘参事、中山大学教授）

注释：

[1]中国科学院、国家计委自然资源综合考察委员会：《中国国土资源数据集》一卷，1989年，第320页。

[2]金庆焕：《南海地质与油气资源》，地质出版社，1989年，第408页。

[3]罗甸甸：《舜帝的〈南风歌〉》，见《珠江文化》创刊号，2007年，第96页。

[4]胡朴安：《中华全国风俗志》上篇，卷8，中州古籍出版社，1991年。

[5]萧令裕：《粤东市舶论》，见《小方壶舆地丛钞》第九帙。

[6]曾昭璇、曾宪珊：《论我国海洋文化发展与珠海市建设》，见广东炎黄文化研究会编：《岭峤春秋——海洋文化论集》，广东人民出版社，1997年，第21页。

[7]转见司徒尚纪：《岭南海洋国土》，广东人民出版社，1996年，第11页。

[8]丘濬：《南溟奇甸赋有序》，见乾隆《邱文庄公集》卷8。

[9]《逸周书》卷7，《王会解》。

[10]《新唐书·黄巢传》。

[11]王曙光：《海洋开发战略研究》，海洋出版社，2004年，第31页。

[12]许敬宗：《文馆词林》卷664。

[13]陆心源：《唐文拾遗》卷1。

[14]《明武宗实录》卷194，正德十五年大二月乙丑。

[15]《明史》卷75，《职官四》。

[16]《明史》卷325，《外国六》。

[17]康熙《香山县志》卷328。

[18]顾炎武：《天下郡国利病书》卷102，海外诸蕃，入贡互市。

[19]谢清高口述，杨炳南撰：《海录》卷上。

[20]《清官广州十三行档案精选》，见《军机处上谕档》，广东经济出版社，2002年，第107页。

[21]王象之：《舆地纪胜》卷124，《琼州》。

[22]赵适汝：《诸蕃志》卷下，《海南》。

[23]正德《琼台志》卷42，《杂事》。

[24]《明经世文编》卷283，中华书局，1962年，第2997页。

[25]故官博物院：《史料旬刊》36期，1931年。

[26]据陈伟明：《从中国走向世界——十六世纪中叶至二十世纪初的粤闽海商》，中国华侨出版社，2003年，第17-18页。

[27]北京大学胡兆量教授给作者的来信。

[28]许桂灵：《中国泛珠三角区域的历史地理回归》，科学出版社，2006年，第174-176页。

[29]司徒尚纪：《中国南海海洋国土》，广东经济出版社，2008年，第245-255页。

[30]张九龄：《曲江集》卷11，《四部丛刊》本。

[31]张开城：《广东海洋文化》（征求意见稿），2012年，第297-298页。

[32]戴璟：《广东通志初稿》，见《珠江三角洲农业志》（五），1976年，第37页。

[33]屈大均：《广东新语》卷15，《货语》。

[34]屈大均：《广东新语》卷16，《器语》。

[35]《明史·佛郎机传》卷325。

[36]《明实录·武宗实录》卷58。

[37]全汉升、李龙华：《明中叶后太仓岁入银两的研究》，见《中国文化研究所学报》5卷1

期，香港中文大学，1972年，第151页。

[38]严从简：《殊域周咨录》卷8。

[39]全汉升：《美洲白银与十八世纪中国物价革命的关系》，见《广州城市发展史》，暨南大学出版社，1996年，第259页。

[40]梁廷枏：《粤海关志》卷5，《口岸》。

[41]屈大均：《广东新语》卷9，《事语》。

[42]《史料旬刊》第22期，《庆复折》。

[43]梁廷枏：《粤海关志》卷24，《市舶》。

[44]《明经世文编》卷270。

[45]屈大均：《广东新语》卷15，《货语》。

[46]《马克思恩格斯选集》第一册，人民出版社，1977年，第56-57页。

[47]《全唐文》卷686，皇甫湜《朝阳楼记》。

[48]《全唐文》卷830，李磎《授朱塘恩州刺史制》。

[49]乐史《太平寰宇记》卷159，《岭南道端州》。

[50]王溥：《唐会要》卷75，《选部下·南选》。

[51]黄启臣：《广东海上丝绸之路史》，广东经济出版社，2001年，第341页。

[52]黄启臣：《广东海上丝绸之路史》，广东经济出版社，2001年，第444页。

[53]嘉靖《广东通志》卷25，《圩市》。

[54]原佛山地区编：《珠江三角洲农业态》（一），1976年，第97页。

[55]据雍正《广东通志》和雍正、乾隆三角洲各县志统计。

[56]何炳棣：《美洲作物的引进、传播及其对中国粮食生产的影响》，见《大公报在港复刊三十周年纪念文集》，香港大公报出版，1978年，第681页。

[57]刘煦等：《旧唐书》卷98。

[58]（日）真人元开著，汪向荣译：《唐大和上东征传》，中华书局，2000年，第74页。

[59]欧阳修等：《新唐书》卷182，《卢钧传》。

[60]顾炎武：《天下郡国利病书》卷104，《广东》。

[61]《论语·颜渊》。

[62]光绪《潮阳县志》卷2。

[63]吴占才：《南澳县文物志·港规碑记》，南澳县文物普查办公室，1985年，第177页。

[64]颜其综：《南海蠡测》，见《简明广东史》，广东人民出版社，1993年，第387页。

[65]光绪《潮阳县志》卷2。

[66]胡朴安：《中华全国风俗志》上篇，卷8，中州古籍出版社，1991年。

[67]徐珂：《清稗类钞》第五册，中华书局，1984年，第2333页。

[68]林语堂：《中国人》，浙江人民出版社，1988年，第4页。

二、历史纵览

◎ 先秦时期海上丝路的萌芽
◎ 秦汉时期海上丝路的开辟
◎ 六朝时期陆海丝路的初步发展
◎ 隋唐五代时期海上丝路的兴盛与海陆丝路的对接
◎ 宋元时期海上丝路的发展和繁荣
◎ 明代时期大帆船贸易与陆上古道焕发新颜
◎ 清代前期海上丝路从鼎盛到终结

按照《联合国海洋法公约》关于领海、大陆架及专属经济区归沿岸国家管辖的规定，广东省大陆岸线长3368.1公里，居全国第一位；海域总面积41.9万平方公里，在全国名列前茅。由于广东控扼江海要道以及南海岛屿，为古代海上丝绸之路口岸和航线必经之地。其在海上丝绸之路、陆上丝绸之路地位十分重要。

广东作为中外"一带一路"交通格局中中国最南部的省份，地处中国大陆最南端。东邻福建，北接江西、湖南，西连广西，南与海南隔琼州海峡相望，北部为南岭山地，南临我国最大的南海。优越的地理位置，造就了历史上广东省是陆上丝绸之路、海上丝绸之路的对接点，在陆上，不仅经长安等与陆上丝绸之路联系，而且还与西南丝绸之路联系。而最闪亮的，就是广东通过海上丝绸之路与东南亚、印度洋沿岸等域外联系。广东在中外交通中厚重、辉煌的历史，与广东特殊的地理位置、古代历朝的对外贸易政策、粤商集团积极参与海上丝绸之路等有关。

古代广东与陆、海丝绸之路在交通、历史、制度、经济、海防、人员往来、文化交流多方面，关系密切。特别是广东省与海上丝路丝绸之路的商贸关系密切。海上丝绸之路不仅运输丝绸，而且也运输瓷器、茶叶、糖、五金等出口货物，以及香料、药材、宝石等进口货物。因海上丝路多运输中国陶瓷而被称为"陶瓷之路"。

这条海上丝绸之路不仅是中外商贸交流的通道，也是中外政治平等交往，以及文化交流、相互合作的通道，被世界人民称为"和平、友谊的桥梁"，因此这一海上丝路不仅是历史上中外各项交流的通道，而且是现今人民友好交通的见证。作为中国古代对外贸易的重要通道，海上丝绸之路早在先秦时期萌芽，秦汉时代开辟陆海通道，魏晋南北朝时期进一步发展，唐宋时期达到鼎盛，明清（鸦片战争前）时贸易规模和航线距离都进一步扩大，成为中外商贸交流的代表。

（参见王元林《内联外接的商贸经济：岭南港口与腹地、海外交通关系研究》，中国社会科学出版社，2012年；《海陆古道：海陆丝绸之路对接通道》，广东经济出版社，2015年）

（一）先秦时期海上丝路的萌芽

1. 四大文明古国与中外交通

古埃及、古巴比伦、古印度和中国合称"四大文明古国"。"四大文明古国"的相似说法最早来源于欧洲历史学界，其在19世纪开始将中国列为"世界四大古文明发源地之一"。古代中国代表黄河与长江流域的文明，古印度代表了恒河与印度河流域的文明，古埃及代表了尼罗河流域的文明，而古巴比伦只是两河流域文明的一个重要时期。有些学者还把爱琴海文明也纳入世界文明行列。

四大文明古国都建立在容易生存的河川台地附近。在北半球的两河流域、尼罗河、黄河、长江流域以及印度河、恒河流域相继产生了世界四大文明。四大古文明的意义并不在时间的先后，而在于它们是现代文明的发源地。四大文明古国作为世界上的文明所在，其间相互吸引，相互交流，相互往来。

中外交通源远流长，虽然当时没有称作丝绸之路，但中外交通实际上在民间早已开始。在我国新疆哈密七角井发现距今一万年的细石器文化遗址中，就有来自沿海地区的珊瑚珠，而在距今三千年左右的哈密古墓葬，发现了许多佩戴在衣服和围巾上的海贝，这些都是内陆与沿海交往的证据。而河南安阳发掘的商代王妻"妇好"墓中，出土的数百件玉器，大部分都是新疆玉。《穆天子传》记载周穆王西行，至"昆仑丘"（今昆仑山）和"群玉之山"（今新疆和田南山），会见西王母的故事。说明周穆王到过新疆与中亚一带。而吐鲁番经碳14鉴定的距今两千六百多年的古墓中，出土了一件来自中原的用绿色丝线绣出的凤鸟纹的素绢，俄罗斯联邦戈尔塔·阿尔泰州古塞人墓中发现的丝绸，应是这些古塞人将中国的丝绸传播到西方的。而古波斯人称中国为"支尼"（Cini），他们修建了四通八达的驿站网，在中亚设立七个郡，最东的据点已到达与我国新疆相邻的费尔干纳盆地，他们在那里设立"居鲁士城"（今乌兹别克斯坦忽毡城西）。继波斯帝国后，马其顿帝国兴盛，其王亚历山大在位时，也在今忽毡城附近设立"最远的亚历山大城"，希腊人在此接触到中国的丝绸。希腊人把丝绸称作Ser，即汉字"丝"的音译，把出产丝绸的中国称作赛里斯（Seres），意即"丝国"。希腊巴台农（巴特侬）神庙的命运女神神像就身穿质地柔软、轻薄透明的丝绸长袍，而公元前350年希腊陶壶狄奥索斯和彭贝图画中就画有身穿丝绸的贵族妇女。因此，先秦时代，从中国到塞人居住的中亚而后到达南欧的丝绸之路已经存在。

先秦时期，中外海上交通的记载见《诗·商颂·长发》："相土烈烈，海外有截。"当时商人活动的足迹已到达今渤海、黄海一带。而今美洲墨西哥等地有不少与中国商代风格酷似的墓碑、雕塑、石刀、壁画、文字、图腾、铜器、陶片、纹饰以及风俗习惯等，因此，有学者认为，三千年前很可能有一批中国逃亡者到达墨西哥。而在美国加利福尼亚南部帕拉斯维德半岛浅海发现两个"石锚"，也有学者认为石锚的产地是南中国海岸。20世纪初，加州华侨华人还在使用类似的石锚，扬帆美洲三千年是"一种并无实现可能的航海可能论"。

西周时，南方越国大力发展水上运输。《越绝书·记地传》云："水行而山处，以船为车，以楫为马，往若飘风，去则唯从。"海上交通业有所致力。《尚书·大传》："交趾之南，有越裳国"，"周成王时，越裳氏献白雉"。王充《论衡》也云："越裳献雉，倭人贡畅。"由于两书成书较周代又似太晚，是否能说明周代情况，还需考索。

2. 广东与早期丝路的萌芽

广东地处岭海之间。岭为南岭，海为南海。南岭是一系列东北西南向排列而总体呈东西向山地的总称，是长江与珠江水系的分界线，是我国重要的一条自然和人文分界线。岭南与岭北，两者在诸多方面存在着差异。虽然南岭阻挡南北，但先秦时岭北与岭南的民间交通往来就已存在，人们利用山脉间形成的天然径道而往来南北。据《史记·苏秦列传》记载，战国后期楚国"南有洞庭、苍梧"，苍梧的范围，一般认为未逾南岭，但已达南岭山脉的九嶷山附近，地当今湖南永州市南部，广东肇庆市西北部、清远市西北部，广西贺州、桂林东北部各县。

秦汉以前，岭南为越族聚居之地。《山海经·海内南经》曰："桂林八树，在番隅东。伯虑国、离耳国、雕题国、北朐国皆在郁水南。"伯虑不可考，离耳即儋耳，在今海南。北朐一般认为北户，地在今越南中部。郁水今属西江，所列诸国，皆在岭南。《吕氏春秋·恃君篇》（卷二十）亦云："扬汉之南，百越之际，敝凯诸夫风馀靡之地，缚娄、阳禺、驩兜之国多无君。"缚娄即今广东博罗，阳禺在今广东阳山，驩兜即唐驩州，在今越南中部。时岭南诸部多为无君之地，并未形成统一的政权。

考古发现楚怀王六年（前323年）所制的"鄂君启舟节"铭文载："上江，内（入）湘，庚（商），庚（商）阳；内（入），庚鄙；内（入）资、沅、澧、（油）。"其中有关湘水沿岸的交通路线记载较详，反映出当时湘水比资、沅等其他几条水道更为重要，应是楚人南下五岭的主要水道。据谭其骧先生考证，即今湖南湘阴县湘水西岸濠河口与乔口之间；阳即汉洮阳县，今广西全州湘水上游支流洮水（今黄沙河）北岸；鄙当汉代便县，即今湖南永兴县（耒）水中游北岸。鄂君的水程西南路入湘、入耒，航线遍布于今鄂西南、湖南极大部分，远至广西边境。楚国在湘水、离（漓）水分水岭附近设有阳（鄂君在此地免税），这与西汉马王堆帛画地图所记桃（洮）阳当指一地，此说应无误，则楚南界已达南岭。可见，早在战国中晚期，楚国的官商船队就经由湘、资、沅、澧诸水，远达沅湘上游及五岭地区经商，最远可达泹阳等五岭关口。结合包山楚简来看，楚人主要是由环洞庭湖各县邑和湘水沿线而南达五岭的。

值得一提的是，《史记·甘茂列传》载，前305年，楚灭越国，"故楚南塞厉门而郡江东"。厉门，《史记集解》引徐广曰："一作濑湖"；《史记正义》引刘伯庄云："厉门，度岭南之要路。"《读史方舆纪要·江西南安府横浦关》"或曰即楚之厉门"，并认为徐广注释"似误"。实际上，楚之厉门不在粤赣交界的横浦关，而在离（漓）水支流濑水（荔江），即今广西荔浦南，《中国历史地图集》第一册相关图页也标绘于此。果真如此，则楚南界关口已越过南岭，湘水——离（漓）水通道已经形成。虽然今广州，古代曾称"楚庭"，但楚国势力尚且不可能到达广东中部地区。

（二）秦汉时期海上丝路的开辟

秦统一岭南，"发诸尝逋亡人、赘婿、贾人略取陆梁地，为桂林、象郡、南海。"将岭南纳入秦王朝的版图，推行一系列统一的政令，有效地维护了秦在岭南的统治。虽然秦末汉初，岭南在南越国统治之下，交通一度阻隔，但民间客商通过"粤关"交换商品仍然进行。汉武帝灭南越，重新设置郡县，推行政令，大一统政治格局重新确立，使岭南社会又一次发生了变革。从此以后，中央政令上传下达，南岭以及岭南地方交通网络逐步形成和发展，中央和地方形成了强有力的紧密联系，有力地维护了大一统的政治格局。

在维护大一统的政治格局中，中央派遣使臣、官员、军队去岭南，以及岭南官员升降，文件及贡物传送，南岭交通成为这一链条上不可缺少的环节。秦开"新道"，统一岭南；陆贾出使南越国，说服赵佗；汉武帝发兵五万分四路攻击南越，平定南越相吕嘉叛乱；东汉马援讨伐交阯征氏姐妹叛乱，维护国家统一，岭南交通都发挥了重要的战略意义。而设置在南岭及附近水道上的诸如厉关、横浦关、湟溪关、阳山关、洭口关、谢沐关等军事关堡，以及"秦城""万人城"等，无疑保证了交通的安全。只有这一连接中央的南岭要道畅通，岭南的经济和社会才能稳定，也才能在维护大一统国家的政治格局中发挥作用。

秦汉是南岭交通形成和发展的关键时期。秦始皇在统一岭南前，前220年就修道伐木，"为驰道于天下，东穷燕齐，南极吴楚，江湖之上，滨海之观毕至"。上述楚境已达南岭，修驰道应及楚地湘水流域。据《史记·秦始皇本纪》载，前119年秦始皇第二次出巡时，还到达长沙郡境湘水下游的湘山（今岳阳西北洞庭湖）。而在更远的零陵县东有秦驰道遗迹。《方舆胜览》云："秦驰道，在零陵东八十里。阔五丈余，类今之河道。两岸如削，夷险一致。始皇命天下修道以备游幸，即此也。"此说若不误，则秦第一次始凿通南岭，且有永州零陵附近的遗迹证明。

1. 秦人南下通道：牂牁道、桂阳道、东江道

公元前218年，秦尉屠睢率五十万大军，"为五军：一军塞镡城之岭，一军守九嶷之塞，一军处番禺之都，一军守南野之界，一军结余干之水，三年不解甲驰弩。"镡城之岭即今越城岭；九嶷塞当九嶷山之要塞，在今湖南宁远南；南野之

界当今江西南康之南。据法国学者鄂卢梭考证，此三路当戍守今越城、萌渚（九嶷）、大庾三山要道，而番禺一军当长沙经骑田岭而达番禺。余干一军则结集江西余干而防守闽越。为保证进攻岭南的四军的转运需要，《淮南子·人间训》曰："使监禄转饷，又以卒凿渠而通粮道"，这便是历史上有名的沟通湘水、漓水的灵渠。就在进军岭南时和占领岭南后，"秦所通越道"已经形成，此可谓秦的第二次修筑南岭交通，史书称"新道"。

秦"新道"即"秦所通越道"，主要是秦开凿南岭而通达岭南的道路。此道有四：一是由湖南零陵溯湘江而上，经严关（今广西兴安境）、秦城（同上），从湘桂走廊的灵渠入漓江，沿西江而达番禺等岭南各地；二是自湖南道县溯潇水越九嶷塞而南达广西贺江再南通西江；三是自湘水支流耒水而达郴州，由此南越骑田岭，出阳山关（今广东阳山县西北），沿湟水（今连江）东南行，经湟溪关（今阳山西北）、洭浦关（今英德西南连江口附近），从北江而南达番禺；四是从江西南野溯赣江支流章江越大庾岭的横浦关（今广东南雄小梅关西）而达浈水入北江。阳山关、湟溪关、洭浦关皆是秦在连江设置关隘，可见连江一线重要。而其他南岭诸山上有九嶷塞、横浦关、谢沐关等。这些军事要塞险隘，既是防御的堡塞，又是交通必经之途。实际上，从郴州南下，或走连江，或走武水。《水经·溱水注》就载洭水（武水）出峡谷处的洭口"西岸有任将军城，南海尉任嚣所筑也"。《元和郡县志》卷三四《岭南道·韶州》载"任嚣故城，在（乐昌）县南五里"。既在此筑城，"因中国方乱，欲据岭南，故筑此城，以图进取"，此武水道亦应是秦汉之际南岭一孔道。与洭浦关一样，《元和郡县志》卷三四《岭南道·广州》浈阳县（今广东英德东南）北四十里浈山，"尉佗为城于此山上，名曰万人城"，亦为防范北江南下通道的要塞。

虽然有关东江道路的记载少见，但东江古道早在秦代已经存在。因秦代在南海郡设立四县，龙川、博罗两县都在东江流域，赵佗为龙川县县令，秦代与岭北交通，东江与信江还是有交通连接的。政治、军事等诸多原因使许多北方人南下，而南下的通道无疑要借道南岭要道。北人南迁，秦"逋亡人、赘婿、贾人"等号称五十万大军大部分应留在岭南，他们为岭南的经济发展、边疆安全、社会安定做出了重大贡献。始皇三十四年（前213年），又迁"狱吏不直者"修长城和戍南越；次年，又发民戍边；始皇还应赵佗请求，迁一万五千"女无夫家者"来岭南。唐循州进士韦昌明在《越井记》中言道："又秦徙中县之民于南方三郡，使与百越杂处，而龙（川）有中县之民四家。昌明祖以陕中人来此，已几三十五代矣。"这些移民正是通过南岭而南下的，东江通道无疑是其中一个交通支线。

秦两次修南岭峤道，两汉五次新修和改建南岭交通道路（详见下文），使南岭陆路和水路交通得到改善，为岭南与岭北的各项交流奠定了基础。从古至今，南岭交通所经之地及相关要塞，不但是保证交通安全的重要据点，而且还在拱卫岭南政治稳定、国家统一方面发挥了巨大作用。今广西地区确知的秦汉古城址有兴安的秦城、城子山古城（有学者以为汉零陵县治），全州的洮阳城（汉洮阳县治）、建安城，灌阳的观阳城（汉观阳县治），贺州的临贺（汉临贺县治），封阳（汉封阳县治）等，大都集中在桂东北的交通要道附近，而且城址的规模较大，保存也较完整。除湘桂外，湘粤、赣粤交通遗址也多分布在山隘要道以及控扼交通的河流近旁。今广东南雄梅鋗城、仁化城口"西秦城"、乐昌乐城镇武水西岸梅花头建筑遗址、英德连江口秦吞并遗址等，乐昌郴（州）宜（章）古道、阳山县秤架古道、连县的星子古道等。这些古道的秦汉建筑遗址虽有些还有争论，但从秦汉始，岭南与岭北的交通道路无疑应有多条重要干支线，这些交通干支线是沿线以政治、军事为重的城市设立的关键，也是交通内外商贸必经之地。

2. 汉代徐闻、合浦：海上丝路港口与路线

徐闻、合浦之所以成为两汉外贸始发港，是因为其地理条件十分重要。合浦位于中国大陆西南海北部湾的北岸，徐闻则在大陆最南端，隔琼州海峡与海南岛相望；合浦所临北部湾沿岸，是中国南部洋流、季风、海上航线都十分理想的地区；徐闻三面临海，陆海位置优越，可以相互连通；特别是两者距海南岛及域外有陆海较近之便。从历史自然地理来看，合浦所在的合浦盆地为地质断陷带。合浦断裂带位于六万大山、大容山与云开大山之间，即南流江谷地。这一谷地受燕山运动和喜马拉雅运动影响，形成了一系列断陷盆地，合浦郡即是其中之一。受断块运动与差异性上升的影响，合浦盆地周围、河流流向、海岸线和海湾呈折线展布。盆地东高西低，南流江下游主要河道不断由东南向西北迁移。而距今六千年左右冰后期海侵时，海岸线比现在还深入内地，南流江河口退缩于现在三角洲平原边缘的山口，合浦附近为岩岛罗列的浅海湾。随着海陆泥沙不断淤积，南流江三角洲不断向外推移，许多浅海变成潟湖。在距今二千年的西汉时，合浦沿海一带已形成港口，沿海一带人类活动频繁，汉墓累累，今合浦县城廉州镇有一千多座封土即可证明。徐闻县位于雷州半岛南端，雷州半岛在中更新世及以后成陆，其后受火山喷发、地壳升降和海平面的共同作用，在距今五六千年前冰后期海侵时确定了今天的海岸地貌，沿海亦有港口分布。至于位于今越南中部的汉日南郡的障塞，就是因为其在汉政府最南的海疆，才成为域外来中国的港口之一，其地位与作用无可替代。

我国向南的南海航线早在先秦时已经形成，生活在东南部沿海的百越族可能已与东南亚各国发生往来。秦时在岭南地区设立桂林（治今广西桂林）、南海（治今广东广州）、象郡（治今广西崇左，一说为越南北部）三郡，南海郡治所

番禺时为珠玑、犀、玳瑁、果布交易中心。考古学家在南越国第二代王赵眜墓中棺椁"足箱"内发现一圆形、外表作突瓣形纹式的银盒，和伊朗舒什特尔（前五世纪）金银器相似，却和国内传统物大异。另外，珠襦上的金花泡饰物、非洲的象牙，也是舶来品，说明了南越国时期与东南亚并通过东南亚与西亚、非洲均有间接的往来。汉武帝平南越国设交趾等九郡。汉时与东南亚，南亚往来更加方便，出现了我国史书最早记载通往印度洋的海上航线，一般又把这条海上航线称作"海上丝绸之路"。

《汉书》卷二十八《地理志》详细地记载了这条南向海上航线："自日南障塞、徐闻、合浦船行可五月，有都元国；又船行可四月，有邑卢没国；又船行可二十余日，有谌离国；步行可十余日，有夫甘都卢国。自夫甘都卢国船行可二月余，有黄支国，民俗略与珠崖相类。其州广大，户口多，多异物，自武帝以来皆献见。有译长，属黄门，与应募者俱入海市明珠、璧流离、奇石异物，赍黄金杂缯而往。所至国皆禀食为耦，蛮夷贾船，转送致之。亦利交易，剽杀人。又苦逢风波溺死，不者数年来还。大珠至围二寸以下。平帝元始中，王莽辅政，欲耀威德，厚遗黄支王，令遣使献生犀牛。自黄支船行可八月，到皮宗；船行可二月，到日南、象林界云。黄支之南，有已程不国，汉之译使自此还矣。"有关这段记载，历年学者多加考证分析，诸如藤田丰八，费瑯、许云樵、岑仲勉、张星烺、冯承钧、朱杰勤、吕思勉、韩振华、章巽、劳干、温雄飞、苏继庼、韩槐准、谭彼岸等，但研究结果却不尽相同。

汉朝廷遣黄门执掌远航事务，从雷州半岛徐闻、合浦出发，沿北部湾、越南东部海岸向南航行，到达越南南圻一带的都元国，经柬埔寨沿海进入泰国湾，沿

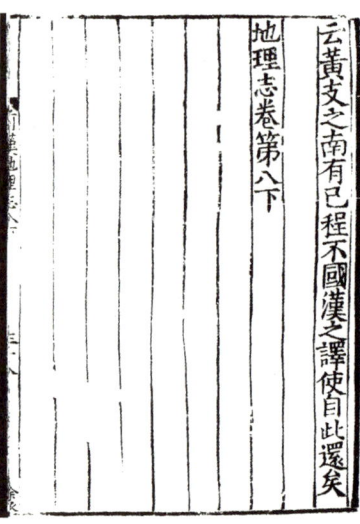

《汉书·地理志》

泰国湾东海岸抵达邑卢没国，又沿泰国湾续航，抵达湾头的谌离国，由此步行，渠道泰国与缅甸间的古道三塔道至缅甸境内的夫甘都卢国，由夫甘都卢国利用季风沿孟加拉湾航行，抵达印度东海岸黄支国，由此南下可达已程不国。归途从黄支国利用季风驶船，至苏门答腊岛附近的皮宗国等待季风，由此北行至中国最南边疆日南郡象林县界。这其中船行或步行数字并不包括中途逗留或贸易时间。海上航行二年，候船、贸易、居住等，汉使来回用时最少也要三年，故"数年来还"应是符合实际的。《汉书·地理志》还说："所在国皆禀食为耦，蛮夷贾船转送致之"，意即在异域航途受到热情接待，还时有其他外国航海者或使节、商人参加进来，结伴而行。为方便和节省时间，常常换船驳渡，从泰国湾沿岸的谌离登陆步行至孟加拉湾沿岸的夫甘都卢国，就不可能是原来的船。汉代这条印度洋航路的开通，为以后各朝拓展航路至西亚、东非奠定了基础，有着深远的历史意义。

东汉时，通向东南亚和南亚甚至西亚的航线仍然发挥着作用。永建元年（131年）日南徼外叶调国、掸国"遣使贡献"。叶调国一般认为是爪哇岛，其使臣入中国"应循彭家门沿苏门答腊、马来半岛、越南半岛行，而抵交广"。掸国地处北缅甸，由此循陆路北达中国西南而至中原；亦可循海道经中南半岛而达交州至中原。在此之前的永宁元年（120年），"掸国王雍由调复遣使者诣阙朝贺，献乐及幻人，能变化吐火，自支解，易牛马头，又善跳丸，数乃至千，自言我海西人，海西即大秦也。掸国西南通大秦"。则缅甸为东西海上往来的重要枢纽。这里西连大秦、身毒（又名天竺），东至中国；因其西临印度洋的孟加拉湾，东南又距泰国湾很近，遂成为东西交通要道。在陆上丝路交通中断时，身毒于延熹二年（159年）、四年（161年）先后两次"从日南徼外来献"，而其必须经过缅边境方可到达中国南境交州。

大秦与中国的交通，中国人甘英曾试图从条支（安息）渡海而达，史载"和帝永元九年（97年），都护班超遣甘英使大秦，抵条支。临大海（波斯湾）欲度，而安息西界船人谓英曰：'海水广大，往来者善风，三月乃得度。若遇迟风，变有二岁者，故入海人皆赍三岁粮。海中善使人思土恋慕，数有死亡者。'莫乃至"。这条从条支启航，入波斯湾，再绕阿拉伯海，经曼德海峡进入红海，由埃及至达地中海沿岸大秦国的甘英航线实际上早已由西方航海者开辟。47年，居住在埃及亚历山大的船长希帕勒斯，从埃及红海沿岸启航，出曼德海峡，横越阿拉伯海，到达印度西海岸。这次首航的成功，使东西方航海以南亚印度为中介连接起来。希帕勒斯还总结并记载了北印度洋西部水域季风活动规律，即每年三月至九月盛行西南季风，十月至次年二月则盛行东北季风，按季风规律航行既安全又迅速。"大秦国……与安息、天竺交市于海中，利有十倍。……其王常欲通使于汉,而安息欲以汉缯彩与之交市,故遮不得自达。"大秦与中国往来受安息阻隔,西汉时未能与中国直接往来。成书于1世纪末的《厄利脱利亚海周航记》载有"丝国"(中国)"出产丝、丝线和名为丝绸的布"。约成书于1世纪中期的托勒密《地理学》转引旅行家马利奴斯的记述说,一位名叫梅斯(或译为底启亚诺斯)的商人,在远航途中派遣手下人前往"丝国"。

继永宁元年(120年)大秦人经掸国至达中国后,东汉延熹九年(166年),"大秦王安敦遣使至日南徼外,献象牙、犀角、玳瑁,始乃一通焉"。这是中国与大秦首次海上直接往来的记载。由裴松之注《三国志·东夷传》引鱼豢《魏略·西戎传》曰:"大秦道从海北陆通,又循海而南,与交趾七郡外夷比,又有水道通益州永昌,故永昌出异物。"由此可知大秦往中国的两条海道(其中也有部分陆路)。一条是由大秦出发,经埃及东北部的古运河,循红海而南,越过阿拉伯海到达印度西海岸,由印度或锡兰岛续航,横渡孟加拉湾至达缅甸或苏门答腊岛,由此再航海北上经泰国湾,越南南部海岸而北通交趾七郡沿海。另一条是也是由大秦出发至缅甸,沿伊洛瓦底红河谷北上至中国西南部永昌郡(治今云南保山),即西南丝路。天竺国除沿传统西域陆上交通道路到达中国外,上述两海道也是其到达中国的必经之途。由于交通不限于一道,故交州南海通道与西南永昌郡通道也应是佛教传入中国的除西域外的另两条途径。

北上的岭南和南海诸国异物与南下的中原杂缯,成为岭南与中原交通线上重要的物品,前后相继,络绎不绝。其间合浦郡的徐闻、合浦、南海郡所在地番禺,成为岭南中外物品最重要的汇聚和途径的三个中心。番禺是南海郡郡治和岭南的经济都会之一,而当时对外贸易港口却以徐闻、合浦为要。

总之,秦汉时期岭南港口与内地、中外交通的关系十分密切,货物交流繁多,促进了彼此商贸的繁荣,满足了统治者和权贵猎奇的需要,为以后各朝的商贸和贡赐品的交流打下了坚实的基础。两汉时期南向航线可以通往东南亚、南亚、西亚、红海、地中海等广大范围,在南海航线之西,汉代印度洋航路的开辟,使中国与大秦、天竺、条支往来更加方便,陆海路皆可通达,而缅甸通往中国的西南丝路无疑又是一条沟通海上航线的陆上通道,这些航线和道路的形成,为以后海上航线和陆上道路奠定了基础,有着重大的历史作用和深远的影响。

3. 汉代翻越五岭的古道与岭南各河流的联通

《史记·南越列传》载,汉武帝元鼎五年(前112年),"卫尉路博德为伏波将军,出桂阳,下汇水;主爵都尉杨仆为楼船将军,出豫章,下横浦;故归义越侯二人为戈船、下厉将军,出零陵,或下离水,或抵苍梧;使驰义侯因巴蜀罪人,发兵夜郎,下牂柯江,咸会番禺。"《汉书·武帝纪》所载略同,只是更明确各路进军路线。其中路博德一军出桂阳（治今湖南郴州），越骑田岭后下湟水（一作洭水，即洭水，今连江）；杨仆一军出豫章（治今江西南昌），沿豫章水（今赣江，上游为今章江）越横浦关而下浈水；戈船将军严出零陵（治今广西兴安北）下离水；下濑（即下厉）将军田甲南下萌渚岭，沿贺江而达苍梧（治今广西梧州境，一言治今广东封开境）；驰义侯一军发兵夜郎，下牂柯江（西江上游红水河支流北盘江，一言从黔东南沿剐柳江、融水、柳江达西江）。五路进军路线，以牂柯江一道为新道。实际上，这条道路是在民间基础上发展而来。南越国都番禺有蜀枸酱，则从蜀地经夜郎由牂柯江而达番禺。"然南夷之端，见枸酱番禺，大夏杖、邛竹"，应是西南蜀、夜郎与岭南的交通发展的结果。用兵和民间交往，道路的修建和畅通十分重要，暂将此看作西汉的一次与南岭以及附近交通有关的事件。

　　两汉时，今西江有三道与中原相通。其一，灵渠道。因灵渠连接漓、湘两江，两汉又分别是珠江、长江支流，故从秦时起，这一交通孔道就成为岭南通往中原最重要道路之一。上述元鼎五年（前112年）"归义越侯严为戈船将军，出零陵，下离水"，即此道；其二，临贺道（九嶷道）。此道从西江支流溯贺江而上，越过分水岭而达湘江支流潇水。九嶷因为舜陵早已闻名于世，汉时于此道置八县（贺江沿岸广信、临贺、富川、封阳四县，潇水沿岸谢沐、冯乘、营浦、泉陵四县），足见其地位重要，特别是岭南首府苍梧郡治所广信县（治今广西封开境，一言广西梧州境），位于今贺江与西江交汇处，西距漓水入西江口不远，地位重要。汉元鼎五年（前112年）"甲为下濑将军，下苍梧"应走此道；其三，夜郎道（牂柯江道）。溯西江而上，或经今柳江，或经红水河（此水经岩溶地区，可能性不大）皆可达古夜郎所在地牂柯郡（治今贵州凯里境），夜郎与巴蜀有五尺道相通。《淮南子·人间训》言始皇征南越，"一军守镡城之岭"，镡城地当今湖南靖州境，其在柳江支流潭江沿岸，其当控夜郎道。汉使在南越国吃到蜀地出产枸酱，"多持窃出市夜郎"，"南粤以财物役属夜郎"。元鼎五年（前112年）平南越，"越驰义侯遗别将巴蜀罪人，发夜郎兵，下牂柯江，咸会番禺"，为其中五路大军之一。不过，夜郎道由于地经少数民族地区，山高水险，因此难与以上两道相比。

　　而从北江而上，中原亦有三道可通。其一，桂阳道（湟水道）。从北江支流连江越过分水岭，沿湘江支流舂陵水或耒水。桂阳县（治今广东连州）地控南北，为交通要冲。汉元鼎五年（前112年）平南越，"遣伏波将军路博德出桂阳，下湟水"，此应是主力所经，足见桂阳道的重要。建初八年（83年），郑弘"奏开零陵、桂阳峤道，于是夷通，至今遂为常路"。此为交趾七郡贡献所开，此桂阳峤道应指连江道无疑，而零陵岭道当以临贺道为宜。因零陵郡的灵渠为水道而非岭道。其二，六泷道（武水道）。此道虽不见于秦、西汉之时，但东汉建武初，卫飒为桂阳太守，桂阳郡含洭（今广东英德境）、浈阳（治今广东英德东）、曲江（治今广东韶关南）三县"去郡远者，或且千里"，卫飒"乃凿山通道五百余里，列亭传，置邮驿，于是役省劳息，奸吏杜绝。"此道后成为南海郡贡献荔枝"十里一置，五里一堠，奔腾阻险，死者继路"。和帝时（89—105年），接受临武县（治今湖南临武东）令唐羌之议而罢贡献之役。灵帝熹平三年（174年），桂阳太守周憬又开凿武水六泷，"小溪乃平直，大道允通利，抱布贸丝，交易而至。"此道不断修凿，其重要可见一斑；其三，横浦关道（浈水道）。此道由北江支流浈水而上，越横浦关，北上沿赣江支流章江而北上。《淮南子·人间训》载秦五军进攻越人，"一军守南野之界"，南野（今江西南康南）即在大庾岭北麓，其后汉元鼎五年，"楼船将军杨仆出豫章，下浈水"，即走此道。因此道北上距两汉都城长安、洛阳较远，两汉时期此道不如以上北江两道重要。

两汉时，西江、北江通中原六道，以灵渠道、临贺道、桂阳道、六泷道为要。长沙马王堆发现西汉长沙国南《地形图》和《驻兵图》，反映了汉初临贺、桂阳道的军事价值。合浦县位于南流江入海口，北上越过鬼门关，沿北流江而下达西江，或向西沿牂柯道，或向东经漓江道、贺江道都不远。马援南下交趾就是经鬼门关道而达合浦。"鬼门关，十人九不还"，"有两石相对，其间阔三十步，俗号鬼门关。汉伏波将军马援讨林邑蛮，路由于此，立碑石龟尚在。昔时趋交趾，皆由此关，其南尤多瘴疠，出者罕得生还"。虽多瘴疠，仍是以广信南下交趾最便捷和常使用的道路，而从合浦陆海向南，可直达交趾、九真、日南三郡。《汉书·地理志》所载从徐闻、合浦、日南障塞南下东南亚和南亚，合浦应与交趾有海上往来。建武十七年（41年），马援军至合浦，讨伐交趾征侧反叛，"遂缘海而进，随山刊道千余里"而达交趾浪泊，应是从陆上沿海而达的。合浦陆海都与其南的交趾等三郡相通，连通南北，交通位置十分重要，故陈玉龙以为合浦是当时两粤通交趾的咽喉。

东汉第一次修筑南岭交通是光武帝建武十五年（39年）卫飒任桂阳太守，桂阳郡南部含洭（治今广东英德西北）、浈阳（治今广东英德东南）、曲江（治今广东韶关东南）三县，"去郡远者，或且千里"，百姓"传役"甚苦。"飒乃凿山通道五百余里，列亭传，置邮驿"，大大拓展了骑田岭以南北江流域与桂阳郡治郴县（治今湖南郴州）的南北交通。虽然，南岭东部桂阳郡的局部交通有所改善，但两汉大部分时间内，岭南的政治、经济中心皆偏重在西部，故岭南西部从越城岭或萌渚岭的灵渠道或潇贺道仍为重要。而由于交趾叛乱，东汉政府第二次修筑南岭交通。建武十六年（40年），交趾反，"光武乃诏长沙、合浦、交趾具车船，修道桥，通障溪，储粮谷。"后马援等"发长沙、桂阳、零陵、苍梧兵万余人讨之。"当时修路凿渠应亦包括桂阳、零陵在内。《太平御览》引《郡国志》："后汉伏波将军马援开湘水为渠六十里，穿度城，今城南流者，是因秦旧渎耳。"时这里为零陵郡所辖，继秦以后东汉再修灵渠。今考古在兴安秦城遗址七里圩王城发掘时，发现城墙在东汉进行过二次加固。桂江下游的唐马江县（治今广西昭平马江镇），"按《图经》云，'其江是后汉伏波将军马援所开'"；北流县（治今广西北流）南的鬼门关，"汉伏波将军马援讨林邑蛮，路由于此，立碑，石龟尚在"。则湘、桂（漓）江及北南流江应是所趋之道，沿途"修道桥，通障溪"。

经过前代的修筑，南岭附近的交通有所改善，但至东汉章帝永初以前，"旧交阯七郡贡献转运，皆从东冶泛海而至。"永初八年（83年），郑弘"奏开零陵、桂阳峤道，于是夷道，至今遂为常路"。《资治通鉴》胡三省注曰："余据武帝遣路博德伐南越，出桂阳，下湟水，则旧有是路，弘特开之使夷通。"郑弘建议把海道运送贡物变为陆路经由零陵、桂阳峤道运送。零陵、桂阳峤道，即越过南岭的交通道路。既作为贡道，还是应有所补修的，暂且把这次贡道的改变看作是东汉第三次改修南岭交通道路。零陵、桂阳境的峤道，应是两郡境内主要大道，而经零陵郡峤道主要转送交阯及岭南西部各郡特产，桂阳郡峤道主要转送南海郡贡物。零陵郡峤道以灵渠道为要，桂阳郡峤道以湟水（连江）、临武为重。和帝时（89—105年），"旧南海献龙眼、荔支，十里一置，五里一堠，奔腾阻险，死者继路。时临武长汝南唐羌，县接南海，乃上书陈状。"省罢水果珍馐之贡。临武（治今湖南临武东）为贡道必经，不但接连江，经今广东连县星子镇北"荆楚古道"接临武，而且还可从溱水（今北江及上游武水）到达。东汉中后期，由桂阳郡到南海郡，就是经溱水上游的武水而达北江，此道"商旅所臻，自瀑亭至乎曲江，壹由此水"。

东汉第四次治理南岭的道路，就是整治经由武水而达北江的水路。刻于东汉灵帝熹平三年（174年）武水昌乐泷上周君庙中的《神汉桂阳太守周府君功勋之纪铭》碑，是研究熹平初年桂阳太守周憬率众整治武水上游河道事实的重要碑刻。周憬"迺命良吏，（将帅、壮）夫，排積磐石，投之（穷壑），（夷）高填下，鑿截曲，（弱）水之邪性，顺导其经脉，断硍（溢）之（电）波，弱阳侯之汹涌。由是小溪乃平直，大道允通。"这里至今号称"九泷十八滩"，当时治理水道可谓艰辛。

秦汉南岭交通的开辟和发展，对大一统国家交通体系的完善起着重大作用。特别是对岭南连接内地起到了十分重要的作用。除岭南与中原、江南交通分别通过湘、赣等联系外，岭南入夜郎道、入蜀道和入交阯可以看作是南岭交通的延伸。早在灭南越国之前的建元六年（前135年），南越人食蜀地枸酱，据说"独蜀出枸酱，多持窃出市夜郎。夜郎者，临牂牁江，江广百余步，足以行船。南越以财物役属夜郎。"交换而得枸酱。故"发巴蜀卒治道，自僰道指牂牁江"，而"道西北牂牁，牂牁江广数里，出番禺城下"。这样，巴蜀经夜郎达番禺的道路，从原来的民间商贸之路转为官方的道路。具体路线从蜀地经青衣江达青衣县（治今四川芦山县）、南安县（治今四川乐山县）、僰道县（治今四川宜宾县），进入唐蒙主持修筑的"南夷道"，即从僰道经南广县（治今四川高县、筠连县一带）、汾关山（今云南威信境）、平夷县（治今贵州毕节）、汉阳（治今贵州赫章、六枝一带），连接牂牁江（今北盘江上游），顺牂牁江（今红水河、西江）而下番禺。有人也以今柳江及其上游指代牂牁江，但无论如何，入夜郎道和入蜀道在汉代已经发挥作用了，后来元鼎五年（前112年）五路用兵岭南，其中就有牂牁江一道即是例证。而从南岭入交趾的道路更可以看作是南岭交通的延伸。从灵渠道、临贺道等道路南下西江，经西江支流北流江越鬼门关达南流江直至江口的合浦，由此陆海并行可以到达交趾郡，东汉初马援征伐征氏的叛乱就是沿此陆海两道而达的。但"交趾七郡贡献，皆从涨海出入。"而交趾郡的治所龙编（治今越南海兴省海阳附近）以及日南郡的卢容（治今越南平治天顺化）两港，仍以海上与番禺、合浦、徐闻等岭南港口近海航行为重。虽然海路艰险，然而较陆路便捷。

4. 番禺：陆海丝路的交汇点

番禺为秦南海郡治所，汉初为南越国的都城，后来为汉南海郡治所。从先秦至秦汉为岭南经济繁荣之所在。这里居珠江三江之会的三角洲地带，地势低平，土壤肥美，加上北江、西江、东江水上航运交通方便（越过南岭即与内地相连），向东海路也可达江左，向南为南海连接海南岛以及东南亚。除良好的地理条件外，"广州包带山海，珍异所出，一箧之宝，可资数世。然多瘴疫，人情惮焉。"虽然有瘴气袭人，但商人、贫贱官吏却热衷于此地。"惟贫窭不能自立者，求补长吏，故前后刺史皆多黩货。"究其原因，应与这里丰富的物产有很大的关系。

秦汉南岭交通的开辟和发展，也对海上交通路线的开辟起到了极大的促进作用。岭南地区南临南海，历史时期就与东南亚各国有交往，南岭交通的开辟，不仅缩短了岭南地区曾经借道海上达冶县（东冶，今福州）而北上的距离，而且成为以后"南海诸国"来华的必经之道。《汉书》卷二八下《地理志》所载"自日南障塞、徐闻、合浦船行可五月，有都元国"等东南亚、南亚诸国，最远的达黄支国（今印度康契普拉姆）、已程不国（今锡兰岛）等，"汉之译使自此还

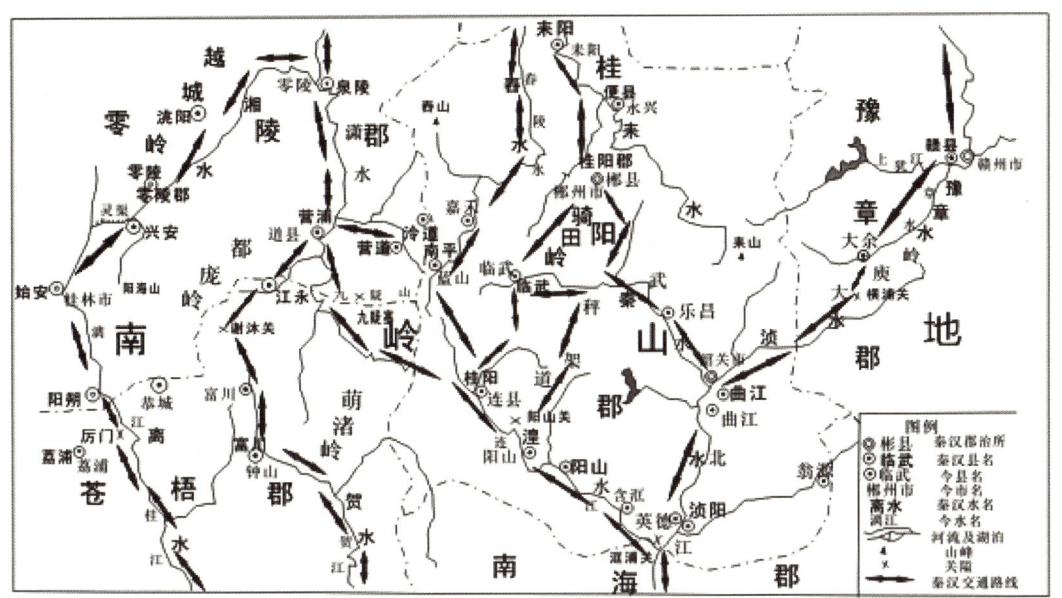

■ 秦汉南岭交通示意图

矣"。东南亚、南亚的"奇石异物",经过海上交通而达岭南,而由岭南北上,南岭交通的灵渠道、贺—潇道、耒—连或耒—武道、章—浈道等成为北上的通道。南海海上通道可以看作是南岭交通、国内交通向外的延伸。正是通过南岭交通、国内交通与国外交通融为一体,中外陆海交通网已基本形成。岭南番禺"处近海,多犀、象、玳瑁、珠玑、银、铜、果布之凑,中国往商贾者多取富焉。"从此,岭南成为中外政治、经贸往来的必经之地,南岭交通也成为沟通这一地区与内地的重要交通走廊,也使岭南成为秦汉时期中外贸易的中心地区之一。

岭南地处亚热带,各种动植物资源丰富,"夫物以远至为珍","且南海多珍,财产易积,掌握之内,价盈兼金",此处南海代指岭南地区。而"旧交趾土多珍产,明玑、翠羽、犀、象、玳瑁、异香、美木之属,莫不自出",此交趾也非交趾郡,而是交趾刺史部。岭南多异产。"番禺,亦其一都会也。珠玑、犀、玳瑁、果布之凑。"时番禺为象牙、犀角、珠玑、玳瑁、金银器物以及各种香料等岭南特产荟萃之地,这里的贡物沿北江而上,从南岭东部的连江道或武香料而北上;而来自交趾等郡岭南西部的物品,由南岭西部的灵渠道或贺—潇道而北上。

由于秦汉时期南岭交通多条水陆道路的开辟和整治,沟通了岭南甚至域外与内地的联系,为维护大一统国家中央与地方的联系起到了桥梁作用,也为维护岭南边疆的安定起到了保障作用。其交通在促进了岭南地区经济、社会、文化等方面发挥了巨大作用。不仅促进了南岭南北的商品往来,"中国商贾者多取富焉",而且使"南海诸国"商品流通到北方。南岭交通当然也促进了岭南手工工具的进步,劳动生产率的提高,大大推动了岭南社会的进步。同时,北方先进的文化随着官员在地方上推行政令而深入,社会风气渐趋改变,岭南文化发达的苍梧等也出现了经文学家。秦汉南岭交通的开辟与发展,奠定了其后各代岭南与北方交通的基础,有着十分深远的影响。

（三）六朝时期陆海丝路的初步发展

1. 广州：岭南陆海丝路的中心

东汉末年,士燮兄弟以交趾郡为中心,领辖岭南七郡,交趾名重一时,成为对外贸易的重要港口。建安十五年（210年）交州治所移治番禺,黄武五年（226年）,初置广州,辖南海、苍梧、郁林、合浦四郡,治所番禺,而交州移治龙编（今越南河内附近）,仅辖交趾、日南、九真三郡,地位远不及广州。虽广州旋废,但交州治所又移番禺,番禺成为岭南重要的政治、经济中心。永安七年（264年）分交州再置广州,治所仍在番禺,辖南海、苍梧、郁林、高凉四郡,交州移治龙编,交广分治从此成为定制。随着政治中心向东南迁徙,六朝定都于建康（业）,广州治所番禺距建康较近,北上逾大庾岭沿赣江入长江即达建康,而交趾、苍梧偏于西南,到达建康不如番禺迅捷。这些条件使番禺理所当然地成为岭南的政治中心。后来的事实也证明了广州治所番禺政治地位的重要。吴国末期郭马政变、东晋初年的王机叛乱等政治事变都发生在番禺,南朝卢循、陈霸先等都是以广州治所番禺为根据地而后北上的。随着大庾岭道逐渐成为3~6世纪越过南岭的主要通道。岭南主要通道的东移,加上当时江左人南下和军事上的需要,"百姓乃从海道入广州",粤东沿海道也逐渐兴盛。卢循起义军和东晋沈季高、沈田之的军队等都是从粤东沿海南下番禺的。陆上和海上交通的便利,对番禺中心城市的形成起到了一定作用。

同样,魏晋南朝时,广州成为南海丝路远洋贸易的重要始发港。广州居三江之会,北江、西江、东江交通方便,粤东海路也可达江左,故沿江和沿海多南迁之民,而位于三江交汇的三角洲地带,地势低平,土壤肥美,无疑成为南迁人口的聚居中心。随着岭南政治中心和交广两州的分置,再加上广州政治清明,少战事侵扰,社会安定,因此,广州治所番禺成为岭南的政治中心和经济都会。南方其他对外贸易港口的衰落,也为广州成为对外贸易港口提供了条件。随着海舶制造技术的提高,原来的近岸航行变作可以取道海南岛东岸和南岸直达广州,上述的"重楼""八槽舰"应是使用于海上航行,而域外的扶南国也"乃制作大船,穷涨海"。据《南州异物志》载："外域人名舡曰舡（舶），大者长二十余丈，高去水三二丈，望之如阁道，载六七百人，物出万斛"；"外徼人随舟大小，作四帆或三帆，前后沓载之，张帆取风气，而无高危之虑。故行不避迅风，激波安而能疾也"。这些船体较大，随风调整帆数和帆向，为远航深海航行提供了便利。值得注意的是，三国时期吴国万震《南州异物志》和康泰《扶南传》都载涨海（今南海）有珊瑚洲，"洲底有盘石，珊瑚生其上"，"涨海崎头水浅，而多磁石。外徼人乘大舶，皆以铁鍱鍱之。至此关以磁石不得过"。盘石和磁石皆为今南沙、西沙群岛的暗礁和珊瑚礁。无论是作者亲身经历或是道听途说，吴时已有远航船舶经过南海航行。不过，这时番禺还不是重要的对外贸易港口，至少史籍没有明确记载其为对外贸易之地。

三国时期，南海丝路的发展与吴国大力发展航海密切相关。黄龙二年（230年），孙吴大将卫温、诸葛直率万人进驻夷洲（今台湾）。赤乌五年（242年），孙权又"遣将军聂友、校尉陆凯以兵三万讨珠崖、儋耳"。珠崖（治今海南琼山东南，汉时辖海南岛东北部）、儋耳（治今海南儋县西北，辖今海南岛西部地区）为汉武帝时所置两郡，辖地当今海南岛，附近已是南海海域。海南岛纳入吴国版图，为南海丝路向东迁移提供了便利。不过，由于岭南中心城市广州番禺城在东吴初年兴起的时间不长，因此交州仍然在中外交通史上起着一定作用。

黄武五年（226年），吕岱平定交趾太守士燮之子士徽叛乱，"岱既定交州，复进讨九真，斩获以万数。又遣从事南宣国化，暨徼外扶南、林邑、堂明诸王，

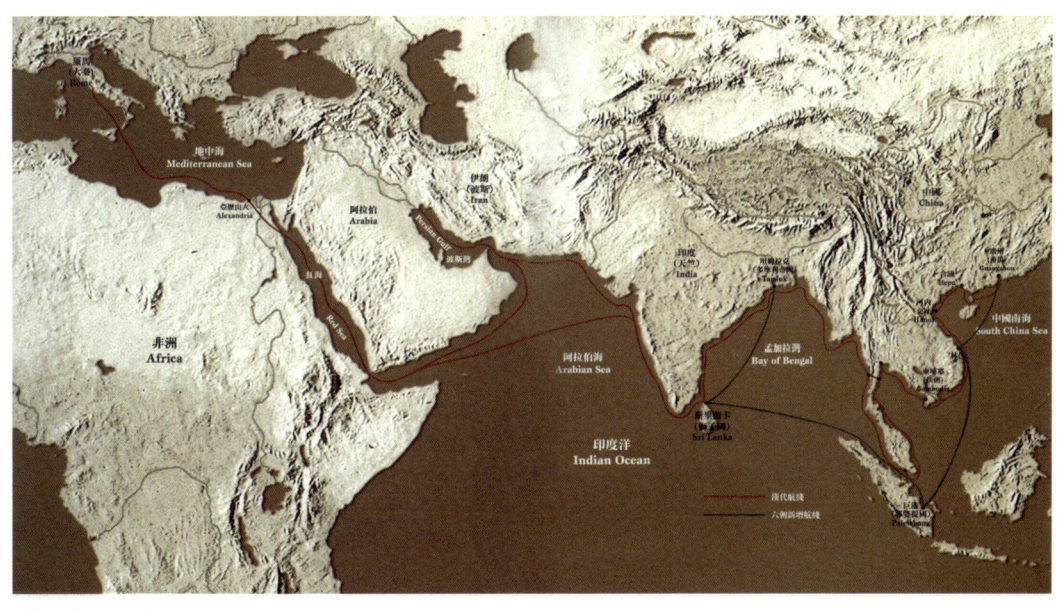

■ 六朝时期海上丝绸之路航线图

各遣使奉贡"。这此载东南亚国家应是沿近海达交州，从交州而北上至建业。同年，"其大秦贾人字秦论来到交趾，交趾太守吴邈遣送诣权，权问方土谣俗，论具以事对"。大秦商人秦论怎样到达交趾？史书仅言"其国（大秦）人行贾，往往至扶南、日南、交趾，其南徼诸国人少有到大秦者"，"其（中天竺国）西与大秦、安息交市海中"。则大秦商人应在中天竺、安息往来，向东还到达泰国湾以及南海，与扶南、吴日南郡、交趾往来，这期间沿近海航行的道路已从印度洋至太平洋，南海航路也向西扩展至安息、大秦境。

据《梁书·海南诸国传序》载："海南诸国，大抵在交州南及西南大海洲上，相去近者三五千里，远者二三万里，其西与西域诸国接……及吴孙权时，遣宣化从事朱应，中郎将康泰通焉。其所经及传闻，则有百数十国，因立记传。"朱应、康泰南洋之行是否就是吕岱所遣从事，史书简略，未敢妄断。继三国吴在南海上航行最远和影响较大的便是朱应、康泰的这次南洋之行。朱应所撰《扶南异物志》和康泰所撰《吴时外国传》（也作《扶南记》《扶南传》《扶南土俗》《吴时外国志》）对这次航海和所见所闻记载详尽，可惜全佚。今仅从《水经注》《通典》《艺文类聚》《太平御览》《册府元龟》等史书散见部分段句，可窥当时吴国与东南亚各国海上往来情形。

朱应、康泰出使扶南国，应至其国及附近国家，地域当不超过今东南亚。因为康泰等在扶南见到天竺王派出回访扶南王的使者陈宋，"具问天竺土俗"。据冯承钧先生考证："传中所言非历之地，天竺、大秦，甚至加那调洲（当今缅甸沿岸），皆传闻之地也"。时朱应、康泰等人应是从吴国最南边境日南郡（或相近的九真交趾郡）出发，从陆上或海上向南达林邑（治今越南维川县南茶荞），从这里南下扶南。康泰《扶南记》曰："从林邑至日南卢容浦口，可二百余里，从日南发往扶南诸口，常从此口出也。"扶南之外还有林杨国（地当今泰国西南部或缅甸东面部）、金邻国（地当今泰国境）、嘾杨（或作林杨、地当马来半岛克拉地峡。一说为苏门答腊岛）、无论国（缅甸卑谬一带，或为泰国武里南府，乌隆府）、优钹（今缅甸南部，或为孟加拉国）、典逊（北来半岛北部，一说为顷甸东南岸丹那沙林）、滨那专（地不详，在中南半岛）、蒲罗中（今新加坡和马来西亚柔佛一带，另有泰国北大年或万伦湾等说）、都有昆（在马来半岛，有吉打、瓜拉龙运、柔佛等说）、拘利（一作句稚，在马来半岛西岸帕克强河口，一说马来半岛南半东岸）、耽兰洲（今马来半岛东岸哥打巴鲁）、巨延洲（今加里曼丹，或谓今沙捞越的卡扬河）、北攎洲（今印度尼西亚勿里洞岛邦加岛）、薄欢洲（今印度尼西亚廖内群岛的宾坦岛，另有人认为在苏门答腊岛西北部或马来关岛）、马五洲（今印度尼西亚境，一说为巴厘岛）、火洲（今印度尼西亚小巽他群岛一带火山）、诸薄（今印度尼西亚爪哇岛或苏门答腊岛）、毗骞（今苏门答腊岛北部，一说马来半岛，另有印度南部）、加营（又作歌营，指苏门答腊岛，另有印度南部、马来半岛南部等说）、加陈（当今苏门答腊岛或印度西海岸）、姑奴（地不详，或谓在印度）、模趺（又作横向联合趺，今印度恒河口一带，另有缅甸沿岸、马来半岛南部等说）、乌文（印度东岸的奥里萨、另有安达曼群岛，马来半岛等说）、担袟（今印度西孟加拉邦南部之塔姆卢克）、加那调国、扈利国（或作枝扈黎、扈枝黎今印度西孟加拉邦胡格里河口一带）、师汉（今马来半岛以西、直苏门答腊岛北部、印度东南岸、斯里兰卡等）、斯高洲（即狮子国，今斯里兰卡）、天竺、安息、大秦等。"吴时扶南王旃遣亲人苏物使其国（中天竺国），从扶南发投拘利口，循海大湾中，正西北入，历湾边数国，可一年余，到天竺江口，逆水行七千里乃至焉"。同样，据康秦《扶南传》："发拘利口入大湾中，正西北入，可一年余，得天竺江口，名恒水江口。"两者皆从马来半岛克拉地峡帕克强河口附近出发，向西北方向驶入孟加拉湾，到达恒河口。"从加那调洲西南入大湾，可七八百里乃到枝扈黎大江口。渡江经西行极大秦也。"从缅甸沿岸至枝扈黎口（即恒河口），由此西行至大秦。

明确记载广州成为海上丝路始发港的时间是西晋康泰二年（281年），安南将军广州牧滕侯坐镇番禺，"大秦国奉献琛，来经于州，众宝既丽，火布尤奇"。虽然，"晋代通中国者鲜，故不载史官"，但广州（即番禺）外贸港的声誉已远播域外。法显从海上归国，在耶婆提国（今苏门答腊岛东部，一言爪哇岛）"东北行，趋广州"。来往于此途的"商人议言'常行时，正可五十日便到广州'"。人们已可利用信风，准确掌握航行时日。这比《汉书·地理志》所载沿近岸航行要迅捷。刘宋元嘉七年（430年）诃罗陁国（今爪哇岛）"愿敕广州，时遣舶还，不令所在有所陵夺"，要求保护其国外贸船只。虽然这一时期有侵夺事件的发生，但丝毫也不影响番禺"商舶继路，商使交属"的盛事。宋末，扶南国等"遣商货至广州"。至齐时，"商舶远届，委输南州，故交、广富实，刃积王府"。梁时，番禺"海舶每岁数至，外国贾人以通货易"。萧劢为广州刺史时，变"每年（外）舶至不过三数"为"岁十余至"。考古也在西沙群岛的北礁，打捞出南朝六耳罐、陶杯等遗物，这足以证明南朝时南海丝路确实已东移至海南岛东和西沙群岛附近。南海丝路的东移，为广州（番禺）对外贸易港口的形成和繁荣起到了巨大的推动作用。

刘宋时，中国航海在北印度洋方面也取得突破，开辟了由广州直达阿拉伯海与波斯湾的远洋船路，沟通了东亚与西亚的联系，正如《宋书·夷蛮传》所言："若夫大秦、天竺，迥出西溟，二汉衔役（使），特艰斯路，而商货所资，或出交部，泛海陵波，因风远至。又重峻参差，氏众非一，殊名诡号，种别类殊，山琛水宝，由兹自出，通犀翠羽之珍，蛇珠火布之异，千名万品，并世主之所虚

■ 西来初地遗址牌坊

心,故舟舶继路,商使交属。"古代阿拉伯旅行家和历史学家马苏弟(一译作马斯欧迪)也在其撰写的《黄金草原与宝石矿》一书中提到,五世纪上半期,在幼发拉底河的古巴比伦西南的希拉城(时为希拉国国都,希拉国统治时间三至七世纪初)常有人看到印度和中国船在此停泊。中国帆船到达波斯湾头后,"中国和印度船只潮流而上去见希拉王",由此可见,中国的船只已远达阿拉伯国家。

宋末齐初时,扶南等国仍以广州为对外贸易口岸。梁时,林邑曾九次派使节入梁,扶南也曾八次遣使入梁。东南亚的盘盘(今泰国南部万伦湾一带)、丹丹(今马来半岛吉兰丹)、干拖利(今马来半岛吉打)、狼牙修(今马来半岛北大年一带)、婆利(今印度尼西亚加里曼丹)等国也遣使节频繁往来梁廷。天监初年和大通元年(527年),中天竺国和师子国也分别遣使与梁朝往来。这些国家的许多僧侣也多乘大海船,由南亚而至中国南方,西天竺名僧拘那陀罗就是在梁大同元年(546年)取海道经狼牙修,扶南而至广州的。古希腊旅行家科斯麻士曾到过波斯、印度、锡兰（今斯里兰卡），并著有《世界基督教诸国风土记》一书，书中对中国与东罗马帝国海上交通有所阐述："产丝国（指中国，即下文的秦尼策国）在印度诸邦中为最远者。当进入印度洋时，其国在吾人之左手方面（即东北方），唯离波斯湾及赛莱底巴（指锡兰岛）甚远。……产丝国之名为秦尼策国，大洋海环其左，此洋与环巴巴利（非洲东岸之地）同一洋（印度洋）也……若由波斯而经海道往彼，所需时日实甚久也。盖第一原因，航海者须由塔勃罗贝恩（希腊人对锡兰岛之称谓）所处之纬度及稍北诸地，船行长程一节，约有波斯湾之长，始得达其目的地也；第二原因，则渡过印度洋全境，由波斯湾至塔勃罗贝恩，曾由塔勃罗贝恩面转舵向左，以往秦策尼之地，海程甚远也。"对印度洋上波斯湾、巴巴利、锡兰间的交通及锡兰与中国的海上交通有了一定认识。

总之，正是南海丝路移至广州，使广州成为六朝时期最主要的对外贸易港口，特别是继徐闻、合浦、交趾等港口之后，广州成为中国对外贸易和南海丝路的始发港。而且随着造船技术和航海技术的提高，原来沿近海航行的海上丝路逐渐的东移，从广州经海南岛东岸—西沙群岛—南沙群岛一线而穿越南海航行，到达加里曼丹、中南半岛南部、苏门答腊等岛屿，由马来半岛向西，经苏门答腊岛南北皆可入印度洋，经尼科巴群岛而西达斯里兰卡岛，由此向西北可达印度，向西可达阿拉伯海、波斯湾。正如阿拉伯人行记所言那样，"中国的商舶，从公元三世纪中叶开始向西，从广州到达槟榔屿，四世纪到锡兰，五世纪到亚丁，终至在波斯及美索不达米亚独占商权"。六朝时期广州对外贸易港口的形成，在整个海上丝路发展史上的作用和意义是不可估量的，特别是为唐代市舶使的设置以至最终确立广州为全国对外贸易最大港口的地位奠定了坚实的基础。从此以后，近两千年来，广州一直是我国重要的对外贸易港口。

2. 粤北、粤西交通重镇与道路的联通

秦汉以来，岭南与岭北的交通道路大多遵循古道，诸如《水经·洭水注》引者旧所言："自阳山达乎桂阳之武步驿，所至循'圣鼓'道也。其道如堑，迄于鼓城矣。"这里的圣鼓道很可能就是后来的秤架道（因经今广东阳山秤架瑶族乡而得名）。这条由桂阳而达阳山的一条秦汉古道，史载"秦凿杨山，桂阳县阁下鼓便自奔逸，息于临武，遂之始兴、洛阳，遂名圣鼓。今临武有圣鼓城"。"阳山县有石墟村，村下有豫章木，径可二丈，秦时伐木为鼓，名曰圣鼓也"，从桂阳、阳山、临武等地名看，秦汉时应凿这条从湘南到粤北的秤架道。这些要塞和道路，为国家政令的下达以及岭南地区政情的上传起到了桥梁作用，加强了岭南地区与中原王朝的联系，使岭南地区纳入多民族中央集权大一统国家的版图内，加强了中原王朝对岭南地区的统治，有效地维护了多民族、大一统国家的政治格局。

由于秦汉时期交趾郡是岭南的政治、经济中心,当时国家的政治经济中心也在关中咸阳、长安和豫西洛阳。若以函谷关为界线再向南延伸,无论是国家和岭南地方,当时的政治、经济偏西,连接京师与岭南中心的道路也以偏西的越城岭道为要。越城岭道之所以最便捷,与基本上利用舟船沟通南北的通道——灵渠有着密切地关系。虽然紧邻其东的萌渚岭潇贺道在其间也发挥着重要作用,但二者谁作用更大,难以判断。随着六朝时期都城移至建康,岭南政治经济中心也由交趾而东移至广州,广州成为对外贸易的始发港和中心港,连接两大中心的道路也向东移至五岭东端的大庾岭路、骑田岭路。由建康西沿长江溯赣江,逾大庾岭"改装之次","舍车登舟"沿东溪(今浈江)、溱水(今北江)南下广州,成为主要通道之一。当时的政治、军事重镇长江中游的荆州,通过长江—湘江—耒水或钟水(今舂陵水),越骑田岭沿溱水(上源武水,下游北江)或洭水(今连江)而达广州,其地位和作用也日益重要。东晋卢循起义,除派徐道复越大庾岭外,自率一路越骑田岭,攻占长沙,应走此路。

■ 波斯银币

而始兴郡就居大庾岭路、骑田岭路交汇处,即武水、浈水的交汇处。就在大庾岭路、骑田岭路南下达广州的溱水(今北江)途中,今广东英德、曲江等的南朝陵墓中出土了波斯萨珊王朝的银币,证明连接广州和岭北的道路借助溱水及沿岸的陆路。溱水中游的浈阳峡(今广东英德境),"两岸杰秀,壁立亏天,昔尝凿石架阁,令两岸相接,以拒徐道覆。"也是战时需要而建的栈道。

值得一提的是,武水由于岭南的"南货"的驰名而也被岭北人贯以"贪泉"之称。盛弘之《荆州记》记载了广州石门贪泉以外的另一贪泉(流)。"众山水出注于大溪,号曰横(流)溪,溪水甚小(深),冬夏不干,俗谓之为贪泉,饮者辄冒于财贿,同于广州石门贪流矣。"此横溪即武水,为逾骑田岭后岭南的第一水,武水下注北江而达四会,"刘澄之谓为一涯溪,通四会殊为孟浪"。从交通来看，横溪作为中原人入岭南的第一条溪水，之所以冠以贪泉之名，与人们认为岭南"南货""贪官"的出现与此地水土有关。无独有偶，骑田岭东的大庾岭，也作为从赣江入岭南的必经之"峤"，俗云："经大庾，则清秽之气分；饮石门，则缁素之质变。"南来的廉洁之士，越大庾进入岭南，由清而秽。虽然官员的贪黩与五岭及以南的水土无关，但五岭南北水土不同，风气迥异，确是实情。五岭可谓当时的一条南北分界线。岭南的"南货"价值连城，跨越五岭的通道，成为岭北人获取海上丝路物品的主要途径。

六朝时期，五岭交通道路的重心东移至大庾岭道，形成了岭南与长江流域、北方联系的新格局，这一格局直至清末五口通商以后才有新的变化。官员和商人促进了商贸的交流。梁时，周文育在大庾岭旅店赌博一夜"得银二千两"。始兴内史梁云"以恩德罢亭侯，商贾露宿，郡中称为神明"，改变这里"边带蛮人俚，尤多盗贼"的景象。梁末陈初，广州之地，"工贾竞臻，粥米商盐，盈衢通肆。新垣既筑，外户无扃，脂脯豪家，钟鼎为乐，扬袪洒汗，振雨流风。市有千金之相，因多万箱之咏"，商贸发展也促进了岭南经济区的形成，始兴郡无疑是陆上丝路的重镇，也是"南货"北上的要地。

与北江通道作用一样，西江通道在早期联通陆上贸易中起到重要作用。处于罗定江与西江交汇处的高要郡（治今广东高要），也是交通要冲。在今广东西部的云浮市境内，流程最长的是罗定江，罗定江历史上也被称为泷水（今罗定境内仍然称作泷水或泷江）、晋康水、南江。这条泷水流域早在先秦时期已经出土过带有楚国文化风格的墓葬与青铜器，这条通道成为南北流江以外的另一条通向岭南西部沿海港口的通道。嘉靖《德庆州志》云："晋康水，一名南江，其源出泷水县大水山"。明万历以前，罗定称作泷水县，后改今名。最早记载泷水的是《南齐书·州郡志》："西南二江，川源深远。别置督护，专征讨之。"其实，南江并非可用"深远"而称。《广东新语·水语》也说："南江，古泷水，一名晋康水。其源出西宁大水云卓之山。会云河松抱坎底上乌之水至大湾。又会东水至德庆南岸入西江。予诗：'西江一道吞南北。南北双江总作西'。北谓浈水，南谓晋康水也。西江之源最长，北江次之，东江又次之，南江最短。然其水清于西江。"

东晋永和七年（351年）将龙溪县（今德庆）改置晋康郡，在南江流域设立龙乡、晋化、夫阮三县，义熙九年（413年）又将晋康郡治所迁至龙乡县。后南江地区建置为晋康郡、广熙郡。1983年在罗定罗境鹤咀山发现一座大型南朝墓，出土随葬品68件，有青釉瓷器、金器、铜镜、铁器等，其中一只手镯金器，四组走兽和花纹图案，上面的忍冬纹是中亚粟特地区常见，走兽花纹也是西亚地区常见的狐、飞狮等，应是舶来品。罗定罗境为南江上游罗境河，与信宜贵子的鉴江相邻，鉴江自北而南流经高州、化州，至吴川入海，这只带有西亚地区风格的手镯，极有可能是从海道转入鉴江而达南江水道的。因此，以南江和鉴江作为南海丝绸之路与内陆地区的对接通道无疑在魏晋南朝已经形成。梁时南江地区的豪强陈法念为刺史，至隋时，南江地区陈氏与高凉冼氏、钦州宁氏，成为粤西三大豪族，控制南北海陆贸易。

（四）隋唐五代时期海上丝路的兴盛与海陆丝路的对接

1. 唐代岭南岭北交通路线

隋唐定都长安，五岭以北的潭州（治今湖南长沙）、洪州（治今江西南昌），五岭以南的桂州（治今广西桂林）、广州，甚至交州（治今越南河内）等，都是这一时期的中心城市。连接这些城市的道路纵贯五岭南北，形成了以广州、桂州等为中心的第一级主要交通路线。而大庾岭道即梅关道的开通，逐渐成为岭南通向岭北的重要道路，改变了岭南交通原来各道并存的地理格局。

唐代岭南港口与岭北的交通路线如下：

（1）广州—大庾岭—上都线

从广州达上都长安，"取虔州大庾岭路五千二百一十里"。从广州溯北江至韶州（治今广东韶关），"水陆相兼五百三十里"。韶州取道大庾岭达虔州（治今江西赣州）"陆路五百五十里"，沿赣江达洪州、江州（治今江西九江）。由江州溯长江而上，经鄂州（治今湖北武汉）、溯汉江达襄州（治今湖北襄樊），再北上经邓州（治今河南邓州）、商州（治今陕西商州）而达长安，五千二百一十里应是从此道而北上的。而顺长江东下而达扬州，再沿运河北上，经楚州（治今江苏淮安）、泗州（治今江苏盱眙）、宋州（治今河南商丘）、汴州（治今河南开封），达东都洛阳，再沿两京驿道西至长安。由于隋大运河修筑，而唐中后期又多依赖"东南八道"财赋，故这条利用运河的道路，成为漕运土贡、商贸往来、官吏贡使多取之途。唐后期运河江淮段常常阻断，东南漕道亦常"取江路而上，抵商山入关"，这也是《元和郡县图志》卷二八《江南道·江州》等记载广州经江州而西北达长安的道路里程所在。

北上上都和东都，大庾岭路是必经之途，经张九龄开元时新辟，成为沟通南北的通途。而赣江在虔州附近，"赣石险难□□，给水匠十五人，并于本州白丁便水及解木□□充。分为四番上下，免其课役"。贞元初，虔州刺史路应"凿赣石梗险，以通舟道"，使大庾岭路借助赣水交通的路线更为顺畅。

当然，从洪州而沿信江达信州（治今江西上饶），经衢州（治今浙江衢州)、睦州(治今浙江建德)而达浙江,再从杭州沿江南运河北上亦可达东都洛阳。这条更偏东的路线,从广州达洛阳七千六百多里,李翱从洛阳达广州走了六个月,也是需经大庾岭而达的。

(2)广州—武水—郴州—上都、东都线

广州"取郴州路四千二百一十里"达上都。从广州北上韶州,溯武水或从沿岸附近绕行越骑田岭而达郴州,由郴州北行而沿湘江,达潭州、岳州(治今湖南岳阳),沿长江至鄂州,溯汉水至襄州,再北上邓、商等州而入长安。此道武水上有许多险滩,《始兴记》已云其处"甚险","行者放鸡散米以祈福"。大大影响了交通。故《元和郡县志》卷三十四《岭南道·韶州》云:"西北至郴州陆路四百一十里",多应取陆路,或沿今广东乳源、乐昌坪石间的"西京故道",或沿武水近岸附近绕行。今广东乳源、乐昌坪石间的"西京故道",笔者曾亲至其地考察,在梯云岭、猴子岭仍留有遗迹。梯云岭遗迹到宋代仍然在使用。史载"梯头岭,在乳源县西北,出桂阳路,经此登级如梯。"这里的梯头岭为今梯云岭无疑。今乳源到坪石公路、京珠高速都与"西京古道"遗迹相近,大瑶山以西,从地理上看,乳源道的古今作用重大。虽然,今天这里的公路新道并非完全利用古道,但利用自然地理大势,应该古今同理。

敦煌保留的《诸山圣迹志》,有僧人游历,从韶州"西望郴、连等,欲迁千里□,经草□蛮过野庚,八九日方达郴州",或走旁道,或走乳源境内的"西京古道"。

另外,循州(治今广东惠州)等北上上都、东都,皆是"取广、郴路"北上的。东江通道也有时采用,但不如前者重要。

(3)广州—湟水—骑田岭—上都、东都线

广州"西北泝流至连州八百九十里",沿北江再溯流湟水(今连江)至连州,连州"西北至上都三千六百六十五里,东北至东都三千四百五里",越骑田岭至郴州,由此取郴州路,走潭、襄而至长安。唐代仕宦往来多取此道,贬官谪臣张说、沈佺期、杜审言、王仲舒、刘禹锡等都曾走此线南下。韩愈在德宗及宪宗年间贬谪岭南,三经骑田岭郴州路,或下武水,或下湟水而达北江再至广州。

(4)交州—邕州—横州—浔州—象州—桂州—潭州—上都、东都线

交州"北至上都六千四百四十五里,水路六千六百四十里。北至东都五千七百八十五里,水路六千三百八十里"。交州北上,沿左溪(今左江),经邕州(治今广西南宁)、横州(治今广西横县)、浔州(治今广西桂平西北),然后溯今黔江、柳江,经象州(治今广西象州东北)、柳州(治今地)而达桂州。桂州"北至上都三千七百五里,北至东都三千四百五十五里",经灵渠,沿湘江,经永州(治今湖南永州)、衡州(治今湖南衡阳)、潭州、北上荆襄而达长安、洛阳。

（5）交州—廉州—容州—藤州—梧州—（或贺州）桂州—上都、东都线

由交州北上水路航行，至廉州（治今广西合浦东北），沿南流江达容州（治今广西容县西南），再沿北流江，至藤州（治今广西藤县东）进入西江，至梧州（治今地）沿漓水而达桂州再北上。或从梧州经富州（治今广西昭平）而达贺州（治今广西贺州南），或沿西江还可南下广州。广州"西北至贺州八百七十六里"，由贺州北上越萌诸岭达道州（治今湖南道县），再沿潇水达永州，与桂州路达上都、东都路相接。贺州线因距广州悬远，已失去秦汉的要道地位，部分变成第二级的道路。《元和郡县志》卷三十四载，封州北上上都要绕行梧州、桂州，而非经贺州，其意十分明显。

（6）万安州等—雷州—广州—大庾岭—上都线

由海南岛上的万安州（治今海南陵水北）、儋州（治今海南儋县西北）、崖州（治今海南琼山县东南）北上，渡琼州海峡达雷州（治今地），再沿罗州（治今广东廉江北）、高州（治今广东高州北）北上广州再北行至岭北各地。或从罗州经白州（治今广西博白）而沿南流江再达容州、藤州、桂州北上。

（7）潮州—循州—广州—郴州—上都线或潮州—虔州—上都线

潮州"西北至上都取虔州路五千六百二十五里，西北至上都取虔州路四千八百一十里"，"西南至广州水陆路相兼约一千六百里，西南至循州一千五百里。"潮州北上沿韩江、汀江达汀州（治今福建长汀），再西行沿贡水达虔州北上。循州"西北至上都取广、郴路四千六百一十里，西北至东都取广、郴路四千四百五十里"，"西至广州水路沿洬相兼四百里"。

总之，上述七道中，以广州而言，开元以后大庾岭道地位日渐重要，从武水（或湟水）的郴州道次之。而以桂州而言，灵渠道为重，连接粤西、安南。而处在岭南东西中间的贺州道地位大大降低，无法与以上其他道路抗衡。

而值得注意的是，五岭附近各州间的道路日臻完善，各州下辖县与州的联系也日益紧密。五岭地区各州交通支线的发展及各州县小支线的已经形成，这些支线的形成，大大便利了岭南港口与岭北的联系。以唐代为代表，五岭间各州交通支线得到了长足的发展。江南西道虔州、郴州、永州、道州、连州，岭南道桂林、昭州、贺州、韶州、循州北部、广州北部等，相互间道路的联系已经大大加强。时循州（治今广东惠州）北上都城，向西取道广州，循州北部仅有雷乡（治今广东龙川西北）一县，其北部今东江流域的交通开发较其他各州都缓慢。但从南朝至唐时，古安远水（今九曲河）已被政府所重视，且在赣江流域之南的东江上游九曲河源地区已设立了安远县治，足可证从南朝梁时开始，古安远水（与今濂江、安远水不同）已是东江连接赣江的重要通道。唐代，位于今桃江滨畔的信丰县（治今新丰县嘉定镇），"北至州一百九十五里"，位于贡水支流今安远

水上源濂江的安远县（治今安远欣山镇），"西北至州五百二十里"。而虔州（治今赣州）"南至循州一千六百一十四里"。唐时循州治今惠州市惠城区。循州雷乡县在今龙川县境西北，"西南至州六百里"。循州"西至广州水路沿泝相兼四百里，陆路三百五十里"，西北无论是到上都长安，还是东都洛阳，皆"取广、郴路"。值得一提的是，潮州（治今潮州湘桥区）至长安、洛阳的道路"取虔州路"，而潮州"西北至虔州一千一百里"。从潮州至虔州当沿韩江至程乡县（治今潮州市梅江区），西北陆路到达贡水上源而至虔州的。虽然，雷乡县还不是南北的主要通路，但作为区域性的交通要地，它仍是潮州与广州的必经之地。这条梅、循与东江间沟通的驿道，唐朝时已经开通。在宋龙川县西四十里的山岭，"循、广二州分水岭也，（唐）大历中宰相常衮除潮州途经此岭，土人呼为丞相岭"。后韩愈赴潮州，也是"过海口，下恶水"，当是从东江而达韩江上源梅江、宁江才南下的。故唐雷乡主要是连接潮州与广州的主要通道，兼及东江流域北上虔州的交通。五代十国，雷乡因控扼大庾岭以东东江、梅江与赣江的交通要道，地位凸现。"梁、唐、晋、汉、周之间，常为总管府，甲兵屯焉"。南汉乾亨六年（922年），改雷乡县为龙川县，"仍移（循）州就县古赵佗城。西接嶅山，南临浰水"，仍是交通要地。五代末，罗恺先祖为南昌人，"徙循之龙川"。而时龙川县为循州治所，其地位大大加强，"东南抵惠，东北接梅、潮，西（应为北）连汀、赣，重山峻岭数百"。龙川为循州州治所，加强其控粤赣交通的职能。

五岭诸州中，除广州、桂州外，还形成了韶州、连州、郴州、虔州、永州等区域交通中心。

韶州州境东西略长，南北略窄，"州境东西六百二十里，南北四百五里"，是广州北上大庾岭路"取虔州、吉州路"或"取郴州路"的必经之地，是南来北往的大道所经。除南连广州，东北接虔州，西北至郴州外，还有"西至连州山路险峻五百里"，并非取今连州至韶关间的323国道的一段，而是从韶州北或南绕行的道路。另外，端州"北取广州四会县界水路至韶州六百四十里"，也是沿西江、北江而北达韶关。虽然循州"东北至韶关一千二百里"，但并非循州—广州—韶州三州距离相加的水陆路九百三十里（陆路八百八十里），而是远多于这个距离，说明其间道路还是蜿蜒曲折，非大道主路所经。韶州始兴郡"北至仁化县三百二十里重山无路"，经仁化县北达郴州的道路还不是大道所经。

总之，要道以外的韶州通端州、连州、循州还是有路可通的，特别是五岭山地韶州至连州的山路，有力地加强和改变了武水与洭水（湟水）之间的交通。而韶州通循州的道路也在改变着五岭东部落后的交通面貌。

连州东连韶州，东南接广州，"东北度岭至郴州三百九十里"，与东部联系较为频繁。其南下广州必须通过湟水（今连江）。连州城东南十一里的贞女峡（后又名楞伽峡），为湟水著名的峡谷之一，韩愈的《贞女峡》诗写道："江盘峡束春湍豪，雷风战斗鱼龙逃；悬流轰轰射水府，一泻百里翻云涛；漂船摆石万瓦裂，咫尺性命轻鸿毛。"水上交通还是有一定的障碍。蒋防在宝历二年（826年）为连州刺史，"尝疏楞伽峡水以利涉，民甚德之"，大大便利了湟水的交通往来。而其西部，"西至贺州捷路二百七十里，取道州桂岭路三百六十里"，桂岭即今广西贺州大桂山，今323国道的一段正位于贺州至连州之间。连州与贺州有两道相通，说明今萌渚岭以东的这一段五岭交通还是开发程度较深的，这与长沙马王堆《地形图》《驻军图》对这一带的绘图密集是一致的。连州连山郡"北至桂阳郡蓝山县二百五里，西北到江华郡五百七十里"，"西南到临封郡六百三十里"。江华郡即道州，临封郡即封州，其间有道路相通。唐代是在汉代的基础上，加强了今萌渚岭以东的连州、贺州、封州、道州的交通。

值得一提的是，唐代张九龄新开辟了大庾岭道。大庾岭道，早在秦时，秦军五十万人南下，其中的一路就"守南野界"，大庾岭上的横浦关成为"通南越道"的重要关隘，汉时号称"塞上"的大庾岭仍然有名，六朝时岭南广州北上都

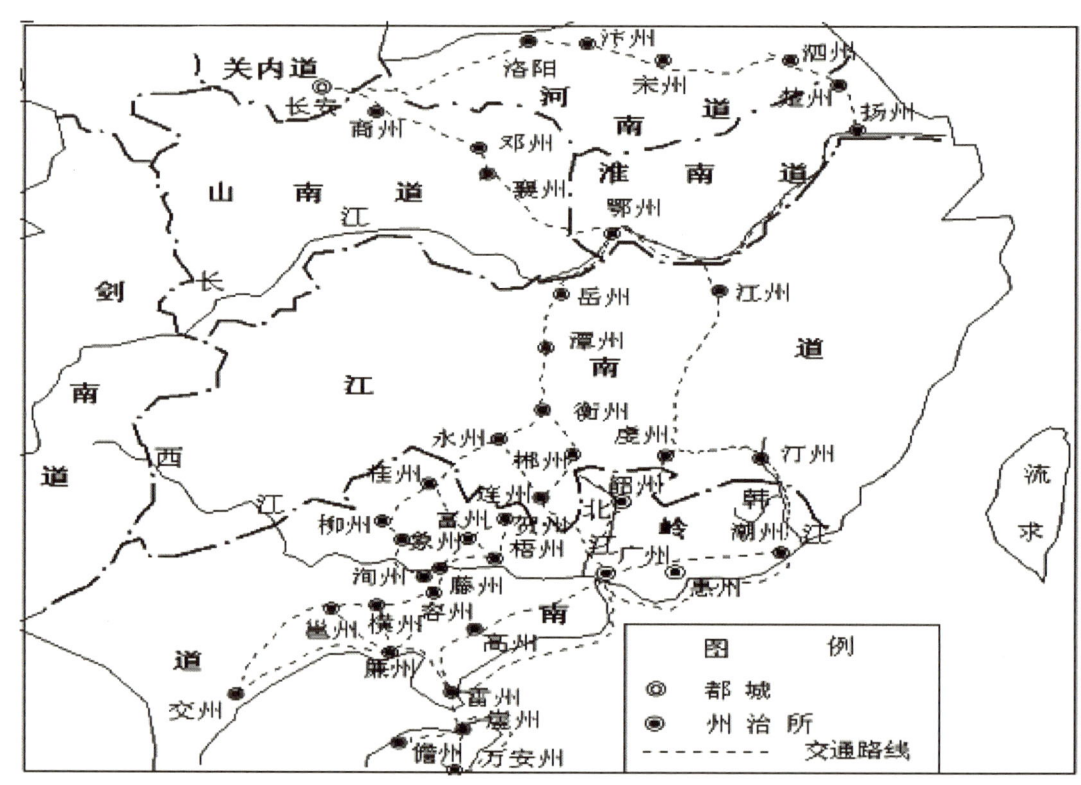

■ 唐代岭南港口与岭北交通图

城建康（东吴称建业）的道路都要逾越横浦关所在的大庾岭路。张九龄未开新道前，横浦关在今江西大余县的十里径东出口与小梅关附近，从大庾山北麓的大庾城盘曲向上，自顶下七里，平行十里的游仙径（今十里径）到达，平（横）亭即是横浦关，从横浦关东行，沿横浦水即浈水南下。六朝时，逾越大庾岭的道路，仍然"岭路峻阻，螺转而上，逾九蹬，二里至岭，下七里，平行十里至平亭"，平亭所在的横浦关游仙径以北的道路还是比较难行的，无怪乎《曲江集》卷十七《开凿大庾岭路序》形容当时"岭东废路，人苦峻极。行径夤缘，数里重林之表；飞梁嶪嶫，千丈层崖之半。颠跻用惕，渐绝其元"。只能舍车而背负过岭而已。

开元四年（716年）冬，张九龄率众披荆斩棘，勘查大庾岭南北地形，"相其山谷之宜，革其坂险之故"，乘农闲之机完成工程。既然"成者不日"，所以费时不长，工程不是十分浩大。今梅关道应是张九龄所凿的新道，与旧道相比，新道偏东，部分利用旧道而开山辟石，截弯取直，利用河谷的地形，选择地势相对低矮的小梅关，坡度降缓，通车转运，"则已坦坦而方五轨，阗阗而走四通。转输以之代劳，高深为之失险"。

同时，大庾岭附近已有驿站。唐宋之间有诗名"题大庾岭北驿"。其驿应在大庾岭北麓无疑，蒋吉《大庾驿有怀》亦云："一囊书重百余斤，邮吏宁知去计贫"，唐时大庾驿已有名于世。而在大庾岭路旁，唐咸亨年间（670—674年），六祖慧能得法，早于开元张九龄新凿大庾岭道，创梅山院。其寺位于梅关关南，距南雄州城七十里，唐时有祖师塔、锡杖泉、放钵石等。寺院与驿站一起，为行旅提供了食宿。

大庾岭路新道的开凿，不但改变了过去"以运则负之背"的辛苦转运的窘况，通车运输，大大改变了大庾岭南北交通运输量较少的落后面貌，一些粗重的货物诸如铁、铅、锡等矿物，大量的粮食等货物可以交通南北，岭南和域外的齿革羽毛之贡，鱼盐蜃蛤之利可以备府库之用，"怀荒服兮走上京，通万商兮重九泽"，商贸交流，朝贡者不绝于途，此后一千多年，直到粤汉铁路建成前，大庾岭道（宋以后称梅关道）一直是粤赣间交通，乃至粤地与江南、中原交通的主要道路。不仅是国家官驿和域外贡使所经之道，也是岭南域外商贸与岭北交通的主要之路，更是维护国家统一，政令上传下达以及文化声教传播的重要途径。唐开元以后，五岭东部大庾岭路奠定了以后一千二百年五岭交通的中心地位。

2. "广州通海夷道"联通中外

唐开元以前在广州设置了管理对外贸易的唯一机构——市舶使。这一机构的设立，在一定程度上保证了广州对外贸易的繁荣。而广州对外贸易的繁荣主要体现在广州港海上交通的发展。唐代广州港分为外港和内港：扶胥港和屯门港为外港；广州城港为内港。内外港在对外贸易中都起到了重要作用，成为当时广州联系中外贸易的重要桥梁。广州港内联外接，不仅把国内的大量货物运到国外，而且把国外的物品通过贸易和朝贡等形式运到国内各地。

（1）广州外港与海上丝路的关系

扼珠江口内要塞的扶胥（今广州黄埔庙头及以东地区），与其南居于珠江口外东南角的屯门港（今香港特别行政区新界青山湾）一样，是屏蔽广州的两个重要据点，其在广州的对外贸易方面，起着十分重要的作用，被认为是广州的外港。

唐时，海上丝绸之路已超过了陆上丝绸之路的发展。其时中国和大食（阿拉伯帝国）之间海上贸易空前繁荣，广州和缚达（巴格达）已成为当时世界上两个主要的国际贸易商港。根据唐代贾耽的《广州通海夷道》载：

"广州东南海行二百里，至屯门山，乃帆风西行，二日至九州石（今海南岛东北角）。又南二日至象石（今海南岛东部的独珠山）。又西南三日行，至占不劳山（今越南岘港东南的占婆港）……又西北陆行千里，至茂门王所都缚达城（巴格达）……"

以上所列仅是以广州为起点通往西方的海上航线部分。有人认为，这条航线充分反映了唐代南海"丝绸之路"远洋航行的性质和水平，此线将东亚、东南亚、南亚、波斯湾、阿拉伯半岛和东非沿岸的重要海港连接在一起，形成了一条亚非洲际海上大动脉。上述部分航线说明，唐代海船先在广州出发，在离开中国大陆之后，并非沿海岸经徐闻、合浦去东南亚，而是直接经海南岛的东北角，沿海南岛东部海岸经西沙群岛直抵东南亚地区，大大缩短了航程。正是这种有利的地理位置，扩大了海南岛对外经济交往与联系。其时海南有一部分人，他们一方面劫掠过往海舶，同时也兼作海上贸易。如万安州的大首领冯若芳，"每年常劫波斯船二三艘，取物为己货，掠人为奴婢。其奴婢居处，南北三日行，东西五日行，村村相次，总是若芳奴婢住处也。若芳会客，常用乳头香为灯烛，一烧一百余斤。其宅后，苏芳木露积如山；其余财物，亦称此焉"。乳头香、苏芳木均是当时大食商人用海舶运来的货物，为冯若芳所劫掠并据为己有。此外，其所掠奴婢人数之多，居地之广，也是十分罕见的。另据《太平广记》载，振州（即崖州）的豪强陈武振也"家累万金，为海中大豪，犀象、玳瑁、仓库数百，先是西域贾船漂泊溺至者因而有之"。由此可见，唐时海南岛已是番舶往来的要冲之地，故能出现家富势强的大海盗。

（2）唐代南海交通路线

唐代海上丝路兴盛，从广州出发的南向航路已越过南亚半岛，直航阿拉伯海和波斯湾,并且首次到达红海和东非海域,贾耽的"入四夷之道"中就有安南经驩州南达印度的水上航路以及"广州通海夷道"。

唐代安南通往印度的两条陆上道路外,还有另一条海上通道:"一路自驩州(今越南莱市)东二日行,至唐林州安远县(今越南河静一带),南行经古罗江(今越南奇英县南),二日行至环王国(也作林邑、摩诃瞻波、临邑、占婆)之檀洞江(今越南中南部的灵江)。又四日至朱崖(今地不详,或在越南顺化一带),又经单补镇(指占婆港口,今越南会安一带),二日至环王国城(林邑国早期都城,今越南维州县南之茶荞),故汉日南郡地也。自驩州西南三日行,度雾温岭(今越南、老挝交界的长山山脉),又二日行至棠州日落县(今老挝甘结一带),又经罗伦江(今南通河下游)及古朗洞之石蜜山(今老挝甘结与班梳间),三日行至棠州文阳县(今老挝班梳一带),又经黎黎涧(今湄公河),四日行至文单国之算台县(今老挝万象东,一说泰国廊开府之纳提一带),又三日行至文单外城(或今泰国廊开附近),又一日行至内城(即老挝万象),一日陆真腊,其南水真腊。又南至小海(今泰国湾),其南罗越国(今马来半岛南部一带),又南至大海。"由此西向即进入印度洋海域。从驩州陆海路到达泰国湾沿岸的水真腊,由此海上南下而西至印度洋之印度。这是唐代从最南境的安南驩州

■ 南海神庙

到达东南亚、南亚的陆海道路。

实际上,从唐初开始,赴印度的中国僧侣走海路已经多于陆路。义净《大唐西域求法高僧传》记载西域求法六十名僧人,而取海道者超过一半。而中印海上交通道路仅是"广州通海夷道"的东段,贾耽在入四夷之道第七道详细叙述了这条通往东南亚、南亚、东非的海上路线。现将贾耽所载及注释分三段考证如下:

第一段航路:"广州东南海行二百里,至屯门山(今香港北屯门岛),乃帆风西行,二日至九州石(今海南岛东北之七洲列岛)。又南二日之象石(今海南岛东南岸之独珠山,一言海南岛东南之大洲岛)。又西南三日行,至占不劳山(今越南占婆岛),山在环王国东二百里海中。又南二日行至陵山今越南东南归仁一带),又一日行,至门毒国(今越南归仁)。又一日行,至古笪国(今越南芽庄)。又半日行,至奔陀浪州(今越南藩朗)。又两日行,到军突弄山(今越南之昆仑岛)。又五日行,至海峡(今马六甲海峡),蕃人谓之'质',南北百里,北岸则罗越国(今马来半岛南端),南岸则佛逝国(今印度尼西亚苏门答腊东南部)。佛逝国东水行四、五日,至诃陵国(今印度尼西亚爪哇岛)。"这一段航路分明是由当时中国最大港口——广州出发,经过海南岛东面,循中南半岛东南海岸南行,越过泰国湾,顺马来半岛东岸南下,至苏门答腊东南部,再驶向爪哇岛。

第二段航路:从诃陵国"又西出硖,三日至葛葛僧祇国(今苏门答腊东北岸处之伯劳威斯群岛),在佛逝西北隅之别岛,国人多钞暴,乘舶者畏惮之。其北岸则箇罗国(又作哥罗,今马来半岛西岸之吉打)。箇罗西则哥谷罗国(又作伽古罗,今马来半岛克拉地峡西南海岸)。又从葛葛僧祇四、五日行,至胜邓洲(今苏门答腊北部东海岸棉兰之北日里附近)。又西五日行,至婆露国(即婆露师洲,今苏门答腊岛西北岸处之布腊斯岛)。又六日行,之婆国伽兰洲(今尼科巴群岛,但日程不合,一说为斯里兰卡岛)。又北四日行,至师子国(今斯里兰卡),其北岸距南天竺国大岸百里,又西四日行,经没来国(今印度西南部拉巴海岸之奎隆),南天竺之最南境。又西北经十余小国,至婆罗门(今印度)西境。又西北二日行,至拔颶国(今印度河以西,巴基斯坦卡拉奇以东),又十日行经天竺西境小国,五至提颶国,其国有弥兰大河(今印度河),一曰新头河,自北渤昆国(指大勃律,今克什米尔西北之巴尔提斯坦一带)来,西流至提颶国北,入于海(阿拉伯海)。又自提颶国西二十日行,经小国二十余,至提罗卢和国,一曰罗和异国,国人于海中立华表,夜则置炬其上,使舶人夜行不迷。又西一日行,至乌刺国(即俄波拉,今奥波拉,一说今伊朗西北之阿巴丹霍拉姆沙赫尔),乃大食国之弗利刺河(今幼发拉底河),南入于海(今波斯湾)。小舟溯流,二日至末罗国(今伊拉克巴士拉),大食重镇也。又西北陆行千里,至茂门

王（哈里发）所都缚达城（今伊拉克巴格达）。自婆罗门南境从没来国至乌剌国，皆缘海（今阿拉伯海和波斯湾）东岸行"。这段航路应是由马六甲海峡附近西北穿过海峡，取尼科巴群岛和斯里兰卡岛，穿越孟加拉湾而至南亚半岛南端，继而沿南亚半岛西岸东北行，通过霍尔木兹海峡而达波斯湾头，由此上溯底格里斯河至巴格达。

第三段航路："其（阿拉伯海）西岸之西，皆大食国。其西最南谓之三兰国（一说东非索马里之泽拉，一说为东非坦桑尼亚的达累斯萨拉姆，另一说为坦桑尼亚的桑给巴尔岛或附近大陆海岸。按航行日程来考，应以后两种较可信）。自三兰国，正北行二十日，经小国十余，至设国（今民主也门之席赫尔）。又十日行，经小国六、七，至萨伊瞿和竭国（今阿曼哈德角），当海西岸，又西六、七日行，经小国六、七，至没巽国（今阿曼苏哈尔）。又西北十日行，经小国十余，至拔离歌磨难国（今波斯湾内巴林岛之麦纳麦），又一日行，至乌剌国与东岸路合。"这段航路是由波斯湾头巴士拉、奥波拉复东行，又出霍尔木兹海峡，再沿阿拉伯半岛南岸西航，航至红海口，越过曼德海峡而南下至东非海岸。

"广州通海夷道"还可与阿拉伯人记载中国与西亚、东非的海道相互印证。佚名《公元851年刊定之中国印度见闻录》（也作《苏莱曼游记》《中国印度见闻录》）是迄今最早的阿拉伯人记录中国的行记，书中对阿拉伯与中国的海上航程作了叙述。由于波斯湾头有幼发拉底河与底格里斯河冲积的浅滩，加之中国船舶体型大，大部分中国船在尸罗夫（今伊朗西南岸塔黑里）装货，然后驶至苏哈尔、马斯喀特装上淡水，举帆东航。经法尔斯海（今波斯湾）而进入拉尔海（今阿拉伯海），经故临（今印度西南端奎隆）而达海尔康德海（今孟加拉湾），由

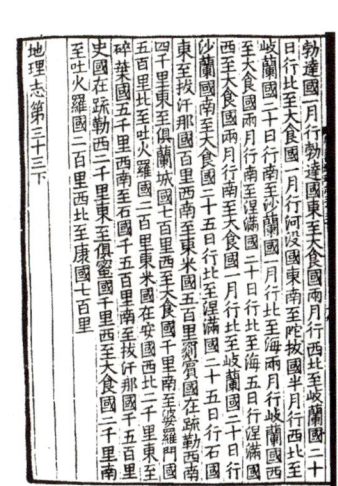

■《唐书·地理志》中关于"广州通海夷道"的记载

锡兰岛（今斯里兰卡）而至安达曼岛，又抵朗迦婆鲁斯岛（今尼科巴群岛），经南巫里（今苏门答腊岛北部）向东航至箇罗（今马来半岛吉打），又顺海峡航行至潮满岛（今马来半岛东南岸外岛），又经奔陀浪山（今越南东南部之藩朗）而达占婆，由占不牢（今越南占婆岛）而过"中国之门"，越涨海（南海）达广府（今广州）。阿拉伯历史学家阿布·赛义德·哈赛在增补《中国印度见闻录》而撰成的《历史的锁链》一书中，还将中国唐舶西行的航线延伸至阿拉伯半岛与非洲间的红海，由红海内的吉达港而北上达埃及。

阿拉伯人伊本·胡尔达兹比赫（约820—912）在《道里邦国志》不但记述了陆上大食与中国交通，而且还述及海上两国交通，"从巴士拉出发，沿波斯海岸航行至东方的道路"由巴士拉经哈莱克岛（今哈尔克岛）、拉旺岛、艾布隆岛、钦斯岛、伊本·卡旺岛（以上皆为波斯湾内岛）而达乌尔木兹（即霍尔木兹，今伊朗阿巴斯港一带）。由此经沙拉、代义布勒（地皆不详）而达米赫朗（也作信德河，今印度河）入海口，由此经乌特金、库利、信丹（即三丹）、穆拉（即贾耽所称没来国，今印度西南岸奎隆）而达布林（地未详），"海路从布林一分为二"，一路沿印度东海岸行进，一路由布林达塞兰迪布（即斯里兰卡），由此东向经艾兰凯巴鲁斯（今尼科巴群岛）而抵凯莱赫岛（即贾耽所言箇罗，今马来半岛千打附近），又经巴陆斯岛（今加里曼丹岛），又经玛仪特（即麻逸国，今菲律宾民都洛岛）、梯优麦赫（地未详）、垓玛尔（地未详）、栓府（今占婆），"从栓府至中国第一港口鲁金（即龙编，今越南河内一带）"，"从鲁金至汉府（广州），海路为车日程，陆路为二十日程"。中国沿海还有汉久（非杭州，与航程不合，为福建沿岸一地）、刚突（江都郡，扬州）等港口。中国海疆需二日行程。"由此东方海洋，可以从中国输入丝绸、宝剑、花缎、麝香、沉香、马鞍、貂皮、陶瓷、绥勒宾节（围巾、斗篷、披风之类）、肉桂、高良姜"等。此书有关中外海上交通的记载与贾耽所载基本相同。

稍后的阿拉伯历史、地理学家马苏第曾游历过东非桑给巴尔北非埃及、西亚巴勒斯坦、南亚斯里兰卡、印度、东南亚占婆、东来中国等。其所著《黄金草原》（也作《黄金牧地与宝石矿藏》《黄金草原与珠玑宝藏》）提到从阿拉伯到中国航行要经过七海：①波斯海，即今波斯湾；②拉尔海，即今阿拉伯海；③哈尔干海（哈尔康德海），即今孟加拉海；④凯拉赫巴尔海（箇罗海、吉打海），即今安达曼海；⑤坎杜兰吉海（暹罗湾），即今泰国湾；⑥占婆海，即今南海西部；⑦涨海（中国南海），即今南海东部。其他阿拉伯人地理书中也都提到从阿拉伯至中国需历七海，只不过名称不一样而已。值得一提的是，《黄金草原》还提到原来中国船舶多直航阿曼、尸罗夫（锡拉夫）、法尔斯、巴林、乌布拉（乌剌）、巴士拉等港，而阿拉伯海舶亦直航中国。而黄巢起义后，箇罗（吉打，今马来半岛西岸吉打，为室利佛逝所辖）遂成为尸罗夫、阿曼等地伊斯兰教商人船舶和中国商舶集汇地，双方在此中间港埠交易货物。至阿拉伯商人苏莱曼到达广州时，广州的侨民已达十二万之多，广州城已是一个舟楫林立、商货云集的繁荣港口。正如阿拉伯伊本·胡尔达兹比赫所言："汉府（广州）是中国最大的港口，汉府有各种水果，并有蔬菜、小麦、大麦、稻米、甘蔗。"这些阿拉伯人有关中外海上交通的记载仍然可以证明，唐代中外海上丝路繁荣兴旺。

（3）广州城港与海上丝路的关系

广州是唐代最大的海港之一，是"广州通海夷道"的起始港，当时从广州至海外各地经常性的定期航行有六条：①广州、南海诸国（即东南亚）、锡兰（斯里兰卡）、阿拉伯、波斯之间（此线经阿拉伯海岸入波斯湾）；②广州、南海诸国、锡兰、美索不达米亚（伊拉克）之间（此线经阿拉伯之南复经亚丁湾、红海）；③波斯、锡兰、南海诸国、广州之间；④阿拉伯、锡兰、南海诸国、广州之间；⑤锡兰、阇婆（爪哇）、林邑、广州之间；⑥广州、南海诸国之间。

除此之外，广州还有通往朝鲜和日本的船线，即由广州进口的货物又转运到朝鲜、日本出售。大中十年（856年），李觉英、陈大信曾率领商舶，装载天竺贝多树拐杖、广州斑藤树杖、玻璃器皿等物品到达日本。广州已成为南海航路的最主要港口和日本通往东南亚、南亚的中间港，中国的丝绸、陶瓷、铁器和漆器等工艺品主要由广州运销世界各地，而运到中国的货物主要有象牙、香料、玳瑁、犀牛、铜锭、珠宝等各种奇珍异物。

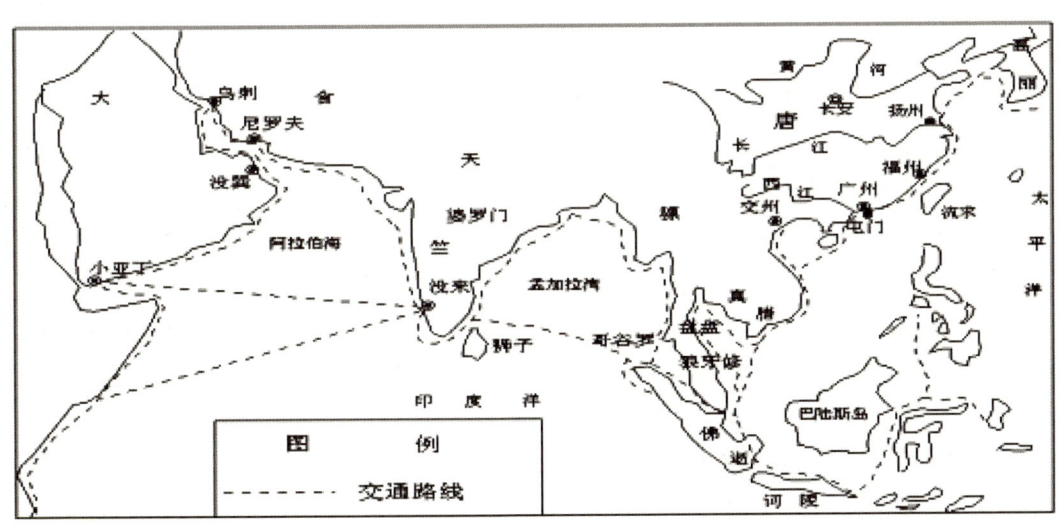

■ 唐代岭南港口对外交通图

3. 南汉政权对外贸易持续进行

南汉统治岭南,不但恢复了与南海丝路沿线国家的贸易交流,而且继续使用唐代管理舶来品交易的系统,故南北货物汇聚。"犀、象、珠、玉、翠、玳、果布之富,甲于天下",交流四方。同时,南汉设置专事采珠的媚川都,一在雷州与合浦之间的珠母海,自汉以后为著名的采珠区,历代设有官府收税;一在东莞大步海及其邻近海域,这里也盛产珠蚌。所采珍珠,均充积内库。据《南汉书》记载,南汉焚宫之后尚余美珠四十六瓮。而北宋陶毂《清异录》卷下记载,舶主何吉罗洽密曾赠给番禺牙侩徐审三枚乌嘴尖香,曰:"此鹰觜香也,价不可言;当时疫于中夜,焚一颗则举家无恙。"后八年,番禺大疫,审焚香,阖门独免。余者供事之,呼为"吉罗香"。南汉后主时后宫有"媚猪""媚羊"等波斯女,而兴王府兴建的宫殿就有45所,其中"昭阳殿"用金作屋顶,银作地面,木料都用银作饰,殿下设水渠,渠内布满珍珠,又琢水晶琥珀作日月,放在东西两条玉柱上。同时,作离宫千余间,有南宫、大明、昌华、计泉、玩华、秀华、玉清、太微等。"厚自奉养,广务华靡,末年起玉堂珠殿,饰以金碧翠羽。"这些都证明了南汉时期对内外贸易发达,金银宝器盈库,殿宇辉煌,极度奢华。

曾在印度尼西亚海域发现的名为印坦(Intan)的沉船上,发现了97笏中国银锭,重达5000两之多。其价值大约是唐政府于9世纪初向饶州乐平银矿征收的年开采税之三分之二,多于桂阳监的矿主980年向北宋政府所缴交的开采税之两个月的总和。印度尼西亚沉船上的这批银两显然是南汉政府用来抵付自商人(或外国使节)处购买的一些名贵南洋货品的,如香料等。南汉对外贸易之发达可见一斑。

(五)宋元时期海上丝路的发展和繁荣

1. 宋代南北通道全面铺开

宋代,东南经济重心已经形成,无论北宋定都汴梁,还是南宋定都临安,岭南通往岭北的道路都以大庾岭道为要。而随着造船技术的提高,运河与长江、珠江干支流的水上交通日益发挥着重要的作用。加之宋代商品经济的高度发展,商品供给和商品需求日益繁荣,促使岭南货物与岭北货物的进一步交流,促进了岭南地区县、镇等初级市场经营的活跃以及地方性市场的发展,也促进了岭南地区经济作物的生产,形成了独具特色的岭南地域性经济区,商品交流种类增多,数量增大,形成了对内比较固定的交通路线,州县或山区各州之间的交通进一步细化和交错,基本上形成了后世岭南与内地的交通大势。

（1）纵横交错的岭南与岭北交通线

宋时，岭南沿海的各港口，如广州、潮州、琼州、万安军（治今海南万宁）、钦州等，不仅是对外贸易港口，也是对内的重要港口。以下分别以这些港口为中心，勾画交通路线。

以广州为中心，梳理对内贸易路线，主要有：

①广州北上，或沿北江，或走陆路，经韶州再沿浈水至南雄，陆运越梅关，沿章江达赣州，又沿赣江，越鄱阳湖而达长江，由此或上溯至川、鄂，或下行至江南之地，再沿运河北上汴梁。

②广州北上，或沿北江，或走陆路，经韶州再沿武水而越骑田岭，北上郴州、桂阳监（治今湖南桂阳），再沿耒水、湘江而达长江，此为武水道。支道从英州洸口镇（今广东英德连江口）溯湟水（今连江）而达连州，由此北上，或达郴州，或西北行达道州（今湖南道县）、永州（治今地）。上述北宋前期，由广州达汴京的陆路捷径就是骑田岭驿道。

今在阳山县杜菜村旁的清莲河畔，发现有天禧四年（1020年）四月初八"修白芒石路摩崖石刻"，"众缘抽财，请道人修开白芒石路，通济往来"；而另一块元祐二年（1087年）的"修滑山路碑"散落于杂草中，"滑山路者，通济四方人旅往来者，险巇为病涉者也"。此条由连江北行的清莲河畔道，当是上述连州、韶州通往湖南郴州的支道之一。

连江道楞伽峡，宋嘉泰二年（1202年），连江旁山崖陷落，"溪谷倒注，航楫不通，司法建安李华请于州，疏凿底平，叶适为之记"，则连江道不断整治，才使水运畅通。

上述唐代西京道，在韶州或沿武水，或从韶州西行经乳源，过梯头岭。史载"梯头岭，在乳源县西北，出桂阳路，经此登级如梯"。此道路应是承前代，今乳源至坪石公路，与京珠高速平行，也与"西京古道"相近。此亦为上述武水道的支线而已。

③由广州沿西江而上，经端州（治今广东肇庆）、康州（治今广东德庆）、封开（治今广东封开东南）、梧州（治今地）等，或沿贺江、漓江北上，而达贺州（治今广西贺州东南）、昭州（治今广西平乐）、桂州（治今广西桂林）。而由贺州、桂州北上，皆达永州，或再沿西江及支流，达广南西路各地。

此道为广南东路治所广州与广南西路治所桂州的主要通道，也是广州连接广南西路各州的主要通道之一，也是广州连通永州，乃至川黔、湘西等地的主要通道。两广唇齿相依，交往频繁，历史上以西江干支流为中心，东西交通，连通南北，政治、商业往来都较频繁。由于大庾岭道的作用日显，漓江道在岭南沟通岭北的作用中比秦汉时大大降低，漓江道仅成为广南西路以及安南上贡的主要通道。而安南或走钦州、廉州、郁林州、容州、藤州北上漓江、柳江，或走邕州、横州、浔州而北上漓江、柳江，其间各州县间道路纵横交错，也促使广南西路俚、僚、蛮等少数民族的汉化。

④广州东行，沿龙川（今东江）水道，达惠州、循州（治今广东龙川），越丞相岭而进入恶溪江（今韩江）流域，经梅州（治今地）达潮州。或从循州、梅州北上，皆通江南西路虔州、福建路汀州（治今福建长汀）。时从广州通达惠州、潮州的除上述上路外，陆行还有下路。由潮"直北而西，由梅及循，谓之上路。南自潮阳，历惠之海丰，谓之下路。绵亘俱八百余里"。由于下路民供役甚苦，"编氓远徙"，行人多病，"盗贼"劫掠，"桥道颓毁，积水不泄，春霖秋潦，横流暴涨，行人病涉，往往多露宿"。绍兴二十九年（1159年），广东转运使林安宅会同潮、惠二州知州，"同心协力，创盖铺驿，增培水窟，夹道植木，跨河为梁。诱劝乡民，移居边道"。修驿植木，"道旁列肆，为酒食以侍行人。来者如归，略无前日之患"。自后又利用僧馆以安旅者，"自是潮、惠之间庵驿相望。"后又多次修铺驿，广潮间交通大大改善。

广州东趋惠州的龙川江，北宋末年邬大听开鹿步滘，从珠江直趋东江口，使船免遭海浪风涛之险。"东江东洲，西接黄木湾，延袤十余里，人便之，迄于今"。鹿步滘开凿，使黄木湾船舶有了一个安全的避风场所。而惠州东新、西新两座大浮桥，宋时苏轼等捐修。值得注意的是，宋时惠州"北至虔州一千四百九十里"，虔州"南至循州隔越参溪、石岭总一千五百里"。显然，后者循州仍是按唐时循州治所归善县来计算的。参溪、石岭无考。不过，这条循州龙川北通虔州的路线，仍然是以龙川江，"旧名浰溪，自虔州安远县流至县界"。在安远县为古安远水（今九曲河），越欣山而达廉水至贡水。欣山之南的"南径岭，上有径路，长数十里"，当是路途所经。元时，东江、梅江与赣江流域，同属江西行省管辖，大大刺激了行省内部的联系，加速了交通的发展，客家人从赣南向粤东迁徙，交通顺达是重要条件。处于赣江与东江中枢要地的循州路治所龙川县，成为南来北往以及兼顾东江与韩江（梅江、宁江）流域的要冲。

而北宋末僧大峰亦在潮阳建造十九孔大石桥，便利交通。而宋代潮州修筑韩江上的康济桥等桥梁就有乾道七年（1171年），淳熙元年（1174年）、六年（1179年）、七年（1180年）、十六年（1189年），庆元二年（1196年）、四年（1198年），开禧二年（1206年），绍定元年（1228年），开庆元年（1259年）等十多次，足见历任官员对其重视程度。而从潮州通往漳州的道路，淳熙十三年（1186年），"陈侯圭捐金市石，依私值僦工石而桥者一十三所，砌而路者三百余丈，憧憧往来，无复畏途病涉之患"。

广州东通潮州乃至福建、两浙路，甚或更北的沿海各路，还有海道可通。南宋定都临安，一部分广东纲运从海上运输，纲运船每艘载重量可达五千石，而民间更远至长江口。"自来闽客船并海南蕃船转海至镇江府买卖至多"。苏州也"闽粤之贾乘风航海，不以为险，故珍宝远物毕集于吴之市"。甚至"闽粤商贾常载重货往山东"，北上海道繁荣可见一斑。

⑤广州西行或海行沿近海，或陆行可达南恩州（治今广东阳江）、高州（治今广东高州东北）、化州（治今地）、雷州（治今地），越琼州海峡，可达海南岛的琼州（治今海南三亚崖城），向西可达廉州（治今广西合浦）、钦州（治今地）。时海南岛一州三军属广南西路。由于海南岛纬度低，动植物资源丰富，成为重要的交通贸易场所。而钦、廉二州，地近安南，交通便利，粤西南恩州、雷州等，也是中外贸易必经之路。

雷州，居雷州半岛，《岭表录异》云："交趾迴人多舍舟取雷州陆岸而归，不惮辛苦，盖避海鳅之患也。"由雷州递角场南渡琼州，又可"渡小海至崖州四百二十里。西至海六十里围洲，通连安南诸蕃国路"。还可"西南一百三十里泛海至儋州岸，不尅里限交趾路"。而化州"磵洲泛海，通恩等州并淮、浙、福建等路"。而恩州，原来从广州由传舍经新州而达。宋时"惟健步出使与递符碟者经过耳"，余皆从海道来。南恩州"当海南五郡泛海路"，"由是颇有广陵、会稽贾人船循海东南而至，故吴、越所产之物，不乏于斯"。故粤西海道也是一

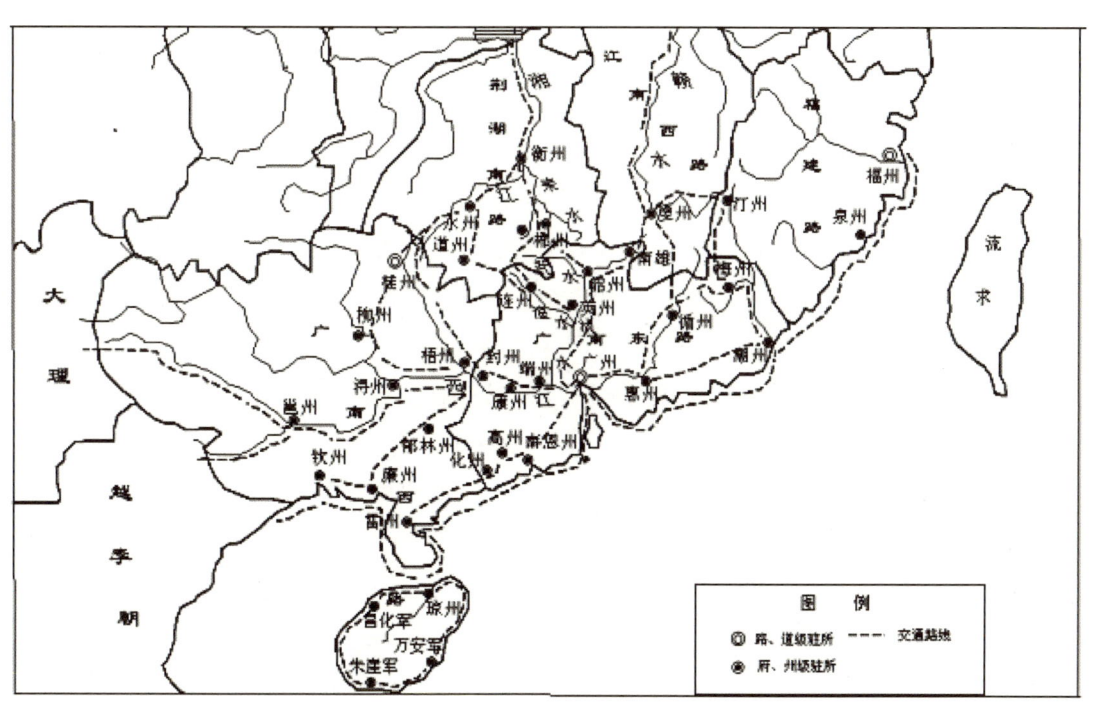

■ 宋代岭南港口对内交通路线图

条较繁荣的贸易路线。

而岭南西路的海南诸州，除北上雷州，陆海行达广州外，因高州、廉州、钦州皆属岭南西路管辖，还可北上钦江、郁水（今郁江）、南北流江等达桂州。桂州附近的灵渠，宋元时曾多次维修。计有太平兴国（977年），广南西路转运使边翊主持；庆历五年（1045年）衙前司秦晟主持；皇祐元年（1049年）桂林司户参军李忠输主持；嘉祐五年（1060年）广南西路总狱兼领河渠事李师中主持；绍兴二十九年（1159年）广西转运使修灵渠"俾通漕运"；乾道六年（1170年）至八年（1172年）静江知府李浩主持；绍熙五年（1194年）经略使朱熙颜等主持；元代至元十年（1276年）至十八年（1281年）阿里海牙整修"以通递舟"；至正六年（1364年）广西廉访使阿里不花倡修；至正十五年（1355年）广西副使乜兜吉尼主持维修，不但恢复了通航，还可灌溉渠旁农田。

2. 梅关古道与珠玑巷

随着都城东迁和南移，梅岭道作用更加突出。"自京都沿汴绝淮，由堰道入漕渠，溯大江度梅岭，下真水至南海之东、西江者，唯岭道九十里为马上之役，余皆篙工楫人之劳，全家坐而致万里"，与漓江道、武水道相比，"而下真（浈）水者十七八焉"。外国贡使亦从此来贡，"百蛮梯尽来重译，千古输摧恨七盘"。"城中绍祚千年圣，海外占风九译人。峤岭古来称绝缴，梯山从此识通津。舆琛辇贽无虚岁，徒说周朝白雉驯"。天圣八年（1030年），交趾曾进麒麟。宋太宗曾令刘蒙正去岭南考察外国香药入汴京，"请自广、韶江溯流至南雄，由大庾岭步运至南安军，凡三铺，铺给卒三十人复由水路转送"。而淳熙中（1190—1194年）亦专门在南雄州城南隅建立入使行馆。朝贡贸易繁荣的同时，途经梅岭道的国内物品交流亦十分兴盛。"广南金银、香药、犀象、百货，路运至虔州而后水运"。虔州（今江西赣州）"民多盗贩广南盐以射利"。除盐之外，粮食无疑是梅关道上的重要物品。北宋镇压侬智高起义时，"大兵度梅，粮运不继"，南康人袁乐"仗义助谷两千石"以供军需。而梅关关楼之所以得名为叱驭楼，即与蔡襄主持关楼竣工时，见南北有人吆喝来往客商和车马挑担停行而命名。而正是由于梅岭道的繁荣，赣江的水运亦发达。南宋初，地处鄱阳湖畔的饶州（治今江西波阳），"旧管小料七纲共计船280艘，往来般运岭南铜铅等物料"，后"纲运败阙"，政府严令"沿赣江诸州不得侵夺纲船"。除运送铜铅外，"广南金银、香药、犀象、百货"，亦是"路运至虔州而后水运"。正是"交、广、闽、越铜盐之贩，道所出入。椎埋、盗夺、鼓铸之奸，视天下为多"。从北宋前期至中后期，梅岭道附近的南雄州、南安军、虔州，商税的增加亦能说明大庾岭道以及附近的浈江、赣江的交通繁荣。

珠玑巷，位于南雄市北9公里的沙水村，原名敬宗巷。据传唐敬宗宝历年间，敬宗巷孝义门人张昌，七世同堂，朝廷闻其孝义，特赐予珠玑绦环，为避敬宗庙讳，就将敬宗巷改名"珠玑巷"。由于历史上珠玑巷地处中原到岭南的交通要道，因此经济发展迅速，很早就成为较繁荣的居民定居点。自从唐朝宰相张九龄开通大庾岭新路后，珠玑巷更成为古驿道上的重镇，客栈、酒楼遍布街市，商贾云集。据当代学者的查考，历史上南迁的珠玑移民现今共有141姓，分布在珠江三角洲的29个市县，并有数以千万的人移居国外。他们为珠江三角洲及居住国的开发和建设作出了不可磨灭的贡献。今珠玑巷南门内约二十米处有一座元代古塔"胡妃塔"，建于1350年，塔旁有一古井，传说当年胡妃就投进自尽于此。古塔、古井是今珠玑巷最好的实物证明。但根据今天珠江三角洲大量族谱等记载南宋时"家从珠玑巷迁来"，足证南宋时这里已成为北方人南迁的重要通道。更有传说记载，绍兴元年（1131年）正月，罗贵率领37姓97家从南雄珠玑巷启程，南迁冈州蓢底（今新会良溪），此次迁徙为唐宋时期由珠玑巷开始的规模最大影响最大的大迁徙，为珠江三角洲带来了农业开发主力军，推动了岭南经济文化的发展。罗贵南迁壮举，功不可没。民间记忆成为勾勒这段移民史的重要依据。珠玑巷成为南迁民众的文化符号。可以说，珠玑巷是北方移民南下岭南的第一个驿站，也成为岭南乃至海外民众慎终追远的纪念地。

3. 广州等港口的贸易路线与商贸繁荣

宋代岭南港口与中外交通的关系表现在：①中外航海的贸易路线不断扩展，线路增多；②宋代来往广州等岭南港口的国家和地区增加；③外国商人和南北商品贸易增多。

（1）中外航海的贸易路线不断扩展，线路增多

宋代，广州是最大的对外贸易港口。阿拉伯人爱德利奚（Edrisi）《地理书》云："（中国）最大之港曰广府（Khanfu），西国商业以此为终点。"中外交通的主要航线，在唐代"广州通海夷道"的基础上，仍然是从广州等岭南港口入南海达东南亚，再由此经印度洋、波斯湾，到达南亚、西亚、东非，甚至欧洲地区的航线。周去非《岭外代答》卷二《外国门上》、卷三《外国门下》对此有详细叙述。

《岭外代答》卷二《外国门·海外诸蕃国》云："诸蕃国大抵海为界限，各为方隅而立国。国有物宜，各从都会以阜通。正南诸国，三佛齐其都会也。东南诸国，三佛齐其都会也。西南诸国，治乎不可穷，近则占城、真腊为窭里诸国之都会，远则大秦为西天竺诸国之都会，又其远则麻里拔国为大食诸国之都会，又其外则木兰皮国为极西诸国之都会。"三佛齐（今印度尼西亚苏门答腊岛东部巨港、占碑一带）"在南海之中，诸蕃水道之要冲也。东自阇婆诸国，西自大食、故临诸国，无不由其境而入中国者"。由于三佛齐成为西亚、南亚国家来往广州等的中转站。中国商人前往印度、阿拉伯等国的贸易，也多在三佛齐停泊，转货、修船及补给淡水、食物等。三佛齐东南的阇婆国，"在海东南，势下，故曰下岸。广州自十一月、十二月发舶，顺风连昏旦，一月可到"。而从阇婆到广州，则经三佛齐而达。"西北泛海十五日至渤泥国，又十日至三佛齐国，又七日至古暹国，又七日至柴历亭，抵交趾，达广州"。这里渤泥国（今加里曼丹西北角一港口）、古暹国（今马来西亚瓜拉龙运）、柴历亭（今马来西亚Cherating河流域），皆在三佛齐附近，为广州南下可达。其他占城（今越南中南部）、真腊（今柬埔寨北部及老挝南部）、罗斛（今泰国华富里一带）、吉兰丹（今马来西亚吉兰丹一带）、蓬丰（今马来西亚彭亨州一带）、蓝无里（一作蓝里、南渤利、南巫里，今印度尼西亚苏门答腊岛北部）、凌牙门（今印度尼西亚苏门答腊以东林加一带）、昆仑（今印度尼西亚马鲁古群岛）、丹流眉（今马来西亚北部泰国洛坤境）、交趾（今越南北部）、麻逸（今菲律宾民都洛）等也与广州往来。

除东南亚各国外，南亚、西亚、东非各国，也多与广州等港贸易往来。注辇国（今印度东南部科罗曼德海岸附近）使臣婆里三文，"离本国，秒行七十七昼夜，历郁勿丹山、婆里西兰山至占宾国；又行十一昼夜，历伊麻罗里山至古罗国……又行十一昼夜，历加入山、占不劳牢山、丹宝龙山至三佛齐国。又行十八昼夜，度蛮山水口，历天竺山，至宾头狼山，望东西王母家，距舟所将百里，又行二十昼夜，度羊山、九星山，至广州焉"。就是南亚的麻离拔（今印度马拉巴尔海岸一带）、故临（今印度西南奎隆）、胡荼辣（今印度西北古吉拉特）、鹏茄罗（今孟加拉国）、细兰（今斯里兰卡）等国，也与广州多联系，《岭外代答》卷二《外国传·故临国》云："故临国与大食国相迩，广舶四十日到蓝里住冬，次年再发舶，终一月始达。……中国舶商欲往大食，必自故临易小舟而往，虽以一月南风至之，然往返经二年矣。"故临西的大食、层檀、勿巡（即殁巽，今阿曼东北部苏哈尔）、俞卢和地（今沙特阿拉伯卡提夫）、麻加（今沙特阿拉伯白麦加）、陀里离（今伊朗西北部大不里士）、弼斯罗（今伊拉克祖贝尔）、拂菻（今叙利亚）、大秦（今叙利亚一带及土耳其、埃及等部分地区）等。甚或非洲的层拔（今索马里以南）、弼琶罗（今索马里柏培拉）、木兰皮（今非洲西北部）、勿斯里（今埃及）等。如熙宁四年（1071年）、元丰六年（1080年），曾檀国曾两次遣使来广州，其来广州路线，"海道便风行百六十日，经勿巡、古林、三佛齐国，乃至广州"。而西亚大食诸国，成为广州通往印度洋的重要贸易国家和地区。"大食者，诸国之总名也。有国千余，所知名者，特数国耳。有麻离拔国，广州自中冬以后，发船乘北风行，约四十日到地名蓝里，博买苏木、白锡、长白藤。住至次冬，再乘东北风六十日顺风方到。……有麻嘉国。自麻离拔国西去，陆行八十余里乃到"。

《岭外代答》《诸蕃志》等书，对岭南对外交通路线特别是海上航线有详细记载，是我们了解宋代岭南海外贸易的重要文献，《岭外代答》卷三《外国门·航海外夷》云："诸蕃国之富盛多宝货者，莫如大食国，其次阇婆国，其次三佛齐国，其次乃诸国耳。三佛齐者，诸国海道往来之要冲也。三佛齐之来也，正北行，舟历上下竺与南洋，乃至中国之境。其欲至广者，入自屯门；欲自泉州者，如自甲子门。阇婆之来也，稍西北行，舟过十二子石而与三佛齐海道合于竺屿之下。大食国之来也，以小舟运而南行，至故临国易大舟而东行，至三佛齐国乃复如三佛齐之入中国。其他占城、真腊之属，皆近在交趾洋之南，远不及三佛齐、阇婆之半，而三佛齐、阇婆又不及大食国之半也。诸蕃国之入中国，一岁可以往返，惟大食必二年而后可。大抵蕃舶风便而行，一日千里，一遇朔风，为祸不测。""上下竺"一般指马来半岛东的奥尔岛，有东西双峰对峙。"交洋"即交趾洋，为我国海南岛与越南之间海域。屯门为今香港九龙半岛西北岸一带。甲子门为广东陆丰甲子港。"十二子石"在爪哇海中，约今卡里马塔海峡塞鲁士岛。"竺屿"即上述"上下竺"。这段航线为岭南通往南海，以及向西、向西南伸展到南亚、西亚、东非乃至北非、南欧的航线。

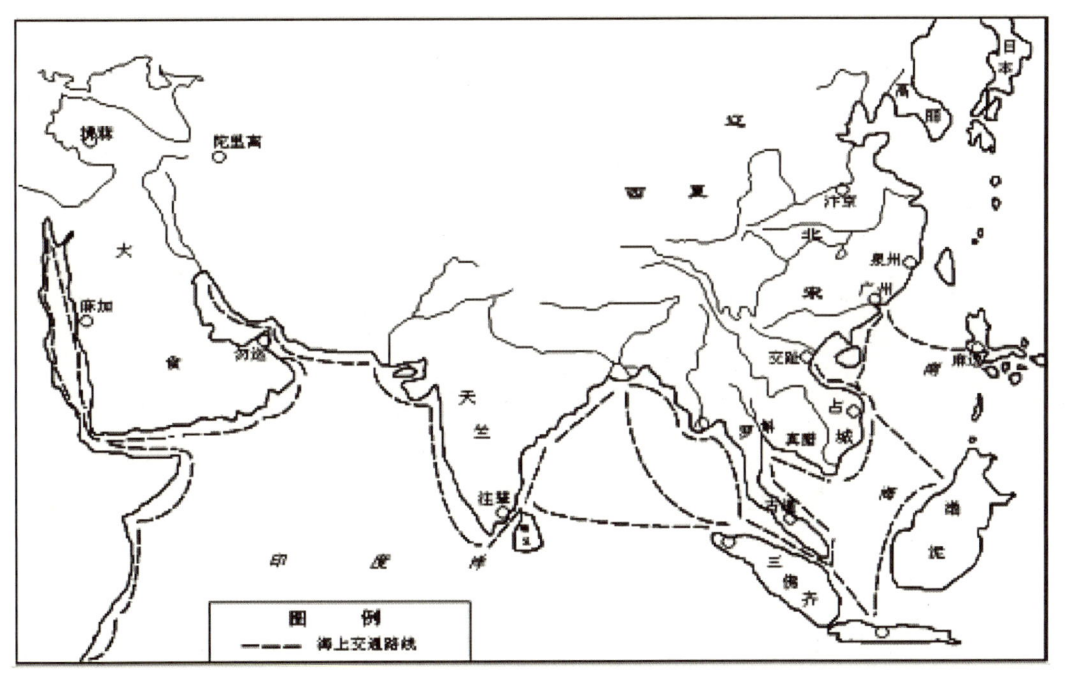

■ 宋代岭南对外交通路线图

值得注意的是，在原有通往三佛齐的传统路线上，出现了重要支线。一是阇婆来华航线。从阇婆港口蒲家龙（约今北加浪岸），经十二子石、上下竺岛与三佛齐航线汇合。这条线不仅走直线，而且巧妙地利用了西南季风从爪哇海北上进入南海的爪哇海流。一是从渤泥（今马来西亚婆罗洲）来华航线。渤泥到占城，先向菲律宾方向走一段，然后再斜穿南海至中国，比较便捷。而从岭南至菲律宾，早在北宋时，在菲律宾南部的棉兰老岛的佛庵也同时发掘出土有饰纹细密的越州瓷器以及北宋时期广东人的陶瓷器，证明广东有达菲律宾的航线。

岭南港口除广州外，宋代广南西路的廉州、钦州也是联系安南的港口。《岭外代答》载："异时，安南舟楫多至廉，后为溺舟，乃更来钦。……交人之来，率用小舟。既出港，遵崖而行，不半里即入钦港。正使至廉，必越钦港。乱流之际，风涛多恶。交人之至钦也，自其境永安州，朝发暮到。钦于港口置抵棹寨以谁何之，近境有木龙渡以节之，沿海巡检一司，迎且送之，此其备诸海道者也。"可见，钦、廉虽海上与安南相近，安南船也来往两地，但抵棹寨盘查，木龙渡节制，巡检司迎送，贸易受广州市舶司管理。虽有航路，"自钦西南舟行一日，至其（安南）永安州，由玉山大盘寨过永泰、万春，即至其国都，不过五日"。陆海兼行方到安南国都。

同样，粤东的潮州虽是一方名港，宋代对外贸易也多受广州的市舶司管理。太平兴国五年（980年），"潮州言三佛齐国蕃商李甫诲乘舶船载香药、犀角、象牙至海口，会风势不便，飘船六十日至潮州，其香药悉送广州"。此次台风，三佛齐船未入广州而达潮州，禁榷的香药仍送至广州，潮州具有外贸港口作用。

（2）宋代来往广州等岭南港口的国家和地区增多

宋代由于采用官府经营（"贡赐"贸易和一般贸易）与私人经营（官吏经营和商人经营）等方式，广州又设市舶司来管理对外贸易，使来往广州贸易国家和地区的数量增多，商人增加，商贸活动日益频繁。宋代来广州贸易的国家和地区，据《宋会要辑稿》《岭外代答》《诸蕃志》《文昌杂记》《宋史》等书记载，将近七十个。其中重要的有：交趾（今越南北部）、占城（今越南中南部）、真腊（今柬埔寨北部和老挝南部一带）、真无里（今泰国东南岸的尖竹汶）、暹罗（今泰国北部）、罗斛（今泰国的华富里一带）、蒲甘（今缅甸中部的Pagan城）、吉兰丹（今马来西亚吉兰丹一带）、蓬丰（今马来西亚彭亨州一带）、三佛齐（今印度尼西亚苏门答腊岛东部巨港、占碑一带）、阇婆（今印度尼西亚爪哇中部北岸一带）、蓝无里（今印度尼西亚苏门答腊岛北部的Lamuri）、凌牙门（今印度尼西亚苏门答腊岛以东的林加及林加海峡）、渤泥（今印度尼西亚加里曼丹岛）、昆仑（今印度尼西亚马鲁古群岛）、丹流眉（今马来半岛北部，一般认为泰国洛坤）、柴历亭（今马来西亚Cherating河流域）、古逻（今马来西亚的瓜拉龙运）、麻离拨（今印度马拉巴尔一带）、故临（今印度西南岸奎隆）、注辇（今印度科罗曼德尔海峡一带）、胡茶辣（今印度西北古吉拉特）、麻逸（今菲律宾民都洛）、鹏茄罗（今孟加拉国）、细兰（今斯里兰卡）、麻嘉（今沙特阿拉伯麦加）、木兰皮（今非洲西北部及西班牙南部一带）、勿斯里（今埃及）、弼斯罗（今伊拉克巴士拉西祖贝尔）、层拔（今非洲索马里以南一带）、弼琶罗（今索马里北岸的柏培拉）、层檀（今阿拉伯半岛，为塞尔柱族建立政权）、大食（一般指阿拉伯帝国，黑衣大食即阿拔斯王朝750—1258年）、勿巡（今阿曼东北部哈德角西岸之苏哈尔）、俞卢和地（今波斯湾西岸沙特阿拉伯的卡提夫）、陀罗离（今伊朗西北部大不里士）、拂菻（东罗马帝国）、芦眉（一说专指东罗马或今叙利亚大马士革）、斯加里野国（今意大利的西西里岛）、茶弼沙（或谓今欧洲西班牙）、遏根陀（今埃及亚历山大港）、中理（今索马里一带）、昆仑层期（今马达加斯加岛或桑给巴尔岛）、默伽猎（今非洲西北部）等。宋庞元英《文昌杂录》卷一所列元丰时南方十五个国家和地区"入贡"，其中交趾、渤泥、拂菻、大秦、注辇、真腊、大食、三佛齐、阇婆、丹流眉、陀罗离、大理、层檀、勿巡、俞卢和地等，大都在广州登陆。诸如"其四曰住（注）辇，在广州之南，水行约四十万里方至广州"。广州成为中国沿海最大的商贸港口，其进口香料在沿海诸港中首屈一指。

（3）宋代来往广州等岭南港口的外国商人和南北商品增多

宋代时期来往广州等岭南港口的外国商人多是"南蕃诸国"的一般商人、带有贡使身份的商人，后者来往都要设宴款待。而外商居住在广州，或聚居"蕃坊"，或杂居民间，人数不少。北宋建隆四年（963年）颁布的《宋刑统》卷六中，就有不少涉及外商的法律条文。这些法律条文涉及外国人犯法如何处理、外国人婚姻、蕃客不得私自与中国官民交往、外商遗产处理等多项内容。南宋的《庆元条法事类》是南宋的法律汇编，其卷三、卷三十六、卷七十八等多条亦涉及外商犯法处罚、居住、服饰规定等，但在广州等地并未严格执行。外商在熙宁修广州西城后，"蕃坊"被纳入西城内，但外国人并非像法律上规定的那样，一定要居住在城外。

宋代广州进出口物品有一定的规定。宋代从海外进口的货物多达410种以上，其中绝大部分是从广州港进口的货物。主要有：香药、象、犀、珊瑚、琥珀、珠钏（珠玑）、宾铁、鳖皮、玳瑁、玛瑙、砗磲、水晶（水精）、蕃布、乌樠、苏木等。尤以香药种类繁多，数量巨大。上述广州外贸香药中的乳香占全国外贸的很大比重就是例证。而出口的物品有各色丝织品、精粗陶瓷品、漆器、酒、糖、茶、米等各种日用品，数量仍很大。新近阳江海域"南海Ⅰ号"的大量瓷器，正是广州等岭南港口出口货物的见证。

宋朝广州城不仅舶来品充斥，而且水陆交通与近海航线得到发展，"舟行陆走，咸至州而辐辏焉"。广州城内稻米、食盐、矿产、瓷器、丝绢、水果、木材等多种商品，琳琅满目。广州城南珠江沿岸，"濒江多海物，比屋尽闽人"。乾道中，"荆、淮、湖外，及四川之远，商贾络绎，非泉即广，百货所出。有无相易，此亦生人大利也"。而宋时，"又福、泉、兴化三郡，全仰广米以赡军民""福、兴、漳、泉四郡全靠广民以给民食"。广米多从广州、潮州收集而北运。而"槟榔生海南黎峒，亦产交趾"，"广州税收槟榔税，岁收万缗"。其交易量当十分巨大。而广盐经南雄北运赣州，广州府各盐场收集后沿北江转运。其他珍宝海货，"闽粤之贾，乘风航海，不以为险，故珍货远物，毕集于吴之市"，南货北运。

潮州仅次于广州，为粤东重要港口。不仅参与广米北运福建，而且还一度将潮盐北运汀州。潮州岁产盐66600石，除供应本州、梅州、循州外，太平兴国二年（977年）至八年（983年）、绍定五年（1232年）以后，又曾两度销往汀州。通过韩江、梅江、汀江，"汀州于潮州般请"运盐销售。绍定五年（1232年），汀州"改运潮盐"，"其盐经由潮州潭口场纳税，过上杭县，从官检秤核实，方到本州交卸"。

南恩州居广州通往海南五州军要冲，江浙商人常至此贩运。"其汀、赣之人，每岁春时动，是三二百人为群，以商贩为名，纵横于广东循、梅、惠、新、南恩州及广州外邑之境，以往广西雷、化等州掠取牛畜而归。"汀赣民众走私盐等货场。由于"盖潮、惠、南恩州既自产盐，而官复般卖，往往计口而售于民"，又转卖于汀赣贩运民众。客观上刺激了广东沿海私盐的运销。

雷州，居雷州半岛中部，与海南岛隔琼州海峡相望，由于海南岛商货大多由此转运，故商贸发达。"东至海岸二十里渡小海，抵化州界，地名硇州，泛海通恩等州，并淮、浙、福建等路。南至海一百三十里，递角场，琼州对岸"。徐闻县谚语："欲拔贫，诣徐闻。"经营商贸，"出乌药、高良薑、益智子、海桐皮"，并有海南货物，故客商云集。

4. 元代大德《南海志》所载海外诸国与海路

（1）大德《南海志》所载海外诸国

大德《南海志》卷七所列与广州交通贸易的西亚、东非、南欧的国家有：阔里抹思（忽鲁谟斯，今伊朗霍木兹海峡中的霍木兹岛）、记施（今波斯湾内卡伊斯岛）、白达（今伊拉克巴格达）、勿斯离（今伊拉克北部）、弼斯罗（今巴士拉）、甕蛮（今阿曼）、默茄（今沙特阿拉伯麦加）等国，甚至远至麻加里（今摩洛哥）、茶弼沙（今西班牙）、弗蓝（拜占庭帝国）等国，西亚、东非甚至南欧国家已与广州等岭南港口交通往来。

　　元代，亚欧非等国商人至广州航线前来贸易，据陈大震大德《南海志》所载，大德年间（1297—1307年）与广州有贸易关系的国家达140多个，远远超过了唐宋时期。而且，此书又把海外诸国分列为东洋、西洋。依照此书记载，元代东西洋以广州——加里曼丹岛西岸——巽他海峡为界划分，加里曼丹岛、爪哇岛及以东的地区为东洋，其中加里曼丹岛北部至菲律宾群岛一带为小东洋。加里曼丹岛、爪哇岛以西直抵印度洋为西洋。其中以马六甲海峡为界，今马来半岛、苏门答腊岛一带为小西洋，印度洋为大西洋。现把大德《南海志》所载各国罗列如下：

■ "南海Ⅰ号"出水瓷器

　　交趾国管：团山、吉柴。交趾国即今越南北方。团山又作屯山，今越南东北岸的云屯山。吉柴又作鸡唱门，今越南之拜子龙湾。

　　占城国管：坭越、乌里、旧州、新州、古望、民瞳眬、宾瞳眬。占城即今越南南方。坭越，即地哩州，今越南日丽河流域。乌里即乌州、里州，今越南平治天省。旧州，今越南广南、岘港一带。新州，今越南安仁、归仁一带。古望今越南虬蒙山一带。民瞳眬即民多朗，今越南芽庄一带。宾瞳眬即宾童龙，今越南藩朗一带。

　　真腊国管：真里富、登流眉、蒲甘、茸里、罗斛国。真腊即柬埔寨。真里富为今泰国东南岸之尖竹汶。登流眉为今泰国之洛坤。蒲甘即普幹，一般指缅甸约九世纪至十三世纪末的蒲甘王朝的国都蒲甘城。茸里一说为今马来半岛克拉地峡附近春蓬或为泰国之叻丕。罗斛国在今泰国华富里一带。

　　暹国管上水速孤底。暹国即泰国。上水速孤底指之泰国之素可泰。

　　单马令国管小西洋：日罗亭、达刺希、崧古罗、凌牙苏家、沙里、佛罗安、吉兰丹、晏头、丁伽芦、迫嘉、朋亨、口兰丹。单马令在今马来西亚彭亨州淡麦岭（或作腾贝林）河流域，辖境几乎包括整个马来半岛。日罗亭在今泰国拉廊府一带。达刺希在泰国的柴也。崧古罗在今泰国之宋卞。凌牙苏家在今泰国之北大年。沙里在马来半岛或泰国的赛武里河流域。佛罗安或马来半岛槟榔屿或马来西亚瓜拉勿兰。吉兰丹为今马来西亚之哥打巴鲁、晏头在今马来西亚来兴楼。丁伽芦即今马来西亚丁伽奴。迫嘉即今马来西亚帕卡。朋亨即今马来西亚彭亨。口兰丹在今马来西亚之关丹。

■ "南海Ⅰ号"复原船模

三佛齐管小西洋：龙牙山、龙牙门、便墊、榄邦、棚加、不理东、监篦、哑鲁、亭停、不剌、无思忻、深没陀罗、南无里、不斯麻、细兰、没里琶都、宾撮。三佛齐在今印度尼西亚巨港、占碑一带，辖境包括苏门答腊岛及附近地区。龙牙山为今印度尼西亚的林加群岛。龙牙门指新加坡海峡或林加海峡。便墊在马来半岛南部。榄邦即今苏门答腊南部之楠榜。棚加即今印度尼西亚之邦加岛。不理东即今印度尼西亚勿里洞岛。监篦在苏门答腊岛的甘巴河流域。哑鲁即今苏门答腊岛东北岸的亚鲁港。亭停或指丹定斯群岛。不剌在今苏门答腊岛之佩雷拉克。无思忻或今苏门答腊岛之巴赛河流域。深没陀罗在今苏门答腊岛的洛克肖马伟一带。南无里在今苏门答腊岛的班达亚齐一带。不斯麻在今苏门答腊岛西北岸的布落萨马。细兰即今斯里兰卡。没里琶都在今苏门答腊岛西北岸。宾撮在苏门答腊岛的巴鲁斯一带。

东洋佛坭国管小东洋：麻里芦、麻叶、美昆、蒲端、苏录、沙胡重、哑陈、麻拿罗奴、文杜陵。佛坭国即今加里曼丹岛之文莱。麻里芦即今菲律宾之马尼拉。麻叶即麻逸，今菲律宾之民都洛岛。美昆或今菲律宾棉兰老岛西岸之曼纳干。蒲端或即棉兰老岛北岸之武端。苏录即今菲律宾之苏禄群岛。沙胡重一说为棉兰老岛西岸之锡欧孔，一说为内格罗斯岛南岸之锡亚顿。哑陈在今菲律宾班乃岛之奥顿。麻拿罗奴在今加里曼丹岛北部沙捞越之巴林坚一带。文杜陵指沙捞越之宾士芦。

单重布罗国管大东洋：论杜、三哑思、沙罗沟、塔不辛地、沙棚沟、涂离、遍奴忻、勿里心、王琶华、都芦辛、罗帏、西夷涂、质黎、故梅、讫丁银、呼芦漫头、琶设、胡提、频底贤、孟嘉失、乌谭麻、苏华公、文鲁古、盟崖、盘檀。单重布罗指今加里曼丹岛南部。论杜即沙捞越之隆杜。三哑思在加里曼丹岛西北部，即印度尼西亚之三发。沙罗沟即沙捞越之沙腊托。塔不辛地在沙捞越之特贝杜一带。沙棚沟在今加里曼丹岛西北部。涂离在加里曼丹岛西北部。遍奴忻或指印度尼西亚的本卡扬。勿里心在加里曼丹西北部。王琶华在今加里曼丹西北部之曼帕瓦。都芦辛在今坤甸附近。罗帏在加里曼丹岛西部。西夷涂即加里曼丹岛西部之锡达斯。质黎在加里曼丹岛西南之杰来河流域。故梅在加里曼丹岛南岸之库迈。讫丁银即加里曼丹岛南部之哥打瓦林因。呼芦漫头即加里曼丹岛南部门达韦河下游之门达拿。琶设即加里曼丹岛东南岸之巴塞尔。故提在加里曼丹岛东部的库太河流域。频底贤在苏拉威西岛西南岸之温甸。孟嘉失即苏拉威西岛西南之望加锡。乌谭麻在苏拉威西岛西南部的瓦淡波尼。苏华公即沙华工，在今苏拉威西岛、马鲁吉群岛一带。文鲁古今印度尼西亚马鲁古群岛。盟崖即苏拉威西岛东的曼涯群岛。盘檀即印度尼西亚的班达群岛。

阇婆国管大东洋：孙绦、陀杂、白花湾、淡墨、熙宁、罗心、重伽芦、不直干、陀达、蒲盘、布提、不者罗干、打工、琶离、故鸾、火山、地漫。阇婆国即爪哇岛。孙绦指巽他海峡一带或爪哇西部之万丹。陀杂在爪哇西岸一带。白花湾指爪哇西部的北加浪岸、加拉璜一带。淡墨今爪哇岛之淡目。熙宁在今爪哇岛北部。罗心即爪哇岛北岸之拉森。重伽芦又作重伽罗，在爪哇岛的泗水一带。不直干即爪哇岛东部诗都文罗的南面。陀达在今爪哇岛东部。蒲盘又作浦奔，在今爪哇岛东部及附近，或指布林宾一带。布提似指爪哇岛东部的普格或巴蒂一带。不者罗干指爪哇东部之巴那鲁干。打工在爪哇岛东北岸，一说是帕康，一说是三宝垄旧名的译音。琶离亦作婆利，今印度尼西亚的巴厘岛。故鸾即故论，似指爪哇岛东部的波朗一带。火山似指印度尼西亚松巴哇岛东北的桑格安岛。地漫指今帝汶岛。

南毗马八儿以下四十国，没有确切划入东西洋国家类别中，但应是西洋贸易范围无疑。这应是从东往西，由近至远的次序排列的。南毗马八儿国即马八儿国，在今印度西南端马拉巴尔海岸一带。细兰即锡兰，今斯里兰卡。伽一在今印度南部东岸的卡异尔镇。勿里法丹在印度半岛东岸。差里野括、拔的侄、古打林三地不详。差里也国、政期离国、条土吉、涂弗、赡思五地亦不详。

其他大故蓝国指今印度奎隆。胡荼辣国在今印度西北部古吉拉特一带。禧里弗丹在今印度南东岸讷加帕塔姆。宾陀兰纳即梵答剌亦纳，在今印度半岛西岸卡利卡特北。追加鲁或指今印度西岸芒格洛尔北巴加诺尔。盟哥鲁即今印度马拉尔海岸之芒格洛尔。靶拿即今印度孟买湾内塔纳。阔里抹思即忽里模子，今伊朗霍尔木兹海峡。加刺都指今巴基斯坦卡拉奇。拔肥离即拔拔力，在非洲北岸柏培拉。毗沙弗丹在今印度沿岸。哑靼指今也门民主人民共和国首都亚丁。鹏茄罗即朋加拉，今孟加拉国。记施即怯失，今伊朗波斯湾内凯斯岛。麻罗华今印度中部纳马达河以北马尔瓦一带。弼施罗即今伊朗巴士拉城。麻加里即摩洛哥。白达即缚达，今伊拉克巴格达。层拔今非洲坦桑尼亚、桑给巴尔岛一带。弼琶罗在今索马里北岸柏培拉。勿斯离即今埃及。勿拔今阿曼境内。芦罗即今土耳其、叙利亚一代的东罗马帝国。瓮蛮即今阿曼酋长国。弗蓝即东罗马帝国。黑加鲁即麦加。茶弼沙指今西班牙。吉慈尼指今阿富汗境内。

这140多个国家，与广州交通贸易，正如大德《南海志》云："其来者视昔有加焉。"元代超过唐宋，对外贸易国家和地区进一步扩大。

（2）大德《南海志》所载海外的交通路线

元代，岭南对外贸易继续拓展，海外航线进一步延伸。大德《南海志》《真腊风土记》《岛夷志略》《异域志》等史书，有关元代岭南通往海外的交通路线如下：

①**广州、钦州等至交趾、占城航线**。在宋代岭南通往交趾、占城航线的基础上，海上航线依然使用。值得注意的是，元代在全国范围内设置站赤，广东、广西等沿边沿海地，也有陆上交通相连。广州西至钦州、钦州至雷州等皆有陆上站赤相通，一定程度上对沿海水上交通依赖减弱。元代至元二十年（1283年）征伐占城、至元二十四年（1287年）攻伐安南，钦州海道仍被利用。后钦州附近峒瑶不断起义，大大影响了钦州通往安南的交通。而至元十八年（1281年）、二十一年（1284年）征伐占城，广州、廉州等作为出发港，浮海而达占城。大德《南海志》卷七《诸蕃国》所列"交趾国管：团山、吉柴"，团山即云屯山，《越峤书》云："云屯山在新安府云屯县大海中，两山对峙，一水中通，蕃国商船多聚于此。"而"占城近琼州，顺风舟行一日可抵其国"。

②**广州至真腊航线**。元人周达观《真腊风土记·总叙》云："自温州开洋，行丁未针。历闽、广海外诸州港口，过七洲洋，经交趾洋到占城。又自占城顺风半月到真蒲，乃其（真腊）境也。又自真蒲行坤申针，过昆仑洋入港。"大德《南海志》卷七《诸蕃国》所列"真腊国管真里富、登流眉、蒲甘、茸里"。证明真腊有贸易航线至广州。

③**广州至加里曼丹、三佛齐、爪哇等东南亚诸岛航线**。大德《南海志》列佛坭管小东洋诸国。小东洋指加里曼丹与菲律宾一带。而"三佛齐国管小西洋"，

小西洋包括今印度尼西亚西部一带。"阇婆国管大东洋",大东洋指今印度尼西亚爪哇岛一带。

④广州至印度半岛航线。大德《南海志》所列"马八儿国",即今印度半岛西南马拉巴尔海岸一带;"大故蓝国",即今印度南部西岸奎隆或奎隆南阿廷加尔;"胡荼辣国",即今印度西北古吉拉特一带。意大利旅行家依宾·拔都他(伊本·白图泰)在其《游记》云:"麻里拔各港,中国船舶常至者,为俱蓝、喀里克托、黑里三港。其欲候印度之季候风者,则多往梵答剌亦纳。"而"此类商船,皆造于剌桐(泉州)及兴克兰(广州)二埠",印度诸国与广州有贸易往来。

⑤广州至波斯湾、红海以及东非、南欧航线。依宾·拔都他(伊本·白图泰)《游记》云:"秦克兰(即广州)城者,世界大城中之一也。市场优美,为世界各大城市所不能及。其间最大者,莫过于陶器场。由此,商人转运瓷器至中国各省及印度、夜门。"而"中国人将瓷器转运出口至印度诸国,以达吾故乡摩洛哥。此种陶器,真世界最佳者也。"意大利传教士鄂多立克于元世宗元祐三年(1316年)开始东游,其纪程起始于君士坦丁堡,"由是而至脱莱必松德、爱才罗姆、塔伯利资、孙丹尼牙、柯伤、八吉打、忽里模子,更由忽里模子乘船泛洋,抵印度西岸塔纳港,更至俱蓝、锡兰岛及圣多默墓地,由是而再东,至苏门

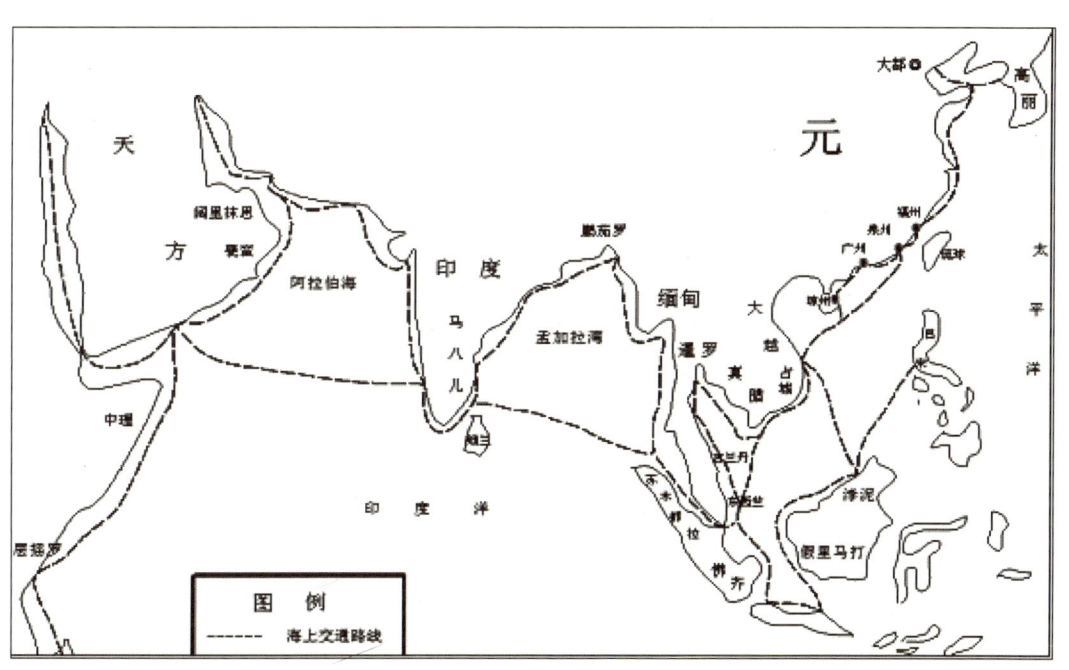

■ 元代岭南港口对外交通路线图

答腊、爪哇、婆罗洲、占婆，终乃于广州登陆"。

5. 元代广东驿道与全国的商贸交流

元代，国内交通水陆驿站四通八达、岭南各港口通往岭北的水陆驿站也布列交通线上，主要服务于政治、军事需要，这些驿站管理制度严密，除查诘往来使臣，还为往来官员和人员更换马、船，提供住宿，招待饮食等。诸驿站有马站、水站、车站、江船站。"水站、马站则通客旅，车站、江站则通货"。岭南的主要驿道有三条。一条是从江西到广州：赣南—南康—南安—南雄—韶州—英德—清远—广州。时广东中东部属江西行省管辖；一条是从广西至海（或广州），静江（桂林）—平乐—富川—开建—德庆—肇庆—新州（或广州）—海；一条是从福建到广东，福州—泉州—潮州—南海。粤东潮州为了加强与江西行省省会龙兴（治今江西南昌）的联系，改原来驿道为抚州—汀州—梅州—潮州，路程缩短750余里，仅1600余里，在近道上设置17个驿站。而广州驿站15处，包括7个马站128匹马，8个水站88只船；韶州驿站8处，包括4个马站100匹马，4个水站36只船；南雄4处驿站，包括2处马站60匹马，2处水站20只船；惠州14处驿站，包括6处马站66匹马，8处水站28只船；潮州10处驿站，包括8处马站84匹马，20乘轿，2处水站22只船；循州6处驿站，包括3处马站16匹马，3处水站7只船；梅州3处驿站，包括1处马站8匹马，2处水站12只船。而琼州、化州仅各有2处马站，马一二十头而已。这足以反映出粤东、粤北以北江、东江、韩江为通道的交通繁荣，粤西以及海北、海南道的内地交通不便。而民间水上交通除以上繁荣地区外，应以西江及沿海交通较为发达。

元代，世祖时广东道宣慰使塔剌海"开西驿路，以通步驿"。至正二年（1342年）乐昌县尹张思智开"平新陇西路"，开凿武水上游道路。除修路外，横跨江河上的许多重要的桥梁和浮桥，也在元代有修建。而内河两岸出现了码头，除了每日往来的摆渡"横水渡"外，还出现了航程较远有固定起讫点的"长河渡"。《大德南海志》卷十《河渡》就载南海县长河渡有新会渡、肇庆渡等33处长河渡，番禺县有东莞渡、惠州渡等17处长河渡；而南海县横水渡更多达46处，番禺县横水渡也有33处。正是以广州为中心的水路交通的发展，使岭南之间相互联系，广州至大德间的旅程，"然叶舟风递，驲骑星驰，不十余日可至，何其速也"。

元代日益完善的沿海与内地交通，对国内贸易的开展影响较大。海南岛四州军，不仅蕃货在比出售并转贩至全国各地，而且海南土产槟榔、土布、香料等也运销沿海各地。元代至元三十年（1293年）九月，正式于琼州设立海南博易提举司，"税依市舶司例"。次年又置覆实司，实质上也是掌管当地海贸事务的机构。由此可见中央政权对海南海外贸易的重视，这也说明海南在海外贸易中所扮演的角色越来越重要。元初，"驸马嗦都右丞征占城，纳番人降拜，其属发海口浦安置，立营籍为南番兵，无老稚，皆月给口粮三年以优之，立番民所，以番酋麻林为总管，世袭降给四品印信"，而"其在外州者，乃宋、元间因乱挈家架舟而来，散泊海岸，谓之番坊、番浦"。

而大家熟知的乌泥泾人黄道婆，"少沦落崖州，元贞间始遇海舶以归。……被更乌泾，名天下，仰食者千余家"。潮州也为闽广交通枢纽，"潮之为郡，介乎闽广之冲，凡趋闽趋广者，靡不经焉"。潮州沿海贸易发达，"船通瓯吴，及诸蕃国，人物辐集，而又地平土沃。饶鱼盐，以故殷给甲邻郡"。

福建广东的铁经常贩运至庆元（今浙江宁波），"生铁出闽、广，船贩常至，冶而器用"。大德十一年（1307年），江南大旱，饥荒，定海（今镇海）人乐大原"发巨艘贩泉南、广东之米，平价使人就籴"。广东米还从海上运往江南。另外，据《至正四明续志》卷五《市舶》所列一份市舶进口物品清单，细色120品类中，槟榔、吉贝花、吉贝布、崖布、蕃花、棋布、万安香、桂皮等；粗色100个品类中，广漆、益智、椰子、椰子壳、焦布等，大多从广州、海南或其他岭南港口转贩而来的。

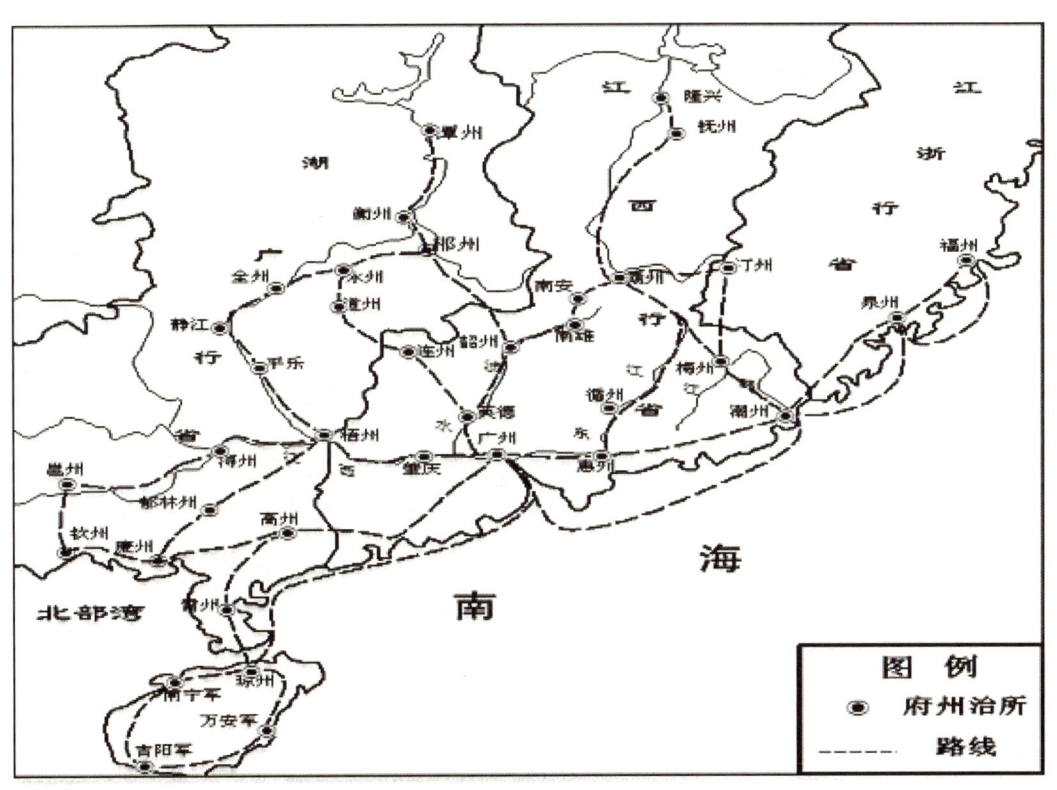

■ 元代岭南港口与腹地交通路线图

（六）明代时期大帆船贸易与陆上古道焕发新颜

1. 明代广州、澳门大帆船贸易与联通各国路线

明代初期，确立贡舶贸易，规定贡期和限定贡道，广东主要是东南亚诸国朝贡的必经之地，而民间禁止下海通番贸易，随着永乐、宣德间海禁稍弛，民间贸易逐渐增多。正统以后贡舶贸易日趋衰微，商舶贸易公开化，"广中事例"确定，原来对外贸易的"一元中心"逐渐变为澳门、广州"二元中心"，广州国际定期集市贸易逐步建立，大帆船贸易较以往航行的地区和范围更广，以下主要对以明中后期岭南对外贸易路线为主、辅以不同时期的航线加以阐述。

（1）广州至东南亚、南亚、西亚直至东非的航线

明初，暹罗（泰国）、真腊（柬埔寨）、利加、苏禄国（菲律宾）东王、西王、苏禄国峒山、渤泥（文莱）、古里（今印度卡利库特）、古麻剌（马六甲）、彭亨（今马来西亚彭亨一带）、爪哇、柯枝（今印度柯钦）、锡兰山（斯里兰卡）、苏门答腊、榜葛兰（今孟加拉国及印度西孟加拉邦地区）、天方（今沙特阿拉伯麦加）、古里班卒（今马六甲海峡一带）等国，贡道由广东。

"永乐五年秋九月，明太监郑和使西洋诸国。首从广东往占城国"。这是郑和下西洋中的第二次。这次航行到暹罗、满剌加、渤泥、苏门答腊、锡兰山、柯枝、小葛兰（今印度奎隆）、古里、加异勒（今印度卡异尔）等。直至永乐九年（1409年）夏郑和才回国，此次郑和出使，"谨以金银织金"等物品向当地佛寺布施，有丝织纺品、香炉、花瓶、烛台、灯盏、香盒、金莲花、香油、蜡烛、金、银等。

据《海道针经（甲）·顺风相送》所载"广东往磨六甲针""满剌咖回广东针路"，可知广州至东南亚满喇咖的道路为：从南亭门（今广东深圳南头）出发，经乌猪山（今广东上川岛东北）、七洲山（今海南七洲列岛）、独猪山（今海南万宁大洲岛），再经万里石塘（今海南西沙群岛）、外罗山（今越南新洲港外）。"用丙午针五更是灵山大佛，放彩船"。灵山大佛即灵山，今越南华列拉岬。"用丁午针五更船去罗湾头"。罗湾头即占城港（今越南归仁港），在经赤坎山（今越南归仁港外）、昆仑山（今越南东南昆仑岛），经今南海，取道马六甲海峡，经地盘山（今马来半岛彭亨外地盘山）、南鞍（今新加坡海峡）、罗汉屿（一作达罗汉屿，今马来半岛南龙牙门东）、五屿（今马六甲五屿）而达满喇咖。

据明郑若曾《郑开元杂著》卷六《国朝至安南道路》记载："入交道三：一

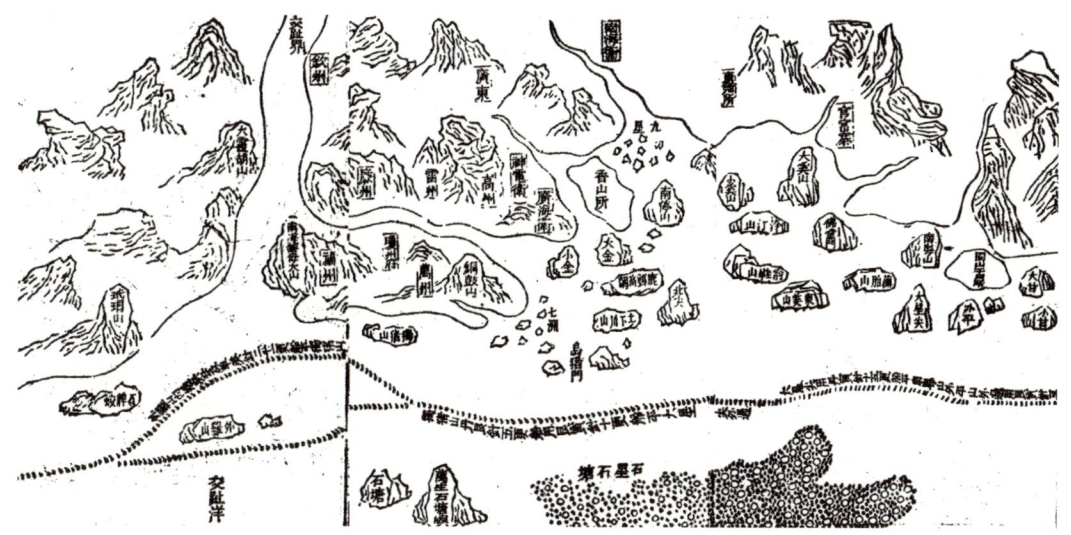

■ 《郑和航海图》广东部分

由广西，一由广东，一由云南。由广东则用水道，伏波以来皆行之，广西道宋行之。""若广东海道自廉州乌雷山发舟，北顺风利二二日可抵交之海东府。若沿海岸以行，则自乌雷山一日至永安州白龙尾，二日至王山门，又一日至万宁州，万宁州一日至庙山，庙山一日至屯卒巡司，有二日至海东府。若沿海岸以行，则自乌雷山一日至永安州白龙尾，白龙尾二日至玉山门，又一日至万宁州，万宁州一日至庙山，庙山一日至屯卒巡司，又二日至海东府，海东府二日至经熟社，有石堤，陈氏所筑，以御元兵者，又一日至白藤海口，过大寮巡司南至安阳海口，又南至涂山海口，又南至多渔海口，各有支港以入交州。其自白藤海口而入，则经水棠、东潮二县，至海阳府复经至灵县，过黄径、平滩等江。其自安阳海口而入则经安阳县，至荆门府，亦至黄径等江，由南策上洪之北境以入，其自涂山海口而入，则取古斋，又取宜阳县，经安老县之北至平河县，经南策上洪之南境以入。其自多渔海口而入，则由安老、新明二县至四岐遡洪江，至快州，经咸子关以入多渔之南，为太平海口，其路由太平、新兴二府，亦经快州咸子关口，由富良江以入。此海道之大略也。交州之东有海阳、荆门、南策、上洪、下洪、顺安、快州等府，去海颇远，各有支港穿达，迤逦数百里，大舰不能入，故交人多用平底浅舟，以便入港云。""广西道亦分为三：其一道从凭祥州入者，由州南关隘一日至交之丈渊州坡垒驿，复经脱朗州北，一日至谅山卫，又一日至温州之北险径，半日至鬼门关，又一日经温州之南新丽邨，经二十江，一日至保禄县，半日渡昌江，又一日至安越县南市桥江下流北岸。其一道由思明府入过摩天岭，一日至鬼陵州，过辨强隘，一日至禄平州，州西有路，一日半至谅山府，若从东南行，过车里江，此江永乐中黎季口堰之以拒王师，后侦知其堰处乃决之以济师，一日半至安博州，又一日半过耗军峒山，路险恶，又一日至凤眼县，又分二道，一道一日至保禄县，亦渡昌江，一道入谅江府，亦一日至安越县之南市桥江北岸，各与前道会。其一道自龙州入者，一日至平而隘，又一日至七源州，二日至文兰州平茄社，又分为二道，一道从文兰州，一日经右陇县北山，径出鬼门关平地四十里，渡昌江上源，经右陇之南沿江南岸而下，一日至世安县平地，至安勇县，又一日亦至安越县之中市桥江北岸。一道从平茄社西，一日半经武崖州山，径二日至司农县平地，又一日半亦进至安越县之北市桥江上流北岸，市桥江在安越县境中昌江之南，诸路总会之处随处皆可以济，一日至慈山府，又至东岸嘉林等县富良江以入。"

交趾南的占城，上述《顺风相送》所云新州港即占城国。而占城西为真腊。永乐元年（1403年），明使尹绶"向广州发舶，由海道抵占城，又由占城过淡水湖、菩提萨州，历鲁般寺而至真腊"。淡水湖指今柬埔寨洞里萨湖，菩提萨州即今柬埔寨菩萨，鲁般寺即吴哥窟。

占城之南有暹罗国，"占城之极南，其道由广东占城七昼夜至其国"。暹罗之西便是马来半岛以及其南的马来群岛。上述满剌加、彭亨、古里班卒等皆在此地。其他还有急兰丹（古兰丹，今马来半岛哥打巴鲁）、大泥（今马来半岛之北大年）、柔佛（今马来半岛南部之柔佛）、苏门答腊（今苏门答腊岛北部实格里一带）等。

过马六甲海峡，向西进入印度洋。上述锡兰山、古里、榜葛兰、柯枝等皆在南亚。南亚半岛还有琐里（今印度科罗曼德尔）、小葛兰（今印度奎隆）、剌泥（今印度西部之古吉拉特）、溜山（今马尔代夫），由南亚西行，可达西亚的忽鲁谟斯（今伊朗南岸之霍尔木兹）、祖法儿（今阿曼西岸之佐法尔）、剌撒（今也门木卡拉附近）、阿丹（今也门亚丁）、沙里湾泥（今也门沙尔伟恩）、默德那（今沙特阿拉伯麦地那）等。

明代对外交通到达了亚丁湾、红海以西、以南的非洲。米昔儿（今埃及）、速麻里儿（今索马里）、木骨都束（今索马里摩加迪沙）、不剌哇（今索马里布腊瓦）、竹步（今索马里准博）、麻林（今肯尼亚马林迪）、比剌（今非洲东北岸阿卜德库里）、孙剌（今非洲东北岸索科特拉）等。

总之，明代延续了前代的海上航行路线，远航到非洲东海岸。明初郑和下西洋最远已达非洲东海岸的麻林。从东南亚到南亚、西亚、非洲，中国与这些太平洋、印度洋沿岸的相关国家，主要通过海上航线联系。除明初朝贡贸易外，明中后期以市舶贸易为主，促进了明朝与原有海外国家的商贸流通。

（2）广州—澳门—果阿—里斯本等欧洲航线

嘉靖十二年（1533年）（一说为十五年，1535年），包括葡人在内的南洋商人获准入濠镜贸易。嘉靖三十四年（1555年），葡人在澳门活动已有葡文明确记载；三十六年（1557年）葡人获得中国官员默许，在贸易季节后可以居留澳门，并开始建造房屋。从万历六年（1578年），葡人又被批准可以每年春夏季到广州海珠岛参加定期贸易，可以直接向中国商人采购丝绸和瓷器等商品运往澳门，而葡人早已开通了通往其都城里斯本以及日本等地的航线，这样，广州—澳门—果阿—里斯本航线就成了中西方贸易的重要航线之一。

这条航线从广州启航，经澳门稍作收集和调整，经南海，西行到达印度西海岸的果阿。果阿为葡萄牙在东方殖民地的总部和基地，果阿在1510年被葡萄牙占领后，葡萄牙人利用印度洋沿岸这一港口，或沿官屿留（今马尔代夫）、木骨都束和莫桑比克海峡，绕过好望角，沿大西洋东部非洲海岸北航至摩洛哥，最后达里斯本；或从亚丁湾渡海，达非洲东部索马里沿海海岸麻林，南下坦桑尼亚、莫桑比克海峡，绕过好望角，沿大西洋东部非洲海岸北航至摩洛哥，最后抵达里斯本。据1590年澳门出版的书载："中国的蚕丝如此丰富，每年可以装满3艘由印度开来澳门的船……这些丝不但在印度使用，也带到葡萄牙去。不单有生丝运达那里去，而且还有各式各样的丝织品……"中国通往葡萄牙的海道在明中后期不断发展。

（3）广州—澳门—日本长崎航线

葡萄牙人1510年占领果阿，1555年在澳门活动并随后建房建立贸易据点，并利用中国东南沿海近日本的优势，再将航线延伸至日本长崎。荷兰旅行家（Van Linschoten）这样描述："每年4月，商船从果阿前往马六甲，在那里停留一段时间，以等候季风的到来。商船从马六甲海峡出发前往澳门，在这里停留至少9个月，等候季风到来，然后驶往日本。在那里停留数日，然后乘季风返回澳门。正像出航时那样，商船再次停留澳门一段时间，因此，完成往返日本的整个航程，需要3年时间。"在澳门等候西南季风以及赴广州购买相关的丝织和瓷器，而在次年十月或十一月，乘东北季风返航澳门。从万历八年至崇祯三年（1580—1630年），来往广州—澳门—长崎的正常商船达94艘，平均每年接近2艘。而且，五十年间澳门到日本长崎的商船不断增加的，由1580年的2艘增至1619年的最高8艘。

（4）广州—澳门—望加锡—帝汶航线

随着葡人居住澳门后，广州、澳门通往东南亚望加锡、帝汶的贸易日益重要。帝汶岛的檀香木成为澳门、广州贸易的主要物品。明万历以后，澳门商船定期到帝汶岛收购檀香木，然后销往中国内地。位于苏拉威西岛西南的望加锡，因地理之便，成为16世纪末至17世纪初葡萄牙人东方商业体系中重要的中间站和贸易港。葡萄牙人把望加锡视为第二个马六甲。1625年，英国商人是如此描述的："每年有10~22艘葡萄牙单桅帆船自澳门、马六甲和克罗曼德尔海岸的港口来到望加锡停泊，有时上岸的葡人多达500人……他们在11~12月抵达，次年5月离开，把望加锡作为销售中国丝货和印度棉纺织品的转运港。他们用这些货物交换帝汶的檀香木、摩鹿加群岛的丁香和婆罗洲的钻石……他们的贸易值每年达50万元西班牙古银币，仅澳门几艘单桅帆船载运的货物就值6万元。"

（5）广州—澳门—马尼拉—拉丁美洲航线

西班牙于1571年占领菲律宾。万历三年（1575年），即开通了广州、澳门经马尼拉中转直达拉丁美洲墨西哥的阿卡普尔科、秘鲁的利马航线。清张荫桓《三洲日记》卷五云："查墨（西哥）记载，明万历三年，即西历一千五百七十五年，（墨）曾通中国。岁有飘船数艘，贩运中国丝绸、瓷、漆等物，至太平洋之亚翼巴路商埠（阿卡普尔科港），分运西班牙各岛。其时墨隶西班牙，中国概名之为大西洋。"为了对付英、荷新兴的海洋国家，葡萄牙、西班牙联合起来，十六世纪末十七世纪初，西班牙允许葡萄牙人、中国商人自澳门到马尼拉贸易合法。这样，跨太平洋的大帆船贸易中最长的海上航线形成了。

这条航线多是西班牙的大帆船航行，一般把中国的丝货运输到拉丁美洲，然后从拉丁美洲换回大量的白银，因经中转站马尼拉，一般称"马尼拉中国大帆船贸易"（或称太平洋丝路、白银之路）。冬季先由广州、澳门出海，经万山群岛东南行，至东沙群岛折向东南，循吕宋岛西岸南达马尼拉，再从马尼拉，经圣贝纳迪诺海峡，乘六月中下旬西南季风到北纬37°~39°水域，又借西北风横渡太平洋。其中北太平洋航线一段，向北达北纬40°~42°，后又南折，利用"黑潮"，再利用盛行于海岸的西北风、北风直达墨西哥西海岸的阿卡普尔科、秘鲁的利马港。其间经过关岛、火山群岛（硫磺列岛）、金岛、银岛等，全航程平均需要半年左右。

由于利润丰厚、贸易额大增，这条航线商业规模日益扩大。仅1620—1632年间，澳门到马尼拉的商船数就达37艘。成书于天启三年（1623年）的艾儒略《职方外记》卷五《海道》记载美洲通中国航路："若从东而来，自以西把尼亚（西班牙）、地中海，过巴尔德峡（指直布罗陀海峡），往亚墨利加（指美洲）之界有二道：或从墨瓦蜡尼海峡去太平海；或从新以西把尼亚（新西班牙，即指西班牙所占的墨西哥等地）界泊舟。从陆路出孛露海，过马路古、吕宋等岛至大明海（今南海）以达广州。"

总之，明代中后期大大拓展了后来的海上航线，特别是运往欧洲、美洲航线，大大拓展了中外商贸交流的范围和地区海上航线的交通，奠定了清代海上贸

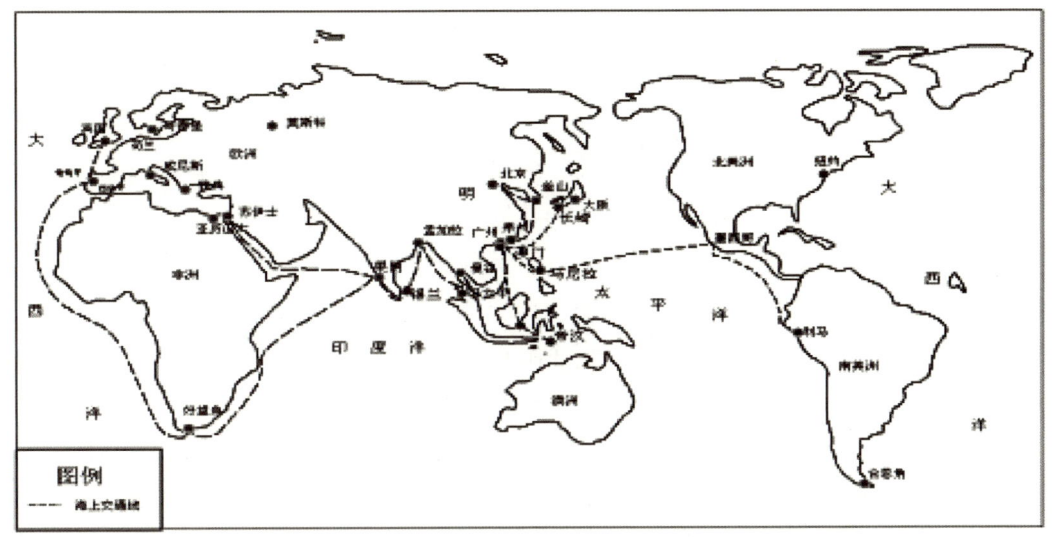

■ 明代广州港口对外交通图

易路线的基础。从1553年到1640年的80年间,广州在当时海上丝路上充当主角,澳门担负欧、亚、非和美四大洲海上丝路贸易航线中枢的角色。

2. 岭南港口对外贸易的特征

以广州、澳门为主的岭南港口,成为明代内联外接、中外商贸交流的最好体现。其他如潮州港、钦州港、琼州港、廉州港、雷州港等,成为区域性港口,主要辐射区域内各地,但也有联系其他国内外港口,这些港口有以下几大特点:

①各港口的地理位置不一,其在对外中的作用不同。广州、澳门作为岭南港的最重要对外的港口,也作为明中后期国内货物最集中的地区,允许外国商人每年春秋两季来采购货物,广州设有管理外贸的市舶机构,又曾一度为全国唯一对外贸易的管理机构,故其理所当然地成为主要的对外贸易港。随着明后期澳门的兴起,许多外国商船以澳门为基地,从事转口对外贸易,开辟东达日本长崎,以及经马尼拉达拉丁美洲,巩固了南达满剌加至果阿的航线,并将其延伸经好望角而达欧洲。明代对外贸易随着欧洲新航线、美洲新大陆的发现,中国对外贸易也加入世界贸易这一行列,不仅中国对外航线延伸,而且进出口货物种类多,数量大,特别是白银大量流入中国,直接刺激了国内丝织业和棉纺业的发展。

②岭南各港口对内外商贸活动,不仅促进了各港口经济的发展,也促进了港口城市的建设和布局。除洪武十一年(1378年)广州城将宋三城联接起来外,嘉靖四十四年(1565年)还进行了第二次扩建,适应了海外贸易而新发展起来的濠畔街一带繁荣商业区的需要,把城区向南扩张了。"自西南角楼以及五羊驿,环

绕东南角楼，以固防御，长一千一百二十四丈，高二丈八尺，周三千七百八十六丈，上广二丈，下广三丈五尺，为门八"。明政府还加强了对澳门的管理。嘉靖时，广东官方在澳门设置提调、备倭、巡辑三行署，负责治安、防备和贸易管理。隆庆以后，广东地方在澳门设立关闸，增兵防守，建立保甲，委任"夷目"，制定禁例。澳门"番坊"城市的建立，是中国商民与居澳葡萄牙人共同努力的结果。澳门及其主权归明王朝所有。其成为远东国际贸易中转港的支点是中国以丝和丝绸产品为代表的商品。澳门国际贸易的发展，正是中国腹地商品经济和市场的繁荣发展时期，其发展与明代晚期中国国内商品市场网络和珠江三角洲商品经济的发展有密切关系，其贸易支点是中国商品。

③岭南各港口通过对外贸易，不仅为国内丝货提供了国际市场，而且反过来促进了国内包括广东在内的丝织手工业的扩大及生产分工，加速了广东冶铁和铸造业的发展。区域内外分工明确，不同商品产地和市场出现，甚至加速了广东商业性农业的发展，蔗、桑基、果桑基鱼塘等方式出现，多种方式使用有利于珠江三角洲集约化经济的形成与发展。而拉丁美洲的玉米和番薯的引进，也加快了商品性农业发展的步伐。

④通过岭南各港口，广东侨商移民海外，特别是南洋地区，对开发东南亚做出了贡献。明代广东商人出海而定居于国外，或为自发性移民，或为政治—经济性移民，或为政治性移民，多居住在安南、占城、暹罗、北大年、马六甲、印度尼西亚诸国、菲律宾群岛，他们主要从事商业、农业、采矿业、园艺业和渔业，对南洋各个国家和地区的经济开发做出了贡献。中国商人以麝香、苎丝、色绢、瓷器、铁器、金银、铜钱、铜器、樟脑等日用品和名贵药品来换取香料、宝石、珍珠、椰子等土产。铜器、铁器等生产工具的输入，对当地的农业和手工业有很大的推动作用。华侨与当地人民接触，互相学习，中国农耕技术对东南亚当地人民产生了巨大影响。加里曼丹董坡索人使用犁耙耕种就是一例。中国的蔬菜、果品和花卉传入印度尼西亚的亦不少，如白菜、韭菜、荔枝、薤、龙眼、肉桂等，这些有益的植物，对东南亚人民的生活和健康都起了很好的作用。

⑤岭南各港口不仅是中外商品贸易交流的桥梁，也促进了"西学东渐"和"中学西传"。在天文学、历法、西医学、西药学、数学、物理学、地理学、建筑学、农学、语言音韵学、美术学、音乐等方面"西学东渐"，在中国的古典经籍、儒家哲学思想、科举制度、中药学、中医学、中国数学、语言文字、印刷术、中国工艺美术、中国音乐、风俗等方面亦"中学西传"。澳门成为这一中西文化交流的桥梁，天主教耶稣会士、基督教新教传教士成为中西文化交流的媒介，利玛窦等传教士，大都从澳门开始，足迹遍及岭南肇庆、韶州、南雄等地，其间岭南作为中西文化交流的前沿地区，功不可没。

明代中后期商品经济发达，广东对外交流频繁。除广州、澳门外，广东的潮州、琼州、雷州、高州、惠州、肇庆等的对外贸易也十分发达。如潮州，"潮郡东南皆海也，左控闽漳，右临惠广，壮全潮之形势，为两省之屏藩，浩浩乎达官哉。春秋之交，南风盛发，扬帆北上，经闽省，出烽火流江，翱翔乎宁波、上海，然后穷尽山花鸟，过黑水大洋，游弋登莱、关东、天津间不过旬有五日耳。秋冬以后，北风强劲，顺流南下，碣石、大鹏、香山、崖山、高雷、琼崖，三日可历遍也。外则占城、暹罗，一苇可杭；葛逻吧、吕宋、琉球，如在几席；东洋日本，不难扼其吭而捣其穴也"。有利的地理环境为明清时期潮州外贸港口的繁荣奠定了基础。明代潮州附近的对外贸易港口有：南澳岛诸港、饶平柘林港、揭阳县的鮀浦港（今汕头市升平区鮀浦镇）和溪东港（今汕头市升平区溪东村）、潮阳广澳山诸港（今汕头市达濠区）、澄海辟望港（今澄海县城）、南洋港（今澄海莲上镇）、惠来赤沙澳（今惠来县赤澳一带）、石牌澳（今惠来县石牌村一带）等。

3. 广东水陆纵横的联系网络

明代，珠江三角洲、韩江三角洲以及沿西江、北江、东江一带，社会生产迅速发展，商品性农业和手工业不断兴起，出现了一系列种植经济作物的产地和专业性的农业区域，"桑基鱼塘""果基鱼塘""蔗基鱼塘"等基塘面积扩大，地区间的商品交换频繁。除岭南内部交换外，还突破岭南，远涉长江流域以及周边的闽、贵、滇等地。商品贸易的发展促进了水上交通以及水路运输的发展，已形成了一定的水运网络，航运专业化的体系也逐步确立，水陆联运的交通运输路线不断延伸，以港口为基点的腹地也不断扩大，沿江、沿路的墟市、港埠日益发展，岭南对内贸易进入快速发展时期。

岭南各港口与腹地的联系，首先通过源于五岭等山地的各河流交通往来。珠江三角洲河汊纵横交错，河网密布，西江、北江、东江相互交织，组成一幅水上交通图卷。而由于各河流中有大量的泥沙淤积，造成了河床淤塞。沿河一带民众，修建堤防。一方面在堤防里形成堤围、基围，开垦沙田，引水灌溉，堤围成为三角洲平原地区农田水利建设的主要形式。另一方面，堤防、堤坝的修筑，也便于防御洪水，"塞支强干，束水收沙"，保证水道的畅通。明代珠江三角洲堤围多分布于西、北江干支流，据不完全统计，明代河岸堤防总长达22万多丈，约181条。珠江三角洲堤防与河道的整治，为水上交通的进一步发展，打下了坚实的基础。

明代，岭南内部的水运体系基本确立，以广州为中心，形成以下几条主要水上兼有陆路接驳的通道。

（1）北江—浈水道

广州北上，沿北江，溯浈水，至梅岭附近用陆运而北接南安府章江道。这条道路是官道，唐开元以后，一直是岭南东道（及后来的岭南东路、广东）北上的主要道路。明黄汴《一统路程图记》（《天下水陆路程》）卷一之二"北京至江西、广东二省水路"，从北京经北直隶、山东、南直隶（沿运河、长江），抵江西九江府，沿赣江，至南昌府（治今江西南昌）、临江府（治今江西清江南）、吉安府（治今江西吉安）、赣江府（治今江西赣州）、沿赣江支流章江达南安府（治今江西大东县）横浦驿，"过大庾岭，即梅岭。六十里中站，即红梅关。六十里南雄府保昌县凌江驿，一百里濛浬驿，九十里安远驿，六十里回岐驿（并属清远县），六十里胥江驿，九十里官窑驿（并属本府），八十里至广东布政司广州府南海县、番禺县五羊驿（属番禺县）。……江西至广东，自南安府横浦驿起至横石矶驿止，水马并应；湖口县至广东城滩洪缓急"。同书卷七之十"湖口县由江西城至广东水"，除详列赣江航行的急滩险阻外，还提到"梅岭路隘，驴马遗溺甚臭，宜醉饱而去。浈江多滩无石，上难而下易，船大无虑，峡中山蛮易防"。上述梅关岭多次重修，应与此道频繁遭路人践踏，使用频繁过密有关，这也从另一方面证明了北江—浈水—章江—赣江通道的重要性。

（2）东江道

由广州东行，沿东江至惠州府（治今广东惠州），由此或沿东江，再东行至长乐（治今广东五华北）、兴宁（治今广东兴宁），沿梅江、韩江而达潮州；或东行沿近海沿陆路，经海丰县（治今广东海丰）、潮阳县（治今广东潮阳）而达潮州。《一统路程图记》（《天下水陆路程》）卷三之二六"广东布政司至所属府"中，"本司至潮、惠二府路"，陆路有五羊驿，百里乌石驿，六十里增江驿（并增城县），一百里沙河驿（博罗县），一百里惠州府欣乐驿，八十里平山驿，七十里平政驿（并属归善县），八十里平安驿（海丰县），七十里南丰驿，八十里东海滘驿，八十里惠来县大陂驿，八十里北山驿，五十里武宁驿，六十里灵山驿（潮阳县），七十里桃山驿（潮阳县），七十里潮州府海阳县凤城驿。

而同书卷七之一三，"广东城至惠、潮二府水"，有广州"五羊驿，百二十里增城县东洲驿，九十里东莞县黄家山驿，八十里铁冈驿，七十里苏州驿，四十里惠州府归善县欣乐驿，百里水东驿，五十里莫村驿（博罗县），一百三十里苦竹派驿，九十里河源县宝江驿，八十里义合驿，百七十里蓝口驿（并属河源），六十里龙川县雷乡马驿，过岭，六十里通衢马驿，六十里兴宁水马驿，下水，七十里七都驿（并属长乐县），八十里程乡县揽潭驿，七十里程江驿，六十里松口驿（并属程乡县），五十里大埔县，二十里三河驿，百里产溪驿，七十里潮州府海阳县凤城驿。百里饶平县黄冈马驿，八十里福建漳州府"。

这些驿路虽以行政邮递为要，但基本上勾画出了交通路线的脉络，商路也基本上走这些路线。明程春宇《士商类要》卷之一"广东由潮、惠二府至福建路"，基本上与上述《天下水陆路程》一样，商路也大致循主要交通干线而行。

时龙川为惠州府下辖一县，为粤东东西向驿道所经。不过，时惠州府经龙川县北越南岭的通道已经通达。惠州府"北至江西赣州府龙南县界六百三十里"。和平县"北路县前铺三十里至水车铺，五十里至岑冈铺，俱至江西龙南路"。和平县有龙冈公馆，"旧以路通江西立馆，编门子一人守之，以居公行者，后因讨李文彪，废。嘉靖三十三年（1554年）佥事龙瑛议建"。兴宁县"北路四十八里至潭坑铺，三十里至罗冈铺，三十里至十三都铺，三十里至小铺，通江西赣州"；龙川县"东北路县前铺一百二十里至吉祥铺，接江西安远县"；和平县北通定南县，龙川县通过古安远水即明三百坑水今九曲河而达安远县。时龙川县在"府东北四百里，东北至江西安远县三百五十里，北至江西龙南县三百二十里，东至兴宁县百五十里"。龙川县东北铁龙隘（又作铁炉隘）接江西安远县界，"万历初叶楷据此作乱，寻讨平之"。

明中后期，龙川、和平、兴宁等近山地区居民，常常依险叛乱，政府常平叛之。龙川县北葫芦洞、铜鼓嶂、嶅山太乙峰、猴岭隘、饶钹山、十一都等，兴宁县大望山（一作大帽山）、宝山、岑峰、丹竹楼等，和平县浰头山、九连山、岑冈等，安远县黄乡保、板石镇等，龙南县（西南）冬桃岭、（东南）油潭岭、南埠隘等，定南县岑冈、阳陂隘、鸦鹊隘、磨刀、桐坑、员鱼隘、径脑隘、龙子岭隘、黄藤隘等，皆为险要之地，地方民众多据此叛乱，政府也多在此设险布防。仅以龙川为例，"虽然广犹一百九十里，袤犹二百四十里，居郡上游，当江、赣之冲，为汀、潮之障，则固三省咽喉、四州门户，可不谓严邑哉！北为十一都，离城百七十里，层峦叠嶂，径路林深，与闽、赣连界，历为萑苻逋萃之薮，置五峡司巡检于此，盖得扼要之道"。龙川在连接赣江、东江流域交通、军事、政治方面的作用十分重要，故龙川通衢商业繁荣，"东坝富商大贾所聚"。

今龙川县细坳镇联平村三叉坳有摩崖石刻，竖有刻于嘉靖二年（1523年）的石刻一题，全文74字，讲述刘备禄同妻室捐钱修路事，而附近细坳镇半径乡半径村还保留有长71丈，宽4尺8寸，共360级（部分已崩溃）的"媳妇阶"，虽"媳妇阶"今天在江西、广东省交界的民间仍有着美丽的传说，但像这样的交通道路的不断拓展和修砌，确使赣粤交通不断地改善。就在九曲河以东的粤赣交界处，除细坳镇附近的遗迹外，其东的龙川县上坪镇金龙村还有明万历年间创立的江广亭，这座木石结构的茶亭，应是明清以来龙川通往定南、安远、寻乌的见证。今龙川贝岭至定南天九镇、隆江公路分别经过以上细坳、上坪等处附近，其交通仍发挥着作用。

和平县北连定南，东南通过浰江与龙川相接，九曲河及支流老城河等、浰江及支流和平水等，皆是重要通道。明以前，龙川北接安远、信丰等地，多取道于此而北接桃江、廉江。和平于明正德十三年（1518年）从龙川等县析出，但其交通地位不可小觑。今京九铁路、粤赣高速及和平至定南公路皆经此附近。和平北上陵镇岑江村冬天腊山摩崖石刻二题可以证明其间交通与军事的重要，一题是万历十九年（1591年）广东惠州卫指挥任道远"征岑剿灭之"并屯兵四载的题记；另一题是民众捐款修路题记。文曰："岑岗，中洞要地，两京江广相通，商旅日经，耕樵必经，一路石壁崎岖，来往跋涉艰辛，信东聘宇翁目业捐出银一千二百两，请匠砌凿修理，广结良缘，永远为记。"此道船形围、水车头、三浙水等村落，皆和平至古龙南陂隘，即今和平通定南岿美山镇所经。而和平通定南老城九十里，和平至县境东水镇九十里（再延伸由东北街入郎仑可通龙川义都、老隆），和平至贝墩90里（往东可通龙川、五华、兴宁），贝墩至下车70里（可往北通定南），而下车街有三十六磴，和平县城阳明镇还可通西北浰源镇90里，往北可通江西龙南、全南等（今接105国道），这些古道皆显示从明至清历民国，和平的主要古道已经形成。"粤赣要隘"——和平，不仅是北上通道必经，也是南下龙川必经之地。

龙川、和平北接江西赣州境地，贡水支流的桃水、廉水等。龙南东南南埠隘与和平浰头、岑冈相连，龙南西南樟木陂，"路出始兴"；横冈隘，"南通浰头，西通翁源、龙川"；定南县阳陂隘、鸦鹊隘，"皆接和平，为锁纽处"。其北信丰县，"县境东南接安远界，由安远转入长宁，其间黄乡等处，脱有不逞，路必出新田，故巡司之备御为切"。新田东南石背堡，唇齿相依；县东石口隘，鸦鹊隘，"路通会昌、安远二县"；信丰县西九里、竹篙二隘，"路通大庾县及广东之保昌县"。安远县板石镇，在"县西北七十里，与新丰县新田巡司接界，明朝宣德十一年设巡司，当粤寇出没之境，捍御最切"。廉水至板石镇"始通舟楫"。通过信丰新田、安远板石，信丰江与廉江流域相连接。安远县南修田坊南径隘，"四山壁合，中开一小径，通广东惠、潮诸路，诚一邑之险要也"。安远南通定南、和平、龙川等地，亦交通要地。

实际上，如以潮州港为中心，沿韩江、梅江、汀江而上，溯至粤东北各县、赣南赣州府各县，闽西南汀州府各县，陆路东行达福建漳州府（治今福建漳州），粤东就形成了以潮州为中心的区域性商品集散地，内联外引，形成了潮州对内对外贸易中心。

（3）西江道

由广州西行，沿西江至肇庆府（治今广东肇庆）、德庆州（治今广东德庆），再沿江至梧州府（治今广西梧州），沿浔江至浔州府（治今广西桂平），再沿郁江至南宁府（治今广西南宁），沿左江至太平府（治今广西崇左）、龙州（治今广西龙州）、凭祥州（治今广西凭祥），由此而南达越南。"广东至安南水陆"道，"广州府七十里官窑驿，四十里西南驿（三水县），灵洋峡（共百二十里），肇庆府崧台驿（产端溪砚处），潇湘峡（共百二十里），新村驿、悦城镇、三洲嵒（共一百里），德州府寿康驿、都城（巡司，共百二十里），封川县麟山驿，贺县水口、界首（共七十里）。梧州府府门驿（两广都御使，太监、总兵驻扎）"。

（4）广州西行达高州、雷州、琼州等府路

由广州沿西江达肇庆府，由肇庆府高要县的崧台驿，"八十里腰古驿，五十里新昌驿，七十五里独鹤驿（并属高要），八十三里恩平驿，七十里莲塘驿，六十里西平驿，六十里阳春县乐安驿，六十里太平驿（阳江县），六十里立石驿（电白县），一百里那夏驿（茂名县），七十里高州府茂名县古潘驿，西去廉州府，南九十里陵水驿（化州），一百十里新和驿（石城县），一百里桐油驿（遂溪县），六十里城月驿（属遂溪），九十里雷州府海康县雷阳驿，六十里将军驿（属海康），八十里英利驿，一百里沓磊驿（并属徐闻县），渡海，广六十里，白沙驿（属琼州），十里琼州府琼山县琼台驿，东去万州。西四十里西峰驿"，经澄迈县、临高县珠崖驿、儋州归善驿等五驿，昌化县昌江驿、感恩县县

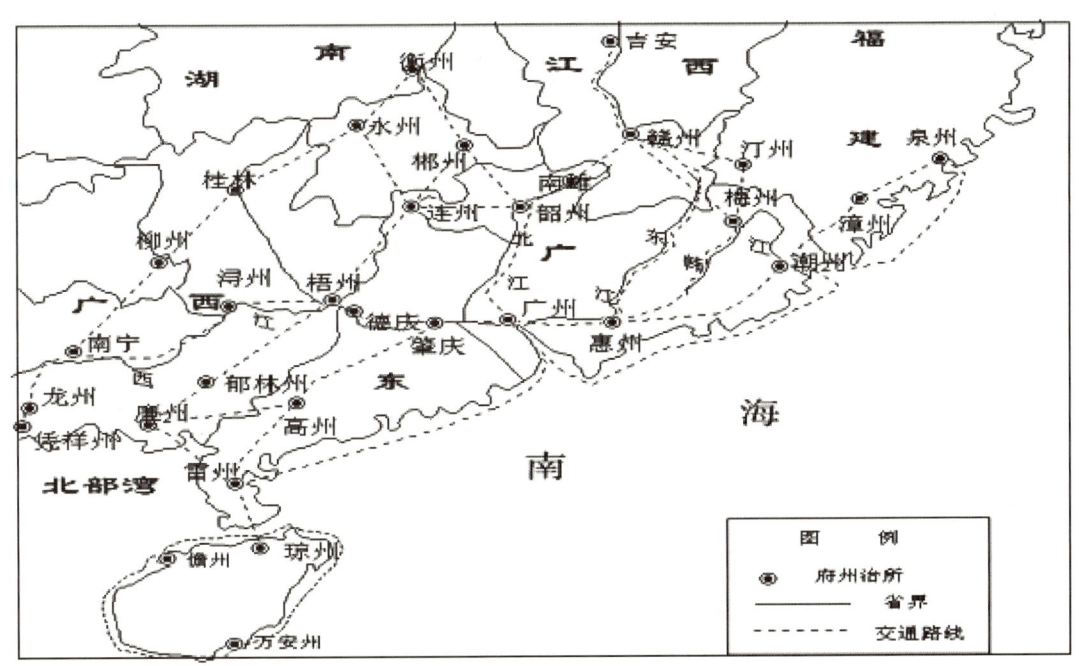

■ 明代岭南港口对内交通图

门驿等，达崖州潮源驿，"广东城至此两千五百五十里，东去陵水县，陆路三百里"。而琼州府东去万州路，经文昌县宾宰驿等三驿、会同县永丰驿等，达万州万全驿。"广东城至雷州府渡海六十里，至白沙港登岸，十里至琼州府，四面皆海……本府东去万州，西去郁州（应为儋州），折南至崖州，一府三州十县环五指山之外，惟崖州陵水县在五指之极南也。南京至琼州府六千六百五十五里。本省漂海而去，顺风两日，至琼州府在城海南卫"。水陆并行，皆可达海南岛。

明代，广东广州、钦州、廉州、雷州等皆可北上，或经广州而直接与西江各干支流沿岸府州联系。海南岛一府（琼州）三州（崖州、万州、儋州）或可北上雷州、高州、郁林州、廉州，与广东各府州或广西相联系，形成水陆兼有的交通格局。查明代或清初广东、广西各方志不难发现，各府州县也有支道相联系，这些府州县之间的水陆联系或为国家驿道的有机组成部分，或为其补充。总之，这些官方记载的水陆道路，再加上民间修筑的各种山道小叉、水涌支汊，形成了后世较完善的水陆交通网络，有利于岭南内部的商品交换。

岭南内部依靠各江河，形成了以水上交通为主的交通网络。边远的山区，主要以陆运为要，密切了各府州县之间的联系。内地的货物，汇集到岭南各港口，除利用岭南部分的水陆交通外，大部分还需要利用物产地与岭南间的水陆交通，方可达岭南各港口。故岭南以外交通的拓展也一定程度上影响着岭南港口腹地货物的聚集。

总之，明代岭南内部和岭北交通不断发展，向西拓展至粤西少数民族居地；东部，韩江、汀江水运发达，加之利用北江、西江、东江等干支流，内河航运也十分发达。而江西、湖南两省，由于湘、资、沅、澧、赣、信、抚、饶、锦、袁、昌等江河的利用，再加上长江、运河等，形成了岭外不断延伸的交通网络，西南达云贵，西达巴蜀，西北达湖广、长江以北乃至陕南、河南南阳，直达黄河流域，向东沿长江直达南京各州府，以及浙江等省，东南达福建。而通过运河又把中国北方与长江流域联系在一起，完善的交通网络为港口与腹地的贸易活动的开展奠定了基础。而广东与福建、浙江等还可以从海上交通往来。

明代广东港口与内地的交通，形成了以下主要特点：

一是岭南区域内部的各海港与沿河各河港联络频繁。西江、北江、东江、韩江各河成为港口与腹地间连接的重要渠道。广州通过北江及北江支流洭水（连江）、潏溪、武水、浈水等，连接区内广州府、韶州府、南雄府各州县；广州通过东江，连接广州府东部、雷州府各州县。而西江及上游的浔江、黔江及支流漓江（府江）、柳江等，连接广州府、肇庆府及广西各府州县，成为广州联通最大的腹地。"无（广）东不成市"，已成为明代广东与广西联系的最好见证。

其他广东港口，如潮州的澄海等港，通过韩江及上流的梅江、汀江等，联通潮州府各州县以及赣南赣州府、闽西南汀州府等。廉州府通过南流江、钦江等，联通广西南宁府、梧州府等相关州县，再以这些州县为据点，延伸至广西其他地区。阳江港利用新兴江—漠阳江，联通肇庆等西江。而海南岛琼州府各港口，通过近海航行而达广东、福建沿海各府州，再转运其他地区。

二是水陆转运，跨越岭南内部地区之外，又联络其北的湘江、赣江等流域。岭南各府州除以水上交通为主外，还有陆上驿道、陆上转运而连接其他地区。梅关道的繁荣，是岭南联通江西、江南地区的见证。而灵渠、骑田岭道等，使广西、广东与湖广连接一起。而广西还有一条通云南、贵州的交通，使区域性商品流通日益频繁。虽然广西少数民族数量大，分布地区广，不时起义，在一定程度上影响了广西商贸的发展，但明政府通过一系列制度，维持了边疆的安定和商贸的流通。

三是岭南港口与腹地的商贸交流，促进了区域内商品的流通，使商品流通的种类增多，数量增大，商贸种类已经涉及农产品、手工业产品等。大宗的粮食、盐、木材等货物运销，促进了区域性社会分工，开发了边地，带动了岭南各地墟市的发展。而岭南区域外的商品流通，如江南丝棉织品、闽地茶叶、江西瓷器等的南运，丰富了岭南商贸的交流。广东沿海盐产也北运至赣南、湘南，加强了岭南与岭北的联系。

四是岭南区域性社会分工、商贸交流的发达，在一些较发达行业如佛山的铁器制造业等，出现了资本主义萌芽。一方面，这些较大的生产部门能容纳较多的资本；另一方面，这些商业资本向产业资本流入。明正统间，佛山已出现了城市的雏形；明末，在官方正统化和都市化的共同作用下，佛山权力结构转移到士绅集团，佛山工商业已使其成为闻名全国的"四大镇"之一，佛山冶铁工场拥有大批的雇用工匠，出现工场主与工匠的雇佣与被雇佣关系。行会手工业中已出现了资本主义萌芽。

五是不同地域的商人相互往来，不仅促进了各地的商贸交流，使岭南的"南货""北货"琳琅满目，而且也使商人聚会的场所会馆建立起来，商业文化通过商人们的来往进一步发展起来，这种立足于商贸基础的文化，使商贸活动更加丰富多彩。岭南文化与湘文化、赣文化、闽文化、江南文化等日益增强，中外文化交流也日益频繁。

六是岭南港口与腹地的交往，不同商品作为载体，促进了港口、交通沿线城镇，以及相关腹地城市的繁荣。外来人口增加，商贸交流频繁，城市规模就一步扩大，无论是岭南的广州、梧州、潮州、惠州、肇庆、南宁、桂林、廉州、雷州、琼州，还是岭北的南昌、赣州、柳州、永州、长沙、武昌、杭州、苏州、南京等，各城市不断扩大，商贸交流频繁，商税有所增加。佛山镇成为全国四大名镇之一，岭南珍珠市、香市、花市等不同性质的市场出现，证明了港口、腹地交流的新特征。明后期，肇庆为两广总督治所所在，本身就是两广的交通与经济要冲，又因其军事地位的提高，军需物资的周转，成为西江沿线重要的府镇。

（七）清代前期海上丝路从鼎盛到终结

1. 海上航线延伸与交往国增多

清代广东海上贸易航线在明代的基础上，出现了贸易范围扩大、交往国家增多的局面。

（1）传统岭南通东洋、南洋的海道

东洋日本、朝鲜，南洋有琉球（今日本冲绳）、吕宋（西班牙占据菲律宾为大吕宋，小吕宋为今吕宋岛）群岛、苏禄群岛（今菲律宾Sulu群岛）、文莱（今加里曼丹岛北部之Brunei）、崑甸（今加里曼丹岛西部之Pontianak）、马辰（加里曼丹岛南岸之Bandjarmasin）、地问（今帝汶）、安南（今越南北部、中部）、广南（今越南中南部）、禄赖（今越南南部堤岸、西贡一带）、港口（今越南西南部河仙一带）、柬埔寨、南掌（今老挝）、暹罗（今泰国）、宋腒朥（今泰国宋卡一带）、乌土（今缅甸）、邦项（今马来西亚彭亨）、柔佛（今马来西亚柔佛）、新州府（今马来西亚新山一带，一曰新加坡）、麻六甲（今马来西亚马六甲）、亚齐（今苏门答腊岛北部之亚齐）、旧港（今苏门答腊岛之巨港）、噶喇吧（今印尼雅加达，或泛指爪哇岛）、万丹（今爪哇岛西北岸之Banten）等。

这些国家和地区是中国沿海各口岸可达之地。特别是南海附近的东南亚各国，因距广东港口较近，航行利用季风，一般一两月即达。

向达先生校注的《两种海道针经》乙种《指南正法》认为，《指南针法》的成书在清康熙末年即十八世纪初期。书中目录不仅有"北太武往广东山形水势""广东宁登洋往高州山形水势"等岭南近海各地，还有"广东往长崎针""长崎回广南针""太武往大泥针路""大泥回浯屿""浯屿往麻六甲针路""麻六甲回浯屿针路"等。虽然后四种浯屿为厦门港口，但针路都提到广东的南亭门、南澳、乌猪、七洲等海、港、岛屿，甚至"暹罗往日本针"也多有提到广东沿海相关地名。

（2）传统广东通往南亚、西亚、非洲各国航线

从广州等港出发，经南洋各沿海国家，穿过马六甲海峡，进入小西洋（今印度洋），北达南亚半岛诸国，西北达阿拉伯半岛诸国，西达非洲东海岸各国。据《海国闻见录》《海录》等，时南亚诸国有：小白头（今南亚半岛的印度、巴

■ 19世纪黄埔锚地象牙油画

基斯坦）、明呀喇（今孟加拉国、印度西孟加拉邦）、咕哩噶哒（今印度加尔各答）、西仑（今斯里兰卡）、曼哒喇萨（今印度马德拉斯）、固贞（今印度柯钦）、隔沥骨底（今卡利卡特）、小西洋（今印度果阿）、网买（今印度孟买）等，西亚的包社大白头（今伊朗）、阿黎米（今阿拉伯半岛）等，非洲的顺毛乌鬼（北非、东北非诸国）、速麻勿里（今索马里）等。

由非洲南部绕过好望角，可达卷毛乌鬼（今西非），再北可达欧洲，而横行大西洋可达美洲。

（3）通往欧洲的道路

清代广州至欧洲的贸易船只仍沿前代既已开辟的航线行驶。广州—欧洲的航线，大致有三条：一是从广州启航，经澳门出海，西行横过印度西海岸的果阿（Goa），经印度洋的官屿留，西航木骨都束（Mogadishu）和莫桑比克海峡，绕好望角，沿大西洋非洲海岸北航到摩洛哥（Morocco），抵里斯本；第二条是离果阿后，从克亚丁渡海，绕葛得儿风（今亚丁海东南面索马里得瓜达富伊角Guardfia）和哈甫泥（今索马里东岸得哈丰角C.hafun），沿东非海岸下木骨都束、不剌加（今索马里东岸布腊瓦Brava）、麻林地（今肯尼亚东岸的马林迪Malindi），和慢八撒（今肯尼亚南岸的蒙巴萨Mombasa），南至坦桑尼亚、莫桑比克海岸到南非，绕过好望角，沿大西洋非洲海岸北行到摩洛哥巴特港，抵里斯本，转至欧洲各国，这是明代开辟的航线，全程长达11890海里；第三条是从广州启航后，经南海到巴达维亚（今雅加达）直横渡印度洋到好望角，再沿大西洋非洲沿岸北上欧洲。

另外，由欧洲横渡大西洋达美洲，从美洲再渡太平洋达中国。嘉庆八年（1803年），俄国商船"希望"号和"涅瓦"号环球航行，越过大西洋，绕过南美洲南端的合恩角，进入太平洋后西北行，经夏威夷群岛，再横渡太平洋而达广州，开辟了俄国等欧洲国家航行中国的新路。当时欧洲有葡萄牙、西班牙、荷兰、英国、法国、丹麦、瑞典、普鲁士、意大利、俄国等国。欧洲各国的东印度公司负责远东的贸易活动。他们一般走绕过非洲好望角的航线。瑞典东印度公司在1731年成立后，次年便派商船到广州。一般每年少则一二艘，多则三四艘，从1732年至1806年的75年中，瑞典东印度公司的37条船进行了130次航行，除了3次外，其余商船都航行达广州。其中"哥德堡"号为东印度公司的第二大船，长42米，排水量833吨，共有1739年1月至1740年6月，1741年2月至1742年7月，1743年3月至1745年9月三次航行广州的记录。最后一次沉没在哥德堡附近的海面上。

（4）通往北美的航线

18世纪是世界海洋经济大发展时期，西方国家大力拓展海外贸易，广州至北美航线正是这一时期美国为满足自身海外贸易需求开辟的贸易航线。1784年，美

■ 哥德堡号

国商人开辟北美洲至中国的航线：纽约—太平洋—好望角—巽他海峡—广州，美国第一艘来华商船"中国皇后"号即是沿这一航线到达广州港的。

美洲的秘鲁、墨西哥、美国等与广州等通商。而乾隆五十二年（1787年），美国的"哥伦比亚"号与"华盛顿女士"号从波士顿启航，到达大西洋威德角群岛，由向西南绕过合恩角，取道太平洋，经夏威夷群岛，于1789年达广州，卖掉毛皮，又装中国货回国。回程越印度洋，绕过好望角，于1790年达波士顿。这条"北皮南运"的典型路线，由美国至广州的太平洋航线：纽约—南美海岸—和恩角—太平洋—广州。但这条航线迂回且受季风影响，完成这条航线需依次经过美国—美洲西北海岸—中国广东—美国的循环三角贸易，至少需要三年。

（5）广州至大洋洲的航线

嘉庆二十四年（1819年），第一艘满载茶叶的商船"哈斯丁侯爵"号从广州驶向新南威尔士的杰克逊港，广州至大洋洲的茶叶贸易航线形成。1830年，"奥斯丁"号船又载茶叶、生丝从广州驶向贺伯特城和悉尼，他们不仅在广州有行号代理人，而且"每一季度都要派出几条船到那里（广州）去"。广州对外丝茶贸易已延伸至大洋洲。

总之，清代（鸦片战争前），由于一口通商，广州对外贸易的航线已形成环球贸易网络，广州通达欧洲、美洲、东亚、东南亚、南亚、非洲、大洋洲等国际性大港，贸易国家和地区明显增多，贸易量大幅上升，而美国与中国、俄罗斯与中国的海上贸易航线是从清代新开辟的。

2. 陆上古道与赣、桂、湘、闽的联系

随着复界以及三藩被平定，广东境内各江的航道不断增辟，津梁、码头不断整治，沿江及沿路的商贸集镇进一步形成，水运管理机构粤海关、两广盐运使司、广东水师正常化，内河常关、粤海关征税分驻内河要道和沿海口岸。清代广东港口与腹地交通主要有以下几个特点。

（1）道路整治

清代，岭南陆路道路仍与前代一样，不断加以维护和修筑。康熙元年（1662年），粤北清远与英德间，西禅寺和尚以及尚可喜等"藩府资力既齐"，"山辟以道，水接以梁"，"修复英、清峡道，令山川间阻荡然以平"。这次"筑建下至清远，上至浈阳，为桥五十三座，数百里内皆成坦途"。道光五年（1825年）两广总督阮元重修，"平治道路二万四千四百余丈，修造桥梁一百四十五处，凿崖石，选栈极，伐竹木，六年秋工始毕，用银四万五千两有奇"。这次重修"于三百七十余处，分为南、中、北三段。南段自清远县白庙起，至英德县细庙角止，（阮）元率盐运司翟公锦观督盐商治之。中断自英德县大庙起，至新旺泛

至，上驷院卿督理粤海关达公名达三率洋商治之。北段自英德箭径山起，至弹子矶止，广东巡抚成公名成格率南韶连道衍公名衍庆治之"，其后"每年冬，查勘修补一次"，以使道路畅达。

从韶州西行的乳源"西京故道"，避开武水九泷之险。而乳源县大桥镇梯云岭云梯祠遗址，有乾隆五年所立《重修梯云记》："夫梯云者，上通荆楚，下接连阳，昔人创结，数百余载也。……葱口等发簿捐金修整，外结石墙。"大桥北上通梅花、坪石，南下通乳源以及洛阳镇而南下连州、英德浛洭镇等。乾隆十四年（1749年），"且上界连阳，下通楚粤，二省往来交错者甚众"，又修处于通道上的乳源洛阳镇泉水村永兴桥，立有《建造永兴桥碑》，而沿途建有许多凉亭，诸如猴子岭石亭（乾隆十八年建）、核桃山歇凉坳纳凉避雨亭（乾隆十九年建）、侯公渡新民茶亭村的驻云亭（乾隆四十八年建）、大桥云山脚乐善亭（道光十年立碑）、大桥象兑亭（也作五里亭，道光二十八年建）、三元寿德亭（同治九年建，文曰："此地名曰大坳里，自粤抵楚，称通衢焉。往来行人不始如继，可不设一亭，以便息肩之所乎！……"与一般福寿道德亭不同）、白牛坪仰止亭（同治十一年造）、乌鹆岭官止亭（光绪十三年建）、猴子岭心韩亭（光绪三十年重建，还立有另一碑"心韩亭茶亭产业碑"）等。

这些沿路凉亭为交通道路提供便利。核桃山歇凉坳纳凉避雨亭，乾隆五十五年（1790年）"重修斯路"，有《重修路碑》为证。而上述梯云路，经乾隆二十一年（1756年）、乾隆四十七年（1782年）多次重修。南水河畔的附城镇码头，位于今乳源附城沿江西路河堤墙中，乾隆二十三年（1758年）建城西桥，并因"通邑人士与楚地并连阳商旅往来甚众。其马（码）头旧砌水石，高低不平"，不利通行，"易改青石，以便人行"。嘉庆十年（1805年），又有"重修码头碑记"，重"砌马头"。这些交通设施，有利于道路的畅通。

清时，由于梅岭"岁久年湮，屡修屡圮。左右欹折，中或低洼，路几失其真形"，嘉庆至道光时，虽曾筹款欲修大庾岭北道，"皆有修之名而无修之实"，"以故路圮石没，依然泥淖水冲"。南安知府汪甫率众于道光三十年（1850年）修梅岭至下三段，咸丰元年（1851年）又修下三段至广大桥。清时，红梅巡司以上亦有小岭街、新路口塘、梅岭塘、挂角寺（即云封寺）等。北麓横浦驿以上有五里亭、关圣庙、大沙铺、黄泥巷、乱石铺、梅岭铺（一作梅关塘）、下马亭、半山亭等，沿途已商铺林立。

（2）津梁和码头重置、新置

东江重镇龙川，有佗城码头和老隆码头等。佗城码头有明代建的南门渡口码头和东坝码头，清代建有华光庙前码头，长7米，18级石阶，现仍可见码头残迹。其他沿江河还有五合、四都、黄石、岩镇、黎咀、贝岭等码头。河源县龙津渡，道光二十七年（1847年），"有捐资置渡，利行人举"。次年，"得造河船以济行人矣，甃南岸、北岸以石级……"。据阮元的道光《广东通志》卷一五三至一五七《建置略》统计，清代广东桥梁五万四千多座，其中有明确记载为清代修筑的达三万多座。一些重要的城市内濠，既有利于城市排涝，又可便利水上交通往来。如广州的南濠，康熙二十二年（1683年）重凿；西濠于嘉庆十五年（1810年）重浚；石门水道，道光十八年（1838年）重疏。佛山涌联通广州与北江，道光元年（1821年）至四年（1824年）、道光十五年（1835年）至十七年（1837年）清浚河道两次，大大便利了广州、佛山与北江的交通。

清代广东江河水道干线上有大量长行、横水渡，形成了深入广东城乡的水运网络。据珠江三角洲所覆盖的十五个县的方志统计，从康熙到道光年间（1662—1850年）有长行渡500余处，横水渡485处。它们从各县治或重要圩镇出发，抵达广州、佛山、陈村、石龙等水运枢纽。例如潭江、西江水系有江门至广州、佛山、香山、石龙、西南、古镇等地的码头、渡口；古劳至广州、江门、甘竹滩；西江水系有西南至肇庆、英德、广州、佛山、鹤山、圣潭、胥江，河塾至佛山，白坭至广州，肇庆至广州、佛山、梧州等；四会至广州、佛山、西南等地。在珠江水系有香山（石岐）至广州、佛山、陈村、石龙、澳门、顺德、江门、会城；佛山至沙头、九江、澳门、香港；九江至官窑、广州；沙头至江门、陈村；里水

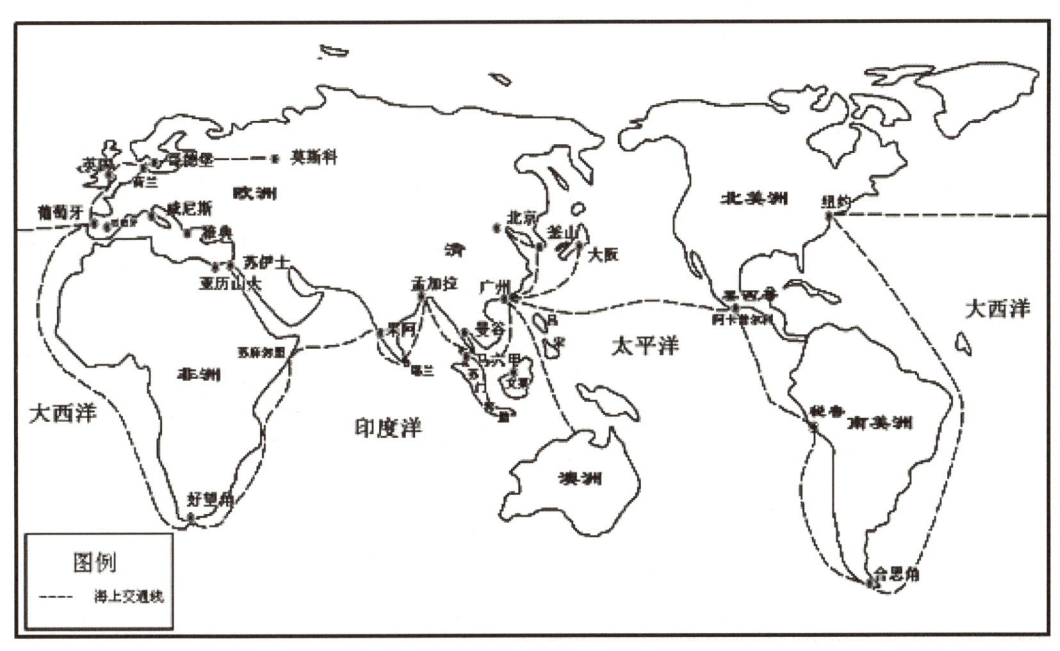

■ 清代广州对外交通路线图

至佛山等；东江水系有增城至广州、佛山、石龙、新塘，莞城至广州、石龙、太平、南头，石龙至西乡，楂岗至石龙等渡口码头。

（3）港口勃兴

清代，广东的佛山、江门、石龙、梅菉、陈村等作为区域性市场中心，广州作为区域性大都会和中外商贸港口，商铺林立，货物琳琅满目。广州内城、新城、西城、东关、河南等具有行栏墟市特征的百余条商业街市，数目约占广州全部街巷的四分之一。《粤海关志》各卷所载与广州大关间商贸及相关的税则管理，比比皆是，而与广州相联系的国内和国外商贸港口多达数十个。

佛山不仅与广州、江门、澳门、东莞、香山等港口有"洋南各货""红单各货""土鱼胶"往来，还有省内南货、湖丝以及纱罗等"往下路各乡"，交易货物达数十种之多。下路的陈村、顺德、新会等，舟楫往来如织。清代佛山更加繁荣。佛山港口以汾水正埠码头最为重要，"佛山一镇，乃各路商贾屯贮货物，往来买卖之所，而忠义乡正埠码头，则属饷渡与各船艇湾泊驻扎，上下货物登涉要区"。佛山铁、石湾陶瓷成为本地主要商贸品种。《佛山忠义乡》卷六《实业志》载，佛山商行有76行之多，商贸极多。

江门居潭江、西江下游与崖门交汇区，兼河、海港之便。江门正税口需征税的沿海贸易船只有琼南、雷州、高州、惠州、潮州、阳江、梅菉、澳门、香山、广州、佛山、广海、海南陵水、清澜、崖州以及桂、闽、浙等十数处，各种各样船达十五种之多。

顺德陈村，居水网交通要冲，清乾隆以后更趋繁荣。陈村不仅与顺德县城大良镇等有船舶往来，甚至还与辐射至北江流域的广宁商贸联系。而东莞石龙，"交通广、惠，商贾如云，而渔盐之利，蕉、荔、桔、柚之饶，亦为东南诸邑之冠"，与广州、莞城、增城、新塘、太平等有长行渡船往来。

吴川县梅菉墟，处窦江（今鉴江）、陵罗江（今罗江）、三桥河（今花江）交汇处，外接大海，地理位置优越，不仅有粤西的河船，而且有福船、潮船、海南船等。《粤海关志》卷十三《税则六》列有"梅菉正税口""梅菉口外馆"两个分别对内对外机构，对内外货物数十种之多。

其他广东港口还有西江上的肇庆、德庆、都城、连滩、贺江口、三水西南镇、高明三洲、顺德大良、容奇、香山县石岐、小榄、南海县九江等。北江上游重要港口有韶州东莞外七街一带，广州商人开设的广店控制着由湘江门、子城门至东北关一带的码头。南雄港在城南太平桥前的浈水上，于桥设关。乾隆年间，每年征收税银13万余两，道光年间达21万余两，商税增多说明其商贸的繁荣。而乐昌县的坪石（今乐昌老坪石），位于粤湘交界的武水滨畔，临江建屋，屋后埠头装卸货物，笔者2009年冬春之交曾至其地，老坪石旧商铺房屋所剩不多，但街道仍存，当时的繁荣至今仍依稀可见。

而东江的老隆港，居东江中游，清代前中期，江西货物由和平县东水、龙川县贝岭沿江而下，至老隆换大船南下。而上运的盐、日用品和杂货也在老隆换小船上行。而老隆又居广州通嘉应州（治今广东梅州）、潮州东行的北线，由此水路转驳，商贸交流，而东江沿线还有佗城、惠州等港。

（4）重要商路网络化

清代，岭南港口与国内腹地联系更加密切，特别是广州一口通商时期（1757—1842年），出口的货物全部汇集至广州，形成了岭南内向型经济格局下城镇商业网络。据美国学者施坚雅的"城市等级论"，岭南城市亦可分作基层市场、中间市场、中心市场等不同等级。在各等级市场和城市之间，形成了等级不同的商路，重要的商路有以下几条：

北江道。包括通往赣、湘的梅关道、武水道、腊岭道、东陂道、星子道、乌径道等。沿北江从三水（治今广东三水）而上，溯北江、绥江而上，至清远县，经飞来等峡，达韶州府各县。或沿连江达连州、连山厅。连州的东陂、星子为连州北的两大重镇。由连州东北行四十里达星子镇，由星子镇北上经三家店、十字铺、南天门、顺头岭达山塘，再北上经荒塘坪，越茅结岭而北上湖南临武等地，而由星子东北行，经大园、三村、大路边，越风头岭四十多里达湖南宜章境。星子镇康熙初年设墟市，至清代中叶，星子埠北部和中部逐渐形成"湖广街"和"客人街"。东陂镇位于湟水上游西溪河畔，是水陆码头，多种货物在此中转。由此北上，经夏湟、丰阳、湖江、云雾，翻过南风坳至湖南蓝山、宁远、嘉禾、道州；由此南行，经西岸、冲口、石马、清水，越龙头山，至湖南江华县码市等。这里商贸发达，至清中叶已改为宽8尺至1丈的石板街。而由临武、蓝山，或沿钟水、春陵水达湘江，或东沿武水至章宜而北达郴州，再沿耒水达湘水；由江华沿东河、沱江、潇水达潇湘交汇处的永州。

湘粤交界的连州东陂、星子道外，乳源县西的腊岭（关春岭、小梅岭，今瑶山）"一曰梅花路"，这里为避乐昌武水九泷之险，"舍舟从陆路出"。"又况郴之腊岭，与连之星子、朱冈，皆可以联镳径入乎"。今京珠高速、坪（石）乳（源）公路皆从此过，古今道路在此走向相差不大。从老坪石经梅花至大桥应是西京古道。

北江道由浈水北上，经南雄后，再沿浈江东行经新田、乌径，再东达江西信丰，水程沿信丰江两三日便到赣州。清代前期，乌径桥下，盐船货舡汇聚于此，十分繁忙。而清代，梅岭道仍"为江广襟喉，南北之官辂，商贾之货物，与夫诸夷朝贡皆取道于斯"。南安府城南有大沙铺、梅岭铺，而南雄城北有长迳桥、沙水塘、石塘汛、里东塘、灵潭街、槐花塘、中站塘（红梅司）、小岭街、新路口塘直至梅岭塘，可谓一路店铺林立，村镇不断。乾隆二十二年（1757年），清政府实行海禁，广州成为唯一通商口岸，全国各地商品都要集中在广州出口，梅岭道更趋繁荣。江西的粗布、苎麻、瓷器、药材，浙江的丝织品、纸、扇子、笔、酒、枣子、皮货、鹿肉、药材、烟草以及福建的部分货物都经梅岭道而南运广州。而域外各国进口商品更多达一百五十种之多，这些货物与佛山铁器、石湾陶瓷、蔗糖、广纱、水果、鱼花等其他"广货"一起运销内地。诸如岭南鱼花，"水陆分行，人以万计，筐以数千计，自两粤郡邑，至于豫章、楚、闽，无不之也"。当然，粮食、盐亦是货物之大宗。清初，"南安度岭，夫按粮起役，南康粮多，役烦"。顺治十七年（1660年），南雄太平厂官派南安、赣州、吉安三州盐引18000道。康熙二十四年（1685年），粤盐行销南安、赣州两府。乾隆十八年（1753年），共销9318道。时保昌埠设行盐子店84间，至乾隆五十四年（1789年），改子店为12间，又设盐厂7所，仅行销南安府所属4县盐。嘉庆十三年（1808年），增赣县盐引，雄赣各埠共销正改匀盐引33441道。这些广盐，"至始兴江口易船至南雄州改从路运，过梅岭陆运南安大庾县"。直至五口通商前，梅"岭路乃南粤襟喉，诸夷朝贡，四方商贾，贸迁货物，上及仕宦，俱于是焉"。"湖丝、茶叶皆由赣运赴广东，即洋货、广货亦由赣运销内地"。

东江道。由广州东行达惠州，再由惠州沿东江北上，经河源，陆行或沿柏泊河东达永安（今广东紫金），西沿新丰江达长宁（今广东新丰）、连平（今广东连平）。由河源沿东江北上，可达龙川县的佗城、老隆（老龙），或东行经兴宁（今广东兴宁）、嘉应州（今广东梅州），或沿东江至贝岭上岸，经过细坳，或经江广亭，北通寻乌、定南。而从东江沿岸的和平县东水镇上岸，粤盐"皆屯粤东之和平东水地方，亦招小贩肩挑运回各县铺卖"。这里各县应为赣南龙南、信丰等。由东水北上经九子岗，或北行经大坝往江西定南，或西行经湫头通往龙南。龙川上游的定南水也在清代修通运道，定南老城沿定南水直接可达三溪口，沿水的下车镇，是赣粤重镇。

清代，江西信丰、龙南、定南三县曾食潮州盐，"官民交困，业于（康熙）四十八年改食惠盐。"而安远县知县王鸿荐亦倡议"改潮食惠"盐。原因十分简单，"潮运水路止可至平远坝头，距县尚有山路三百二十余里，羊肠鸟道，险仄难行；若运惠，水路直通县之太平墟，至县仅六十里，大道坦途，朝发夕至，是运道之险易，大相悬殊。"安远县还是赣粤商贸之地，"南昌贾人载棉布以易平远，粤人亦负葛布而来换棉布者"，"富商巨贾多运布帛"。龙川水陆重地老隆镇，东连潮、嘉，西达广州，"懋迁络绎，货物充盈"。县境东北赤光五合圩亦是商贸发达之地，清末民国初年衰落后，代之而起的贝岭街工商业发达，每天数十对船沟通粤北、赣南，直到1965年，贝岭街还有店铺三百多间，从业者大约二千五百人，多汕头、揭阳、五华、兴宁、大埔等外地人，集市兴旺，为粤北赣南货物集散地。龙川经贸发达，交通畅达是其基础。

西江道及相关粤西通道。这是清代距离最长的沿海港口与腹地联系的孔道。由广州沿江西行，可达肇庆、德庆、封川（治今广东封开东南），再西达广西梧州。由梧州沿浔江、郁江，形成以梧州、桂平、贵县、郁林州为中心的浔江—郁江流域城镇商贸和交通网络。由梧州北上桂江，形成以桂林、平乐、兴安为中心的湘江—桂江流域城镇商贸和交通网络。大藤峡以西的红水河、柳江，形成以柳州、宜州、融县为中心的流域商贸和交通网络。而郁江北上的邕江及左右地区，形成了以南宁、龙州、百色为中心的流域商贸和交通网络。湘江—桂江流域城镇商业网络15个地区城市，118个圩镇；浔江—郁江流域城镇商业网络19个地区城市，222个圩镇；红水河—柳江流域城镇商业网络，21个地区城市，228个圩镇；左右江—邕江流域城镇商业网络，37个地区城市，315个圩镇。后两个流域交通还可伸至贵州、云南。

清代广东廉江府向北沿钦江、南流江，还可达南宁、横县、郁林，与广西邕江、郁江、北流江相连。高州府石城县（治今广东廉江）、化州分别沿九洲江、罗江与广西博白、陆川、郁林相接。粤西的高、雷、廉的粮食以及其他山货，必由阳江县黄泥湾而北至新兴县河头，此段陆路北连新兴江，南接漠阳江。从肇庆向南，"凡商贾往高、雷，必拖舟到河头，乃登陆"，而经黄泥湾进入漠阳江。而连接蚬冈水与漠阳江的那龙（那隆）、蟠龙径为珠江三角洲通往粤西的另外通道。由崖门溯蚬冈水而上至恩平溯恩平水，再由那龙陆行而达莲塘河，或由蟠龙径达漠阳江畔的阳春。

通琼州府道。通琼州府道以雷州府徐闻县海安港南行横渡琼州海峡为近便。另外，高州梅箓和海康，廉州府合浦和钦州也可南达琼州。或由广州、阳江等也可从海上航道通达琼州。琼州府为海岛，中高四周低，形成环状陆上通道外，沿海的海口港、清澜港、博鳌港、桐栖港、三亚港以及英潮、儋州、黄沙、马敦、石牌、石蠼等港，分布岛内四周，成为联系广东省乃至省外闽、江、浙，甚或南洋的重要海上贸易港。海口除设"海口正税口"，征收"凡往省、高、雷、廉货""往福、潮、江南货"税外，还有"外馆征收""凡东京、江门城、阳江、福、潮、江南进出货物挂号并原拆单"。而乐会（治今海南琼海博鳌）正税口、沙荖、万州（治今海南万宁）、崖州、陵水、北黎、儋州、清澜（亦有外馆挂号）、铺前（亦有外馆挂号）皆设正税口，征收椰干等货物税。

韩江道及粤东其他道。除上述广州通惠州沿东江再过蓝关达兴宁而沿梅江达嘉应州，再沿梅江、韩江达潮州、澄海。另外，由惠州陆上东行达海丰、陆丰，再东行达潮阳、揭阳。这两条河陆相接的通道外，另外有沿近海航行，经碣石、甲子、神泉等港湾，可达汕头、樟林、南澳等。东行还可达福建。

韩江上游的汀江可远达福建上杭、汀州。粤闽交界处的大埔县石上埠，"各处贸易行舟至此过山"。由此陆行十里，至上杭县绵花滩再沿汀江航行。而梅江支流石窟河，地连福建武平县与广东镇平县（治今广东焦岭），由江西安远、福建武平间，必须通过陆上转运才可把潮盐运至赣南安远等县，故这一带陆运造成了下坝、下围等城镇的繁荣。

而福建诏安与广东饶平间，虽有海道相通，但沿海大风浪急，许多闽省商人舍舟就陆，利用风吹岭附近的数十里孔道而达饶平柘林港出海，今风吹岭现有石刻，是这一"闽粤通衢"古道的见证。

总之，清代岭南形成海道、陆江联运的交通联系网络，通过这些道路，北达湘赣，乃至巴蜀、江浙，甚至黄淮海地区。西行经广西可达黔、滇，东行闽地。而岭南内部，也形成以珠江干支流、陆上道路相连的通道。港口、腹地通过这些通道相互连接，构成了较完备的联系格局。

3. 陆海交接与广州十三行的兴盛

清初为了对付东南沿海南明政权的反清势力，分别于顺治十二年（1655年）、十三年（1656年）及康熙元年（1662年）、四年（1665年）、十四年（1675年）五次颁布了禁海令，禁止沿海商民出海贸易；又在顺治十七年（1660年）、康熙元年（1662年）、十七年（1678年）三次下达"迁海令"，让沿海居民后退去海岸线数十里不等，以企图断绝大陆对台湾郑成功的支援，这些海禁政策一定程度上阻碍了海外贸易的发展。海禁时期，澳门为"化外教门"的特殊地区，准予免迁，成为我国转口贸易的基地。以广州—澳门贸易为基础，澳门与马尼拉、帝汶、中南半岛、爪哇等地的海外贸易仍然不断发展。随着清朝统一台湾，平定三藩之乱，正式解除海禁政策，康熙二十四年（1685年），清廷设立江海关、浙海关、闽海关和粤海关四个海关，负责管理对外贸易事务。粤海关从设立至鸦片战争结束，一百五十多年一直存在。其间乾隆二十二年（1757年）十一月宣布，封闭闽、浙、江三个海关，规定"番商将来只许在广东收泊贸易"，广州一口通商存在八十多年，对广州海上丝绸之路的持续发展起到了促进作用。

清初海禁期间，朝贡贸易仍然沿用明朝的制度。广州城外西南的怀远驿，仍是各国朝贡所停泊的客馆和港口。"怀远驿在西关十八甫，顺治十年（1653年），暹罗国有番舶至广州，表请入贡。是年复有荷兰国番舶至澳门，恳求进贡。……乃仍明市舶馆地而厚给其廪，招纳远人焉。康熙十三年，苏禄国王森列拍遣使三人请受藩封，于是颁给银印，付以时宪，一时称荣，而侏僥白老群趋于粤"。这种朝贡贸易，清定"三年一贡"，暹罗等南洋国家"贡道由广东"，

"又覆准进贡船不许过三只，每船不许过百人，来京员役二十二名，其接贡、探贡船概不许放入"。而会验贡物亦有仪式，先派"南海、番禺两县委河泊所大使赴（怀远）驿馆护送贡物，同贡使、通事由西门进城"，至巡抚衙门等候，"督抚各官正坐，司道各官旁坐"，通事带领贡使"行一跪三叩礼，赐坐，赐茶"。"各官即起坐验贡毕"，"将贡物点交通事、行商、贡使同送回驿馆贮放"，而贡使入京，通事将启程日期具报广州府，转报布政司，移会按察司，颁发兵部堪合一道，驿传道路牌一张，督抚委送官三员随同伴送。"贡使京旋，委员自京护送敕书大典回广，船到河下，迎请安奉怀远驿馆，遵奉筵宴一次，候风讯便日启程"。故地居珠江旁的怀远驿，在广州海上丝路中，特别是贡舶贸易中，起着十分重要的作用。

康熙二十四年（1685年），粤海关设立，大关衙门设在广州五仙门内（约今广州海珠广场广州宾馆附近），负责"稽查城外十三行黄埔地方各国夷船进口出口货物"；在澳门设有行台，负责稽查进入澳门的外国贸易商船。粤海关分总口七处，小口七十五处，其中正税口三十，挂号口和稽查口各二十二。如此众多口岸，"自海禁既开，帆樯鳞集，瞻星戴斗，咸望虎门而来，是口岸以虎门为最重。而濠镜一澳，杂处诸蕃，百货流通，定则征税，故澳门次之"。虎门为挂号口，为入广州的门户和必经之途，此挂号口每年征银约三百两，而澳门为正税总口，每年约征银二万九千六百两，占康熙二十七年（1688年）粤海关征税正额九万一千七百四十四两五钱总数的三分之一，其在广州对外贸易中的作用不言而喻。清政府之所以重视澳门，"以澳门为夷人聚集重地，稽查进澳夷船往回贸易，盘诘奸宄出没，均关紧要，是以向设立旗员、防御两员；一驻大关总口，一驻澳门总口，每年请将军衙门选员前往，弹压一切关税事务"。"除大关、澳门两总口及分隶附省之十小口夷船货物，在在经由，其黄埔、澳门两处均与洋行逼近，民夷交涉，最易藏奸，一切出入点验货物，及防范走私、短报各弊，有必需家丁驱遣往来，不能尽委之书役者"。大关既然"稽查城外十三洋行及黄埔地方各国夷船进口出口货物"。十三洋行乃清"设关之初，番舶入市者仅二十余柁，至则劳以牛酒，令牙行主之，沿明之习，命曰'十三行'……余悉守舶，仍明代怀远驿旁建屋居番人制也"。十三行"即以明怀远驿旁建屋一百二十间以居番人之遗制也"。十三行既为"外洋行"，"从前共有十三家，在西关外开张料理各国夷商贸易，向称'十三行街'，至今由存其名"。今广州十三行街为十三行所在，与明清怀远驿近在咫尺，怀远驿旁建十三行，就是便利中外商品交流。而对粤海关总口来说，稽查十三行与外国商船走私物品偷税漏税，应是其职责范围。十三行商职责，"凡处洋夷船到粤海关，进口货物应纳税银，督令受货洋行商人于夷船回帆时输纳。至外洋夷船出口货物应纳税银，洋行保商为夷商代置货物

■ 黄埔古港今影

时,随货扣清,先行完纳"。十三行及其行商,在广州中外贸易中承担着重要的角色。而"洋舶有载蛮货往来者称华艇,泊十三行,实通逃薮也",凭借各种理由而偷逃税款。

不管怎样,广州城西南的码头是中外货物的装卸地。城西南的十三行,"洋船争出是官商,十字门开向二洋。五丝八丝广锻好,银钱堆满十三行"。十三行以东的濠畔街,"广州城郭天下雄,岛夷鳞次居其中,香珠银钱堆满市,火布羽缎哆哪绒。碧眼蕃官占楼住,红毛鬼子经年寓。濠畔街连西角楼,洋货如山纷杂处",应是明末写照。清初,"今皆不可问矣"。中外商货云集之地由濠畔街移向西南的十三行街,"广东十三行街,为西洋诸国贸易之所"。十三行夷馆南的码头、十三行夷馆、十三行街共同组成了清代中后期广州城南中外商贸交往的绚丽图卷。

广州城"人民富庶,埒于苏杭",珠江"绕城东南入于大海"。清光绪时,沙面"舟楫盈江几数万""笙歌达旦,官不能禁"。"临江为十三行,为诸番人贸易处,其番人号为鬼子,深目高鼻,须发皆卷,房屋高峻,窗棂悉饰玻璃,门外高台,番人持千里镜照之,能瞩数十里",十三行一带贸易发达,娱乐业也盛

极一时。

　　清代广州黄埔港（今广州新滘黄埔村）是外国商船停泊之地。这里地处广东城东，近琵琶洲三埠，"东路之舟泊焉"。除东路的浙闽船只外，"黄埔在水中央，周围皆洋货船，而内地尤帆樯如林，以外国贸易船比之，外国所纳税饷，不过本地百中之一"。而从雍正、乾隆始，海防衙门驻澳门，引水人引船至黄埔，纳税后停泊黄埔。"（洋船）如有违禁货物夹带，查明详究"。

　　乾隆二十二年（1757年）前，粤海关与闽海关、浙海关、江海关并存，据彭泽益、黄启臣研究，雍正七年（1729年）至乾隆二十一年（1756年），粤海关贸易总值增长了44%，高于闽、浙海关的增长。而粤海关与其他三海关的关税收入与贸易总值相较，除乾隆二十一年（1756年）粤海关稍低于闽海关外，其他有载的年份都远高于其他三海关。乾隆二十二年（1757年）以后，粤海关"一口通商"，至道光十七年（1827年），关税总额达8454.3379万两，年均1000多万两，较乾隆二十二年（1757年）前关税增加了10倍以上，对外贸易发展到一个较高的水平。

　　清代广东对外贸易的国家增多，除原来的东亚、东南亚、南亚的国家外，欧

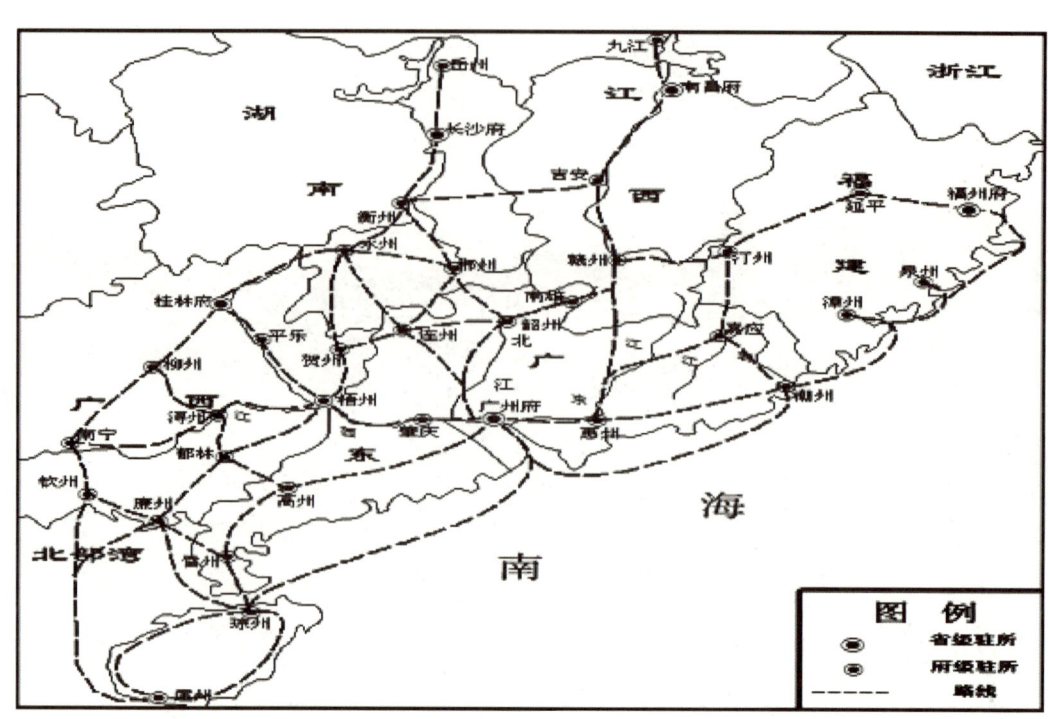

■ 清代广东港口对内交通路线图

洲的葡萄牙、西班牙、荷兰、英国、丹麦、瑞典、普鲁士、意大利、奥地利、俄国等，美洲的墨西哥、秘鲁、美国、智利，大洋洲的澳大利亚等国也都与广州发生了直接贸易。"除了俄国商队跨越中国北方边疆，葡萄牙和西班牙的商队往来澳门以外，我国与西方列国的全部贸易都聚会于广州。中国各地物产都运来此地，各省的商贾货栈在此经营着很赚钱的买卖。东京、交趾支那、柬埔寨、缅甸、麻（马）六甲或马来半岛、东印度群岛、印度各口岸、欧洲各国、南北美各国和太平洋诸岛的商货，也都荟集到此城"，"使得广州成为对内对外贸易极盛之地"，航线也进一步扩展。英、美、荷兰、丹麦、法国、瑞典等成为中国主要贸易对象。他们输入的贸易商品，以吨位而论，棉花占首位，棉布、棉纱次之，毛织品再次之；以价值来算，鸦片占首位。而中国出口仍以茶、丝、绸缎、土布、铜、糖为主。有些专家认为，广东对外贸易在相当程度上代表了中国的对外贸易。其原因主要是乾隆二十二年后的八十多年，广东一口通商，除少量在江苏苏州、浙江宁波和福建的厦门等进出口外，绝大部分集中在广东的广州、潮州、惠州、徐闻、江门、海南岛等港口贸易，而主要贸易对象欧美各国"都在广州做生意"。

黄埔不但是大部分外国商船进入广州的必经和停泊之地，也是中国出海贸易商船的出发之地。据不完全统计，从康熙二十三年（1684年）至乾隆二十二年（1757年）期间，从中国开往日本贸易的商船共3017艘，其中相当一部分是经黄埔起航的。乾隆二十二年至道光十八年（1828年），开往日本的800艘商船，也多从广州黄埔港开出的。道光九年（1829年）从黄埔港开往新加坡贸易船有5艘；嘉庆二十五年（1820年）从黄埔开往暹罗的商船有82艘，开往越南西贡港有30艘，去福发的16艘，去顺化的12艘，去其他港口的116艘，去加里漫丹的10艘，去爪哇的7艘，去望加锡的2艘，去安汶的1艘，去马六甲的1艘，去吉兰丹的1艘，去林牙群岛附近岛屿的3艘，去丁加奴的1艘。

珠江三角洲地区，根据《粤海关志》记载，除黄埔外，大关在广州五仙门内，监督行署在香山县澳门，挂号口有南海县附城总巡口、西炮台口、佛山口，番禺县东炮台口、紫泥口、市桥口，东莞县虎门口、镇口，新会县江门口。稽查口为广州府南海县行后口，香山县大马头口、南湾口、关闸口、娘妈阁口。粤西地区挂号口高州吴川县梅菉总口、水东口、硇洲口、芷芎口，石城县暗（安）铺口、两家滩口，肇庆阳江县阳江口，雷州海安总口（白沙、田头、博赊、对楼、锦囊口）、海康县雷州。稽查口为雷州海康县赤坎、乐民口等。

粤东挂号口有：惠州府陆丰县乌坎总口、甲子、碣石口、海丰县汕尾口，归善县平海口、墩头口。潮州府税馆口（潮州城内），惠来县神泉口、靖海口，海阳县庵埠港总口（双溪口、溪东口、汕头口），潮阳县朝阳口、后溪口、海门口、达濠口，澄海县澄海口、南洋口、卡路口、东陇口、樟林口，饶平县黄冈口、乌塘口，揭阳县北炮台口。稽查口为惠州府海丰县鲘门口、长沙口，归善县稔山口。而粤东地区的对外贸易港口，明显分为两段时期，即清乾隆以前，以庵埠港为中心的溪东港、东港和西港，在粤东对外贸易中发挥了主要作用；乾隆以后，樟林港和沙汕头崛起，成为潮州主要的外贸口岸。而潮阳诸港、南港、南洋港、北炮台港、神泉港、靖海口以及南澳岛和放鸡山岛等也在区域内发挥着不同的作用。

总结历史上广东陆海丝绸之路的历程，有如下特点：广东控扼江海要道以及南海岛屿，为古代海上丝绸之路口岸、航线必经之地，也是岭南与长江、黄河流域陆上、水上通道的重要地区，为陆海丝绸之路重要的交汇点；广州、潮州、雷州、琼州以及惠州、高州、肇庆等地海上丝绸之路历史悠久，内容丰富多彩，广州（包括新安县）是中国古代外贸制度先试先行之地；广东海洋经济特色鲜明，盐业、捕捞业历史悠久、特色鲜明，疍民处江海地区，形成特殊群体；粤商集团除经营国内"广货"贸易外，还经营国外贸易，中外商品瓷器、莞香、广缎、茶叶等交流频繁；海防方面，广东是历史上防止海盗、倭寇重要的阵地，是保证南海航行与海上安全的前沿；文化上，是佛教、伊斯兰教、天主教等海上传入的首地；人员交流上，中外使节往来频繁，古代广东（鸦片战争前）华侨成为中外人员交流的代表，广东是我国华侨华人最重要的祖籍地之一。

（作者王元林系广东省人民政府参事室特聘参事，暨南大学教授、博导，广东省珠江文化研究会会长）

三、亮点举隅

◎ 名人
◎ 名篇
◎ 名胜
◎ 名物
◎ 名（宗）教
◎ 语言
◎ 艺术

（一）名人

1. 牟子

牟子（170年—?），名融，字子博。苍梧郡广信人，隐士。博学多才，精通诸子百家，既是"佛教"之名的首创者，又是融儒、佛、道"三教合流"的首创者，是岭南最早研究佛学的学者。

他的《理惑论》（37篇）是中国第一部佛教论著，反映了当时人们对佛教的理解和认识，是研究佛教传入中国初期以及中国佛教形成和发展的一部重要文献。这部著作"介绍了释迦牟尼成佛的经过；追溯佛教在中国初传的情况；借用中国人熟悉的老子思想，论证佛法的正确；利用儒家名物典故，阐述佛教教义，揶揄道教和神仙家，论证释迦牟尼及佛教一尊的地位。"（罗辉映《研究中国佛教史的重要资料：牟子〈理惑论〉》）提出了"儒佛为一"说，成为佛教中国化的先声。牟子引用大量的儒、道和诸子百家学说对佛教教义学说加以发挥阐述，试图论证佛、道、儒观点的一致性，为我们了解佛教初传中国的情况提供了宝贵的历史资料。牟子的《理惑论》开启了佛教文化与中国文化的首度融合。

2. 惠能

惠能（638—713年），唐代高僧，中国佛教禅宗六祖，南宗禅的开创者。世称"六祖大师""禅宗六祖"。俗姓卢，唐新州（今广东新兴县）夏卢村人。龙朔元年（661年），到湖北黄梅东山寺谒五祖弘忍，因示法偈，受五祖赏识，获秘传衣钵后南归，于山野隐居15年。仪凤元年（676年），在广州法性寺（今光孝寺）剃度受戒。次年春，北上韶关曲江曹溪宝林寺（后名南华寺）树立法幢，承东山法门，力倡"直指人心，见性成佛"的顿悟主张，开创了南宗曹溪法门，传教弘法达37年。先天二年（713年）七月，率弟子回新州，是年八月初三日，圆寂于新州国恩寺，享年76岁。

■ 广州六榕寺—六祖铜像（六榕寺供稿）

惠能不过分囿于佛教经典的原义、恪守师训，对佛教进行了全面的改革，以独创性、开放性、务实性、通俗性强的"顿教"脱颖而出，为佛教中国化作出了杰出的贡献。晚唐五代时期形成的禅宗五家都祖述惠能，南宗禅成为禅宗的代表。两宋时期，禅宗一枝独秀，并先后传入朝鲜、日本。后来自东亚传至东南亚和欧美等国，对东亚佛教及世界佛教产生了深刻的影响。惠能的禅学思想是中国佛教史上的伟大革命，对中唐以后的佛教和宋明理学都产生了广泛而深远的影响。禅学深刻影响了唐以来的中国哲学思想和文化艺术，禅文化成为中国优秀传统文化的重要组成部分。

由惠能口述，弟子法海集录的《坛经》，是中国佛教僧侣著作中唯一被尊为"经"的典籍。今天，《坛经》已成为世界著名经典著作，并对中国的佛教、传统文化、东方文化乃至世界文化产生了深远的影响，对人类社会的和平与发展发挥积极的作用。

3. 法显

法显（334—420年），东晋司州平阳郡武阳（今山西临汾地区）人，一说是并州上党郡襄垣（今山西襄垣）人。他不但是中国佛教史上的名僧、卓越的佛教革新人物、中国第一位到海外取经求法的大师、杰出的旅行家和翻译家，而且是中国经陆路到达印度再由海路回国，并留下记载的第一人。东晋隆安三年（399年），法显从长安出发，经西域至天竺，历时15年，游历了20多个国家，收集了大批梵文经典，于义熙十年（414年）还青州。所撰行传有《历游天竺记传》《佛国记》（又名《法显传》）。

法显大师参加佛经《摩诃僧祇律》《大般泥洹经》等的翻译，他的《法显传》等著作不但是中国和印度之间陆、海交通的最早记录，也是中国古代关于中亚、印度、南洋的第一部完整的旅行记，在中国和南亚地理学史、航海史上占有重要的地位，有英语、日语等多个外文译本，在国际上影响深远。法显突出的贡献有：

①最早西行取经回国，并翻译了佛教戒律，对大乘教义的发展和顿悟学说的兴起作用重大，是佛教进入我国关键转折点的标志。

②西行路线最长，游历国家最多，所写的游记是研究古代中国及南亚历史、地理、宗教、文化、交通等的重要文献。

一位著名的印度史学家曾写信道："如果没有法显、玄奘和马欢的著作，重建印度历史是不可能的。"

4. 义净

义净（635—713年），俗姓张，字文明，齐州山荘（今山东济南长清）人，唐代高僧，中国古代佛教四大译经家之一，与法显、玄奘并称"中国历史上西行取经求法最著名的三大高僧"，与鉴真并称"中国著名的医僧"。

义净是经海路往来于印度、中国传播佛教最典型的僧侣。据冯承钧《中国南洋交通史》考证：义净于高宗咸亨二年（671年）仲冬于广州出发，先抵室利佛逝，然后转至羯荼，并于次年十二月乘佛逝王舶出羯荼取道尼科巴岛（裸人国）向耽摩立底进发，于673年春初达耽摩立底，求经十载，重还耽摩立底登舟，于682年或683年夏秋间抵佛逝，在佛逝停留了6年，然后于689年还广州一次，同年冬又偕贞固同至佛逝，直至695年仲夏还至洛阳，合计往来南海的时间共有10多年。回国后，他的佛经翻译以律藏为主（如《戒坛铭》），并传法授徒，为佛门整饬宗风，持律精进，留下了宝贵的财富。他"前后所翻经一百七部，都四百二十八卷，并勒编入一切经目"（卢璨《塔铭》），对唐代律宗的发展贡献重大。他传译的佛教经典，是世界佛教宝库的重要组成部分。

义净精于医术，他的西行对中国佛教文化与古代文化的影响仅次于玄奘，对促进古代中外文化与医学交流贡献巨大。

5. 郑和

郑和（1371—1433年），原姓马，名和，小名三保（三宝），回族人，云南昆阳州（今昆明市晋阳县和代村）人。永乐二年（1404年）明成祖朱棣赐郑姓，改名"和"，宣德六年（1431年）钦封为三保（宝）太监。中国明代航海家、外交家。受中国明朝皇帝朱棣派遣，永乐三年六月己卯（1405年7月11日），首率船队从江苏太仓出发，出使西太平洋、印度洋沿岸国家，至宣德八年（1433年），先后七奉使，史称"郑和下西洋"。宣德八年（1433年）四月返航途中逝世，葬于印度西海岸城市古里。南京牛首山有郑和墓（郑和殁年葬地，史籍记载不一，歧见颇多）。

从1405年开始，29年间，郑和七次奉旨率领明朝的200多艘船航行在世界海域，航线从西太平洋穿越印度洋，直达西亚和非洲东岸，途经30多个国家和地区，加强了中国明朝政府与海外各国的联系，给南洋、西洋各国带来了经济实惠；促使南亚和西亚近30个国家与明朝建立了外交关系，促进了中国与亚非各国的经济、文化交流，密切了我国和亚非各国的友好关系，是中国古代历史上世界性的盛举。

郑和的航行比哥伦布发现美洲大陆早87年，比达伽玛早92年，比麦哲伦早114年。在世界航海史上，开辟了贯通太平洋西部与印度洋等大洋的直达航线，不愧为世界大航海时代的先驱、人类历史上杰出的航海家。经国务院批准，自2005年起，每年的7月11日为中国航海日。

6. 利玛窦

利玛窦（1552—1610年），意大利天主教耶稣会传教士、学者。号西泰，又号清泰、西江，原名译为玛提欧·利奇，利玛窦是他的中文名字。他是天主教在中国传教的开拓者之一，也是第一位阅读中国文学并对中国典籍进行钻研的西方学者，他的成功更在于其对中西文化传播、融合。

他在向东亚地区传播西方人文主义和天主教的同时，传播了西方的几何学、天文、数学、地理学等科学技术知识，并向西方介绍了中国文化，被称为

■ 利玛窦像

"泰西儒士"。由于他从介绍当时西方先进的科学文化技术着手，采取适应中国传统文化的传教方式，开晚明士大夫学习西学之风，同时把中国传统文化介绍到西方，创下了中外交流史上的多个"第一"，成为"东学西渐"和"西学东渐"的开创者，"沟通中西文化第一人"。肇庆是利玛窦进入中国内陆的第一站，他在肇庆创造了多个"第一"，包括编绘第一幅中文世界地图——《山海舆地全图》（即《坤舆万国全图》）、建设中国第一个天主教堂——仙花寺、传播地球

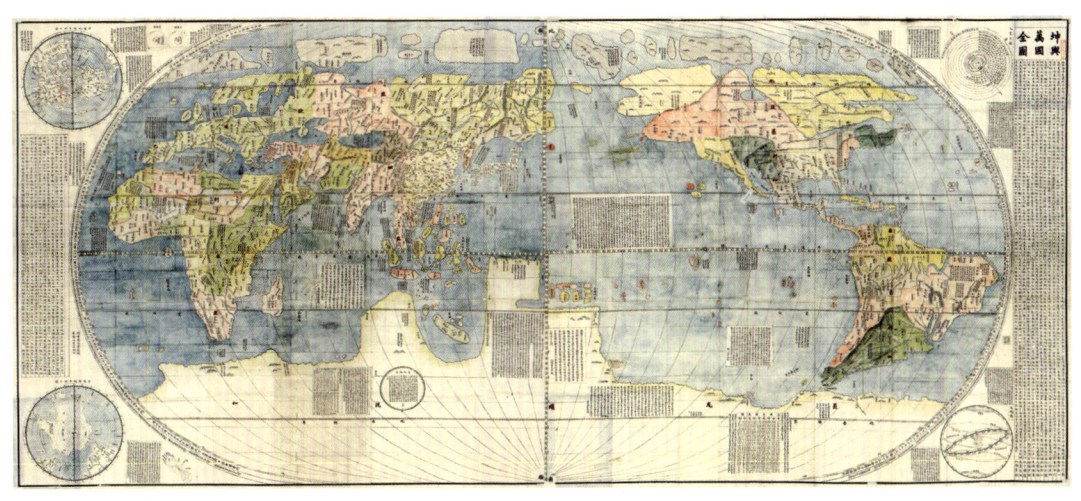

■ 坤舆万国全图

是个球体等观念。

利玛窦在华28年，著述甚丰，他以突出的学术成果造福中西文化交流，永存史册。东方视他为促进东西方交流的科学家、汉学家。他不仅以丰厚的著述为中西文化交流作出了重要的贡献，而且对日本和朝鲜半岛上的国家认识西方文明也产生了重要的影响。

利玛窦用意大利文写的日记，后有多种版本面世，影响深远。20世纪利玛窦的书信手稿、书稿集《利玛窦神父历史著作集》《利玛窦全集》，以多种文字版本发行，成为研究利玛窦生平事迹及东西方文化交流融合史的重要文献。

7. 林怀兰

林怀兰，广东省吴川市梅菉镇人，中国引种番薯第一人。于明万历年间由越南将番薯引入中国（学界对我国最早引种番薯者有广东林怀兰、东莞陈益与福建陈振龙之争）。林怀兰为我国引种番薯第一人多有史书记载：

《辞源》（商务印书馆1934年编印）释"番薯"一词："其本出于交趾（今越南），吴川人林怀兰尝得其种以归，遍种于粤，因不患凶旱。电白县有怀兰祠，题曰'番薯林公庙'。"

广东《电白县志》记载："霞洞乡有番薯林公庙，副榜崔腾云率乡人建立。相传番薯出交趾，国人严禁以种入中国着罪死。吴川人林怀兰善医，薄游交州，医其关将有效，因荐医国王之女，病亦良已。一日赐食熟番薯，林求食生者，怀半截而出，亟辞归中国。过关为关将所诘。林以实对，且求私纵焉。关将曰：'今日之事，我食君禄，纵死不忠，然感先生之德，背之不义。'遂赴水死。林乃归，种遍于粤。今庙祀之，旁以关将配。"

林怀兰故里的《梅菉志》载："怀兰积埠，周遭数里，斜亘中流，相传明季林怀兰作海客，采得番薯种，船返至此，遇风击沉，日久积成沙埠。近有番薯，怀兰之力也。"

8. 梁廷枏

梁廷枏（1796—1861年），清末著名学者。字章冉，号藤花亭主人，广东顺德人，出身书香之家。道光十四年（1834年）中副榜贡生，历任澄海县训导，广州越华书院、粤秀书院监院，学海堂学长。学识广博，精通史学，擅诗画戏曲，经世致用，实务救国，被认为"堪称中国近代最早认识和着力介绍西方民主制度的先驱"。著述甚丰，尤以史学成就最大，约38种288卷，代表作品：《海国四说》《粤海关志》等，有"鸦片战争期间第一批睁开眼睛看世界的知识分子"和"岭南历代最有成就的戏曲家"之美誉。

嘉庆二十三年（1818年），编写《金石称例》，道光九年（1829年）完成《南汉书》等系列著作。道光十五年（1835年）受聘入广东海防书局，总纂《广东海防汇览》。道光十七年（1837年）总纂《粤海关志》，2年后纂成。道光十九年（1839年）积极为林则徐禁烟出谋划策，大力协助开展禁烟活动。道光二十四年（1844年）著《海国四说》，深入介绍欧美等国的历史社会和现状，其中的《合省国说》，介绍了美国的历史、政治体制和风土人情，被誉为第一部由中国人编写的美国通志。道光二十九年（1849年），倡导发起反对英人入城斗争，因护城有功，朝廷赐封内阁中书，后又加侍读衔。咸丰四年（1854年）撰写《夷氛闻记》，载录鸦片战争史料。后从事教育著述，对岭南文化贡献良多。

（作者郑佩瑗系广东省人民政府文史研究馆馆员）

（二）名篇

1.《汉书·地理志》

《汉书》，又称《前汉书》，由中国东汉时期的历史学家班固编撰，唐朝颜师古释注，是中国第一部纪传体断代史，"二十四史"之一。《汉书》是继《史记》之后我国古代又一部重要史书，与《史记》《后汉书》《三国志》并称为"前四史"。《汉书》全书主要记述了上起西汉的汉高祖元年（前206年），下至新朝的王莽地皇四年（23年），共230年的史事。

《汉书》包括纪十二篇，表八篇，志十篇，传七十篇，共一百篇。后人划分为一百二十卷，共八十万字。它的记事始于汉高帝刘邦元年，终于王莽地皇四年。《汉书》是一部断代史。《汉书》把《史记》的"本纪"省称"纪"，"列传"省称"传"，"书"改曰"志"，取消了"世家"，汉代勋臣世家一律编入传。

《汉书》记载的时代与《史记》有交叉，汉武帝中期以前的西汉历史，两书都有记述。这一部分，《汉书》常常移用《史记》。《汉书》新增加了《刑法志》《五行志》《地理志》《艺文志》。《刑法志》第一次系统地叙述了法律制度的沿革和一些具体的律令规定。《地理志》记录了当时的郡国行政区划、历史沿革和户口数字，有关各地物产、经济发展状况、民情风俗的记载更加引人注目。《艺文志》考证了各种学术别派的源流，记录了存世的书籍，它是我国现存最早的图书目录。《食货志》是由《平准书》演变来的，但内容更加丰富了。它有上下两卷，上卷谈"食"，即农业经济状况；下卷论"货"，即商业和货币的情况，是当时的经济专篇。

特别应该指出《汉书·地理志》第一次以文字记录了汉武帝于南海派出船队出航南洋、印度洋的历史。

2. 《唐书·地理志》

唐书，有《旧唐书》《新唐书》之分。而唐志的体裁均同沿革地理。

《旧唐志》志首为总序，后为十道郡国。前者首概述开辟以来历代地理沿革，后者述唐代贞观、开元、至德、上元历朝行政区划和军事区划（节度使、观察使、经略使、守捉）置皮改易，最后以幅员最盛时之天宝十一年（752年）的唐代版图为据，概述唐王国四至。《旧唐书·经籍志》经部著录《春秋左氏传条例》20卷，列于春秋条例类之首，题刘歆撰。

内容以开元二十八年（740年）户部计账为准，记载府、州、县、户、口、田亩数。就全国十道郡国，以遁为轧以府州为目，以县为子目。每府州前有小民筒陈本府州及所辖县的沿革和所领县、户、口数，府州治所及所处与京师之方位、里程。每县下系以沿革、历属府州，少数县叙及县名来历。

全《志》分地理一、二、三、四卷。

《新唐书》为正史地理志，"二十四史"之一，是北宋时期宋祁、欧阳修、范镇、吕夏卿等合撰的一部记载唐朝历史的纪传体断代史书。

全书共有225卷，其中包括本纪10卷、志50卷、表15卷、列传150卷。《新唐书》前后修史历经17年，于宋仁宗嘉祐五年（1060年）完成，《新唐书》修成后，其主编曾公亮曾上皇帝表"其事则增于前，其文则省其旧"，认为这是本书胜过《旧唐书》的地方。《新唐书》在体例上第一次写出了《备卫志》《兵志》《选举志》，系统论述唐代府兵等军事制度和科举制度。

《新唐书·地理志》，根据贾耽所记从边州入四夷道路转载，是为"广州通海夷道"明确描叙。

3. 余靖《海潮图序》

北宋余靖（1000—1064年）的《海潮图序》提出潮汐与月亮运动的关系，"月临卯酉，则水涨乎东西；月临子午，则潮平乎南北。彼竭此盈，往来不绝"。根据这种关系，可以观测到一天中随着时辰推移，潮流方位也不断顺次变动。故有学者认为，这"实际上就是近代的潮汐椭球"。北宋哲学家邵雍（1011—1077年）在《皇极经世绪言》中"以地之太柔，从天之太阴类也"，解释了余靖的潮汐椭球观点。

文字不多，全录如下：

海潮图序　　庆历元年（1041年）

古之言潮者多矣，或言如橐籥翕张，或言如人气呼吸，或云海鳅出处，皆亡经据。唐世卢肇著《海潮赋》，以谓："日入海而潮生，月离日而潮大。"自谓极天人之论，世莫敢非。予尝东至海门，南至武山，旦夕候潮之进退，弦望视潮之消息，乃知卢氏之说出于胸臆，所谓盖有不知而作者也。

夫阳燧取火于日，阴鉴取水于月，从其类也。潮之涨退，海非增减，盖月之所临，则水往从之。日月右转而天左旋，一日一周，临于四极。故月临卯酉则水涨乎东西，月临子午则潮平乎南北，彼竭此盈，往来不绝，皆系于月，不系于日。何以知其然乎？

夫昼夜之运，日东行一度，月行十三度有奇，故太阴西没之期，常缓于日三刻有奇，潮之日缓其期，率亦如是。自朔至望常缓一夜潮；自望至晦，复缓一昼潮。若因日之入海激而为潮，则何故缓不及期，常三刻有奇乎？

肇又谓："月去日远其潮乃大，合朔之际潮始微绝。"此固不知潮之准也。夫朔望前后，月行差疾，故晦前三日潮势长，朔后三日潮势极大，望亦如之，非谓远于日也。月弦之际其行差迟，故潮之去来亦合沓不尽，非谓近于日也。

盈虚消息一之于月，阴阳之所以分也。夫春夏昼潮常大，秋冬夜潮常大，盖春为阳中，秋为阴中。岁之有春秋，犹月之有朔望也。故潮之极涨，常在春秋之中；涛之极大，常在朔望之后，此又天地之常数也。

昔窦氏为记，以谓"潮虚于午"，此候于东海者矣。近燕公著论，以谓"生于子"，此测于南海者也。又尝问于海贾，云"潮生东南"，此乘舟候潮而进退者耳。古今之说，以为"地缺东南"，水归之海。贾云"潮生东南"，亦近之矣。今通二海之盈缩，以志其期，西北二海所未尝见，故阙而不纪云。

尝候于海门[注：通州海门县]，月加卯而潮平者，日月合朔则旦而平，日缓三刻有奇。上弦则午而平，望已前为昼潮，望已后为夜潮[注：此皆临海之　也远海之处则各有远近之期]，月加酉而潮平者，日月合朔则日入而潮平，上弦则夜半而平，望则明日之旦而平，望已前为夜潮，望已后为昼潮。此东海之潮候也。

又尝候于武山[注：广州望船之处]，月加午而潮平者，日月合朔则午而潮平，上弦则日入而平，望则夜半而平，上弦已前为昼潮，上弦以后为夜潮，月加子而潮平者，日月合朔则夜半而潮平，上弦则日出而平，望则午而平，上弦已前为夜潮，上弦以后为昼潮。此南海之潮候也。

4. 利玛窦《山海舆地全图》

为利玛窦所绘，是第一幅中文世界地图，有多个版本，后称《坤舆万国全图》。

该图于万历三十六年（1608年）由明宫廷艺人摹绘12份。现存本即此1/12，由南京博物院收藏。此本原是六幅条屏，今装裱为一大幅。通幅纵168.7厘米，横380.2厘米。图首右上角题"坤舆万国全图"6字。主图为椭圆形的世界地图，此外并附有一些小幅的天文图和地理图：右上角有九重天图，右下角有天地仪图，左上角有赤道北地半球之图和日、月食图，左下角有赤道南地半球之图和中气图；另有量天尺图附于主图内左下方。各大洋绘有各种帆船共9艘，鲸、鲨、海狮等海生动物共15头，南极大陆上绘陆上动物共8头，有犀牛、象、狮子、鸵鸟等。

摹绘本大体上只用了3种色彩：南北美洲及南极洲为粉红色，亚洲为土黄色，欧洲和非洲近于白色。少数几个岛屿的边缘晕以朱红色，山脉用淡绿色勾勒，海洋用深绿色绘出密密的水波纹，显得汪洋浩淼。五大洲各用朱红色书写，其他地名包括国名均为墨书，以字体大小作为区别。而为了迎合中国人心理，在这幅地图中，特意把南北美洲绘在亚洲的东面，这样中国的位置就在地图的中部。以后出版的世界地图一直保持这种摆布结局。这是利氏的独创。

尽管利氏地图在图形轮廓和文字说明方面还有很不精确甚至错误之处，但在当时已是东亚地区最详尽的世界地图。

5. 梁廷枏《粤海关志》

梁廷枏，字章冉，号藤花亭主人，广东顺德县人。道光十九年（1839年），他编成《粤海关志》三十卷，分十四个门类，辑存了大量鸦片战前中外贸易情况的珍贵资料，记载了西方殖民主义者日益加剧的侵华活动，并汇集了清政府对外政策的有关文件，为当时和后人研究鸦片战争前的中外关系提供了一部很有价值的参考书。

原书刊于道光年间，1935年北京文殿阁又排印其一部分。叙述道光十八年（1838年）以前广东海关沿革、通商情况及行政制度，分为前代事实、口岸、设官、税则、禁令、兵卫、贡舶、市舶、行商、夷商等十四类，为研究十三行、鸦片战争前夕中外关系的重要著作。

6. 周去非《岭外代答》

宋代地理名著。周去非撰，共十卷。

周去非（生卒年不详），字直夫，浙东路永嘉（今浙江温州）人。南宋孝宗淳熙（1174—1189年）初，周去非曾"试尉桂林，分教宁越"，在静江府（今广西桂林）任小官，东归后于淳熙五年撰此书。周去非自序称此书本范成大《桂海虞衡志》，加以耳闻目睹的材料而成。共录存二百九十四条，用以答客问，故名曰代答。书分地理、边帅、外国、风土、法制、财计等共二十门，"今有标题者十九门，一门存其子目而佚其总纲"。它记载了宋代岭南地区（今两广一带）的社会经济、少数民族的生活风俗，以及物产资源、山川、古迹等情况。其中外国门、香门、宝货门兼及南洋诸国，并涉及大秦、大食、狗国（即阿留申群岛）、木兰皮（今南美洲巴塔哥尼亚高原地区）诸国，反映了当时岭南与海外诸国的交通、贸易等情况；边帅门概述岭南沿边各军事建置的渊源、演变和辖属；法制门列举一些当时岭南地区政治、经济方面特殊规定；财计门记载当时岭南地区的财政、商业等情况，并附有统计数字，这些都保留了许多正史中未备的社会经济史料。所记条分缕析，较以前记载岭南情况各书叙述为详，参考价值甚高，是研究岭南社会历史地理的重要文献。原本已佚，今本从《永乐大典》中辑出。

7. 赵汝适《诸蕃志》

《诸蕃志》，宋代海外地理名著，赵汝适著。

赵汝适（1170—1231年），南宋宗室，宋太宗赵炅八世孙，宋宁宗嘉定（1208—1224年）末至宋理宗宝庆（1225—1227年）初，初任泉州市舶司提举时于"暇日阅诸蕃图"并"询诸贾胡，俾列其国名，道其风土与夫道理之联属，山泽之蓄产，译以华言"。据此采辑成书。

成书于宋理宗宝庆元年（1225年），分上、下两卷。

上卷记海外诸国的风土人情，下卷记海外诸国物产资源。为研究宋代海外交通的重要文献。

它记载了东自日本、西至东非索马里、北非摩洛哥及地中海东岸诸国的风土物产，并记有自中国沿海至海外各国的里程及所需日月，内容丰富、翔实。有关海外诸国风土人情多采自周去非《岭外代答》的记载，有关各国物产资源则多采访于外国商人。颇有史料价值，为古代中外交通的佳作，史地学家经常引用。

8. 陈大震《南海志》

陈大震，字希声，广东番禺人（一说广州沙村人），生卒年不详，宋末元初著名学者。

《南海志》又名《大德南海志》，因其成书于元成宗大德八年（1304年），故有此名。系元朝陈大震、吕桂孙所撰，是目前可见的广州（含当时所领七县）旧志的最早刻本。原书20卷，已散佚，现残存元大德刻本5卷（卷六至十），涉及元代广州地区赋税、物产、教育及海上贸易等诸多领域，极具史学价值，是了解宋元时期珠江三角洲的重要文献。特别是卷七之舶货后附"诸蕃国"名，更是研究当时海外交通的珍贵史料。今藏于北京图书馆。近代藏书家潘宗周于1939年刊印的《宝礼堂宋本书录》中录有，近现代著名学者郭沫若亦有专题研究著作，今已汇编付梓。由于《大德南海志》经年历月，又遭受了明末战火和清代文字狱的洗礼，原书20卷，今已散佚，现仅残存元大德刻本5卷，我们已不能够尽览全书所有内容，但是从仅存的这5卷残本之中，也可以大概摹画出原书的主要内容。仅存的这5卷对应的是原书的第六至第十卷，其中卷六记户口、土贡、税赋；卷七记物产、舶货；卷八记社稷坛壝、城濠；卷九记学校；卷十记兵防、水马站、河渡、局务仓库、廨宇、郡圃。凡所举废，由宋及元。卷七之后还附有"诸藩国"名表。

（作者谭元亨系广东省人民政府原参事，华南理工大学教授、博导）

（三）名胜

1. 西汉南越王墓

西汉南越王墓位于广州解放北路的象岗山，是西汉初年南越王国第二代王赵眜（赵佗之孙，前137—前122年在位，号称文帝）的陵墓。该墓约建于公元前122年，发现于1983年6月。同年发掘时，出土金银器、铜器、铁器、陶器、玉器、琉璃器、漆木器、竹器等遗物1000余件。其中"文帝行玺"金印为我国考古发掘出土的第一枚帝印，波斯银盒以及海外输入的"洋货金花泡"等具有重要的历史价值，是广州市海上丝绸之路发祥地的见证。

南越王墓挖掘完毕即在原地建立西汉南越王墓博物馆，该馆是首批"国家一级博物馆""全国重点文物保护单位"。2004年入选国家AAAA级景点。

入选海上丝绸之路"广州六大史迹"。

2. 南越国宫署遗址

南越国（前204—前111年），历五代，共93年。南越国宫署遗址位于广州市越秀区中山四路。遗址面积共15万平方米，东起仓边路，西至广大路，南起中山路，北至越华路，核心区域为4.8万平方米，东起忠佑大街，西至北京路，南起中山路，北至广州大厦门前，该范围已被市政府列为文物保护区。1995年和1997年发现南越国时期的大型地下石构水池和南越国王宫御苑，2000年在广州市儿童公园发现南越国宫殿遗址，已分三期建成南越王宫博物馆。出土文物极其丰富，有"东方庞贝古城"之美誉。

2012年11月，列入中国海上丝绸之路申报世界遗产的遗产点之一，2015年完成申报世界遗产准备工作，2016年正式送交世界遗产大会审议。

入选海上丝绸之路"广州六大史迹"。

3. 西来初地

南朝梁武帝普通七年（526年，一说南朝宋末）九月二十一日，印度高僧、中国禅宗始祖菩提达摩一行经过三年艰辛航海，终于抵达广州，在珠江北岸绣衣坊码头（现广州市荔湾区下九路北侧西来正街一带）登岸。后世信众尊崇达摩为禅宗始祖，把达摩登岸的地点称为"西来初地"（意即古时候从印度来华的僧人达摩在此登岸之意），一直沿用至今。达摩祖师登陆广州留下圣迹之地——"西来初地"、华林寺、光孝寺不仅在中国佛教发展史上占有重要的地位，而且是海上丝绸之路亦即宗教传播之路的历史见证。

■ *广州华林寺山门*

4. 华林寺

华林寺位于广州市下九路西来正街，南朝梁武帝普通七年（526年）达摩登岸始建。相传达摩登陆广州后，在登陆处"结草为庵"（草庵初名西来庵），潜心苦修，传禅宗佛理，后移居光孝寺弘法。"西来庵"历经唐、宋、元、明等朝代，传灯不绝。清朝顺治十二年（1655年）"西来庵"重修，改名"华林寺"。这座千年古刹、国际佛教圣地，是中外文化交流的历史见证。1963年广州市政府公布该寺为广州市重点文物保护单位。

5. 光孝寺

光孝寺坐落于广州市光孝路，东晋隆安年间（397—401年），罽宾国（克什米尔）高僧昙摩耶舍在此创建佛殿，名"王苑朝延寺"，俗称"王园寺"。自宋高宗绍兴二十一年（1151年）始名"光孝寺"，是岭南历史最悠久、影响最深广、规模最宏大的寺院。位列岭南四大名刹。

千年光孝寺祖师辈出，八宗并弘，六祖惠能在此祝发，古代不少中外大德高僧常驻锡宣教于此，是著名的禅宗祖庭和译经道场、中印佛教文化交流的策源地之一，也是广州曾为全国三大译经中心的见证。1961年，被国务院确定为全国重点文物保护单位。入选海上丝绸之路"广州六大史迹"。

6. 怀圣寺

广州怀圣寺,坐落于古珠江畔之"蕃坊"(今广州市越秀区光塔路),因寺内有驰名中外的光塔,所以俗称"光塔寺""怀圣光塔寺"。始建于唐贞观年间,是伊斯兰教从海外传入中国时兴建的我国第一座清真寺,为广州伊斯兰教徒的宗教活动场所。是阿拉伯传教士苏哈巴·赛尔德·艾比·宛葛素和侨居广州的阿拉伯人捐资修建,取名"怀圣",意为怀念伊斯兰教圣人穆罕默德。该寺是中国现存最古老的清真寺,甚至是世界现存最早的清真寺之一。1996年11月国务院公布怀圣寺、光塔列为全国重点文物保护单位。

怀圣寺与光塔入选海上丝绸之路"广州六大史迹"。

7. 光塔

光塔,是怀圣寺的邦克塔。建于初唐,因其坐落于"蕃坊",是蕃人做礼拜的场所,故有"蕃塔"之称。现存建筑为清康熙三十四年(1695年)重建后的规制。整座塔呈现伊斯兰教的建筑特色。此塔为国内现存伊斯兰教建筑最早、最具特色的古迹之一,历1350多年台风吹袭而至今屹立不倒,是我国古建筑中的奇迹。光塔的磴道建筑技术,对我国砖砌佛塔建筑技术的提高产生了深远的影响。

入选海上丝绸之路"广州六大史迹"。

■ 广州光孝寺山门

■ 怀圣寺

8. 南华寺

曹溪南华禅寺，简称"南华寺"，又称"宝林寺"。坐落于广东省韶关市曲江县马坝东南7公里的曹溪之畔，距离韶关市南约22公里。南北朝梁武帝天监元年（502年），印度高僧智药三藏首倡创建。天监三年（505年）寺庙落成，梁武帝赐名"宝林寺"，后曾更名为"中兴寺""法泉寺"。宋开宝元年（968年），宋太宗敕赐"南华禅寺"，此名沿用至今。

南华禅寺是佛教禅宗六祖惠能大师弘扬"南宗禅法"37年的道场，六祖真身在此供奉，被誉为岭南禅林之冠，有"南宗祖庭"之称，在中国佛教发展史上有重要的地位。一千多年来南华禅寺历经战火，几度废兴，香火鼎盛，高僧辈出，法脉绵延，是一座中外闻名的佛教寺院，也是中印佛教交流的印证和纪念地。

1983年，被国务院定为第一批国家重点寺院。2001年，作为明、清古建筑，被国务院列入第五批全国重点文物保护单位。

■ 曹溪南华寺

9. 云门寺

乳源云门寺，位于广东省韶关市乳源县城东北6公里处的云门山慈悲峰下，五代时后唐庄宗同光元年（923年），六祖惠能九传弟子文偃禅师所建，是我国佛教禅宗五大支派之一云门宗的开宗道场，距今已1075年。初名"光泰禅院"，后改为"证真禅寺"。963年，南汉王刘龑又改名为"大觉禅寺"，一直沿用至今。因其地处云门山下，所以俗称"云门寺"。民国三十二年（1943年）虚云和尚移锡云门，历时9年，使云门寺僧众云集，宗风大振，祖庭重光。随着云门宗的海外传播，云门寺这座千年古刹中外闻名。

10. 开元寺

潮州开元寺，位于广东省潮州市开元路。初名"荔峰寺"。唐代开元二十六年（738年），因唐玄宗庆生，被列入全国81座更名为"开元寺"的大寺之一。据当代古建筑专家考证：日本著名的奈良东大寺的"祖庭"就是潮州开元寺，因奈良东大寺佛殿与潮州开元寺天王殿一模一样，而且同为宋代建筑，所以成为中国佛教东渡日本的有力见证。

2001年，开元寺被国务院批准为第五批全国重点文物保护单位。

11. 清真先贤古墓

广州"清真先贤古墓"，又称"回回坟""响坟"。建于唐贞观三年（629

年），位于广州市越秀区桂花岗。唐代阿拉伯著名伊斯兰教传教士苏哈巴·赛尔德·艾比·宛葛素奉穆圣之命于622—628年之间来华传教，唐贞观三年（629年）在广州顺主归真，安葬于此。该墓园自唐至今，一直被国内10个信仰伊斯兰教的民族和国际穆斯林视为圣地，是广州著名的伊斯兰教古迹。

2014年，它被列为全国重点文物保护单位，入选海上丝绸之路"广州六大史迹"。

12. 大庾岭道

大庾岭道，又称"梅岭路"。位于广东、江西两省交界的梅岭，是古代连接粤赣的重要通道——梅关古驿道，不仅是古代军事要地，更是一条岭南与中原、江南经济联系的重要商业贸易通道。唐开元四年（716年），张九龄开凿大庾岭新道，一年多后开通，通道落后状况大为改观，极大地促进了南北的经济交往，对岭南地区的开发，南北物资的交流，政治经济文化的繁荣发展，具有极其的历史作用。

大庾岭道繁荣了1200多年，直到1936年粤汉铁路全线通车，粤赣公路相继兴修，这条南北古通衢才失去交通意义。但作为珍贵的历史文化遗产，永远载入史册，并成为游人瞻仰、凭吊之名胜。

■ 先贤古墓道石牌坊

■ "南海Ⅰ号"出水金链

■ "南海Ⅰ号"出水铜钱

13. "南海Ⅰ号"

"南海Ⅰ号"是1987年在阳江海域发现，2007年12月22日整体出水的南宋初期在海上丝绸之路向外运送瓷器时失事沉没的木质古沉船。长度30.4米，宽度9.8米，高度约4米，排水量600吨，载重近800吨，距今已800多年。是迄今为止世界上发现的海上沉船中年代最早、船体最大、保存最完整的远洋贸易商船。船上载有文物6万～8万件，不乏国宝级文物，为研究海上丝绸之路的历史、中国航海史、造船史、陶瓷史等领域提供了陆上考古无法获取的极为珍贵的实物资料和信息，也是广东海上丝绸之路发祥地的历史见证。

"南海Ⅰ号"整体出水后安置于广东阳江海陵岛的"广东海上丝绸之路博物馆"，2009年12月24日，阳江市人民政府、广东省文化厅在海陵岛十里银滩隆重举行"广东海上丝绸之路博物馆"开馆典礼。

14. 南海神庙

南海神庙，又称"波罗庙"，位于广州市黄埔区南岗镇。隋文帝于开皇十四年（594年）下诏为祀奉南海神而创建，原名"南海神祠"，唐天宝十年（751年），唐玄宗下诏册封南海神为"广利王"，南海神庙也由"南海神祠"升格为"南海神庙"。自隋唐始，历代皇帝均派官员到庙中举行祭典。南海神庙是我国古代海神庙中唯一遗存至今最完整、规模最大的建筑群，也是中国古代海上交通贸易的重要遗址。南海神庙位处古代广州扶胥港的海边，是中国海上丝绸之路的始发地之一，也是中国古代对外开放的前沿地、中西文化的交汇地。

南海神庙与"明清古码头遗址"入选海上丝绸之路"广州六大史迹"。

15. 雷州天后庙

雷州半岛，三面环海，古港众多，有海上丝绸之路著名始发港徐闻，海上交通发达，海外贸易繁荣。宋以后，当地盛行妈祖崇拜，妈祖庙宇众多，香火绵延不绝。如：始建于宋的雷城天后宫、始建于明的硇洲岛津前天后宫和梅菉天后宫、始建于清的平乐天后宫等。2003年，文章湾天后宫入编《世界妈祖庙大全》。古庙传说丰富，至今香火鼎盛，是当地民众与港澳台同胞祭拜许愿的圣殿，是妈祖信仰传承中华传统文化和海洋文化的真实写照。

16. 黄埔无声塔

黄埔无声塔，是位于广州长洲黄埔造船厂内"金鸡饮水"（小山）山顶上的巴斯教（又称"琐罗亚斯德教"）徒的集体墓地，距今已150多年。无声塔并无塔。今天，小山顶上，排列着的阿拉伯式的石棺，棺顶有以英文及孟买的古遮拉特文镌刻的碑文，记载着死者的姓名、年龄、宗教信仰、亡故日期、地点等。小山脚下，有一座巴斯教徒与亲人诀别的两层楼房，被称为"巴斯楼"。这里的巴斯墓与"巴斯楼"，记录了十八九世纪中国与印度孟买的巴斯商人在黄埔口岸的一段特殊的贸易史。

17. 炮台

广东全省现存海防遗存142处，其中22处列入国家级文物保护单位，是全国海防遗存最丰富的省份。炮台是清代海防的主要依托，也是在广东修筑的主要海防设施。自1717年始，广东修筑了大量的炮台，如深圳赤湾左炮台、沙角炮台、镇远炮台、横档月台、崖门炮台等，其中虎门炮台中外闻名。特别是关天培在虎门主持修建的威远月台、永安炮台、巩固炮台、靖远炮台等，"是鸦片战争前整个中国沿海防御最为坚固的防线"（黄利平），满载着爱国主义豪情，永远激励着后人。

18. 卫所

明初，海疆不宁，朱元璋创立了"卫所制"这一军事体制，"卫"大致相当于师级单位，"所"大致相当于团级单位。明海防体系以"卫所"为主要基干，始在沿海大修城池，设置"卫所"，修筑了固定的海防设施。1368—1395年，广东共设立15个"卫"，以及大鹏守御千户所等43个"所"。其中用于海防的守御千户所有27个。今天，我们从修筑于明洪武二十七年（1394年）的潮州市饶平县所城镇大埕所城——广东目前保存较为完整的海防所城，仍能感受到在当时的历史条件下,"卫所"对广东遏制海上威胁发挥的重大作用。

19. 十三行

清乾隆二十二年(1757年),清廷关闭漳州、宁波、云台山三处通商口岸,仅留广州一地口岸"一口通商"。长达83年的"一口通商",使广州成为清代中国的对外贸易中心。

十三行,是清政府设立于广州的对外贸易专业商行。又称洋货行、洋行、外洋行、洋货十三行。实际上是一个拥有商业特权和官商性质的团体,由多家商行、洋行组成,始建于粤海关设立的第二年(康熙二十五年,1686年)五月,垄断了广州对外贸易,是专门负责对外贸易的牙行,因最初有13家而得名。清乾隆至嘉庆年间,为十三行鼎盛期,最多达几十家。广州"一口通商"和十三行贸易垄断延续到道光二十二年(1842年),长达156年,浓墨重彩地写就了广州贸易发展史上辉煌的一页。

■ 十三行商馆

■ 锦纶会馆

20. 锦纶会馆

锦纶会馆又名锦纶堂，原位于下九路西来新街，现位于广州市康王南路。始建于清代雍正元年（1723年），是清朝至民国广州丝织行业的会馆，供奉着"锦纶行"（丝制业）祖师"汉博望张侯"——张骞，是广州市唯一保留较完整的清代行业会馆。锦纶会馆不但是岭南建筑艺术的佳作、海上丝绸之路的重要遗迹，而且是"十三行"对外贸易的重要见证，印证了中国纺织行业及丝织品出口曾经的辉煌，更是中国资本主义萌芽的历史见证。孙中山先生专门提出要求："永远保留。"

1999年，锦纶会馆被列为广州市文物保护单位。

21. 潇贺古道

潇贺古道，原称"岭口古道"，后称"楚粤通衢""富川驿道"，在秦始皇二十八年（前219年）冬建成的秦"古道"基础上扩建而成，是一条以水路为主、水陆兼程的秦通"新道"。陆程全长为170多公里，经过30多个村寨和城镇。北连潇水、湘水和长江，南结临水（富江），封水（贺江）和西江，连通长江水系和珠江水系。因这条古道连潇水达贺州，命名为"潇贺古道"。"潇贺古道"使长江水系和珠江水系通过"新道"紧密相连，成为海陆丝绸之路的主体，为楚越交流拓展了通途，开了湘粤桂交通的历史新纪元。

22. 西京古道

西京古道，又称"西京路"。原路线从英德浛洸经乳源县城至湖南宜章，全程500余里，再从湖南的宜章，北上西京长安。始建于西汉建元六年（前135

年），是汉武帝时岭南各地通往京都的必由之路，是南北的重要商道。2000多年来，为中原文化传播岭南、连接海陆丝绸之路、促进商贸发展发挥了重要的历史作用。沿途村庄密集，古文化遗存众多，是广东省文物保护单位，也是著名的历史文物旅游景点和游览胜地。

（作者郑佩瑗系广东省人民政府文史研究馆馆员）

（四）名物

1. 芒果

芒果是杧果（中国植物志）的通俗名（拉丁学名：*Mangiferaindica L.*），芒果是一种原产于印度的漆树科常绿大乔木，叶革质，互生；花小，杂性，黄色或淡黄色，成顶生的圆锥花序。核果大，压扁，长5～10厘米，宽3～4.5厘米，成熟时黄色，味甜，果核坚硬。

芒果为著名热带水果之一，芒果果实含有糖、蛋白质、粗纤维，芒果所含有的维生素A的前体胡萝卜素成分特别高，为水果中少见。其维生素C含量也不低。矿物质、蛋白质、脂肪、糖类等，也是其主要营养成分。可制果汁、果酱、罐头、腌渍、酸辣泡菜及芒果奶粉、蜜饯等。

一般认为，第一个把芒果介绍到印度国以外的人是中国唐朝的高僧玄奘法师，在《大唐西域记》中有"庵波罗果，见珍于世"这样的记载。而后传入泰国、马来西亚、菲律宾和印度尼西亚等东南亚国家，再传到了地中海沿岸国家，直到18世纪后才陆续传到巴西、西印度群岛和美国佛罗里达州等地。

2. 茉莉花

别名：茉莉（拉丁文名：*Jasminumsambac (L.) Ait*），木犀科、素馨属直立或攀援灌木，高达3米。小枝圆柱形或稍压扁状，有时中空，疏被柔毛。叶对生，单叶，叶片纸质，圆形、椭圆形、卵状椭圆形或倒卵形，两端圆或钝，基部有时微心形，在上面稍凹入或凹起，下面凸起，细脉在两面常明显，微凸起，除下面脉腋间常具簇毛外，其余无毛；裂片长圆形至近圆形，先端圆或钝。果球形，呈紫黑色。花期5～8月，果期7～9月。

茉莉的花极香，为著名的花茶原料及重要的香精原料；花、叶药用治目赤肿痛，并有止咳化痰之效。原产印度、中国南方和世界各地广泛栽培。 现广泛植栽于亚热带地区。主要分布在伊朗、埃及、土耳其、摩洛哥、阿尔及利亚、突尼斯，以及西班牙、法国、意大利等地中海沿岸国家，东南亚各国均有栽培。

3. 菠萝蜜

菠萝蜜（拉丁学名：*Artocarpusheterophyllus Lam.*），是桑科、波罗蜜属的常绿乔木。树高10～20米，树皮黑褐色；叶革椭圆形，螺旋状排列；花雌雄同株，果实成熟时表皮呈黄褐色，表面有瘤状凸体和粗毛。

菠萝蜜是热带水果，也是世界上最重的水果，一般重达5～20公斤，最重超过59公斤。果肉鲜食或加工成罐头、果脯、果汁。种子富含淀粉，可煮食；树液和叶药用，消肿解毒；果肉有止渴、通乳、补中益气功效；菠萝蜜树形整齐，冠大荫浓，果奇特，是优美的庭荫树和行道树；上百年的菠萝蜜树，木质金黄、材质坚硬，可制作家具，也可作黄色染料。

原产地可能是印度西高止山。

中国广东、海南、广西、福建、云南（南部）常有栽培。

尼泊尔、印度锡金、不丹、马来西亚也有栽培。

4. 占城稻

占城稻产于中南半岛的高产、早熟、耐旱的稻种，北宋初年首先传入中国福建地区，并迅速在江南地区推广。占城稻以其原产地，位于今越南中南部的占城为名。占城稻又称"早禾"或"占禾"，属于早籼稻。根据中国古书记载，占城稻有很多特点：一是"耐旱"；二是适应性强，"不择地而生"；三是生长期短，自种至收仅五十余日。

占城稻引入福建与闽商往返占城、安南有关。闽商，尤其泉州商人有往海南岛、安南、占城贸易的传统。因为举村去交州（安南、交趾）、占城、真腊贸易，就会出现移居问题，占城稻极有可能是贾贩者、移居者（早期华侨）们携至泉州的。占城稻之传入福建在五代闽时到北宋初，至北宋真宗时已有上百年历史，故大中祥符五年（1012年）从福建可以一次取种（占城稻）三万斛。

5. 番薯

番薯［学名：*Ipomoea batatas*（*L.*） *Poir.*］别称甘储、甘薯、朱薯、金薯、番茹、红山药、玉枕薯、山芋、地瓜、山药、甜薯、红薯、红苕、白薯、阿鹅、萌番薯。但按科学分类，番薯属旋花科，而中国本土薯类属薯蓣科，分类不同，凡称红薯、甘薯、黎洞薯、大薯者属后者，世人往往混为一谈。一年生草本植物，地下部分具圆形、椭圆形或纺锤形的块根，块根的形状、皮色和肉色因品种或土壤不同而异。叶片形状、颜色常因品种不同而异，也有时在同一植株上具有不同叶形，通常为宽卵形，叶柄长短不一，聚伞花序腋生，苞片小，披针形，开花习性随品种和生长条件而不同，蒴果卵形或扁圆形，种子1~4粒，通常2粒，无毛。

番薯原产南美洲及大、小安的列斯群岛，全世界的热带、亚热带地区广泛栽培，中国大多数地区普遍栽培。

番薯是一种高产而适应性强的粮食作物，与工农业生产和人民生活关系密切。块根除作主粮外，也是食品加工、淀粉和酒精制造工业的重要原料，根、茎、叶又是优良的饲料。

番薯最早种植于美洲中部墨西哥、哥伦比亚一带，由西班牙人携至菲律宾等国栽种，番薯最早传进中国约在明朝后期的万历年间，分3条路线进入中国云南、广东、福建。

一般普遍认为，番薯的引入中国，源于万历二十一年（1593年）。明代，多年在吕宋（即菲律宾）做生意的福建长乐人陈振龙同其子陈经纶，见当地种植一种叫"甘薯"的块根作物，块根"大如拳，皮色朱红，心脆多汁，生熟皆可食，产量又高，广种耐瘠"。想到家乡福建山多田少，土地贫瘠，粮食不足，陈振龙决心把甘薯引进中国。1593年菲律宾处于西班牙殖民统治之下，视甘薯为奇货，"禁不令出境"。陈振龙经过精心谋划，"取薯藤绞入汲水绳中"，并在绳面涂抹污泥，于1593年初夏，巧妙地躲过了殖民者关卡的检查，"始得渡海"。航行七天，于农历五月下旬回到福建厦门。甘薯因来自域外，闽地人因之称为"番薯"。陈氏引进番薯之事，明人徐光启《农政全书》、谈迁《枣林杂俎》等均有论及。此外，还有吴川人林怀兰、东莞人陈益传入番薯之说。

6. 玉米

玉米（拉丁学名：*Zea mays* L.）是禾本科玉米属一年生草本植物。别名：玉蜀黍、棒子、包谷、包米、包粟、玉茭、苞米、珍珠米、苞芦、大芦粟，潮汕话称幼米仁，粤语称为"粟米"，闽南语称作"番麦"。

秆直立，通常不分枝，基部各节具气生支柱根。叶鞘具横脉；叶舌膜质；叶片扁平宽大，线状披针形，基部圆形呈耳状，无毛或具疵柔毛，中脉粗壮。颖果球形或扁球形，成熟后露出颖片和稃片之外，其大小随生长条件不同产生差异。雌雄同株异花，花果期秋季。

玉米在我国的栽培历史大约有470年。目前我国播种面积在3亿亩左右，仅次于稻、麦，在粮食作物中居第三位，在世界上仅次于美国。在全世界热带和温带地区广泛种植，为一重要谷物。

1492年哥伦布在古巴发现玉米，后整个南北美洲都有栽培。1494年他把玉米带回西班牙后，逐渐传至世界各地。到了明朝末年，玉米的种植已达十余省，如今吉林、浙江、福建、云南、广东、广西、贵州、四川、陕西、甘肃、山东、河南、河北、安徽等地均有种植，距今大约已有460年的历史。发展到现在，我国玉米种植面积和总产量仅次于美国，居世界第二位。玉米在我国分布很广，南自北纬18度的海南岛，北至北纬53度的黑龙江省的黑河以北，东起台湾和沿海省份，西到新疆及青藏高原，都有一定的种植面积。

7. 烟草

烟草，属茄目，茄科一年生或有限多年生草本植物，基部稍木质化。花序顶生，圆锥状，多花；蒴果卵状或矩圆状，长约等于宿存萼。夏秋季开花结果。主要分布于南美洲、南亚、中国。

据郑振铎考证，记载烟草进入中国的史料当以明万历年间姚旅撰写的《露书》为最早。其中记有烟草初进我国的事实："吕宋国出一草，曰淡巴菰，一名曰醺。以火烧一头，以一头向口，烟气从管中入喉……有人携漳州种之，今反多于吕宋，载入其国售之。淡巴菰，今莆中亦有之，俗曰金丝醺。"

8. 丝绸

丝绸约有五千年历史，中华民族的祖先不但发明了丝绸，而且昌明丝绸、利用丝绸。人们常用绫罗绸缎来形容一个人穿着的华丽与富贵，而绫罗绸缎实际上是丝绸品种的4个种类。丝织品是这样分类的，根据织物组织结构、经纬线组合方式、加工工艺、绸面的外观形态及质地可分为14大类和34小类。丝织品有保健护肤的作用，很受国内外服饰市场青睐。中国是世界上最早饲养家蚕和缫丝织绸的国家，使其在服饰上、经济上、艺术上及文化上均散发出灿烂光芒，进而使丝绸衣披天下。被称为三大名锦的古代四川蜀锦、苏州宋锦、南京云锦是丝织品中的优秀代表，至今在世界上仍享有很高声誉。

在距今五千年前后的史前时代，黄河流域已经出现丝绸的曙光，到商周丝绸业已较发达，随着战国、秦、汉时代经济大发展，丝绸生产达到了一个高峰。公元前126年，在汉武帝的西进政策下，大量中国丝绸通过"丝绸之路"向西运输。经过魏晋北朝发展到唐代，中国丝绸发生了很大变化，它一方面条贯、折衷传统遗产，另一方面又兼容了外来技术、纹样的优点。宋元时代随着古代科技的高度发展，促进了丝绸生产技术的较大发展，丝绸生产的重心由黄河流域转移到了江南地区；至明清江南苏杭和珠江三角洲一带成为最重要丝绸产地，发展了一批典型的丝绸专业市镇，官营织造也日趋成熟，此时，中国丝绸发展到了最活跃的时期。1840年始，中国丝绸业开始向近代化迈进。新中国后，中国丝绸更得到了迅

■ 2014年10月31日，广东21世纪海上丝绸之路国际博览会在东莞市广东现代国际展览中心开幕

速发展，建成较完整的丝绸业体系，丝绸产品已行销全世界100多个国家。中国古老的丝绸在改革开放的新形势下，正焕发出新的青春，走向灿烂的未来。

9. 名香

"四大名香"包括沉香、檀香、麝香和龙涎香。

沉香是瑞香科植物白木香含树脂的心材，它在燃烧（一般为暗燃）时发出浓烟及强烈香气，是供佛修持的最佳圣品。据《本草纲目》记载，这种香气具有强烈的抗菌效能，香气入脾，有清神理气等作用。沉香的品种很多，有奇楠、倒架沉、土沉、惠安红土、绿奇楠、星州沉、高棉沉等，产地也多，有印度、马来西亚、印度尼西亚、越南、柬埔寨、泰国、老挝、海南岛等。按产地越南胡卡因省之奇楠沉香为上品，其质与香均为上选。按品种奇楠最好。上品沉香的价格比黄金还贵。沉香的味道有一种渗入骨子里的高贵和清香，在雕刻中应用居多。

檀香是檀香科植物檀香树干的心材，它的焚香需求量不少于沉香木，其独特香味具有安辅作用，对于冥想很有帮助，因而广泛用在宗教仪式中。通过蒸馏提取的檀香精油，是香水常用的原料。杭州檀香扇就是用檀香木制成的，轻轻一摇，清香四溢，而且有"扇存香存"的特点。

麝香，是雄性麝类动物位于肚脐和生殖器之间的腺囊的分泌物，初为液态，逐渐浓缩成深褐色粉末状或籽粒状。我国麝类动物有林麝、马麝、原麝、黑麝和喜马拉雅麝等5种。麝香是珍贵的中药材和优质定香剂，香味浓郁，穿透力强，对中枢神经系统有兴奋作用。古语说"有麝自然香，何用当风扬"，就是十分传神的说法。据《本草纲目》记载，麝香有"通诸窍"、开经络、透肌骨的功能，是治疗中风、脑炎的特效药。

龙涎香是抹香鲸肠内分泌物的干燥品。过去，人们认为海中这种漂浮物是"龙"的口水，故名"龙涎香"。排入海中的龙涎香起初为浅黑色，在海水的作用下，渐渐变成灰色、浅灰色，最后成为白色。有趣的是，它要经过百年以上海水的浸泡，将杂质全漂出来，才能成为龙涎香中的上品。从抹香鲸肠道中直接取出的龙涎香没有任何价值。香料公司将收购来的龙涎香分级后，选取上品磨成粉末，溶解在酒精中，再配成5%浓度的龙涎香溶液，用于配制香水，或作为定香剂使用。

10. 名茶

茶叶，指茶树的叶子和芽。别名荼、槚（jiǎ）、茗、荈（chuǎn）。

茶叶源于中国，茶叶最早是被作为祭品使用的。但从春秋后期就被人们作为菜食，在西汉中期发展为药用，西汉后期才发展为宫廷高级饮料，普及民间作为普通饮料那是西晋以后的事。发现最早人工种植茶叶的遗迹在浙江余姚的田螺山遗址，已有6000多年的历史。叶革质，长圆形或椭圆形，可以用开水直接泡饮，依据品种和制作方式以及产品外形分成六大类。依据季节采制可分为春茶、夏茶、秋茶、冬茶。以各种毛茶或精制茶叶再加工形成茶，包括花茶、紧压茶、萃取茶、药用保健茶、含茶饮料等。

茶叶中含有儿茶素、胆甾烯酮、咖啡碱、肌醇、叶酸、泛酸等成分，可以增进人体健康。茶叶饮品被誉为"世界三大饮料之一"。

中国十大名茶，包括黄山毛峰、六安瓜片、西湖龙井、祁门红茶、洞庭碧螺春、君山银针、信阳毛尖、武夷岩茶、安溪铁观音、都匀毛尖（1959年全国"十大名茶"评比会评选）。

非官方评选的"十大名茶"中的系列名茶包括：江苏雨花茶；浙江金奖惠明茶；安徽泾县的涌溪火青、太平（今黄山市黄山区）的太平猴魁、休宁的屯溪绿茶；福建白毫银针；山东崂山绿茶、日照绿茶；湖北恩施玉露；湖南蒙洱茶；四川青城山的青城雪芽、四川茉莉花茶、蒙顶甘露、峨眉竹叶青；云南普洱茶、滇红等。

11. 名瓷

陶瓷的发展史是中华文明史的一个重要的组成部分，中国作为四大文明古国之一，为人类社会的进步和发展做出了卓越的贡献，其中陶瓷的发明和发展更具有独特的意义，中国历史上各朝各代有着不同艺术风格和不同技术特点。英文中的"china"既有中国的意思，又有陶瓷的意思，清楚地表明了中国就是"陶瓷的故乡"。早在欧洲人掌握瓷器制造技术一千多年前，汉族就已经制造出很精美的陶瓷器。中国是世界上最早应用陶器的国家之一，而中国瓷器因其极高的实用性和艺术性而备受世人的推崇。

现在中国十大名瓷福布斯富豪榜是按照市场拍卖价值排名顺序：（1）珐琅彩（宋代建窑曜变罐）、（2）宋代汝窑、（3）宋代官窑、（4）明宣德青花、（5）元青花、（6）清乾隆官窑粉青釉浮雕、（7）明永乐甜白釉、（8）宋代钧窑、（9）明中期德化瓷象牙白、（10）清康熙官窑翠毛蓝青花（单釉色）。

12. 广船

广船产于广东，与沙船、福船成为我国古代的三大船型（也认为有四大船型——广船、福船、沙船、乌船）。它的基本特点是头尖体长，上宽下窄，线型瘦尖底，梁拱小，甲板脊弧不高。船体的横向结构用紧密的肋骨跟隔舱板构成，纵向强度依靠龙骨和大擸（木字傍）维持。结构坚固，有较好的适航性能和续航能力。广船起源于春秋时期或更早期，唐宋时期是发展成熟期定型于元明，成为我国的一种著名船型。

《海防纂要》记载：

> 广船视福船尤大，其坚致亦远过之，盖广船乃铁力木所造，福船不过松杉之类而已，二船在海若相冲击，福船即碎，不能当铁力之坚也。倭夷造船，亦用松杉之类，不敢与广船相冲，但广船难调，不如调福船为便易，广船若坏，须用铁力木修理，难乎其继，且其制下窄上宽，状若两翼，在里海则稳，在外洋则动摇。广船造船之费倍于福船，而其耐久亦过之，盖福船俱松杉木，楸虫易食，常要烧洗，过八九讯后难堪风涛矣，广船铁力木坚，楸虫纵食之也难坏。

此广船之利弊也。

广船：船只大小与福船相当，远洋船长30多米，宽近10米，船上有夹舱，其帆面积是当时世界上最大的，比船只宽度更宽阔，表明其更适合于远航。

（作者谭元亨系广东省人民政府原参事，华南理工大学教授、博导）

（五）名（宗）教

1. 佛教

佛教起源于天竺（印度），约在公元前六、五世纪，由古印度迦毗罗卫国王子悉达多乔达摩创立，王子即为佛教的佛祖释迦牟尼。佛教是唯一中国化了的外来宗教。佛教自汉代传入我国，历经了2000多年。先依附于汉代的道术（方术）、魏晋的玄学传播，后融儒学。从仅流行于宫廷，到在民间广泛传播，日益深入，隋唐后达到了鼎盛期，随着异说求同求通的趋势，佛教逐渐中国化。隋唐的宗派佛教繁荣，主要有：天台宗、三论宗、法相唯识宗、律宗、华严宗、密宗、净土宗、禅宗等。佛教是岭南信众最多、对思想文化影响最深远的宗教之一。

岭南的佛教历史久远，是佛教自海路传入我国的登陆地，南宗禅的发祥地。广州是我国最早的佛教传播地之一，也是我国最早的佛教经典翻译中心之一。中国佛教史上第一个佛经翻译家——安世高就是于东汉建和元年（147年）来自海路，在广州登岸的。他译出最早传入讲禅法的《安般守意经》等30多部佛教经典。支娄迦谶，译出《般若道行经》等10多部佛教经典。三国、两晋时的康僧铠、帛延、支谦、康僧会、竺法护、竺叔兰、帛法祖、安法钦等译出大量佛教经典著作。三国东吴起陆续有外国僧人随海上舶船到广州传教、译经、建寺。据目前所发现的资料记载，最早传入广东的佛经是三国时期吴国五凤二年（255年），西域人支疆梁接在广州译出的《法华三昧经》。西晋以后，受海外佛教文化的影响，岭南地区陆续兴建佛寺，开始出现有名望的高僧。南朝时的广州是六朝大都会，随着海上贸易的繁盛，外国僧众搭乘海外商舶到广州传播佛教的络绎不绝。禅宗的开山祖师菩提达摩在广州"西来初地"登陆，开创禅宗一脉。唐代的岭南，对宗教采取了兼收并蓄的态度，使外来宗教迅速被接受并本土化。六祖惠能对佛教进行了全方位的改革，提出"顿悟成佛"，创南宗禅一派，标志着佛教中国化的基本成型。后来南宗禅分衍出南岳怀让和青原行思两系。至唐末五代，南岳一系又分衍出沩仰宗和临济宗，青原一系则分衍出曹洞宗、云门宗和法眼宗，合称"禅宗五家"，也号称"五宗"。南宗禅成为中国佛教最主要的一个宗派。

广东佛教有禅宗、净土宗、律宗和密宗多个宗派，其中禅宗信奉者众。六祖惠能与《坛经》诞生于广东，文偃禅师的云门宗创立于广东。唐宋以来，岭南代有高僧，领中国千年禅风，为中国佛教与民族文化的发展作出了重大的贡献。

《坛经》思想的影响，远远超出了宗教界，对中国传统社会、传统文化以及世界文化的影响极其深远。受惠能禅学思想影响发展而来的"禅宗文化"，是中国传统文化的重要组成部分，影响到社会的各个领域，传播发展于中外，对中国思想文化的发展，对世界思想文化的发展作出了积极的贡献。

广东佛教兴盛，名刹遍布全省。如达摩创建的华林寺，六祖惠能祝发道场广州光孝寺、毕生弘法道场曲江曹溪南华禅寺和全国仅存的两大祖师故居之一的新兴国恩寺（并称"六祖三大祖庭"），闻名中外的广州六榕寺、海幢寺，云门宗的发祥地乳源云门寺，以及潮州开元寺、雷州天宁寺、肇庆鼎湖庆云寺、新会叱石寺、徐闻华捍寺、阳江石觉寺、兴宁和山古寺等，座座千年古刹，是佛教的圣殿、是文化的圣殿，承载着高僧大德之圣迹，凝聚着中华文化之精华，辐射海内外。

2. 伊斯兰教

伊斯兰教是信仰"安拉"（汉语地区称"真主"）的一神论宗教。中国旧称大食法、大食教、天方教、清真教、回教、回回教、回回教门等。7世纪初兴起于亚洲西南部的阿拉伯半岛希贾兹地区的麦加，伊斯兰教的先知穆罕默德（约570—632年）是真主授命的最后一位使者，担负起教化世人、传播伊斯兰教的使命。伊斯兰教历元年是622年。伊斯兰教是阿拉伯文"伊斯兰"的音意合译词。原意是"顺从""和平"。信奉伊斯兰教的人称为"穆斯林"，意为顺从者。伊斯兰教主要在西亚、北非、西非、中亚、南亚、东南亚等地区传播，第二次世界大战后，迅速传播到西欧、北美、非洲、澳洲和南美部分地区。

阿拉伯与中国频繁的友好交往、商贸往来和文化交流，为伊斯兰教在中国的传播创造了条件。伊斯兰教传播中国的路径主要有两条：①沿陆上丝绸之路而来，即从中亚进入我国的新疆地区，再东进长安和洛阳等地；②沿海上丝绸之路而来，由波斯湾出发，经马六甲海峡，抵达我国广州、泉州等东南沿海城市。最早来华传教的阿拉伯传教士、中国伊斯兰教学科体系的奠基人之一——苏哈巴·赛尔德·艾比·宛葛素，是于622—628年之间，奉穆圣之命从海路来华在广州登陆传教的。

广东伊斯兰教属逊尼派。自唐初期间，苏哈巴·赛尔德·艾比·宛葛素前来中国传播伊斯兰教，首先传入广州，并在前来经商的阿拉伯商人及在旅居广州的外国侨民中流传。唐宋两代，是海上丝绸之路的鼎盛期，往来于广州和阿拉伯、波斯等国的商旅云集广州，阿拉伯、波斯等国的穆斯林商人信仰伊斯兰教，他们从海路到广州经商，因往返受季风的影响，每年有数月常住"蕃坊"——今天广州的光塔路一带，并建立了中国第一座清真寺——怀圣寺，使当时广州的伊斯兰教之盛居全国之冠。元朝实行户籍制，侨居"蕃坊"的穆斯林获得"子民"身份，成为中国回族的先民。元代以后，国内其他地方同一信仰的穆斯林大批南下广东，大多定居广州、肇庆等。此后，他们共同发展为广东的回族群体。

穆斯林不但把伊斯兰教传到中国，而且促进了中国的对外文化交流，对中国的天文、建筑、医学、武术、文学、哲学、饮食、航运等的发展作出了积极的贡献。同时，又把中国文化带到阿拉伯，传播到西方。如中国的四大发明——指南针、造纸术、印刷术、火药，就是通过伊斯兰世界传播到西方的，对中西文化的交流起了不可替代的作用。伊斯兰教经过在中国的长期传播、发展和演变，形成了具有民族特色和本土地域特点的伊斯兰信仰体系，成为中国文化的重要组成部分。

3. 基督宗教

基督宗教创始人是耶稣，1世纪中叶，产生于西亚的巴勒斯坦地区，135年从犹太教中分裂出来成为独立的宗教。基督宗教也称"基督教"，共分为天主教、新教（中国俗称"基督教"）和东正教三大派别。基督宗教自唐代传入我国，但因与中国的传统文化差异大，虽经历了四次传入，但发展缓慢、曲折。真正传入中国内陆，当在明末清初的第三次传入以后。东正教，又称"正教""希腊正教"（因宗教仪式使用希腊语）、"东方正教"（因分布区域地处东方）。主要是指依循由东罗马帝国（又称"拜占庭帝国"）所流传下来的基督教传统的教会。信徒约有2.4亿。至目前广东无此教派。

（1）天主教

早期在欧洲罗马等国流传。曾于唐代贞观年间和元明两代三次传入中国。明嘉靖三十年（1551年）、三十一年（1552年），耶稣会西班牙传教士方济各·沙勿略曾两次抵广东台山上川岛传教，因海禁，无法进入内地，后病死于台山上川岛。天主教成功在中国传播则是始于第三次：明万历十一年（1583年），第一个在中国传播天主教的教士——意大利神父利玛窦与会士罗明坚，他们以澳门为基地，首先进入肇庆、韶关等地传教，然后再北上传教。利玛窦是天主教在中国传教的开创者之一，他一方面用"中国化"的方法传播天主教，另一方面以传播西方的文化艺术和科学技术来吸引受众，同时又积极把中国的儒文化传播到西方，被称为"沟通中西文化第一人"。

鸦片战争是中国社会的转折点，也是中国对外贸易的转折点，更是外来宗教在华传播的转折点。清道光皇帝于道光二十四年（1844年）被迫对天主教放禁，传教士成批进入广州等地。天主教在岭南地区得到较为广泛的传播，继而通过岭南向中国北方地区传播。

（2）基督教（新教）

在中国特指16世纪从天主教分化出来的新教，又称"耶稣教"。早期的传教士——英国伦敦会传教士马礼逊，于清嘉庆十二年（1807年），经澳门进入广州传教，并译《圣经》、编纂第一部《英华字典》；美国公理会传教士裨治文，于清道光十年（1830年），进入广州传教，但成效甚微。鸦片战争后，清政府被迫放禁。基督教以香港为基地，在香港、广州公开传教，广东成为基督教在中国传播的第一个省份，后逐渐北上，在北方地区扩展。

岭南与海外交往历史悠久，对外交往意识强烈，对外来文化承受能力较强。

广东近代是西方文化的登陆地,西方宗教的首要传播地。但因天主教和基督教的文化背景与中华文化差异大,民众对天主教和基督教的宗教理论的理解与心理认同有较大的障碍,所以天主教和基督教在广东的传播与影响远不及道教与佛教。天主教和基督教为了输出教义,以办学、行医、办慈善为手段,客观上促进了中国近现代教育、医疗卫生事业与慈善事业的发展。

鸦片战争后,天主教和基督教凭借《天津条约》等不平等条约的保护,伴随着西方列强近代资本的原始积累和海外掠夺在中国大规模地传播,与各地官民发生了尖锐的矛盾冲突,造成一系列教案。岭南地区发生教案的数量,居全国前列,反基督教运动成了反西方列强的侵略活动的组成部分。如民国期间,以广州"沙基惨案"为导火索,以广州为中心的反基督教运动,矛头直指西方列强的侵略。

1949年中华人民共和国成立后,中国教会逐渐割断了与外国传教差会的联系,开始了真正意义上的自立发展。1950年7月,吴耀宗等40名中国基督教(新教)知名人士发表了《中国基督教在新中国建设中努力的途径》宣言,发起了基督教(新教)的"三自"("自养、自治、自传")爱国运动。1951年,基督教(新教)各派联合成立了一个委员会,使教会的"三自"爱国运动达到高潮。1954年8月,中国基督教(新教)领袖和知名人士在北京召开会议,正式成立了"中国基督教三自爱国运动委员会"。1950年11月,中国天主教神父王良佐和500名天主教徒发表《自立革新宣言》,开始"独立""自办"发展,1957年7月,"中国天主教友爱国会"(后改为"中国天主教爱国会")成立。1956年中国东正教成立"中华东正教会"。从此,中国基督宗教各派,走上了自立发展、爱国爱教的道路。

*本节援引归纳自:郑佩瑗:沧海航灯——岭南宗教信仰文化传播之路. 广东经济出版社,2015。

(作者郑佩瑗系广东省人民政府文史研究馆馆员)

(六)语言

广东是个移民大省,古往今来人口流动、迁徙频繁。千百年来,北方移民南下与岭南土著融合后,岭南地区的汉族先后形成了广府、潮汕、客家三大民系。三大民系使用的粤方言、闽方言和客家方言,是三大民系认同的标志,又是三大民系文化的载体。

漫长繁荣的海外商贸史，对岭南文化产生了深刻的影响，三大方言均留下了丰富的中外文化交流的信息。广东方言外来语多，主要指粤方言。广东是"海上丝绸之路"的发祥地，2000多年来各个历史阶段的海外通商带来的文化交流，在粤方言语汇中留下了深刻的印记，形成了粤方言多元开放、传承创新的特点。下面以粤方言外来语借词为主要对象进行介绍。

1. 佛教语

起源于古印度的佛教，早于2000多年前的汉代便传入我国，是最早传入我国的外来宗教。随着佛教的传入，以古梵文、巴利文为载体的佛教经典的传译传入我国，佛教词语成了第一次大规模进入汉语的外来语，曾占了汉语外来语的90%以上。随着佛教的发展及其逐渐中国化，大量的佛教词语被吸收为汉语的常用语，对汉语的发展产生了深远的影响。如：丰富了汉语的构词法，促进了汉语双音词、多音词的创造；产生了大量的新词，丰富了汉语语汇。这一切，同样影响着广东三大方言。

（1）源于佛教译著及佛教观的新造词

劫、真如、法界、法味、缘起、因缘、名色、生灭、刹那、藏识、道场、判教、狂禅、假名、戏论、二心、二我、二因、三戒、三法、四谛、五阴、五蕴、六道、六趣、六尘、六境、六根、七大、七宗、十方、十地、十念、火宅、火属宅、识为体、藏为用、十二有支、根本为从、根本烦恼、烦恼为主、万劫难复、回光返照、缘生性空等。

（2）佛教译著的音译（含音义合译）词

般若（智慧）、菩提（觉）、陀罗尼（经咒）、偈颂、禅定、涅槃、阎浮树、薄伽梵、迦陵频伽、六婆罗蜜等。

（3）佛教术语转化为常用词

塔、实际、唯心、正宗、世界、觉悟、正当、烦恼、出现、出息、方便、相对、绝对、知识、希望、意识、机会、结集、赞助、照用、种子、习气、思议、忏悔、真谛、法门、大千世界、本来无事、本来面目、头头是道等。

（4）源于佛教词语的成语、俗语

一切众生、三三五五、三头六臂、三生有幸、五体投地、牛头马面、牛鬼蛇神、心猿意马、头上安头、盲人摸象、香象渡河、泥牛入海；龟毛兔角、借花献佛、昙花一现、聚沙成塔、在劫难逃、功德无量、如饮醍醐、醍醐灌顶、梦中说梦、梦幻泡影、恒河沙数、唯我独尊、皆大欢喜、现身说法、痴人说梦；"一了千明，一迷万惑""一事无成，一生空度"等。

（5）汉语词语转化为佛教术语

心、定、空、真、观等。

2. 阿拉伯语

阿拉伯语是阿拉伯民族的母语，是19个阿拉伯国家和4个国际组织的官方用语，主要通行于西亚、北非地区。广东是海上丝绸之路的发祥地，与阿拉伯国家通商历史悠久，特别是唐宋时期海上丝绸之路繁盛，广州成为世界大港，来往于阿拉伯地区的商船云集，广州的"蕃坊"成了波斯（伊朗）和大食（阿拉伯）商人的聚居地，阿拉伯语言在粤方言中留下了深刻的印记。粤方言常用语：污糟（肮脏）、邋遢（肮脏）便是源于波斯语。阿拉伯语的"安拉"（真主）、"顿亚"（世界）、"哈迪斯"（圣训）等成了常用语。

繁荣于唐宋的广州"蕃坊"，不少地名至今仍保存着阿拉伯语及伊斯兰教的印记。据马逢达《广州蕃坊考》，这些地名有：

甜水巷：[古]甜水巷；[阿]中国山岗。朝天路：[古]朝天街；[阿]朝天房。

惠福路：[古]大市街；[阿]大食街变音。诗书路：[古]诗书街；[阿]狮子音译。

光塔路：[古]光塔街；[阿]大食巷。海珠中路：[古]仙羊街；[阿]送别巷音译。

仙邻巷：[古]仙邻街；[阿]支那（中国）。擢甲里：[古]擢甲里；[阿]小巷。

蓬莱北街：[古]蓬莱北街；[阿]真主至大。

纸行路：[古]纸行街；[阿]与大食有关。

普宁巷：[古]蒲宜人巷；[阿]蒲氏宜（夷）人居地。

玛瑙巷：[古]玛瑙巷；[阿]大食、波斯人卖珍珠玛瑙之地。

（已佚）：[古]番巷；[阿]光塔街。（今无）：[古]玳瑁巷；[阿]装饰物。

3. 葡语

粤方言是澳门的社会通用语和法定语言之一。由于特殊的历史背景，400多年来，在澳门形成了以中华文化为主、兼容葡萄牙文化等多元文化共融的澳门文化，在澳门粤语中不难找到葡语影响的印记。

（1）常用生活口语葡语借词

砵酒（红酒 porto）、登酒（葡萄酒 Dão）、马刁士酒（葡萄酒 Mateus）、疏巴（汤 sopa）、利登（乳猪 leitão）、泵把（白鸽 pomba）、加连也（鸡 galinha）、沙丁鱼（鰮鱼 sardinha）、亚东鱼（金枪鱼 atum）、三文鱼（鲑鱼 salmão）、马介休（大西洋鳕鱼 bacalhau）、大妈地（番茄 tomate）、白得架（澳门币 pataca）、士姑度（葡萄牙货币 escudo）、沙巴度（鞋 sapato）、基路（公斤 quilo）、家沙（家 casa）、些（教堂 sé）、巴沙砵（护照 passaporte）、煲沙（助学金 bolsa）、崩古（银行 banco）、加路（汽车 carro）、架啤沙（头 cabeça）、亚窝（祖母 avó）、刁（叔伯 tio）、刁阿（姨妈、姑姐 tia）、曼奴（好兄弟 mano）、亚咪古（男朋友 amigo）、亚咪架（女朋友 amiga）、科假（放假 folga）、化那（说话 falar）、燶（不，不是 Não）、燶丁（没有 não tem）、先（是 sim）、啊拿（喂、你好 Óla）、妹度猫（十分差 muito mau）、妹度泵（十分好 muito bom）、亚丢士（再见、再会、拜拜 Adeus）等。

（2）与葡语原词译音比较接近的借词

咖喱（caril）、快把（纤维 fibra）、罗莎（玫瑰花 rosa）、司沙（物业转移税 sisa）、孖沙（钱 massa）、拗撬（arguir）、那苏（蝴蝶结 laço）、骨度（四 quatro）、卡登（卡 cartão）、马加古（猴子 macaco）、嘉年华（狂欢节 carnaval）等。

4. 英语

广东省是我国海上贸易和海外移民最早、最多的省份。漫长的海岸线以及毗邻港澳的地理位置，使广东在近代开放大潮中尽领风骚。粤方言不但是广东的主要社交用语，而且是港澳的法定语言、世界各地华人社区的常用语。近现代高度的对外开放，使粤方言成为英语借词最多的方言。

呔（车胎；tyre）、咪（麦克风；microphone）、波（球；ball）、恤（投篮；shoot）、剔（①打钩②钩号；tick）、㖭（保存、保留；keep）、骚（做节目、作秀；show）、咔（中断；cut）、唛（牌子、商标。Mark）、巴士（①公共汽车②长途汽车；bus）、畸士（①案件②事件；case）、威士（擦机器用的废棉纱；wasle）、表士（保险丝；fuse）、菲士（面子；face）、甫士（美妙的姿势；pose）、波士（老板、上司、领导者；boss）、卡士（①层次②格调③引申为文明程度；class）、芝士（干酪，乳酪，cheese）、喱士（花边，饰带。又写作蕾丝；lace）、髦士（发胶；mose）、趴士（通过；pass）、销士（推销员；sells）、锡士（性感；sex）、晒士（规格、尺码；size）、剔士（①品味②品尝③口味；tasle）、的士（①出租小汽车②台湾称计程车；taxi）、贴士（①提示②小费③须知；tips）、伊士（酵母；yeast）、士的（手杖；stick）、士叻（虫胶漆；shellac）、士胆（邮票；stamp）、士多（小商店；store）、士巴拿（扳手；spanner）、士挞胆（启动器；starter）、菲林（胶卷；film）、摩道（模特儿；model）、摩打（马达；motor）、威也（钢丝绳；wire rope）、叻架（清漆；lacquer）、衫（衬衣；shirt）、梳化（沙发；sofa）、梳乎（非常舒服；soft）、蛋挞（一种露馅的甜点心；tart）、蛋戟（蛋糕；cake）、沙律（色拉、西式凉拌菜；salad）、镭射（激光；laser）、巴闭（①闹腾②小题大做③咋呼；babble）、花臣（款式、花样；fashion）、冧把（①号码②编号③门牌；number）、茶煲（麻麻烦烦、婆婆妈妈；trouble）、梳坪（逛商店、行街购物；shopping）、卜位（登记、预订；book）、曲奇（小甜饼；cookie）、飞数（美容、按摩脸部；facial）、肥佬（失败、不合格；fail）、粉丝（支持者、爱好者、入迷者；fans）、快佬（卷宗、文档；file）、基佬（同性恋；gay）、亨尼（甜蜜的、亲爱的；honey）、啫喱（果子冰；jelly）、捞稿（标志、标签；logo）、跨登（调制解调器；modem）、摩登（时髦的；moden）、蚊尼（钱、钞票；money）、尼龙（合成纤维；nylon）、柯打（①命令②订货单；order）、拍拿（①舞伴②搭档；partner）、泊车（停车；park）、夜冷（旧货、二手货；yelling）、至 in（入时、合潮流、在圈子）、昔时风（萨克斯管，一种铜管乐器；saxophone）、泡打粉（发酵粉；powder）、朱克力（巧克力；chocolate）、骑呢啡（跑龙套的、小角色；carefree）等。

5. 马来语

东南亚是广东籍华侨华人最多的地区，马来语对广东三大方言的影响清晰可辨。

（1）粤语中的马来语借词

①源于吉隆坡粤语的新词：神手（一种长臂型挖土机）、锡米（锡粒）、山芭（森林）、更头（警官）、大更（高级警官）、风油（祛风油）、暗派（没有穿警服的警员）、落坡（去吉隆坡）、阿瓜（双性人）、米较（碾米厂）、炉主（由香客经竞选轮流担任的神庙庆典主持人）、画头（电影预告片）、山芭佬（喻无知识的人）、原子灯（光管）、肉骨茶（用排骨、肉骨、猪脚、猪肠等，配以杞子、八角、丁香、竹蔗等，加上酱油熬煮成的一种马来西亚食品）、力沙（马来西亚小吃，laksa 的音译词）等。

②音译马来词+汉语词素：亚答叶（用棕榈片编成的盖屋叶片 atap）、亚答屋（用亚答叶盖的屋 rumah atap）、槟榔屿（pulsu pinang 音译；pulsu 岛屿、pinang 槟榔树）、咕哩袋（黄麻袋 guni）、甘芒鱼（大马产的一种海鱼 kembung）、巴古菜（一种可作为菜肴的羊齿类植物 paku）、挂沙纸（产业授权书 kuasa）、打限粉（防腐剂 tahan）、马打寮（警察局 mata-mata）等。

③意译马来语借词：食风（度假、旅游 makan agin；makan 食）、食钱（贪污 makan duit）、食粮银（受薪 makan gaji）等。

（2）闽方言中的马来语借词

潮汕民系（福佬民系）主要从福建迁徙而来，认同标志是闽方言。闽方言中的外来借词比客方言稍多。自明代始，潮汕民系纷纷"过番"最多的地方是流行马来语的南洋。华人方言民众，闽南人和马来人关系最密切，因而闽南语中马来语借词最多（以潮州话为例分析）。

玛淡（警察 mata）、槌（警棍）、阿铅（铁丝 ayan）、阿铅箍（箍木桶的铁丝圈）、洞角（手杖 tongket）、龟哩（伙计，店员，苦力 kuli）、舒甲（喜欢、合意 suka）、龟啤（咖啡 kopi，新加坡、泰国语 gubi；）、啰的（儿童饼干，在新加坡和泰国，则指一种小饼 roti）、峇羽（气味 ba-u）、朵隆（可怜，饶恕 tolong）、儚（痴呆 tingagila）、巴突（事，合理 patut）、巴萨（市场 pasak）、榴莲（一种水果名 durian）、沙拉（做错事见不得人 salah）、五骸砌（骑楼下的街廊 gokaki，五英尺，因骑楼下人行道宽五英尺而得名 [马]kaki，英尺 go 是福建话"五"，gokaki 即五英尺）等。

（3）客方言中的马来语借词

客方言中的外来语少，主要是马来语借词（以梅州话为例）。

音译词：拉西（领带）、阿弄店（杂货店）、亲（接吻）等。

常见的意译词：番枧（肥皂）、番薯（红薯）、洋油（煤油）、洋钉（铁钉）、番梨（菠萝）、番豆（花生）、红毛泥（水泥）、荷兰葱（洋葱）等。

参考文献：

[1]郑佩瑗．广州话常用词语释例．羊城晚报出版社，2008。

[2]孙锡亮．澳门粤语中的葡语借词研究．中国方言学报，2014。

[3]冼伟国．马来西亚吉隆坡粤语之马来语借词研究．暨南大学．硕士论文，2015。

[4]李绪洙．汉语佛教语词浅析．山东大学学报（社会科学版）．1995（03）。

（作者郑佩瑗系广东省人民政府文史研究馆馆员）

（七）艺术

1. 西洋音乐

西洋为我国清代对西方的地理称呼，主要指欧洲，现在也包括美洲（主要为北美）的代称。音乐，是文化的外延，是文化孕育出来的精华的一种结晶形式。西洋音乐即西方音乐。

进入中华民国时期，民族音乐取得发展，西洋音乐也开始进入中国。虽然中国和西洋的很多交流在明清就已开始，但音乐上的启蒙却是在民国时期。蔡元培等人曾在北京大学办了一个中国音乐传习所，凝聚了很多关注音乐的人，其中萧友梅贡献颇著。

萧友梅（1884—1940年），字思鹤，又字雪明，广东香山县石岐镇兴宁里人（今中山石岐区兴宁里人）。1912年11月，萧友梅作为公派生赴德国入莱比锡音乐学院学习教育学，1915年夏，修毕了音乐学院的课程，1916年以论文《十七世纪以前中国管弦乐队的历史研究》获得博士学位。他是我国较早上掌握西洋近代作曲理论，进行专业音乐创作的作曲家。他是中国现代音乐史上开基创业的一代宗师、现代专业音乐教育的开拓者与奠基者；为中国音乐文化的建设与发展，作出了不可磨灭的历史性贡献，在中国近代音乐史上享有崇高的地位。萧友梅曾做过孙中山的秘书，民国初年到北京，在北大的音乐传习所做了很多工作，后来在艺专做音乐系系主任。萧友梅曾经指挥过乐队，他指挥得最好的一个乐队是民国初年海关的管弦乐队。当时比较好的管弦乐队就是海关的乐队，萧友梅就曾经指挥过这个乐队演奏一些西方的名曲。

西洋音乐的拓荒者老志诚，广东顺德人，1925年入北京师范学校艺术科学钢琴。曾任京华美术学院音乐系主任、北京师范大学教授。新中国成立后，历任北京艺术学院副院长、中国音乐学院、中央音乐学院教授。中国民主同盟盟员。老志诚是钢琴家，也会作曲，他写的《牧童之乐》是将西洋的钢琴乐曲和民族音乐的完美结合，还有提琴曲《叙事曲》、《钢琴小品集》、舞剧音乐《在森林中》《草原上的春天》等。可以说，他是旧中国、旧北京钢琴音乐的拓荒者和启蒙人。老志诚还是第一个为王洛宾搜集的新疆乐曲编写合唱并配以钢琴伴奏，并推荐到北京的。

2. 文学

（1）《蜃楼志》

长篇小说《蜃楼志》刊印于（清）嘉庆九年，作者庾岭劳人。

《蜃楼志》提供了那个时代演变的积极信息。书中写到，康熙开海后，广州成了全国最大的外贸口岸，"海关贸易，内商涌集，外舶纷来"，"一切货物，都是鬼子船载来，听凭行家报税发卖，三江四湖及各省客商，是粤中绝大的生意"。巨大的资本积累，催生了中国最早的商业资本家，他们不同于封建形态的土财东，完全是新型的资本拥有者。而他们更有自己的认识与理想，书中第二回的题头诗"裕国通商古货源，东南泉府列藩垣"，便足以证明。十三行行商的苏万魁，完全是靠自身经商发达的，他无疑是中国文学中第一位身近代转型的买办资本家，然而，他最终未能完成这一转型。虽然他在经商中不乏智慧，成为广州十三行的"绝顶富翁"，其财富之巨，"花边番银（银元）整屋堆砌，取用时都用箩装袋捆"。而海关监督赫广大，却千方百计对行商敲诈勒索，反诬行商"蠹国肥家，瞒官舞弊"，仅仅一次就敲诈了苏万魁等行商的三十万两银子。

著名文学史家郑振铎为《蜃楼志》抱屈，称"名作之显晦，真是也有幸与不幸之分的"（郑振铎《中国文学研究》）。小说刻画当年的社会生活，颇有近代感，主人公苏万魁可谓第一位以行商即"买办"面目进入中国古代文学人物画廊中的主角。有钱却无地位，不得不花钱捐官，由备被歧视的资本家又重新变回土地主，这实是中国近古社会的历史悲剧。郑振铎称此书"无意于讽刺，而官场之鬼蜮毕现；无心于漫骂，而世人之情伪皆显"。

（2）《红楼梦》

《红楼梦》，中国四大古代名著之一，作者曹雪芹。本条仅就与栏目相关内容予以介绍。曹雪芹的姻亲李世桢，在其间担任了广东巡抚。在康熙开海年间，即1684年，他亲自选定"有郁葱佳气聚焉，卜云既吉"之处重建了明代已毁的广东贡院。至今，广东图书馆中的明远楼，便是该贡院的一部分。在任职期间，李世桢作为广东巡抚，直接管理对外贸易的十三行，直到雍正年间，这一职位还兼任海关监督。因此，《红楼梦》中出现的众多西洋或其他国家的"稀罕物件"，当与这位舅老爷是分不开的。

全书中有关这方面的洋货，几乎就是十三行的舶来品的展示。如：第3回，荣禧堂王夫人房内大炕上的猩红洋毯；凤姐的翡翠撒花洋绉裙；宝玉的石青起花八团倭缎排穗褂；第6回，凤姐的大红洋绉银鼠皮裙；第28回，蒋玉函赠给宝玉，后落到袭人处的茜香国汗巾；第40、59回，凤姐用以包裹银箸，黛玉用以包裹匙箸的洋巾；第49回，宝玉的哆罗呢狐狸皮袄；同回，宝钗的莲青斗纹锦上添花洋线番耙丝鹤氅，宝琴的凫靥裘；李纨的哆罗呢对襟褂子；第52回，宝玉的荔枝色哆罗呢箭袖；宝玉的俄罗斯国出品的雀金裘氅衣；第92回，凤姐的大红洋绉裙；冯紫英拿来推销的鲛绡帐；第105回，抄家时没收的洋灰皮、洋呢、哔叽、姑绒、天鹅绒等呢；以及26回薛蟠要过生日，朋友送来的暹罗进贡的灵柏香薰、暹罗猪和鱼；又如西洋的自行船、西洋的葡萄酒、雪花洋糖、洋布手巾、金怀表、波斯国的玩器……

第52回，除了写到西洋鼻烟盒"里面是个西洋珐琅的黄发赤身女子，两肋又有肉翅"，晴雯贴了叫"依佛娜"的西洋头痛膏外，还有宝琴专门讲起："我八岁的时节，跟我父亲到西海沿上买洋货，谁知有个真真国的女孩子，才十五岁，那脸面就和那西洋画上的美人一样……满头带着是玛瑙、珊瑚、猫儿眼、祖母绿，身上穿着金丝织的锁子甲，洋锦袄袖……"还向她求了一首诗：

昨夜朱楼梦，今宵水国吟。

岛云蒸大海，岚气接丛林。

月本无今古，情缘自浅深。

> 汉南春历历，焉得不关心。

外国女子能写上如此工整的五言律诗，可见对中国文化下的功夫，此时，中法文化交流之"蜜月"，亦可以从诗中读出端倪。

而从《红楼梦》中，更可以看到数不胜数的十三行的舶来品。

《红楼梦》作为"百科全书"中的经济史、外贸史，也可以进一步了解启蒙主义的影响及该书反对封建礼教的历史诉求。红学研究专家胡德平在《百年红学与百家争鸣》一文中称：

> 广东十三行与曹雪芹家的姻亲李世桢有密切关系，如果能作为时代背景与《红楼梦》结合起来，那么对于曹雪芹所处的时代，对书中所说的洋货，对海外贸易就会产生更深刻的理解。

3. 美术——岭南画派

广东美术，自古以来以岭南风格盛名海内外，彩陶手绘图案、玉石上兽面绘及岩画颇具抽象的图案化倾向，秦汉后日趋丰富。及至唐代僧徽画龙，宋代白玉蟾画梅竹，皆著称于世。明清以后，岭南美术更是异彩纷呈。

尽管十三行时期，诸如广彩、通草画乃至庭呱的水粉画，均很明显受到海上丝路西方美术的影响，但真正具代表性的，且形成流派，则当为岭南画派的出现。

因此，本节仅以该画派为海上丝绸之路上"折中中西"的演变为例。

20世纪初，一批有志亦有个性、眼界开阔的岭南画家，力主"折衷中西，融会古今"，终于开创了南方一大美术流派——"岭南画派"。

岭南画派是中国传统国画中的革命派。20世纪的中国画坛，由于西方文明的传入和西潮的影响，出现了一批革新派画家。以画派而言，岭南画家就是其中具有代表性的一支。岭南画派的始创人，处身于清末维新思想、民国革命发源地的广州，他们兴起要改革传统艺术的念头，那是对时势的自然反应。他们还是最早把理想付之现实的一个画派。他们既要向西方学习，也主张保留传统的优点，而且还尽量把两者融汇在一起。基于这个信念，若把他们与以西方艺术为出发点的革新派相比，他们自然起到了对传统维护的责任。岭南画派的贡献，是在对国画的开拓而不是对国画的承传。它主张创新，以岭南特有景物丰富题材；主张写实，引入西洋画派；博取诸家之长发扬了国画的优良传统，在绘画技术上，一反勾勒法而用"没骨法"，用"撞水撞粉"法，以求其真。

岭南画派，是20世纪初的三位画人高剑父（1879—1975年）、陈树人（1883—1948年）及高奇峰（1889—1933年）所创立的画派。由于岭南这个名词存在着地域性的狭隘意义，高剑父并不完全同意它的指称。据高剑父的弟子关山月（1912—2000年）的忆述，高剑父觉得岭南画派这个名称，未能明确地显示出这个新国画运动的广泛包容性，还会使人误信它是一个地区性的画家组织。但是陈树人曾对高剑父说："画派是岭南创立，并无不得向外发展之意。"他的意思是，画派也可以向外拓展，并一定局限在岭南一隅。

岭南画派在推动中国画走向现代化的道路上，是功勋卓著，名垂史册的。他们实际上也代表了广东艺术界那种开放、兼容、求新求变的可贵精神。其"折衷中西、融合古今"的主张，形神兼备、雅俗共赏的方向，兼工带笔、彩墨并重的艺法，也都体现了岭南人的积极向上、广纳百川的胸襟。

4. 建筑——骑楼

骑楼是建筑物底层沿街面后退且留出公共人行空间的建筑。

骑楼是一种近代商住建筑，在两广、福建、海南等地曾经是城镇的主要建筑形式。商业骑楼建筑最早见于2000多年前的古希腊，后来才流行于欧洲，近代才传至世界各地。

骑楼就是近代典型的商业建筑，它是西方古代建筑与中国南方传统文化相结合演变而成的建筑形式。骑楼之所以在华南成其"气候"，当然是与这里的自然地理环境与气候分不开的。不仅适应岭南热带亚热带气候，而且有更突出的商业实用性。通常是楼下做商铺，楼上住人。独具一格的骑楼，教你眼睛为之一亮。古色古香，美轮美奂，这一类词当可都用得上。而且不都是一种风格，一种形式，内中有不少变化，颇有观赏价值，作为一种建筑形态，它是华南不少城市必不可少的城市要素，与其生态环境是密不可分的，不仅仅停留在观赏价值上。广州骑楼形式多样，保存完整，是粤派骑楼的代表，其形式大概有仿哥特式、南洋式、古罗马券廊式、仿巴洛克式、现代式和中国传统式等。

5. 娱乐史

中国传统文化典籍里有丰富的休闲娱乐论述。孔子赞许"沂浴之志"，向往自洽超逸的美好；老子指称："无欲以静，天下将自定。"贬斥因利欲而自扰的行为；庄子在《逍遥游》中呈现了精神自由的至妙境界，推崇"日出而作，日入而息，逍遥于天地之间，而心意自得"的自性生活；管仲体察人性，指出："凡人之生也，必以其欢"；《列子》中也说："忧苦，犯性者也；逸乐，顺性者也。"都是对中国古代娱乐史的肯定。故中国古代休闲娱乐的演绎史，同样厚重。

传统社会中，民间的节日和敬神欢庆是最具大众化的欢娱活动，其在社会的休闲娱乐范畴中意义非凡，体现在这类活动的大众狂欢中。民俗节日及祭祀庆会，在群体的狂欢中，人们既实现了心灵的寄托和慰藉，也暂时摆脱了终年的劳碌和日常权威、传统的生活规范对人性的挤压、扭曲，营造一个自己的世界。大众的欢潮每每冲决了性别、等级、礼仪规范的壁垒，消解了对日常秩序和官方权威的敬畏，构建出一种平等、自由、友善、开放的民间秩序，貌似"越界""出格"的行为，挑战和颠覆着传统的世情威严、束缚和刻板，在纵兴和反叛中，呼唤人性本能的复苏和自由的欢唱。狂欢的民俗庆会是民间大众难得的其生命和本性得以自由呼吸的日子，他们在此中对自己的生命本真和人性欲望加以肯定和确认，并由此焕发出新的生命活力。普罗大众的休闲娱乐行为有自己的特点，其相关的取向是：他们在休闲娱乐中更趋向于世俗性、欢娱性，更多追尚直接的感受上的欢快，并更多地呈现为大众狂欢的行为。

传统士大夫文人阶层是中国传统文化的主要承载者，其休闲娱乐行为更具文化意义。他们具有高层次的精神追求，娱乐行为中的文化蕴涵丰富多彩，崇尚审美情趣和品位，也更富于个性色彩。

娱乐史不论是对于社会精英还是普罗大众来说，都应是平等的、平行的，不可偏废。由于中西文化的差异，中国传统文化并未将对娱乐纳入文化主流，而是更多地强调勤勉进取。如孟子说："生于忧患，死于安乐。"西方思想家的相关探索倾向于形而上的对人性本质的追溯，而中国的儒家则往往更为关注人的"现世"。

（作者谭元亨系广东省人民政府原参事，华南理工大学教授、博导）

四、地市撷英

- ◎广州市
- ◎深圳市
- ◎珠海市
- ◎汕头市
- ◎佛山市
- ◎韶关市
- ◎河源市
- ◎梅州市
- ◎惠州市
- ◎汕尾市
- ◎东莞市
- ◎中山市
- ◎江门市
- ◎阳江市
- ◎湛江市
- ◎茂名市
- ◎肇庆市
- ◎清远市
- ◎潮州市
- ◎揭阳市
- ◎云浮市

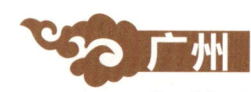

广州
文化名城　滨海商都

城市名片

城市名称：广州市	总面积：7434平方公里
长途区号：020	常住人口：1350.11万人
邮政编码：51000	地区生产总值：1.81万亿元

城市概况

广州市是广东省省会、国家中心城市、国际商贸中心，首批国家历史文化名

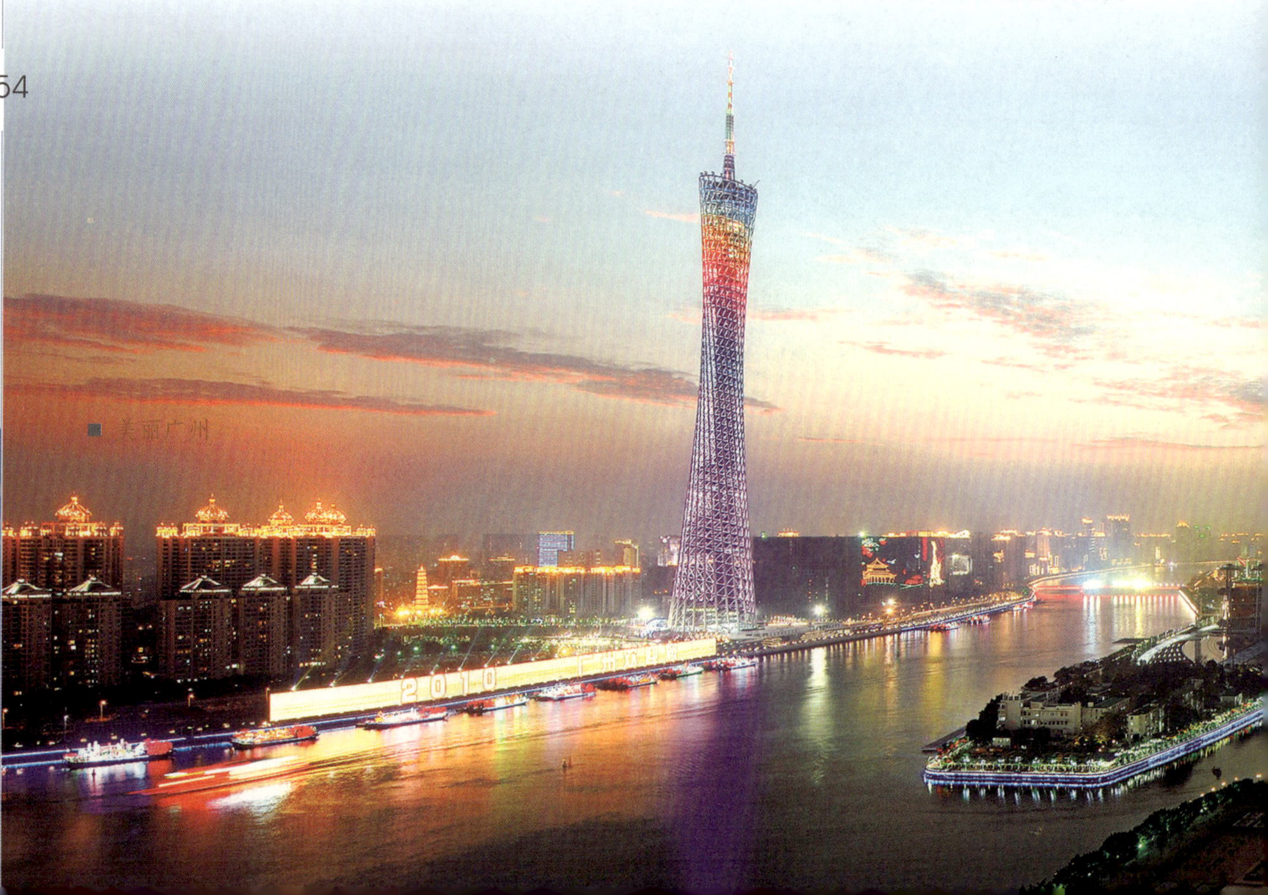

美丽广州

城，对外交往的门户和综合交通枢纽。广州北接五岭，南临南海，西、北、东三江在此汇流入海，因"五羊衔穗"传说，又名羊城、穗城。地处亚热带，长夏暖冬，一年四季草木常绿、花卉常开，享有"花城"的美誉。先后获得全国文明城市、全国卫生城市、国家环境保护模范城市、国家森林城市、全国创建文明城市工作先进城市、国际花园城市、国际可持续交通奖、金融生态城市等荣誉称号。2015年末，广州市常住人口1350.11万人，户籍人口854.19万人；2015年实现地区生产总值1.81万亿元。广州市辖越秀、海珠、荔湾、天河、白云、黄埔、花都、番禺、南沙、从化、增城11个区，总面积7434平方公里。

公元前214年，岭南第一座城池于广州中山四路附近筑起。此后秦至清末两千年间，广州城一直在越秀山南麓与珠江北岸之间游憩。作为海上丝绸之路发祥地、近现代革命策源地、岭南文化中心地和改革开放前沿地的广州市，贯穿古今人文气度，造就了开放、务实、包容、创新的品格，缔造出璀璨辉煌的岭南文化。1978年，广东省被确立为全国改革开放的试验田，迅速崛起成为全国的经济大省。

新世纪第一年，广州率先提出"南拓北优东进西联"八字方针，发起新一轮新城运动，拉开城市骨架，广州从"云山珠水"的小山小水走向"山水城田海"的大山大水格局。2008年，国务院通过《珠江三角洲地区改革发展规划纲要（2008—2020年）》赋予了广州国家中心城市的新定位。2010年，在亚运会的盛典上，广州向亚洲乃至世界展现了自己深厚的历史人文底蕴、现代的城市文化和

■ 南越王宫署曲流石渠

蓬勃的经济活力。2011年,广州市提出要用5～10年时间培育世界文化名城。2013年,国家主席习近平提出"一带一路"重大战略构想,2015年初《推动共建丝绸之路经济带和21世纪海上丝绸之路的愿景与行动》发布,广州市被三次提及,再次确定广州在国家发展战略中的重要地位,并被赋予了新的历史使命。广州正以矫健的步伐与全球优秀城市并肩前行。

历史纵览

广州地处中国三大水系之一的珠江入海口,北倚五岭,南邻大海。环珠江口地区海

■ 光孝寺大雄宝殿

■ 南海神庙内景

岸线曲折，岛屿众多，海水终年不封冻。生活在这一地区的史前先民，勇于探索和开发，创造出极富开放性和开拓性的海洋文化。秦汉以来的两千多年，广州一直通过海上交通与东南亚、南亚及西亚、北非等地保持密切的贸易往来和文化交流。

（1）广州海丝史迹

①南海丝路初开（南越、两汉时期）。

广州古称番禺。考古发现，早在南越国（前203—111年），岭南与南海地区已有经济交往，番禺作为岭南区域中心与南海贸易枢纽，因集散犀角、象牙、翡翠、珠玑等海外奇珍而扬名于世。西汉时期（前202—8年），中国商船在印度洋与来自地中海的罗马商船相遇。到东汉，罗马人开始通过海路直接驶向番禺。

②海上丝路兴旺（魏晋南北朝时期）。

广州作为岭南的中心城市和重要港口，也是中国海外贸易的重要中心。魏晋南北朝时期（222—589年），由广州启航，穿越海南岛东部、西沙群岛海面至东南亚的航线开通，大大缩短从广州到东南亚各地的航程，巩固了广州作为南海交通枢纽的地位。南海丝路的丝绸贸易在东南亚范围内，从中印半岛和印度尼西亚群岛扩大到菲律宾群岛，西到印度和欧洲大秦（今罗马及近东地区）。这一时期，世界三大宗教之一的佛教经海路登陆广州并在中国传播。在广州传播佛教的南亚高僧包括安世高、昙摩耶舍等，最著名的当属达摩，他大约在南朝梁普通年间（520—527年）乘船泛海而来，在今天广州西关的下九路附近登岸，并在登岸处建"西来庵",成为他在中国传播佛教的第一站。

③海上丝路繁荣和广州极盛（唐宋时期）。

隋唐时期，广州成为中国第一大港、世界著名的东方港市。594年，隋文帝下诏在此修建南海神庙，以保海上航行安全。唐代中期（618—907年）形成了从广州起航，远至波斯湾、红海、东非沿岸和欧洲的海上远洋航线，全长14000公里，是16世纪以前世界上最长的远洋航线，史称"广州通海夷道"，显示了广州在东西方航海贸易中的首港地位。开元年间，唐政府在广州设市舶使，负责管理海外贸易，又在今光塔路一带设置"蕃坊"，专供外国人居住。伊斯兰教自海路传入中国是唐代中西交流史上的一件大事，广州则是伊斯兰教登陆中国的第一站。

五代南汉国时期，广州与东南亚、南亚及西亚地区的海上贸易进一步发展。1997年在印度尼西亚爪哇海域打捞的"印坦沉船"，船长约30米、宽10米，是一艘东南亚贸易船，出水的船货有：中国（定窑、越窑、繁昌窑）的瓷器、中国南汉国的银锭和铅钱、马来亚的陶器和锡、爪哇的青铜器等。

两宋时期，广州的海贸发展已能越过印度洋直航西亚和东非。北宋开宝四年（971年）在广州重建市舶司，管理海外贸易。此时的广州依然是世界性海洋贸易的东方中心港，成为中外商船始发和终到、中外商人汇聚、中外货物集散的中心。

④海上丝路向全球推展（元明清时期）。

元代广州仍然是海外贸易的重要港口。根据元大德八年（1304年）陈大震《南海志》记载，元朝前期到广州从事贸易的商人来自多达147个国家，占元代全国外贸涉及220多个国家和地区的64%。

明洪武年间（1368—1398年）朝贡贸易，广州面向南海诸国，恢复首港地位。明中叶（16世纪初），广州与澳门开辟了连接拉丁美洲和欧洲的新远洋航线。正德年间（1491—1521年）、嘉靖年间（1507—1567年），朝廷开始对贡舶私货和商舶征税，开放民间商贸。明代在广州设广东市舶提举司管理海外贸易，并设怀远驿于广州西关十八甫，有房屋120间，专门用于招待外国贡使和蕃商。嘉靖元年（1522年），朝廷罢福建、浙江二市舶司，独留广东市舶司。

清朝从乾隆二十二年（1757年）后，把中国对西方的贸易限于广州一口，长达83年，造就了闻名于世的"十三行"。清鸦片战争（1840年）前，广州海上交通陆续与北美洲航线、俄罗斯航线和大洋洲航线相连接，形成了全球性大循环。

（2）寻"路"之旅

广州作为海上丝绸之路发祥地，历来是世人寻找海丝痕迹、重温昔日盛世的圣地。目前已发现的与海上丝绸之路相关史迹共有20多处，其中南越国宫署遗址、南越王墓、光孝寺、南海神庙及码头遗址、怀圣寺光塔、清真先贤古墓6处史迹已被选定为申报世界文化遗产的史迹点。

①南越国宫署遗址。

位于广州市老城区中心，遗址内有南越宫苑等秦汉以来共12朝具有海外文化因素的遗迹遗物，是广州作为港口城市2200多年发展历程的见证。

②南越王墓。

坐落于广州市解放北路象岗山，是南越国第二代国王赵眜的陵墓。出土的波斯银盒、原支非洲象牙、红海地区的乳香是直接来自海外的珍贵舶来品，是广州作为海上丝绸之路发祥地重要、直接的物证。

③光孝寺、六榕寺。

光孝寺位于光孝路，初为南越王赵建德之故宅，历史悠久、规模宏伟，从东晋起至唐宋，有不少印度、南亚高僧来寺传教译经。其不远处有一座由苏东坡题字而得名的六榕寺，与光孝寺、华林寺、海幢寺并称广州佛教四大丛林，是佛教通过海路在广州登陆并传播的见证。

④南海神庙及码头遗址。

南海神庙俗称波罗庙，位于黄埔区庙头村，始建于隋文帝开皇十四年（594年），庙内存有众多石碑、文物，是古代广州对外海上交通贸易的重要史迹。2005年，在南海神庙浴日亭和"海不扬波"牌坊南面发现明清码头遗址。

⑤怀圣寺光塔。

怀圣寺又名狮子寺，位于越秀区光塔路，始建于唐初贞观年间（627—649年）。寺内光塔原名"怀圣塔"，具有典型阿拉伯风格，是广州作为伊斯兰教通过海路传播到中国的第一站的直接见证。

■ 怀圣寺光塔

⑥清真先贤古墓。

清真先贤古墓位于解放北路桂花岗，古称"回回坟"。始建于贞观三年（629年），是唐贞观初年到广州传教的阿拉伯先贤赛义德·艾比·宛葛素的陵墓。

■ 清真先贤古墓——宛葛素墓

新"丝路"、新商机

作为古代海上丝绸之路发祥地和我国改革开放前沿地，广州的发展受到了党中央、国务院和省委、省政府的高度重视，特别是国家实施"一带一路"和自贸试验区战略以来，广州把握机遇，立足自身区位、市场、产业、交通、文化、生态和营商环境等综合优势，加快创新驱动，着力建设国际航运中心和物流中心、贸易中心、现代金融服务体系，构建更高水平的对外开放格局，不断提升国家中心城市功能，进一步提升了参与"一带一路"和国际竞争合作的能力。

2015年，广州对"一带一路"沿线国家进出口额达2142.7亿元人民币，同比增长12.7%，占全市对外贸易总额的25.8%，比2014年提高2.1个百分点。截至2015年底，广州累计到"21世纪海上丝绸之路"国家投资14.3亿美元，吸收"21世纪海上丝绸之路国家"实际外资30.3亿美元；到丝绸之路经济带国家（与"21世纪海上丝绸之路国家"有交叉）投资4.2亿美元，吸收丝绸之路经济带国家实际外资2.7亿美元。

一是积极强化枢纽功能。

重点推进了海港、空港、铁路和信息港等枢纽设施建设，广州港与世界100多个国家和地区的400多个港口均有海运往来，已开辟国际集装箱班轮航线49条，缔结国际友好港22个。2014年货物吞吐量5.21亿吨，集装箱吞吐量1762万标箱，分别居世界港口第六位和第七位。白云机场开通国际航线136条，航迹覆盖五大洲共207个目的地，2015年旅客吞吐量达5521万人次，货邮吞吐量154万吨。

二是加快建设自贸试验区。

举全市之力推进南沙自贸试验片区建设。运作管理框架基本建立，成立了广州市自贸试验区建设工作领导小组和南沙自贸试验区管委会。通关模式不断创新，在全国率先开展"智检口岸"试点，实施海关快速验放机制，海关通关时效提高50%以上。自贸效应初步释放，新设立企业4422家，同比增加252%；新增注册资本总额约675.4亿元，同比增长393%。

三是着力提升开放格局。

三度成为世界城市和地方政府组织（UCLG）联合主席城市，集中了236家世界500强企业和53个国家驻穗领事馆，与48个国家的63个城市开展友好交流。举办了两届以中国城市名创设的城市创新领域国际大奖—广州国际城市创新奖（简称"广州奖"），搭建城市外交新平台。2014年广州与奥克兰、洛杉矶，在互为友城的基础上成立了"三城经济联盟"，开创了友城合作新典范。

四是创新发展重大平台。

依托国家战略"双区"叠加的政策优势，全面加快南沙国家新区和自贸试验区的开发建设，不断探索区域合作新模式。加快建设空港经济区、天河中央商务区、琶洲会展总部经济区和互联网经济集聚区、广州国际金融城、广州南站商务区等重点功能区，形成新的经济增长点。加快推动中新知识城和国际创新城建设，国家超算"天河二号"运行速度连续6次蝉联世界第一。2015年全市跨境电商进出口额达67.5亿元，增长3.7倍，占外贸总值比重上升至0.8%，其中出口34.3亿元，增长1.7倍，进口33.2亿元，增长18.8倍，位居全国试点城市前列。

五是强化经贸合作机制。

广州市商务部门与"一带一路"沿线重点国家及城市的投资促进机构和商协会逐步建立紧密的合作机制，多次组织广州企业到中亚、中东、南亚、东南亚、欧洲和非洲相关国家开展经贸交流活动，考察投资贸易市场，促成合作项目。积极扶持海外工业园区发展，推动装备制造业走出去，推动世能集团、东送集团等重点企业在非洲建设境外工业园区，指导广汽、万宝等装备制造企业分别在俄罗斯、意大利设立生产基地。

六是逐步优化营商环境。

依托南沙自贸试验区，重点实行统一的市场准入制度、实施国际"单一窗口"试点、推进商事登记制度改革、推行投资管理改革、建立负面清单管理方式。2014年，广州获得城市公共服务能力、中国法治政府评估、中国市级政府财政透明度、中国民生发展指数和旅游综合竞争力4个全国第一。2015年，广州第五次被福布斯评为中国大陆最佳商业城市第一名。

"十三五"时期，广州提升全球视野，加快战略谋划，密集推出"国际航运中心、市场化法制化国际化营商环境、21世纪海上丝绸之路"3个三年行动计划，力争2017年"基本建成21世纪海上丝绸之路核心枢纽、对外交往中心、国际区域合作新模式的试验区"。

一是打通联通网。互通是"一带一路"的"动脉"。以"双港双快"（空港、海港和快速轨道交通、高快速路）为龙头，加快布局重大基础设施建设，重点围绕广州国际航运中心、物流中心、贸易中心建设目标，推进与沿线国家港口城市的合作，持续增加通往沿线国家的国际海空航线和航班，畅通海、陆、空、信息等物流通道，推动"有形联通"与"无形链接"相结合，构建海港、空港、铁路港、公路港、信息港"五港合一"格局。2017年，机场旅客吞吐量达到6450万人次，货运吞吐量达到200万吨，港口货物吞吐量达到5.5亿吨，集装箱吞吐量达到2000万标准箱，国际航运中心建设初见成效，力争进入全球航运中心前15名。

二是畅通贸易流。经贸是"一带一路"的"根系"。发挥世界城市和地方政府组织（UCLG）、国际友好城市等城市外交平台作用，与沿线国家及其主要经济城市建立和完善政府、商协会、企业等多层次经贸合作机制，扩大双边贸易规模，促进双向投资发展，推动广州优势产业和企业加快在沿线国家布局商品展销中心、海外工业园、生产和研发基地、采购和销售网络，参与海外能源、资源开发和基础设施建设，形成"优势互补、融合发展、互利互赢"的区域经济分工合作格局。到2017年，争取实现双边贸易额超过1600亿美元，出口和进口分别达到1000亿美元和600亿美元；实际使用外资和境外中方协议投资分别达到68亿美元和45亿美元。

三是打造产业带。产业是"一带一路"的"血液"。实施项目带动、促进创新驱动，推动海洋产业、农业林业、能源资源、会展物流、金融领域等产业互补合作。加快推进缅甸油库码头、柬埔寨商品展示展销租赁、阿联酋沙迦汽配城等一批海外项目建设，支持机械、电子、家电、汽车、纺织、食品、医药、家具等企业在海外合作设立生产基地、营销网络和区域总部。2017年，金融业增加值占地区总产值比重达10%以上，全面建成与广州21世纪海上丝绸之路核心枢纽城市地位相适应的国际化区域金融中心。

四是构建人文圈。人文是"一带一路"的"灵魂"。积极承办大型国际性会议、论坛等活动，精心组织策划大型对外交流活动，推动教育、医疗、体育、旅游、文化等领域紧密交流。加快海上丝绸之路史迹世界文化遗产申报，力争成为

■ 广珠城轨列车

海上丝绸之路史迹申报世界文化遗产的牵头城市,推进二沙音乐岛发展,整合南越王宫署遗址、南越王墓、光孝寺、怀圣寺与光塔、清真先贤古墓、南海神庙及明清古码头遗址6处史迹点的保护利用工作,构建"海上丝绸之路文化中心"。2017年,与沿线双向旅游人数达到300万人次,与沿线国家均建立友城关系,新增国际友城10个。

五是推进平台站。平台是"一带一路"的"引擎"。依托南沙自贸试验区和中新知识城等高端平台建设,加快构建市场化、法治化、国际化营商环境,强化高端制造业、现代服务业和战略性新兴产业集聚,增强服务国家开放战略、服务全省经济社会发展的综合服务功能,着力将南沙建设成为我国"21世纪海上丝绸之路"战略支点,携手港澳打造世界一流粤港澳大湾区,推动中新知识城上升为中新两国国家战略合作项目,构建我国与东盟合作的战略支点。

主要国民经济数据(2015年)

2015年,广州市地区生产总值1.81万亿元,增长8.4%,较2010年净增7352亿元,连续27年位居国内城市第3位,人均生产总值突破2万美元。地方一般公共预算收入1349.1亿元,增长8.5%。产业结构明显优化,形成9个千亿级产业集群,认定总部企业320家,服务业增加值突破1万亿元,三次产业比重为1.26∶31.97∶66.77。全市实现社会消费品零售总额7933.0亿元,增长11.0%(全国10.7%、全省10.1%);批发零售业商品销售总额50902.4亿元,增长10.2%。货物贸易进出口8306.4亿元,增长3.5%(全国-7.0%,全省-3.9%);其中出口5034.7亿元,增长12.7%(全国-1.8%,全省0.8%);进口3271.7亿元,下降8%(全国-13.2%,全省-10.8%)。合同外资83.6亿美元,增长4.0%;实际使用外资54.2亿美元,增长6.1%(全国6.4%,全省0.01%)。境外投资项目309个,增长77.6%;境外总投资额51.3亿美元,增长58.0%;中方协议额40.5亿美元,增长30.4%;全市服务贸易进出口总额291.7亿美元,增长14.5%;其中出口156.4亿美元,增长13.3%,进口135.3亿美元,增长16.0%。

深圳

以建设世界一流粤港澳大湾区为引领，打造"一带一路"战略枢纽

城市名片

城市名称：深圳市　　　总面积：1996.85平方公里
长途区号：0755　　　　户籍总人口：354.99万人
邮政编码：518000　　　地区生产总值：17502.99亿元

城市概况

深圳市位于广东省南部。1979年设立地级市，1981年升格为副省级市。全市土地面积1996.85平方公里，辖福田区、罗湖区、南山区、盐田区、宝安区、龙岗

■ 深圳夜景

■ 赤湾天后庙

区6个行政区，另设光明新区、坪山新区、龙华新区、大鹏新区4个功能区。2015年年末户籍人口354.99万人；常住人口1137.89万人。2015年全市生产总值17502.99亿元。

深圳是我国改革开放的窗口，地处粤港澳大湾区和海上丝绸之路战略要冲，与"一带一路"沿线国家交流合作紧密，不仅是国内拥有口岸数量最多、出入境人员最多和车流量最大的口岸城市，也是国内海、陆、空口岸俱全的城市。至2015年年底，深圳已建成通往境外的各类口岸17个，经国务院批准的一类口岸15个，其中陆路口岸6个，分别是罗湖、文锦渡、皇岗、沙头角、深圳湾和福田口岸；空港口岸1个，深圳宝安国际机场1个；海港口岸8个，分别是盐田港、大亚湾、梅沙、蛇口、赤湾、妈湾、东角头、大铲湾口岸。深圳已形成海、陆、空全方位、立体式口岸开放格局。

历史纵览

深圳的历史源远流长，早在6700年前的新石器时代中期就有人类繁衍生息。距今四五千年前，即中原地区的夏、商年代，在深圳沿海沙丘谷地，已聚居着与中原民族不同的部族，这些部族种类繁多，被称为"百越部族"。生活在深圳区域的百越部族称为"南越部族"，他们善于捕鱼、航海，甚少农垦。深圳是古代百越部族远征海洋的一个驻足点，也是百越部族聚居繁衍的地方。前214年，秦始皇统一中国并在岭南设置了南海、桂林、象郡三郡，深圳隶属于南海郡。331年，即东晋咸和六年，朝廷设东官郡，辖宝安、海丰、兴宁等六县，其范围包括珠江三角洲及惠州、潮州一带。当时宝安县辖地涉及今天的东莞市、深圳市和香港特别行政区。东官郡的郡治所在地就设在宝安县内的南头。590年（隋开皇十年），朝廷废东官郡，宝安县改属南海郡，县治仍在南头。757年（唐至德二年），宝安县更名为东莞县，县治从南头迁往东莞，于南头设屯门军镇。1394年（明洪武二十七年），在今深圳境内设立了东莞守御千户所及大鹏守御千户所；之后，又在南山半岛设立了庞大的军事机构——南头寨，牵制范围东至潮汕，西至上、下川，南至大洋，有"虎门之外卫，省会之屏藩"之说。明朝初年，中国出使南洋，舰队开航前必到深圳赤湾的天后庙祭祀祷告方可成行。1573年（明万历元年），朝廷取"革故鼎新，转危为安"之义，新设新安县，并建县治于南头。1842年7月24日（清道光二十二年），中英签订不平等条约《南京条约》，新安县的香港岛被英国占领。1860年1月11日（清咸丰十年），新安县的九龙半岛也因不平等条约《北京条约》而被迫割让给英国。1898年4月21日（清光绪二十四年），清政府与英国签订《展拓香港界址专条》，将新界租借给英国，为期99年。此后，新安县原有3076平方公里土地中，有1055.61平方公里脱离其管辖，成为英国殖民地（1972年以后，联合国已将香港、澳门从世界殖民地名单中剔除）。1914年（民国三年），因新安县与河南省的一个县同名，为免混淆，又复称宝安县，县治仍在南头。1949年10月16日，宝安县城解放。1953年，因深圳联结广九铁路，交通便利，人口聚居较多，工商业较兴旺，便将宝安县治东迁至距南头20公里外的深圳墟。1979年1月，宝安县改为深圳市，同年11月，深圳市改为地区一级的省辖市。1980年8月，在深圳设置经济特区。1981年8月，深圳市升格为副省级市。1981年10月，在经济特区外恢复宝安县。1988年10月，国务院批准深圳市为计划单列市，并赋予其相当于省一级的经济管理权限。1990年1月，深圳经济特区内设立福田区、罗湖区、南山区3区。1992年7月，全国人大常委会授予深圳市人民代表大会及其常委会、深圳市人民政府制定地方法律和法规的权力，同年8月国务院批准撤销宝安县，设立宝安和龙岗两区。1997年10月，从罗湖区分出设立盐田区。2004年，深圳市完成农村城市化，成为无农村的城市。2007年5月31日，设立光明新区。2009年6月30日，设立坪山新区。2010年7月1日，经国务院批准深圳经济特区范围扩大至深圳全市。2011年12月30日，设立龙华新区、大鹏新区。

深圳赤湾港是中国古代"海上丝绸之路"的一个重埠。唐朝以来，广州的对外贸易日益繁盛，深圳是广州海外交通的重要门户，对外商贸活动相当活跃；深圳地区近年出土发现了大量的宋代窖藏铜钱，与宋代初年建立的"市舶司"主持下的物流有关，赤湾当时成为进出口货物的重要商埠。明万历初年，三宝太监郑和奉明成祖朱棣之命，率领舟师远下西洋，开创海上"丝绸之路"，郑和第二次下西洋时，经过珠江口赤湾港口，遇到大海浪，后平安过此，平安而返，遂在此

■ 蛇口集装箱码头

建天后宫,为今日赤湾天后庙。明朝初年,中国出使南洋,舰队开航前必到深圳赤湾的天后庙祭祀祷告方可成行,明代朝廷曾颁文:"凡另外是朝廷使臣出使东南各国,经过这里时必定停船祭祀"。以天后宫为中心的"赤湾胜概"是明清时期"新安八景"中的第一景。在清代嘉庆《新安县志》中记载:"新安赤湾天后庙为省会藩篱之地,扼外洋要害之冲——占城、爪哇、真腊、三佛齐,番舶来贡莫不经由于此。"这说明深圳赤湾是古代海外交通船舶驻泊之地。可以从中了解到地处珠江口的深圳地区在古代海外交通中的重要地位。

深圳南头是海上丝绸之路进入珠江口的一道闸门。南头古城地处珠江入海口东岸,为历代岭南沿海地区的行政管理中心、海防要塞、海上交通和对外贸易的集散地,亦是深港澳地区的历史源头。中国海上丝绸之路历史,最早从秦汉开始,其地点一般讲有两种说法,一是今徐闻、合浦;二是今广州。深圳作为一个行政区域,在鸦片战争以前,一直管理着包括香港在内的广大区域。南头在东晋设立东官郡时就已经作为郡治所在,在管辖海域上有着举足轻重的作用。南头城从明代以来是一个军事机构,在军事上管理着西南至香港全景,东南至大鹏湾水域的海防。

深圳在海上丝绸之路上发生过几次具有历史意义的事件,分别为讨平吴令光、宋室南迁、抗击西方殖民主义者第一战"屯门海战"和第一次鸦片战争"九龙海战"。海盗头目吴令光据海为寇,抢劫海船。当时刘巨麟为广州都督,管理今广东和广西部分的军政事务,他亲自指挥屯门镇兵平息了海盗,维护了海上安全,这是中国历史上的第一个海上安全记录。1279年在蒙古人的强大打击下,宋室被迫南迁。在途中，经过了宝安海域。不仅文天祥渡伶仃洋的故事发生在宝安海域，另外，在南山也留下了宋皇帝赵昺的少帝陵，更留下了文氏宗祠。在今深圳的南山、宝安、福田及香港等地，赵氏和文氏家族是两支庞大的人群。这两群人在姓氏排序上均有一定规律，这些都表明其传承性。发生在珠江口的赵宋王室覆没一事也是丝绸之路上的一件大事，其影响以宝安为最大。屯门海战是发生在1521年（明正德十六年）8月底至9月间，由广东海道副使汪鋐指挥的在屯门地区抗击佛朗机（中国古代指葡萄牙）人的战役。是中国第一次抗击西方殖民主义者的战役，以明朝的获胜而告终。屯门，今指香港屯门区。在明代，屯门指的是北起今深圳南山区，南至香港九龙半岛沿海大部分，包括前海湾、后海湾、伶仃洋等，属明代广东东莞县。道光十九年（1839年），由深圳大鹏营守将赖恩爵指挥的"九龙海战"是鸦片战争的起点，一般说来，中英第一次鸦片战争是从这次海战开始的，这也是中国反对欧洲侵略战争中的第二仗，"九龙海战"拉开了鸦片战争的序幕。由于赖恩爵英勇善战，道光皇帝赐赖恩爵"呼尔察图巴图鲁"（勇士）称号，晋升副将（从二品）。1843年任广东水师提督，正一品，封"振威将军"。现大鹏城内有御题"振威将军第"的赖恩爵将军府仍保存十分完好。

深圳是海上前沿，体现在海防前哨，护航前哨，通关前哨，这是深圳在丝绸之路上的地缘优势。深圳还是第一个海军要塞，发生过中国第一次海防战争，第一次对欧洲人的海战，还发生过鸦片战争中第一次对英国人的战争，并取得了胜

■ 前海深港合作区

利，这是深圳在丝绸之路上曾经的辉煌。此外，留存的遗迹赤湾天后宫、赤湾炮台、南头古城、大鹏古城、屯门遗迹等，都是深圳在丝绸之路上的历史见证。

新"丝路"、新商机

深圳市全面贯彻党的十八大以来中央各项决策部署、习近平总书记系列重要讲话和对深圳工作的重要批示精神，根据深圳市第六次党代会和"十三五"规划要求，坚持"四个全面"战略布局，牢固树立创新、协调、绿色、开放、共享五大发展理念，大力发展产业发达、功能强大、开放协同、聚集外溢的湾区经济，充分发挥特区、湾区、自贸区叠加优势，以建设世界一流粤港澳大湾区为引领，以互联互通和产能合作为重点，全面增强湾区经济核心功能，充分发挥信息丝绸之路和海上丝绸之路建设的主力军作用，加快打造"一带一路"战略枢纽，努力建成粤港澳大湾区战略枢纽城市和现代化国际化创新型城市，为国家新一轮改革开放探索经验，做出新的更大贡献。

深圳市目前正在抓紧推进的主要项目有：

一是大力推动粤港澳大湾区合作。全面加强深港澳深度合作，发挥前海蛇口海上丝绸之路战略支点作用，大力拓展粤港澳湾区发展空间。

二是全面促进基础设施互联互通。强化国际航运枢纽地位，努力建设深圳国际航空枢纽，着力对接国家综合运输网，巩固提升信息丝绸之路主力军地位。

三是加快构建经贸合作枢纽。全面拓展经贸合作领域，着力开拓重点国家新兴市场，加快打造综合经贸促进平台，积极鼓励企业"走出去"，着力增强生产服务业开放合作能力。

四是积极拓展产业合作空间。探索发挥新兴产业的先导作用，着重加强传统优势产业互补合作，努力提升金融集聚辐射能力，大力促进物流业共同繁荣，着力增强生产服务业开放合作能力。

五是着力增强科技创新辐射功能。建设面向全球的创新策源地，全面提升创新辐射效能，着力突出创新技术合作重点。

六是共同开展能源资源合作。努力加强能源开发合作，全面扩大能源贸易合作，积极推进节能环保合作。

七是努力建设国家南海开发战略基地。积极参与南海资源开发，着力开展海工装备产业合作，全面加强渔业资源共同开发，大力推进海洋生态环境保护。

八是不断强化人文交流联系纽带。积极加强教育国际合作，努力推动医疗卫生国际合作，突出深化文化体育交流合作，着力提高旅游国际化水平，发挥华人华侨作用，加强与国际友好城市的交流合作。

主要国民经济数据（2015年）

2015年，深圳市实现生产总值17502.99亿元，增长8.9%；规模以上工业增加值6785亿元，增长7.7%；固定资产投资额3298.3亿元，增长21.4%；地方一般公共预算收入2727.1亿元，增长30.9%；进出口总额2.75万亿元，其中出口1.64万亿元，连续23年居国内城市首位。社会消费品零售总额5017.8亿元，增长2%；居民消费价格指数102.2%。主要特点如下：

一是质量型发展优势凸显。全市生产总值继续稳居国内大中城市第四位，人均GDP达15.8万元，稳居国内副省级以上城市首位。一般公共预算收入增速跃居全国省级财政第一，规模上升至国内城市第三位。万元GDP能耗下降3%，万元GDP水耗下降6%，万元GDP建设用地下降7.8%，二氧化硫等污染物减排年度目标全面完成。

二是创新主引擎作用突出。全社会研发投入超过700亿元，占GDP比重达到4.05%。PCT国际专利申请量达13308件，增长14.3%，占全国比重为46.9%，连续十二年居全国首位。新增782家国家级高新技术企业，累计达到5524家，高新技术产业实现增加值5847.9亿元，增长13%。

三是转型升级成效显著。服务业占GDP比重达58.8%，现代服务业、先进制造业增加值合计占GDP比重超过70%，均创历史新高。七大战略性新兴产业增加值达7003.5亿元，增长16.1%；未来产业规模超4000亿元。金融业增加值达2542.8亿元，增长15.9%，占GDP比重为14.5%。

四是需求结构更趋协调。固定资产投资增速创十七年来新高，社会投资额占比达80.3%。通过互联网实现商品销售额568.2亿元，增长36.4%。外贸结构持续改善，服务贸易占对外贸易总额比重首次超过两成，达20.8%；一般贸易增速高于加工贸易增速29.6个百分点。

五是民生事业全面发展。九类重点民生领域市区财政支出2373.5亿元，增长63.2%。12项重大民生工程完成投资259亿元。新增就业人员超过9万人，城镇登记失业率为2.34%。居民人均可支配收入达4.46万元，增长9%。

六是生态环境持续改善。PM2.5年均浓度降至29.8微克/立方米，为副省级以上城市最优水平。全年新建1.5万个以上充电桩；累计推广应用新能源汽车达3.8万辆。治水提质工作提速，完成深圳湾水域14个排污口整治，新建成污水管网335公里，新开工724公里。

七是改革开放系统推进。全面完成44项改革任务，政府职能加快转变，商事登记制度改革进一步深化，国企改革加快推进。前海蛇口自贸片区正式挂牌运作，31项改革创新成果纳入广东自贸区首批创新经验，注册企业累计达7.4万家。

珠海
毗邻港澳连接世界的开放型城市

城市名片

城市名称：珠海市　　总面积：7649平方千米

长途区号：0756　　　户籍总人口：112.45万人

邮政编码：519000　　地区生产总值：2024.98亿元

城市概况

珠海市位于广东省南部，珠江口西岸。东与珠江口东岸的香港、深圳相望；南与澳门陆地相连，濒临南海；西邻新会、台山，连接大西南省份，太平洋水道连接珠海高栏港，海上航线可达东盟国家；北与中山接壤，陆路可达广州直至内陆腹地。全市海陆域总面积7649平方千米，其中陆地面积1732平方千米。辖香洲、金湾、斗门共3个县级行政区。2015年，全市户籍总人口112.45万人，全市地区生产总值2024.98亿元。

珠海于1953年建县，1979年升格为地级市，1980年设立经济特区。建县之前，珠海隶属中山县。历史上，现珠海辖区是重要的通商口岸与军事重地。唐代至德二年（757年）设立香山镇。盛唐时期，珠海即是海上交通的重要锚地，是广州至波斯湾海上丝绸之路沿线上的重要走廊。在明代葡萄牙租借澳门后，珠海发展成为广州经澳门至欧洲、拉丁美洲、大洋洲、日本和东南亚国家海上丝绸之路

■ 情侣南路

■ 越窑青瓷碗(残片，见左)、邢窑白瓷碗(残片，见右)

的重要节点。明末在前山筑城池，称"前山寨"，既是军事要塞，又兼管澳门和前山行政、外交事务。拱北地处祖国的南大门。拱北海关的前身是拱北关，1887年建立，迄今已有一百多年历史，目前，是国家对外通商的第二大口岸。改革开放以来，珠海作为第一批经济特区，利用毗邻港澳的区位优势，不断扩大对外开放，积极开拓出口市场，与"一带一路"沿线国家特别是东盟国家的贸易实现跨越式增长，成为广东省改革开放第一梯队。珠海历史悠久，在岭南地区乃至海上丝绸之路的发展史上有着十分重要的地位，随着国家"一带一路"战略的实施，珠海将成为对外开放的重要城市。

珠海市在国家"一带一路"战略大格局的定位是：充分发挥珠海的区位优势、生态优势、开放优势、政策优势，强化珠港澳全方位合作，立足珠中江（阳），依托粤西、大西南，加强内外联动和互利合作，早日成为广东参与"一带一路"建设的重要节点、经贸合作的重要平台。

珠海是国家建设珠江西岸的核心城市，处于大有作为的重要战略机遇期。从自身看，中国（广东）自由贸易试验区横琴片区是联系拉美和加勒比国家共同体成员国家的重要商贸平台。港珠澳大桥通车后，珠海将成为国内陆路连接香港、澳门的重要城市，是广东打造粤港澳大湾区的主力军、广东参与"一带一路"建设的生力军。

历史纵览

珠海最早有人类活动的时间可上溯到四五千年前。在凤凰山山脉和黄杨山山脉周围以及附近海岛中，都有新石器时代遗址。珠海先民在这块土地上开发、繁衍和生息的同时，不断认识海洋、依靠海洋、利用海洋。位于高栏岛宝镜湾等处的岩画，无疑是珠海地区海洋文化最直接的证明。

■ "朱师所治"铭文陶片（残片）

珠海在汉代已成为海上丝绸之路的通道和驿站。在担杆、桂山、万山、南水等镇的海岛、海湾发现不少汉代陶器残片，其中在外伶仃岛石涌湾发现1件陶罐的肩部竖刻隶书"朱师所治"4个字，为研究汉代海上丝绸之路提供了实物资料。

唐代广州市舶使的设置，使中国对外贸易的重心由北方河西走廊逐步地转移到南方及东南沿海。据唐代贾耽的"广州通海夷道"所记载，珠海正处在从广州到大食国（阿拉伯国家）的外贸航线上。调查显示：珠海境内现已发现的与海上丝绸之路直接相关的遗迹、遗址有七八处，如香山故镇濠潭遗址、外伶仃岛石涌湾遗址和大万山岛推船湾遗址、蚊尾洲灯塔遗址等，尤其是平沙棠下环遗址的唐代地层中、南水蚊洲岛沙滩上曾发现数量可观的唐宋及元代以后的外销瓷器。一些瓷器或大小相套，或整齐叠埋，尚依稀可辨草绳捆扎痕迹。据推断，实为当年海上贸易商船装船需要。多件打捞出水的四系罐、青瓷釉碗等文物和各种历史文献资料证明，唐宋元时期，珠海已经成为海上丝绸之路的重要通道和驿站。

早在公元前221年，珠海所在地域已隶属南海郡番禺县管辖，汉朝隶属番禺县，晋至陈朝隶属东官郡，隋朝隶属宝安县。随着对外贸易和本地经济的发展，唐至德二年（757年）设置香山镇，属东莞县辖，当时在今山场村设立文顺乡，是香山地区最早的行政机构。宋朝以后，因这里盐业和银矿业兴旺，至南宋绍兴二十二年（1152年），割南海、番禺、新会、东莞四县濒海之地，设置香山县，隶属广州府，沿至元、明、清三代。

明清时期，毗邻澳门的珠海，成为中外经济、文化交流的走廊，同时，也成为祖国南方的海防要塞。

明朝中期，珠海浪白、十字门已是外国商船的重要停泊地。据嘉靖《广东通志·外志》记载："布政司案查得递年暹罗国并该国管下甘蒲洮，六坤州与满剌加、顺塔、占城各国夷船，或湾泊新宁、广海、望峒，或新会奇潭，香山浪白、濠镜、十字门，或东莞鸡栖、屯门、虎头门等澳，湾泊不一。"其中香山浪白即为今南水，十字门则指横琴岛附近的内外十字门海域。1553年葡萄牙人占据澳门后，虽然"诸澳俱废"，但十字门作为水道仍然具有重要的作用。清初屈大均《广州竹枝词》"洋船争出是官商，十字门开向二洋，五丝八丝广缎好，银钱堆满十三行。"描写的正是康熙二十四年（1685年）粤海设关，海禁初开，中国商船争相通过十字门水道，前往东西二洋贸易的场面。

珠海地处海边防，历史上都是军事要塞。南宋末年，是元军与宋军交战之地。前山寨自明朝天启元年（1621年）设立后，又于清朝康熙三年（1664年）改为副将署，康熙五十六年（1717年），修筑成军事城池，乾隆八年（1743年）改设为广州府海防军民同知署，统管着番禺、东莞、顺德、香山等县的军事防务和澳门事务。康熙、雍正时，清军在珠海修筑不少炮台，至今能保存下来的仍有东澳岛铳城和南屏有髻山烽火台。清道光十九年（1839年），林则徐任钦差大臣，驰赴广东沿海查禁鸦片，率兵到香山县前山寨视察，加强这一地区布防，并于清光绪二十一年（1841年）在北岭狮子山筑炮台，派兵驻守。清光绪十三年（1887年）正式建立拱北关，依据中葡北京不平等条约，开设拱北口岸。

海上丝绸之路的通道作用，造就了珠海人具有先进思想，并具有顽强奋斗精神的个性，形成了开放进取、兼容并包、勤劳笃实、敢于冒险的人文特质。近现代以来，珠海涌现出一大批放眼看世界的历史人物，伴随着留学、买办、侨居、贸易等中外交流活动的热潮，使开放兼容的人文特质得到进一步彰显。在近现代珠海这块土地上，曾有过两次开放的尝试。

第一次是1909—1912年的"香洲开埠"。清光绪三十三年（1907年），清政府实施"新政"，鼓励华侨实业家回国投资。次年，邑人王诜和美国侨商伍于政计划集股在香洲开埠，于1909年得到清政府的批准，两广总督张人骏亲临香洲参加开幕典礼。开埠一段时间后，商业兴旺，有大小铺户一千多间。清宣统三年（1911年），清政府批准香洲成为自由港，后因香洲火灾和受外国厦利士税务

■ 宝镜湾摩崖石刻岩画
位于金湾区南水镇高栏岛宝镜湾，距今4000年左右。岩画由船形、人物、蛇、鸟、鹿、云雷纹、波浪纹及未破译的十多组图案组成，表现了古越族人航海生活和海边生活情景，是珠海地区海洋文明最直接的证明

司的阻挠而未能实行，投资者转移资金，香洲成为一片废墟。香洲开埠虽然以失败告终，但珠海地区华侨和商绅实践"实业救国"的创举，仍不失为珠海对外开放、经济改革的一次大胆尝试。

第二次是1929—1934年的中山模范县建设。1931年唐绍仪兼任中山县县长，按照广州民国政府颁布的地方自治法规重新筹备地方自治：修筑道路、疏浚河道、改善交通；禁烟禁赌、革除陋习、倡导新风；振兴教育、发展实业、鼓励贸易；特别是位于唐家湾的中山港的建设，重点是在唐家湾开辟一个可停靠5000吨至2万吨轮船的南方巨大良港——中山港，更是将珠海地区的发展推向一个新的高度。虽然也没有成功，但珠海人的开放创新精神矢志不渝。

面向海洋，搏击海浪。历史铸就了珠海人走向世界、勇于开拓的豪迈情怀。在新的历史时期，珠海正大力实施"十三五"发展战略，也必将为这座"向海而兴"的海滨城市描绘出更为动人的华美篇章。

新"丝路"、新商机

在国家实施"一带一路"战略中，珠海的指导思想是：以建设中国特色社会主义为理论指导，全面贯彻党的十八大和十八届二中、三中、四中全会精神，深入贯彻习近平总书记系列重要讲话精神，按照国家关于"一带一路"战略及广东省的部署，坚定不移地实施全方位大开放战略，以互联互通为基础，以海洋工程装备、海洋能源、高新技术、金融、旅游等产业为经贸合作重点，以人文交流为纽带，以互利共赢为目标，联合港澳、协同中江（阳），面向东盟、南亚，放眼中东、非洲，远眺欧洲、美洲，拓宽开放合作领域，搭建开放合作平台，努力构建多层次、多渠道合作格局。

主要目标是：

到2020年，珠海参与"一带一路"建设取得阶段性进展，横琴自贸片区成为合作开放的重大战略平台，珠海与沿线国家双边进出口贸易、对沿线国家的实际投资、境外承包工程、与沿线国家港口货物吞吐量、与沿线国家双向旅游人数、与沿线国家的海洋经济和海上合作等方面都取得新突破，与沿线国家的合作交流机制日益完善，与主要国家的合作全面展开，对沿线国家的全方位开放新格局雏形显现。

到2025年，珠海与沿线国家的合作交流网络基本形成，互联互通大通道建设基本完成，重点领域交流合作基本常态化，海洋强市建设目标基本达成，对沿线国家全方位开放新格局基本确立，基本建成广东参与"一带一路"建设的"桥头堡"和先行市，综合竞争力显著增强，成为我国在实施"一带一路"战略上具有国际影响力的重要城市。

珠海市目前正在抓紧推进的主要项目有：

一是实施海上发展战略。改革开放以来，珠海作为第一批经济特区，利用区位优势，不断扩大对外开放；在国家"一带一路"建设中，珠海将继续通过出访、举办招商会、签订合作备忘录等方式，不断加强与东盟国家的联系，不断深化双方交流合作，与东盟国家的合作趋向全方位。目前，东盟国家已是珠海第四大贸易伙伴，已有格力电器等17家企业在东盟国家投资设厂、承揽工程和开展技术研发。因此，要实施海上发展战略，使珠海成为重要的对外投资来源地。

二是实施陆路商贸战略。重点是建设贵州国际陆港项目。项目最终将建成集"一港（贵州国际陆港港区）、八区（甩挂配送区、加工配送区、商务办公区、展示交易区、公铁分拨区、保税区、综合配套区、生活服务区）、两中心（国际交易品展示中心、大西南地区物流分拨中心）和一平台（贵州陆港大通关公共信息服务平台）"的综合物流服务平台。随着项目的建成，贵州国际陆港将成为21世纪海上丝绸之路的重要物流枢纽、大西南地区国际物流分拨中心和商品采购交易中心、大西南地区的便捷出海通道、对接巴基斯坦瓜达尔等南亚市场的重要节点，这是继"贵广——南亚国际物流大通道"被国家列为共建21世纪海上丝绸之路的先导工程后，西部地区以珠海为出海口，面向南亚的国际物流大通道的再次扩容。至此，以珠海港为中心，随着贵州黔南、四川遂宁等国际陆港和巴基斯坦瓜达尔港的建设完善，中国西部川、贵、陕等省经广东面向南亚的国际物流大通道正加速形成。

三是实施自贸区经济发展战略。中国（广东）自由贸易试验区横琴片区是联系拉美和加勒比国家共同体成员国家的重要商贸平台。港珠澳大桥通车后，珠海将成为国内陆路连接香港、澳门的重要城市，是广东打造粤港澳大湾区的主力军、广东参与"一带一路"建设的生力军。珠海将结合"一带一路"建设，加快推进横琴自贸片区经济大发展，借助港珠澳大桥通车的契机，全面实施横琴自贸片区经济发展战略。

四是实施海港项目建设战略。"珠海港与巴基斯坦瓜达尔港合作项目"是以促进瓜达尔港快速发展、构建中巴贸易海上新通道、推动海上丝绸之路功能的发挥、搭建跨国合作新平台为目的。通过帮助瓜达尔港提升软硬件条件、完善瓜达尔港物流集散基础设施，引导船运公司开辟珠海至瓜达尔

■ 2014年11月3日，珠海市规模最大的互通立交桥——金湾互通立交全线通车（徐光华摄）

远洋航线。同时依托珠海港作为我国中南五省区以及珠江、西江经济带的重要出海中转中心的功能，将瓜达尔港打造成为巴基斯坦及中东地区重要的物流中转枢纽，使瓜达尔与珠海之间的远洋航线成为中巴经贸往来的海上主动脉。

五是实施珠海企业参与建设战略。鼓励珠海优势企业，积极参与"一带一路"建设，大力发展经贸往来。目前，已有企业与有关国家对接，开展瓜达尔港中国商品展示交易中心项目的建设规划，鼓励优势企业前往瓜达尔市设厂办企业。开辟南亚、中东及非洲市场，以及开展"一带一路"沿线基础设施建设的投资。在港澳方面，发挥珠海区位及本市企业的优势，积极参与粤港澳物流合作园项目建设，将以川贵广——南亚国际物流大通道与港珠澳一体化合作串联起来，增加陆路对接港澳的物流城市的配送功能，并推进粤港澳大湾区一体化的合作与建设。

主要国民经济数据（2015年）

2015年，珠海市实现地区生产总值2024.98亿元，比上年增长（以下简称"增长"）10.0%，增速居全省首位；一般公共预算收入269.96亿元，增长17.2%，增速居全省第3位。经济运行主要呈现以下特点：

一是从产业运行态势看，一产稳定，二产和三产增势良好。一、二、三产业增加值分别增长3.0%、10.2%、10.0%。规模以上工业总产值达到4003.04亿元，完成规模以上工业增加值980.76亿元，增长9.6%，增速居珠三角第2位。第三产业占地区生产总值比重达48.0%，对经济增长贡献率为44.6%。全市各主要旅游景点共接待游客2003.61万人次，增长22.5%，实现旅游总收入277.32亿元，增长5.9%。全市金融业较快发展，2015年金融业增加值同比增长14.8%，对经济增长的贡献率达8.6%。

二是从需求运行态势看，投资和消费增长较快，出口略有增长。固定资产投资、社会消费品零售总额和外贸出口额分别增长15.0%、12.0%、0.6%。完成工业投资258.69亿元，其中工业技改投资增长53.7%；房地产开发投资524.12亿元，增长35.0%。社会消费品零售总额增长12.0%，汽车消费、网上商品零售、通讯器材、旅游等领域消费增长较为迅速。完成外贸出口额1793.28亿元，同比增长0.6%。

三是从要素运行态势看，发展活力不断提升。2015年设立外商投资企业651个，实际吸收外资21.78亿美元，增长12.8%。中外资金融机构本外币贷款余额2969.70亿元，增长22.4%。民间投资完成481.55亿元，增长22%。"十二五"期间，我市地区生产总值总量突破2000亿元，固定资产投资和一般公共预算收入总量分别是2010年的2.6倍、2.2倍，实现翻番。地区生产总值年均增长10.0%；一般公共预算收入年均增长19.2%；规模以上工业增加值年均增长10.7%；固定资产投资、社会消费品零售总额、外贸出口总额年均分别增长21.3%、13.4%、6.7%，固定资产投资"十二五"时期年均增速居珠三角九市首位。

打造"21世纪海上丝绸之路"重要门户

城市名片

城市名称：汕头市　　　　总面积：2198.74平方公里

长途区号：0754　　　　　常住人口：555万人

邮政编码：515000　　　　地区生产总值：1850.01亿元

城市概况

汕头市是中国首批四大经济特区之一、世界潮人大都会、著名侨乡，地处环珠三角地区和海西经济区的交汇处，历来是粤东、赣东南、闽西南的交通枢纽、

■ 汕头城区新貌

货物进出口岸和商品集散地,也是东南沿海现代化港口城市、粤东地区中心城市。1981年设立汕头经济特区,2011年特区范围正式扩大到全市。现辖6区1县,总面积2198.74平方公里,常住人口555万人。

汕头是一座开放的城市。汕头是中国近现代最早对外开放的口岸城市之一。作为全国著名侨乡,有海外华侨、华人和港澳台同胞340多万人,形成了一个具有世界影响力的潮商潮人群体。依托侨乡优势,目前汕头已与180多个国家和地区建立经贸往来关系,现有外商投资企业近1000家。2014年9月15日,国务院批复同意在汕头经济特区设立华侨经济文化合作试验区,赋予汕头建设21世纪海上丝绸之路重要门户,先行先试,为新时期全面深化改革、扩大对外开放,探索新路的重大使命。

汕头是一座因港而兴的城市。汕头港临近西太平洋国际黄金航道,海岸线长336公里,拥有大小岛屿40个,岸线资源丰富,天然良港众多,是中国海上丝绸之路的重要始发港,是全国沿海25个主要港口之一,也是广东省首个开通对台湾海上货运和包船旅游直航港口。2015年实现港口货物吞吐量5180.9万吨,集装箱吞吐量117.9万标箱,稳居世界集装箱百强港口之列。2015年3月28日,国家发改委、外交部、商务部联合发布的《推动共建丝绸之路经济带和21世纪海上丝绸之路的愿景和行动》,明确提出加强汕头等15个沿海城市港口建设,更是赋予了汕头港全新的战略机遇。

汕头是一座宜居的海滨城市。潮汕平原上韩江、榕江、练江在汕头入海,中心城区拥有国内独一无二的内海湾,形成了汕头一湾两岸、一市两城、南北相望

■ 考古人员清洗"南澳Ⅰ号"打捞起来的船载文物

的城市形态。北回归线从汕头穿过，气候特征冬暖夏凉，加上风光秀丽，生态优良，获得"国家园林城市""国家卫生城市""中国优秀旅游城市"等城市名片。2012年，《汕头市城市发展战略规划》获得世界城市规划领域最高奖——国际城市与区域规划师学会颁发的"规划卓越奖"。

汕头是一座人文荟萃的城市。历来崇文重教，具有独特的人文传统和深厚的文化底蕴。汕头大学是广东省属"211工程"重点建设综合性大学，并与以色列理工学院在汕头合作创办创新研究型高水平大学——广东以色列理工学院。文化传统独特，地方戏曲潮剧和古朴典雅的潮州音乐，是乡情乡谊的重要载体；潮州菜、潮汕小吃，香飘四海，令人回味；潮汕功夫茶，蜚声四海；巧夺天工的潮汕陶瓷、抽纱、潮绣、金漆木雕等工艺美术品远销世界各地；剪纸、潮阳英歌舞等9个项目入选国家级非物质文化遗产。

汕头更是一座充满希望的城市。经过三十多年的改革发展，城市面貌日新月异，交通基础设施日臻完善，基本建成以高速公路、铁路为骨架的现代化立体交通网络。产业发展充满活力，形成8大传统优势产业和17个特色产业集群，成为全国重要的服装、玩具、化妆品、印刷包装、文具等生产基地。社会服务体系比较健全，是区域性的教育、医疗、文化、信息中心。先后进入"中国城市综合实力

50强""中国投资环境百佳城市""中国城市信息化50强""国家知识产权工作示范城市""国家电子商务示范城市""国家信息消费试点城市""宽带中国示范城市"行列，2015年度淘宝村数量列全国第四、全省第一。

历史纵览

自秦汉至明清历代，汕头地区历属揭阳县、潮州府、澄海县。第二次鸦片战争后，汕头被辟为通商口岸，于1860年1月1日正式开埠；1921年设立市政厅。近现代以来，汕头逐渐发展成为粤东地区的经济、政治、文化中心，并延续至今。

汕头因海而立，因海而兴。海上丝绸之路开辟后，汕头这一出海口成为海上丝绸之路的重要节点。自唐宋至明清时期，汕头地区的对外贸易逐渐兴旺发达。唐宋时期，汕头地区先后涌现出凤岭、东陇、南关、樟林等内河港。凤岭港位于韩江支流东溪与南溪交界处，创立于宋太宗太平兴国二年（977年），当时出口产品主要为陶瓷，其遗址在今澄海程洋岗乡外的韩江边。明清时期，汕头地区中心港口是樟林港。南宋时，樟林还只是个渔村，明代始建樟林寨。清康熙解除海禁后一跃成为"商渔船只停泊之处，米谷积聚之地"。樟林港南北二线的航运同时繁荣，港内经常停泊数十至上百艘大船。各地物资云集于此，由红头船运往天津、上海和东南亚等地，又从北方和东南亚各地运来各种货物。在清乾隆、嘉庆、道光、咸丰四朝的一百多年间，樟林港的海运处于兴盛时期。樟林港的繁荣不仅得益于海禁解除，也得益于当时先进的造船业。红头船是一种高桅大型远洋木帆船，船体大、负重多，每艘载重自数十吨至二百余吨不等。1971年10月和1972年10月，在樟林古港遗址的南洲和洲河河床分别出土两艘红头船。南洲河床出土的红头船船长39米，有5层高，还出土刻有"广东省潮州府领字双桅壹百肆拾伍号蔡万利商船"字样的红头船船板，反映了明清时期汕头地区造船业的发达和远洋交通贸易的繁荣。

清代嘉庆初年，汕头港埠基本形成，各地过往商船聚集于汕头港，以榕江和梅溪河为航道，与潮州上下交通，成为潮汕地区"商船停泊之总汇"。鸦片战争前，汕头已初具商埠雏形，汕头港成为国内一个运输繁忙的中转港。潮州人驾驶红头船，以汕头港为基点，开辟了一条北至东北，南至东南亚的区域性国际贸易航线。由于汕头港地理位置重要，自然条件优越，西方国家的帆船行驶到南澳、妈屿海面，进行倾销洋货和贩运人口等非法活动也逐渐成为常态。1858年，恩格斯在《俄国在远东的成功》一文中指出，汕头是五口通商之后"唯一有一点商业意义的口岸"。

1860年1月1日，汕头正式开埠后，潮海关成立，外国资本主义势力纷至沓来，先后有13个国家来汕设立领事馆，开办洋行、教会、学校、医院和航运机构，建设码头、仓库，开展海运贸易。汕头港从开埠至20世纪初，经过几十年的建设发展，成为颇具规模的商贸港口，拥有木栈桥趸船码头6座，仓库200多间（约5万平方米），中外轮船公司10多家，本地船务行或代理行30多家。20世纪30年代，汕头港口吞吐量仅次于上海、广州，居全国第3位；商业之盛居全国第7位，呈现"海渡千帆，楼船万国"的繁荣景象。

汕头地区的海防军事地位日益重要，沿海地区城、关、炮台、烟墩林立。南澳岛位于闽、粤交界，有"闽粤咽喉"之称。历史上有"郑和七下西洋，五经南澳"的记载。明代天启三年（1623年），为抵御荷兰侵略者，汕头建成猎屿铳城，曾痛击来犯的荷兰侵略者，清代改为烟墩，今遗址尚存。南澳还建有雄镇关、黄花山炮台等军事设施，明清时期一直是闽粤地区的军事重镇，设南澳总兵。2007年在南澳海域发现的"南澳一号"古沉船，经考证为明代嘉靖、万历年间的商贸船，满载陶瓷、铜器、铁器，从福建漳州附近驶向东南亚一带。"南澳一号"的发现说明，汕头海域是海上丝绸之路的重要沿线节点。建于清代同治十三年（1874年）的崎碌炮台，为时任潮州总兵方耀所建，为迄今保护得最完整的古代海防军事炮台。此外尚存的古城、炮台遗址还有潮阳海门炮台、澄海莱芜炮台、达濠古城等，充分体现了汕头地区的军事海防地位。

汕头具有悠久的海外拓殖移民史。东南亚地区众多的华侨群体，是汕头地区古代海上丝绸之路繁荣昌盛的鲜活见证。汕头在唐代已与海外有贸易往来，宋元时交往更多，明朝实行海禁催生了私商贸易的繁荣。明朝中后期，朝政腐败，汕头海上武装集团活动频繁，为逃避官兵征伐，许多人远奔东南亚等国家。清朝时汕头地区贸易口岸日益繁荣，随着"红头船"贸易兴起，出海谋生者日益增多。19世纪中叶，海外殖民主义国家招收契约华工的"猪仔贸易"在中国沿海地区兴起，汕头拐掠贩卖苦力活动主要在南澳岛与妈屿岛进行。开埠后，汕头埠成为当时中国最大的华侨出入国口岸之一。潮汕华侨勤劳、智慧、勇敢、奋发的良好品质，在海外对当地的开荒拓殖作出了不可磨灭的卓越贡献。侨批作为当时华侨通过海内外民间机构汇寄至国内的汇款暨家书，是一种信、汇合一的特殊邮传载体，于2013年入选《世界记忆亚太地区名录》，是华侨支援家乡、接济亲人的物质见证，被誉为"海邦剩馥"，具有很高的历史价值和文化内涵，是研究古代海上丝绸之路的重要史料。从上述历史文物和史迹回溯，可知汕头自古以来就是海上丝绸之路的重要节点，在岭南地区的海上丝绸之路发展史上占有极其重要的地位。

■ 东海岸新城新围镇土地鸟瞰图

新"丝路"、新商机

建设21世纪"海上丝绸之路",是新时期国家对外开放的重大战略。汕头作为经济特区、著名侨乡和东南沿海重要港口城市,有责任、有能力在21世纪"海上丝绸之路"建设中发挥独特作用,作出新的重要贡献。汕头在国家"一带一路"战略大格局中的定位是:依托华侨经济文化合作试验区,打造21世纪"海上丝绸之路"重要门户。

汕头市目前正在大力推动的重要工作是:

一是建设"面向国际、服务华侨、拉动全市"的重大战略平台。2014年9月国务院批复同意在汕头经济特区设立华侨经济文化合作试验区,2015年12月华侨试验区发展规划经省政府同意印发实施。华侨试验区位于汕头的核心地带,规划总面积480平方公里,其中核心区50平方公里,包括东海岸新城、珠港新城、濠江滨海新城、汕头保税区等功能区,以合作、创新和服务为主题,构建面向海外华侨华人的聚集发展创新平台,建设跨境金融服务、国际采购商贸物流、旅游休闲中心和华侨文化交流、对外传播基地。华侨试验区建设开局良好,三大启动片区建设全面提速,东海岸新城已累计投资超过110亿元。注册企业已达2544家,注册资本218亿元。设立华侨板,挂牌企业已有381家。华侨资产管理中心"华融华侨"注册资本5亿元,首期资产管理规模将达到200亿元,有18家基金公司将落户汕头开展合作。搭建了扁平化、高效率的管理体制和运行机制，并由市人大授权华侨试验区管委会行使市一级经济管理权限和部分省级经济管理权限。

二是打造有国际影响力的创新中心、孵化基地、创业平台。汕头市将依托广东以色列理工学院、汕头大学，规划建设中以（汕头）科技创新合作区，并逐步争取纳入《中以创新合作三年行动计划（2015—2017年）》，上升为国家创新发展战略平台。合作区将发挥广东以色列理工学院的教育科研优势，深化与以色列的合作，探索开放合作新模式，并逐步拓展与"一带一路"沿线国家和地区的合作新空间，打造成为面向国际创新合作的重要平台。同时，汕头将发挥海底光缆在汕登陆、电力保障充沛和华侨资源富集等综合优势，建设汕头世纪互联大数据协同创新产业园，打造汕头"数据特区"，成为国家"21世纪海上丝绸之路"信息门户港。

三是加快推进重大交通基础设施项目建设。抓住汕头港被国家列为"一带一路"加强建设的沿海港口有利契机，完善港口发展布局，加强港口资源整合，积极争取国家将汕头港设为"21世纪海上丝绸之路"自由港，增强对国际航运资源的配置能力，建成沟通海内外、连接珠三角和海西经济区的国际性大港。积极推动广梅汕铁路龙湖南至汕头段增建二线及厦深联络线、汕头港疏港铁路等干线铁路建设，力争粤东城际轨道、汕头市域轻轨开工建设，积极谋划漳州至汕尾段沿海高速客运专线建设。加快建设汕湛、潮惠、揭惠、潮汕环线等高速公路、新国道G539线、G228线，增强汕头中心城区公路主枢纽功能。

主要国民经济数据（2015年）

全市实现生产总值1850.01亿元，同比增长8.4%，增速列全省第9位。来源于汕头市的财政收入313.3亿元，一般公共预算收入131.26亿元，总量居粤东西北12市首位。实现规上工业增加值704.85亿元，增长7.5%。固定资产投资保持高速增长态势，实现1274.32亿元，增长27.1%，增速列全省第4位。省、市两级重点项目均超额完成年度投资计划，其中31个省重点建设项目完成投资122亿元，完成年度计划125.3%，全省排名第10位。社会消费品零售额1339.34亿元，增长12.9%，规模和增速分别列全省第5位、第2位。外贸进出口总额92.85亿美元，规模居粤东西北首位。实际吸收外商直接投资2.18亿美元，增长22.2%，增速全省排名第2位。金融机构本外币存、贷款余额分别为2857.20亿元、1199.00亿元，分别增长7.1%、11.8%。

"中国制造"名牌云集的珠三角腹地之城

城市名片

城市名称：佛山市　　　　总面积：3797.72平方公里
长途区号：0757　　　　　户籍总人口：388.49万人
邮政编码：528000　　　　地区生产总值：8003亿元

城市概况

佛山市位于中国最具经济实力和发展活力地区之一的珠江三角洲腹地，与广州共同构成"广佛都市圈"，是"广佛肇经济圈""珠江—西江经济带"的重要组成部分，在广东省经济社会发展版图中处于领先地位。

佛山毗邻港澳，与香港、澳门相距车程均在2小时左右，随着广深高铁、广珠城际轨道的开通，佛港澳形成"1小时交通圈"。佛山交通便利，构建起了航空、

■ 佛山市禅城区鸟瞰图

轨道、公路、河运、公共交通有效衔接的现代化立体交通体系,是珠江三角洲地区重要的交通枢纽。

佛山机场民航开通北京、上海、石家庄等城市航线,全市共有4个异地候机楼与广州白云机场无缝对接,快速便捷。

广佛线首通段是全国第一条跨市城际轨道。广珠城际轨道使佛山与广州、中山、珠海、港澳等地区紧密连接。南(贵)广铁路建成通车,从佛山出发,4小时内可达贵阳和桂林。广湛铁路通过佛山与全国铁路网联结。客运火车从佛山直通香港九龙。佛肇城际轨道、广佛线二期、佛山西站等正加速推进建设。

佛山现辖禅城区、南海区、顺德区、高明区和三水区,全市总面积3797.72平方公里,常住人口743.06万人,其中户籍人口388.97万人。

历史纵览

佛山原名季华乡,"肇迹于晋,得名于唐",唐贞观二年(628年),因在城内塔坡岗挖掘出三尊佛像,以为是佛家之地,遂立石榜改季华乡为"佛山",迄今已有1388年的城市得名史。

唐宋年间,佛山的手工业、商业已十分繁荣。至明清时,更是发展成商贾云集、工商业发达的岭南重镇,与湖北汉口镇、江西景德镇、河南朱仙镇并称全国"四大名镇",与北京、汉口、苏州并称天下"四大聚",陶瓷、纺织、铸造、医药四大行业鼎盛南国,是我国"广货"和"北货"的著名集散地。清末,佛山得风气之先,成为我国近代民族工业的发源地之一,诞生了中国第一家新式缫丝厂和第一家火柴厂。

■ 三水区芦苞镇长岐古村

佛山历史文化底蕴深厚。佛山是岭南文化的发祥地之一，素有陶艺之乡、粤剧之乡、武术之乡、广纱中心、岭南成药之乡、民间艺术之乡等美誉，形成了秋色、"行通济"等独具特色的民俗文化。

佛山是陶艺之乡，自古有"石湾瓦，甲天下"的美誉，建于明代正德年间的南风古灶，是世界现存最古老的陶瓷柴烧龙窑，至今已有五百多年的历史，被誉为"陶瓷活化石"。

佛山是粤剧之乡，是"南国红豆"粤剧的发源地，诞生了粤剧艺人的代称——"红船子弟"和粤剧最早的戏行组织——琼花会馆。2013年，南海区荣膺"中国曲艺之乡"称号。

佛山是武术之乡，是中国南派武术的主要发源地，世界上广泛流行的蔡李佛拳、洪拳、咏春拳等均发端于佛山，著名武术大师黄飞鸿，咏春宗师梁赞、叶问，影视武打明星李小龙等祖籍及师承亦在佛山，海外武术弟子达2000多万人。2004年，佛山被国家体育总局授予"中国武术之城"称号。

佛山是狮艺之乡，是南狮的发源地，是首个"中国龙狮龙舟运动名城"。禅城区是"中国龙狮运动之乡"，南海区西樵镇是全国唯一的"中国龙狮名镇"。

佛山是美食之乡，是粤菜发源地之一，民间素有"食在广州，厨出凤城（顺德大良别称）"的美誉，被中国烹饪协会命名为"中国粤菜美食名城"。2014年，联合国教科文组织授予顺德区"世界美食之都"称号。

佛山是岭南成药之乡，古方正药有400余年历史，产品种类齐全，涌现出了"黄祥华"如意油、"冯了性"药酒、"源吉林"甘和茶等一批老字号名药。

正月十六"行通济"，始于明末，盛于清乾隆年间，延续至今并逐渐被赋予慈善等现代色彩，每年吸引数十万群众参加。

佛山人文荟萃，才俊辈出。唐宋以来广东出过9个状元，佛山占5个。明清时为"气标两广的人文之邦"。近代以来，孕育了维新运动领袖康有为，政治活动家张荫桓、戴鸿慈、谭平山、何香凝、罗登贤、邓培，民族实业家陈启沅、简照南、简玉阶，科学家詹天佑、邹伯奇，文学家吴趼人，粤剧名伶薛觉先、马师曾，武术名家梁赞、黄飞鸿、叶问、李小龙，名医李广海，能工巧匠黄炳、陈渭岩、刘传，第一位华人牧师梁发等杰出人物。

新"丝路"、新商机

（1）经济发展特色鲜明的制造业基地

改革开放以来，勤劳重信、善抓机遇的佛山人谋实业、做实业、兴实业，将佛山打造成为我国重要的制造业基地。30多年来，佛山地区生产总值保持年均16%

的增长态势，成为全国经济发展较快、综合实力较强的城市之一。据中国社科院2015年发布的《中国城市竞争力蓝皮书》，佛山城市综合竞争力在两岸三地城市中居第11位。

制造业主导经济发展。2015年，佛山成为国家制造业转型升级综合改革试点。现已形成机械装备、家用电器、陶瓷建材、金属材料加工及制品、纺织服装、电子信息、食品饮料、精细化工及医药、家居用品制造等优势行业，光电、环保、新材料、新医药、新能源汽车等新兴产业发展迅速，配套能力日趋完善的现代工业体系初步建立。2015年，全市实现地区生产总值8003.92亿元，增长8.5%；实现规模以上工业总产值19774.93亿元，增长7.9%；三次产业比重为1.7：60.5：37.8，工业主导地位明显。

近年来，佛山深入实施产业链招商行动计划，对新一代信息技术、新能源和生物医药等重点发展的战略性新兴产业进行"建链"，对平板显示、汽车制造和半导体照明等现有产业链条缺失的高附加值环节进行"补链"，对装备制造、家用电器等传统优势产业链的薄弱环节进行"强链"。先后引进了一汽大众、福田汽车、中国南车制造基地、国药集团中药产业基地等一批重大项目，着力打造汽车制造、装备制造、家用电器、家具制造等全产业链。

近年来，广东省委、省政府要求佛山在珠江西岸先进装备制造产业带中发挥带头作用。佛山抢抓机遇，启动了万亿规模先进装备制造业产业基地建设，力争2020年装备制造业总产值突破1万亿元。2015年，佛山先进装备制造业总产值达5933亿元，占珠江西岸"六市一区"半壁江山。

2015年，佛山顺应"互联网+"信息经济浪潮，全面实施"互联网+"行动计划，力争将佛山打造成为中国"互联网+"应用创新试验区。先后出台"互联网+"行动计划，举办首届中国（广东）国际"互联网+"博览会，建设广东"互联网+"众创金融示范区，打造"互联网+"创新创业产业园，大力培育"互联网+"创新产业集群。

近年来，佛山将智能制造作为产业转型升级的主攻方向，实施"百企智能制造提升工程"，打造柔性化生产，场景化应用的示范工厂。佛山联合中国科技部、中关村，建设中国"互联网+智能制造"试点城市，推动移动互联网、云计算、大数据、物联网与制造业融合发展。根据2015年国务院大督察情况通报，佛山依托智能制造推动产业结构优化升级成为范例。

（2）民营经济蓬勃发展

佛山是全国民营经济最发达的地区之一，民营经济是推动佛山经济持续快速健康发展的重要力量。2015年，佛山规模以上民营工业完成工业总产值13918.25亿元，增长9.3%。民营工业占全市工业总产值比重为70.4%，对全市工业增长的贡献率达81.8%，拉动全市工业增长6.5百分点。佛山现有民营企业约14.5万家，占全市企业比重87.8%，涌现出美的、碧桂园、格兰仕、东鹏、海天、万和、志高等一批骨干企业。

（3）富区强镇经济

原广东"四小虎"中，有顺德、南海"两小虎"在佛山。近年来，佛山坚持分权化的经济发展和行政管理模式，将财力、资源和管理权限充分向基层下沉，推动了区和镇（街）经济快速发展。在2015年全国科学发展综合实力百强区中，佛山五区均位列前50强，其中顺德区、南海区分列第1位、第2位。佛山充分依托专业镇优势，培育和打造了一批国内外知名的区域品牌，形成了各具特色的产业集群，如容桂、北滘家电，乐从、龙江家具，石湾、南庄陶瓷，大沥铝型材，陈村花卉，西樵纺织等。佛山现有中国产业名都、名镇41个，省级专业镇38个，数量位居全省地级市之首。

品牌经济发达。佛山先后成为中国品牌经济城市、中国品牌之都、全国陶瓷产业知名品牌创建示范区、国家商标战略实施示范城市，涌现出美的电器、佛山照明、海天调味品、新中源陶瓷、健力宝饮料、联塑非金属管道、溢达纺织等一批著名品牌和商标。现有集体商标23件，驰名商标151件，均位居全省前列；参与制（修）定国家标准804项、行业标准578项。

现代服务业加速发展。近年来，佛山深入实施提升服务业发展水平行动计划，出台扶持服务业特别重大项目实施办法，重点发展金融、现代物流、商务会展、工业设计、服务外包等生产性服务业，以及医疗健康、教育培训、养老服务、文体休闲等生活性服务业。先后引进欧司朗亚太总部、毕马威大中华区后援中心、苏宁电子商务运营基地、华侨城文化旅游综合体、华南新加坡城、广东集成芯片研发与产业培育中心、浪潮云计算中心等一批现代服务业项目。目前，佛山以现代金融、现代物流为主体的现代服务业迅速发展，以工业设计、文化创意、总部经济、电子商务等为代表的新业态不断涌现。

传统农业精细发展。佛山素有"鱼米之乡"的美誉，历史形成的桑基、蕉基、蔗基鱼塘闻名于世。近年来，佛山运用现代工业生产理念和科技手段，推动传统农业向观光、生态、都市农业转变。目前，佛山以花卉、水产、畜牧为主的现代农业加速发展，拥有全国最大的蝴蝶兰生产基地、全省最大的优质百合花生产基地，是"中国鳗鱼之乡""中国淡水鱼苗之乡"和"中国花木之乡"，被评为首批国家农业产业化示范基地市。

（4）佛山加快建设国家创新型城市

近年来，佛山市以建设国家创新型城市为引领，大力实施创新驱动发展战略和金融科技产业融合发展战略，有效带动了一批创新载体的崛起、创新团队的涌

■ 佛山南海高新区

现、创新企业的提升和重大技术的攻关,有力推动了全市传统产业转型升级和新兴产业培育发展。

以科技创新强健经济体魄。建立和完善以企业为主体的自主创新体系,是佛山产业转型升级的重要路径。近年来,佛山不断加大财政科技投入,带动全社会科技创新投入热情高涨,R&D占GDP比重持续增长。先后获批国家知识产权示范城市、国家知识产权服务业集聚发展试验区,现拥有企业技术中心215家,国家级科技企业孵化器10家,国家高新技术企业716家,有效发明专利7067件,引进国家"千人计划"专家32人,设立院士工作室37个。

以金融创新服务实体经济。佛山民间资本雄厚,金融市场潜力巨大。截至2015年底,全市金融机构本外币存、贷款余额分别为11867.67亿元、7950.53亿元。佛山金融机构众多,为实体经济发展提供重要支持。广东金融高新区股权交易中心自2013年10月底开业以来,已有注册挂牌企业1614家,实现融资近326亿元。深交所企业上市路演中心进驻南海,天交所广东运营中心落户顺德,佛山民间金融街是广东省第二条民间金融街。全市共有银行51家,保险公司63家,小额贷款公司39家,新三板企业41家,上市公司41家。佛山通过设立支持企业融资专项资金、科技型中小企业信贷风险补偿基金等途径,帮助中小企业缓解融资困难。

优质载体助推高端产业发展。佛山现有佛山国家高新区、中德工业服务区、广东金融高新区三大高端载体,以及中国南方智谷、广东工业设计城、智慧新城、绿岛湖都市产业区、佛山泛家居电商创意园、中欧科技合作产业园、广东智能制造产业基地、粤港澳合作高端服务示范区、中国(三水)国际水都饮料食品基地、广东新材料产业基地、广东新光源产业基地等重大平台和产业基地。

(5)佛山政务营商环境优良城市

佛山敢为人先、求真务实、开放包容,改革开放以来一直是全国、全省的改革先锋,成为广东省深化行政管理体制改革试点市和法治化国际化营商环境试点

城市。近年来推进的区级大部门制改革、简政强镇事权改革、行政审批制度改革等，在全国引起较大反响。

全面实施企业注册登记改革，实行法人主体资格与经营资格、认缴资本与注册资本、住所与经营场所相分离的登记制度，初步建立"宽进、快审、严管"企业管理新模式，企业登记时间仅为6个工作日。

推行企业投资负面清单、审批清单与监管清单"三单"管理制度，列明企业投资事前、事中、事后各环节的管理要求，建立全链条、全流程、全行业监管模式，初步实现企业投资"法无禁止则可为"。

编制政府权责清单，构建透明公平、监督有力的权力运行新机制。调整优化行政审批流程，提高企业和市民办事效率。目前，佛山行政审批事项整体精简率达50%以上，80%以上涉及企业和市民的事项可在镇（街道）、村（居）办理。全面推行"一网式""一门式"政府服务改革，入选"2015全国社会治理创新最佳案例"。

佛山率先提出网络问政、网络行政、网络监督"三网融合"理念，网上办事大厅建设全省领先，市、区两级行政审批事项全部进驻，全市可网上申报审批事项达97%，全程网上办理事项达24%。在全省率先推出"市民之窗"自助服务终端，12345政务平台实现全市热线统一呼叫和指挥调度。

（6）佛山倡导开放包容合作共赢之城

佛山是中国历史上较早对外开放的商埠之一，也是改革开放后中国较早的商品出口基地之一，产品远销100多个国家和地区。佛山是著名侨乡，祖籍佛山的华侨和港澳台同胞有148万人。

佛山是外商投资的热土，目前已有一汽大众、丰田集团、百威集团等60个世界500强企业落户。2015年，共引进超千万美元的外资签约项目39个，投资总额30.22亿美元。

佛山不断拓展对外友好关系，先后与日本伊丹市、毛里求斯路易港市、美国斯托克顿市、德国因戈尔施塔特市等结为国际友好城市，获荣国际友好城市交流合作奖。联合德国不莱梅、汉诺威等10个国内外城市组建"中德工业城市联盟"。

佛山深入贯彻落实《珠三角规划纲要（2008—2020年）》，大力推进区域一体化发展。广佛同城化自2009年启动以来，已成为国内区域一体化合作的典范和先驱。广州、佛山两市在城市规划、基础设施建设、产业互动、环境保护、民生领域等方面深入对接，建成国内首条城际地铁——广佛地铁。同时，佛山积极推动广佛肇经济圈建设，密切佛港澳合作，参与泛珠合作和珠江—西江经济带建设，主动融合对接广东自贸区，着力打造粤桂黔高铁经济带合作试验区（广东园），有效拓展了发展的深度和广度。

主要国民经济数据（2015年）

2015年实现地区生产总值8003.92亿元，增长8.5%。在2015年全国大中城市中排名第16位。实现规模以上工业总产值19774.93亿元，增加值4406.95亿元，均增长7.9%。实现全社会固定资产投资3035.52亿元，社会消费品零售总额2687.22亿元，外贸进出口总值657.2亿美元，其中出口482.1亿美元。

2015年实现地方一般公共预算收入557.43亿元，增长11.32%。在2015年全国科学发展综合实力百强区中，佛山5个区均位列前50强。

韶关
珠三角北上拓展的"桥头堡"

城市名片

城市名称：韶关市　　总面积：1.85万平方公里
长途区号：0751　　　户籍总人口：329.13万人
邮政编码：512000　　地区生产总值：1150亿元

城市概况

韶关市位于广东省北部，珠江水系北江流域的中上游，是广东的北大门，珠三角与红三角的交汇处，是中国北方及长江流域与华南沿海之间最重要的陆路通道，是粤北区域中心城市。全市总面积为1.85万平方公里，辖浈江区、武江区、曲江区、仁化县、始兴县、翁源县、新丰县、乳源瑶族自治县，代管乐昌市、南雄市。全市户籍总人口329.13万人。2015年，全市地区生产总值1150亿元。

韶关，是国家历史文化名城，已有2100多年历史，古称"韶州"。自周朝末年以来，中原越人南迁到梅岭驻扎，秦汉至明清间，北方汉族陆续向南迁移至岭南广东第一站交通要道——梅关古驿道上的珠玑巷，又陆续再往珠江三角洲南迁。中原文化也就随之经大庾岭传播到岭南。宋代以前，粤北是岭南政治、经济、文化的中心和交通枢纽，自宋代以来就是粤北政治、经济、文化中心，因而韶关在岭南地区的海上丝绸之路发展史上占有极其重要的地位。

韶关市在国家"一带一路"战略大格局中的定位是：实施立足岭南门户城市的区位优势和主动融入珠三角发展总战略，建设珠三角融合发展区、国家生态文明先行示范区和"一带一路"重要节点城市，打造珠江西岸先进装备制造业产业带配套区、珠三角生态休闲区和珠三角连接内陆腹地桥头堡。

■ 梅岭古道

历史纵览

韶关，古称"韶州"。周朝末时，中原越人南迁至此，以后陆续有北方汉族大量南迁至广东南雄珠玑巷，因为战乱，又从南雄再南迁，而韶关是南迁必经之地，遂成为岭南文化和中原文化的交汇地。

韶关建城已有2100多年历史。汉元鼎六年（前111年）置曲江县，治今市区。韶关是13万年前人类祖先"马坝人"繁衍生息之地，又是"石峡文化"的发祥地，也是岭南文明初期民族、部族文化发展的重要地区。早在春秋战国时期，南海的羽毛、革等热带特产，曾经粤北传入长江流域和中原地区，而北方先进的铁制农具和牛羊畜种也经粤北流入岭南。粤北成了岭南岭北商品交换的通道，是广东和北方的军事要道和重镇，形成了韶关的"古道文化"。汉武帝开辟海上丝绸之路后，韶关留下了乳源西京古道、南雄乌迳古村落及水路古道、梅关古道、乐宜古道等当地典型的海陆丝绸之路文化遗迹。徐霞客、黄巢、利玛窦等历史人物也与韶关古道大庾岭有关。

（1）军事战略地位

韶关在历史上一直是广东和北方的交通要道，在军事上有着重要的战略意义，素有"一夫当关，万夫莫开"之险势。在长沙马王堆三号墓中，发现2100年前的地形图和驻军图（世界最早的地图），标示有韶关市西北部的地形和居民点，说明了韶关地理位置在古代军事上的重要性。正由于韶关地处咽喉，所以，这里成了历代兵家必争之地。

早在公元前214年，秦始皇分兵五路平定两广，就有两路大军分别沿粤北的浈水和连水南下广州。秦末汉初，南越王赵佗割据江南为对抗中央王朝，便在南越国北境险隘处置关戍守，利用五岭易守难攻的地势，在今韶关市内大修关隘。赵氏王国凭这些关隘，割据岭南95年。

（2）韶关自古代就是粤北重镇

韶关是一个四面环山、三江通外的"盆底"形城镇。在商贸上是"一吏当关，万物难出"之重镇。出入的商品货物，均有东、西、北三关把守，所以商贾从来就将韶州称为韶关。汉武帝时代，韶州就是一个很兴旺发达的岭南小城，当初的城址是在浈水东的莲花山脚一带，古城基址今已无存。

（3）粤北地区经济文化的发展

"马坝人化石"的发现，揭示了旧石器时代广东地区人类的历史。新石器时代中晚期的遗址遍布全境，数以百计，其中以曲江石峡、鲶鱼转和韶关走马岗遗址为代表，所出土的大批石奔、石斧、石凿、石刀等制作精美的石制工具，以及鱼网坠、陶纺轮、各种石制和骨制的装饰品，人工栽培稻的谷粒等遗物，说明了四五千年以前粤北先民文明的开端。青铜文化的遗址的发现，表明粤北地区从周代起已经步入青铜时代，只是发展较中原地区缓慢，尚未形成奴隶制社会。

公元前214年以后，汉人不断有组织地从黄河、长江流域迁移三郡，和越人杂居。这种融合的趋势从挖掘的西汉墓中得到了大量实物证据。公元三世纪时已有阿拉伯商人从海道来中国，广州成了中国对外贸易中心，而粤北则成了我国南北交通的要冲，历史上几条著名的南岭通道中，有三条（大庾岭通道、骑田岭通道和萌诸岭—九嶷山通道）通过粤北。水路交通干线一为浈水，逾大庾岭山隘过江西为小北江，逾骑田岭上湖南。

东晋末年，由于北方长期战乱，迫使大批中原居民南迁入粤。因此，粤北地区的人口骤增。两晋南朝时期，粤北地区的人口密度超过了粤东地区和珠江三角洲。北方劳动人民大批南迁，给粤北地区带来了许多先进的生产工具和耕作技术，促进了粤北山区的开发。

唐宋时期，粤北的文明已经辉映岭南了。广州是古代中外贸易的重要商埠，而韶州又是广州通往内地的交通要道。自唐开元四年（716年），张九龄奉命开凿大庾岭道以来，韶关成了南北货运的要道，使韶州商业之发达仅次于广州。宋代，由于西北对外的通道被西夏等部族所截断，因此，朝廷更加重视南方海道，扩大对外贸易。韶关、南雄等作为粤北重镇因而越加繁荣。宋代税收额五千贯到一万贯的城镇在南雄州就有六处。宋皇祐年间，韶关大宝山开采铜矿，亦从南雄通过；北运公盐，也以南雄为干线。

唐代的粤北是岭南有名的"文化之乡"，出现了"开元之治"张九龄、晚唐贤相刘瞻等名人。以韩愈、刘禹锡等为代表的一批在粤北为官的著名政治家、文学家也对粤北文化做出了贡献。两宋时期，粤北的文化继唐代之后盛久不衰。

出现了余靖等文才拔萃的政治家、外交家等名人。以北宋文学家苏东坡、画家米芾；南宋文学家杨万里，道学家朱熹、王阳明等为代表的一批杰出的名人也都在粤北留下了他们光辉的篇章。自唐宋科举制度盛行以后，学宫、书院也纷纷建成。宋代韶州有府学、湘江书院，各县有县学、社学。曲江有濂溪书院，著名学者周敦颐等曾在书院任教。

粤北的佛教文化盛久不衰，历代都有传人。其中以生活在唐朝的六祖慧能和明末清初的澹归和尚最为出名。前者创建了南派禅宗，后者开辟了丹霞山别传寺。南朝时，佛教文化在粤北也极其盛隆。著名的南华寺（在曲江马坝）、月华寺（在曲江乌石）、灵隐寺（在韶关）等，均在此时建成。南华寺因为六祖慧能创建的禅宗而名扬四海，被称为中国佛教名寺、岭南四大名刹之一。

（4）石峡文化"跨入文明门槛"的遗存

在曲江马坝狮子岩的狮头岩和狮尾岩两座石炭纪石灰岩孤峰之间的峡地（以下简称石峡）开垦出的梯田中发现了大量新石器时代的陶片、石器等文化遗迹，提供了整个遗址四期文化遗存之间完整的堆积关系。石峡第一期、第二期、第三期、第四期文化遗存的曾经名称、隶属的时期和距今的年代分别为："前石峡文化"，属新石器时代晚期前段，距今年代为6000～5000年；"石峡下文化层"，由于这一期文化遗存考古资料丰富，文化面貌与另三期文化遗存相较明显不同，具有突出的文化特征。此期文化遗存命名为"石峡文化"，属于新石器时代晚期后段，距今4600～4200年，此期是"已跨入了文明门槛"的人类文化遗存；"石峡中文化层"，距今4000～3500年；"石峡上文化层"，距今年代相当于西周晚期至春秋早期。石峡文化是岭南地区重要的原始文化之一，反映原始社会解体的两大阶段的发展过程，它是透视南北的窗口。

（5）韶关"古道海陆丝绸之路文化"

①粤北南雄的珠玑巷和梅关古道成为海陆"丝绸之路"的连接点

梅关古道，地处粤北韶关南雄市，它在张九龄重新开凿之后，就改变了岭南的经济走向、文化走向。珠玑巷和梅关在唐代由此成为中国南北交通要道和经济文化交流的枢纽。张九龄的《开凿大庾岭序》中清楚说明此关是为将广东自海上"丝绸之路"而来的海外商品，更通畅地经此运往中原，满足南北贸易之需。东晋时印度达摩自海上入南越经梅关至建业（现南京），其后达摩传人先后数次自梅关珠玑往返中原南越之间。六祖惠能自梅关入主韶关南华寺，并由此发展成与自陆上丝路传入的北派禅宗显然不同而相互关联的南禅宗。

②乳源西京古道沟通古代海陆丝绸之路

西京古道是海陆丝绸之路对接的最早通道。西京，即今西安。25年，东汉桂阳郡（辖韶关、清远、郴州等地）太守卫飒，开凿了一条由英德经乳源至湖南的

"官道"，是大部分古代岭南人进京都的必经之路，这是有记载以来最早沟通珠江、长江流域的最长的陆路古道，是连接岭南文化与中原文化的纽带。西京古道是在海陆丝绸之路开通后开辟的，又经历唐、明、清三代重修，一直起到了沟通南北的作用。乳源县境内仍保存着约有70公里风貌较完整的西京古道。早在汉代便有了修古道，运龙眼、荔枝到西京的记载。

大庾是历代五岭南北最重要的一条交通线。利玛窦在韶州传教7年，用拉丁文意译出的《四书》，是最早的外文译本，还译有《中国描述》等。利玛窦于万历二十三年（1595年）离开韶州，坐船北上也经大庾。韶州是利玛窦传教活动较为稳定和成功的一个重要据点，他把西方文明传入韶州，而韶州也借由《利玛窦中国札记》扬名于世界。

新"丝路"、新商机

韶关市在国家"一带一路"战略大格局中的定位是：实施立足岭南门户城市的区位优势和主动融入珠三角发展总战略，建设珠三角融合发展区、国家生态文明先行示范区和"一带一路"重要节点城市。

韶关市目前正在抓紧推进的主要项目有：

一是积极参与"一带一路"重大交通基础设施建设，加快实现我市与珠三角的交通对接，使韶关作为推进泛珠区域合作和衔接西江—珠江经济带的重要支点。加快北江航道扩能升级，到2020年，高等级航道里程超过120公里。2015年实现了县县通高速公路，成为粤北首个、全省第四个拥有环城高速公路的城市。

二是实施工业转型，中心城区扩容提质和莞韶产业转移园建设。加强莞韶城、粤商高科创新园、特钢园等工业平台建设，积极申报国家级高新技术开发区，加强北部产业园规划，深入实施工业转型升级攻坚战三年行动计划。

三是不断深化区域合作，积极推进广佛肇清云韶经济圈建设。韶关制定了《韶关市主动融入珠三角实现加快发展行动计划（2015—2018年）》，2011—2015年累计实际引进资金580亿元，年均增长23%。

■ 韶关新港码头

四是加强与一带一路沿线国家的经贸合作。近两年，韶关市先后与缅甸、印度、土耳其、斯里兰卡、以色列、阿联酋、斯洛伐克等国进行经贸交流活动。2014年，吸收"海陆丝"国家和地区到本市投资1.6764亿美元。2015年，吸收"海陆丝"国家或地区投资4102万美元。

韶关市在制定"十三五"规划时，加强了与国家"一带一路"大战略的对接，正在全力推进一批具有强劲发展后劲的项目。

一是深入推进与"一带一路"沿线国家和地区在产业投资、贸易往来和能源资源等领域的务实合作。加强与赣州、郴州"红三角"区域合作，推动湘粤开放合作试验区建设，构建互动、互补、互惠的发展格局。

二是推进与珠三角地区的深度融合，努力将韶关建设成为珠三角连接内陆的桥头堡，使韶关成为珠三角产业进入内陆腹地、广货北上和内陆地区优势产业进入珠三角的经济走廊。

三是重点抓好产业园区建设，推动产业集群发展。进一步巩固提升传统优势产业，积极培育新兴产业，制订实施新兴支柱产业发展行动计划，着力打造年产值500亿元以上的支柱产业，基本建立有韶关特色和区域竞争力的现代产业新体系。

四是加快物流基地建设。韶关是华南沿海地区资金、技术、信息、人才等要素通往内陆腹地的重要通道，京广高铁、乐广高速、大广高速公路、武深高速公路、粤湘赣业务拓展桥头堡等一批物流基础设施的陆续完善，韶关市作为广东北大门，将极大地吸引人流、物流和资金流的汇集。

"十三五"期间，韶关将加快建设成为珠三角融合发展区、海上丝绸之路重要陆路节点、国家交通枢纽城市、国家生态文明先行示范区，确保与全国同步全面建成小康社会。

主要国民经济数据（2015年）

2015年，全市地区生产总值1150亿元，同比增长6.2%，位列全省第21位。人均地区生产总值预计4万元，同比增长5.5%。规模以上工业增加值增长3.0%，位列全省第21位。地方公共财政预算收入85.2亿元，完成年计划的101.6%，同比增长1.5%（按可比口径），位列全省第19位。2015年底，全市中外资金融机构本外币贷款余额和存款余额分别为731.8亿元、1532.9亿元，较年初分别增长9.0%、9.9%。完成固定资产投资701.7亿元，同比下降5.8%，位列全省第21位。全市76项（135个）重点项目完成324.3亿元，完成年度计划的94.8%；列入省重点的项目34个，完成投资139亿元，完成年度计划的108.4%。全年实现社会消费品零售总额580亿元，同比增长10.9%，位列全省第16位。全市外贸进出口总额149亿元，同比增长3.1%，位列全省第11位。全年实际吸收外资0.48亿美元，同比下降74.8%。

河源
世界客家文化交流重要纽带

城市名片

城市名称：河源市　　总面积：1.5642万平方公里
长途区号：0762　　　户籍总人口：360万人
邮政编码：517000　　地区生产总值：810.08亿元

城市概况

　　河源市位于广东省东北部，地处东江中上游，东靠梅州市，南接惠州市，西连韶关市，北邻江西省赣州市，全市面积1.5642万平方公里。河源市是国务院1988年1月7日批准设立的地级市，管辖源城区、东源县、龙川县、紫金县、连平县、和平县共一区五县。全市户籍总人口360万人，2015年，全市地区生产总值

■ 河源全貌

810.08亿元。

河源，上古属扬州南境，秦于龙川置县。南朝齐永明元年（483年），龙川析地置河源县，属南海郡。南梁天监二年（503年）属梁化郡，隋唐属循州，南汉乾亨元年（917年）析循州分置祯州、循州，河源地区属循州。宋天禧五年（1021年）改祯州为惠州。明洪武二年（1369年）循州并入惠州，河源地区在1913年属广东省都督府潮循道，后直属广东省革命政府东江行政委员会。新中国成立后，先后属东江行政委员会、东江行政专员公署、粤东行政公署、韶关地区、惠阳地区等。1992年

■ 和平县城街道（摄于1936年左右）

8月河源市经国务院批准列入沿海经济开放区，成为既可享受山区优惠政策，又可享受沿海开放区优惠政策的地区。河源市是东江流域客家人的聚居中心。"百越"时期，来自江浙一带的越民散居于少数民族之中，对开化粤地起了重要作用。秦平百越后，迁陕陇之民居粤，带来了黄河文化。此后，凡遇中原战乱，都有一批批的移民进入岭南。这些南迁之民与当地土著民族相互同化，逐步形成了客家文明。

河源市在国家"一带一路"战略大格局中的定位是：充分发挥河源独特的历史人文和生态资源优势，以互信认同为根本，以畅通内外通道为基础，以扩大经贸投资为重点，以深化人文交流为纽带，以强化平台建设为支撑，进一步解放思想、创新机制、搭建平台、优化环境，务实推进与"一带一路"沿线国家合作，着力提升对外开放水平，努力把河源建设成为"一带一路"重要城市节点、世界客家文化交流重要纽带和广东实施"一带一路"重要区域，为国家实施"一带一路"战略发挥重要的支撑作用。

历史纵览

河源战国时为土著越人自治，秦、汉、三国、晋时期均属古龙川县地，归南

■ 河源县城全景，近处是新丰江，远处是龟峰塔（摄于1910年左右）

海郡管辖。龙川"居郡上游，当江赣之冲，为汀潮之障，则固三省咽喉，四周门户"，为"水陆之要道"。

秦始皇三十三年（前214年），秦南平百越，置龙川县，赵佗为令，设县治于龙川城（1941年改名佗城）。自秦代至民国，佗城都为龙川县治所，同时是五代南汉至民初循州（路）治所。又是宋代工部尚书王汝砺和现代著名作家、文学评论家萧殷的故乡，文化历史悠久，至今仍有众多古迹和古建筑。由于交通便利，唐宋时期佗城就被辟为商埠，至明代中叶，这里已有200多家商户及豪门大户，建有大码头，闽、赣、潮、兴、梅、惠、广等地富商大贾云集于此，成为东江上游经贸中心。至1949年，保持完整的仍有县前街、南门街、大东门街、小东门街、百岁街等，店铺约300多间。

南朝齐永明元年（483年），析龙川县置河源县、新丰县，隶属南海郡。河源县治所设于上城。后管理体制虽经多次变动，但河源县名1000多年来从未变化。1988年1月，经国务院批准设立河源市（地级），下辖源城区、东源区、和平区、龙川县、紫金县、连平县一区五县，其管辖范围为秦朝古龙川辖地之大部。

元初，河源县有3530户，13540人，后因行政区域的分割，以及战乱和自然灾害的影响，至明洪武二十四年（1391年），全县人口锐减到1195户，5628人，田地山塘约有3123顷（折合31.23万亩）。清乾隆七年（1742年），取消男女丁口税，新开荒地不纳税，于是四面八方之民纷至沓来本县定居，由此河源县人口逐步增多。民国二十三年（1934年），全县总人口已增加到17万人，耕地面积约有2.4万公顷，所产粮食，足够县人之食，农林产品，片糖、蒜头、风栗为大宗，计岁产片糖约有300吨、蒜头25吨、风栗300吨、草菇和香菇20吨、柿饼5吨，松、杉、竹木产额亦丰，不少农林产品，远销港澳及东南亚一带。在手工业方面，从明嘉靖三十五年（1556年），河源县有厚塘坑、马子坑、大半门、蕉坑山白高山等山地，有人工开采炼铁炉5座，清康熙三十年（1691年）有铅、锡矿开采。民国二十三年（1934年）县城首家马氏织造厂投产，拥有手工操作的毛织机20台，职工28人，试产巾、线袜产品；此外，在县城除竹器、木器、印刷、制衣、理发、石匠、纸扇等手工业生产外，又发展造木帆船、加工松脂和肥皂生产。在商贸方面，河源城有大小商店400多家，县属的回龙、蓝口、蓝溪、观音阁、平陵等重镇，有商店200多家。

这里要特别提到的就是东江及其支流新丰江对河源工业、农业、商业、贸易及与香港、澳门和东南亚国家商贸往来的重要作用。发源于江西省南部安远、寻乌两县的东江，全长562公里，流经龙川、和平、河源、紫金、博罗、惠阳、东莞，最后注入南海。今河源市境处于东江中上游，境内河长193.6公里，设有河源、老隆、古竹、蓝口等重要港口，新丰江发源于新丰县，河源县内河长85.6公里，设有回龙、锡场等港口。东江（及其支流新丰江）及其沿途港口就像一条珍珠项链，将香港、广州、及宝安（今深圳）、惠州、东莞、河源、紫金、龙川、和平等沿江地区串在一起。自古至今，就是粤东北一条"黄金水道"。秦汉时，有简易木船和木筏、竹筏在江中行驶，唐宋时期进一步发展，到了明清民国直至新中国建立后，东江船运进入鼎盛时期。只是到了20世纪90年代后，由于京九铁路和粤赣高速公路开通，陆路交通快速发展，车辆日益增多，成为运输的主角，东江水运才退至次要地位。正是通过东江这条航线，将河源出产的大蒜、草菇、松香、桐油等山区特产源源不断运往惠州、广州、东莞、宝安（今深圳）及香港、澳门，并出口到印度尼西亚、马来西亚、新加坡等东南亚国家。东江，成为河源连接海上丝绸之路的纽带。河源，这个经济欠发达地区早在明清时期就通过海上丝绸之路在中国香港、澳门以及东南亚广大国家中，通过商贸活动，树立下了良好的声誉。

河源民间文化交流频繁。河源是岭南文化的发祥地之一。客家先民举家南迁时，带来中原民间文化中的口头文学，即民歌民谣。1963年，国务院总理周恩来还关怀紫金花朝戏《苏丹》和录音远播东南亚的河源山歌剧《拉郎配》。1956年8月，龙川杂技团参加广东省第一节民间职业杂技魔术汇演，曾彩凤演出《咬花》节目获一等奖。该团经常在国内特别是在中南五省作巡回演出，还曾分别为新加坡总理李光耀、坦桑尼亚军事代表团访华举行专场杂技表演。1990年冬，赴日本进行为期半年的演出，观众达15万人次。1998年再次赴日本演出。2004年，赴越南参加在顺化举办的国际文化节。

从上述历史、人文、军事、经济、商贸、文化史实回溯分析，可知河源自秦汉以来就是东江中上游的政治、军事、经济、商贸、文化中心，在广东的海上丝绸之路发展史上占有一定的地位。

新"丝路"、新商机

河源市在国家"一带一路"战略大格局中的定位是：充分发挥河源独特的历史人文和生态资源优势，以互信认同为根本，以畅通内外通道为基础，以扩大经贸投资为重点，以深化人文交流为纽带，以强化平台建设为支撑，着力提升对外开放水平，努力把河源建设成为"一带一路"重要节点、世界客家文化交流重要纽带和广东实施"一带一路"重要区域，为国家实施"一带一路"战略发挥重要的支撑作用。

河源市目前正在抓紧推进的主要项目有：

一是推动重要基础设施互联互通，全力打造粤赣省际区域性中心城市。

河源市推动赣深高铁和高速公路经济带成为全市区域协调发展的重要引擎。利用河源市国家一类口岸功能和临近广东沿海7大港口的优势，加快"公铁水"三

■ 河源高新技术开发区概貌

路联通建设，打开河源"借陆出海""借水出洋"的通道，打通与"一带一路"节点国家（地区）的通道，积极贯通河源经江西、广西、湖北、重庆、陕西、新疆以及云南等省区市，对接中亚、中东欧、欧盟及东南亚的"陆上丝绸之路"通道。争取开通河源市至俄罗斯、中亚等国的铁路国际班列，力争逐步实现班列化运行。加快完善物流园区、港口、口岸与铁路干线的连接设施。

通过推动重要基础设施互联互通，河源市全力打造粤赣省际区域性中心城市，成为粤北开放型经济新高地。河源市全力推进区域合作。深圳对口帮扶河源、深莞惠+汕尾河源新型都市圈、粤赣经济合作试验区等区域平台建设，为河源市全面融入区域一体化发展打下坚实基础。争取跨国公司、央企、省企、知名民营企业在河源设立地区总部和区域性服务中心，打造"总部经济"。加强与深圳合作，加快深河产业城"双港双谷一区"的开发进度，强化县区共建园对接建设，鼓励县属国有企业以股权投资形式参与共建园开发建设。

二是充分把握国家"一带一路"重大发展机遇，谋划重大经济发展平台。

依托河源优势产业基础，建设产业双向投资新平台。依托河源电子信息产业链完备的优势，鼓励企业"走出去"收购、兼并境外科技企业和研发机构，推动企业在沿线国家布局生产基地和境外营销网络，提升河源电子信息企业综合竞争力和市场占有率。依托河源超白石英砂资源，发展壮大太阳能光伏产业，积极推动和引导光伏企业开展对外经济技术合作，通过对外承包工程等方式，积极开拓非洲、中东、亚洲等新兴市场，投资建设光伏电站。依托河源独特的中药材资源优势和良好的生态环境，结合现代生物技术，加强中草药提取、浓缩及中药新剂型的技术研发，推动中药走向世界。

依托灯塔盆地国家现代农业示范区，利用生态优势和特色农产品资源丰富优势，推动与以色列、新加坡等国家合作建设现代农业示范园区，建设一批以板栗、茶叶、水果、蔬菜、油茶、五指毛桃等为代表的特色农产品生产基地，延长特色农产品产业链条。

到2020年，全市形成若干个以上超百亿资源专业基地，资源产业年产值达500亿元以上。

通过产业双向投资新平台，将改造河源的传统产业，培育发展战略性新兴产业。大力发展壮大以新电子、新能源、新材料、新医药"四新"产业为重点的战略性新兴产业，发挥现有龙头骨干企业、特色产业基地、重大投资项目效应，重点培育扶持新一代移动通讯终端设备、太阳能与光伏应用、钨矿精深加工、食品饮料等特色优势产业，做大做强电子电器、太阳能光伏、新材料等特色产业集群。到2020年，确保"四新"产业中20亿元产值的企业10家以上，百亿元产值的企业2~3家，全市工业总产值达3500亿元。

三是深化与沿线国家文化、科技、人才、教育、医疗等领域交流合作，增进相互了解和文化认同，建立多层次的友好合作关系。

扩大文化交流传播。以客家文化为主题，通过发展友好城市合作模式、互办文化年、特色旅游节等活动，增强河源在"一带一路"沿线国家的文化影响力和亲和力。挖掘华人华侨资源，通过举办世界客商大会、世界客商博览会、东南亚华侨寻根之旅夏令营、青少年友好交流等活动，融通海外、联络人脉、汇聚资源，推进客家文化、华侨文化和境外优秀文化的相互交流。

加强科技人才交流。依托河源科研院所、创新型企业和科技园区等机构，加强与沿线国家科技合作，共建联合实验室（研究中心）、国际技术转移中心、数据中心等，共同提升科技创新能力。

推动教育卫生合作。鼓励河源职业院校与东南亚高校建立长期合作关系，建设一批面向沿线国家的教育培训中心和留学生基地。拓展与沿线国家在医疗卫生领域的合作。支持有条件的中医医疗机构"走出去"，加强与沿线国家合作开发天然药物资源。

以尊重自然、保护自然的生态文明理念，挖掘利用万绿湖丰富的水资源，发展水生态产业。打响国际旅游品牌。利用各类旅游推介会、展销会向"一带一路"国家（地区）推广河源"客家古邑、万绿河源、温泉之都、恐龙故乡、红色经典"特色旅游品牌，加强与沿线城市之间旅游、文化、餐饮等产业融合，打造"海上丝绸之路−千里客家文化旅游长廊"。

主要国民经济数据（2015年）

2015年，全市实现地区生产总值（GDP）810.08亿元，按可比价格计算，比上年增长8.1%。规模以上工业增加值380.32亿元，比上年增长8.2%，增速在全省21个地级以上市排第7位。完成固定资产投资564.14亿元，比上年增长24.5%，增速高于年度计划目标4.5个百分点，在全省21个地级以上市排第6位。全市实现社会消费品零售总额482.99亿元，比上年增长11.0%。全市进出口总额40.3亿美元，比上年增长1.9%。全市实际利用外商直接投资1.44亿美元，比上年下降36.2%。地方一般公共预算收入67.47亿元，比上年增长11.6%，增速在全省21个地级以上市排第10位。国、地税税收收入突破百亿元大关，达107.65亿元，比上年增长8.4%，增速在全省21个地级以上市排第5位。2015年末，全市金融机构各项存款余额988.90亿元，比年初增长12.9%，增速在全省21个地级以上市排第3位。金融机构各项贷款余额801.08亿元，比年初增长14.6%，增速在全省21个地级以上市排第4位。

注：2015年主要国民经济数据为统计公报数。

"一带一路"的"世界客都"

城市名片

城市名称：梅州市　　土地面积：1.58万平方公里
长途区号：0753　　　户籍人口：543.79万人
邮政编码：514021　　地区生产总值：955.09亿元

城市概况

梅州市位于广东省东北部，闽粤赣三省交界处，东靠潮州，西接河源，南连揭阳、汕尾，北接江西、福建。

梅州是客家人南迁的最后落脚点，也是明清以来客家人衍播四海的出发地，是全球最有代表性的客家人聚居地，是世界客家人的心灵家园，被誉为"世界客

■ 梅江灯火（周勇明）

都"。南汉置敬州，北宋开宝四年（971年）易名梅州，元代设梅州路，清设嘉应直隶州。1949年后设兴梅专区、梅县地区，1988年改建为梅州市。全市总面积1.58万平方公里，户籍人口543.79万，下辖梅江区、梅县区、兴宁市、平远县、蕉岭县、大埔县、丰顺县、五华县8个县（市、区）。

梅州是叶剑英元帅的故乡，广东省唯一一个全域被确认为原中央苏区范围的地级市。梅州山水秀美、文化积淀丰厚，是国家历史文化名城、国家生态文明先行示范区、国家园林城市、国家卫生城市，也是中国著名的文化之乡、华侨之乡、足球之乡、山歌之乡、金柚之乡、客家菜之乡、单丛茶之乡、油茶之乡。梅州人文荟萃，英才辈出，先后涌现出宋湘、丁日昌、丘逢甲、黄遵宪、李惠堂、曾宪梓、田家炳等杰出人士。近代以来，孕育了29名两院院士，340多名大学校长（书记、院长），470多位将军。

近年来，梅州围绕振兴发展目标，深化运用"两大政策"，借力广州全面对口帮扶，扎实推进"三大抓手"，努力构建嘉应新区、广东梅兴华丰产业集聚带、梅江韩江绿色健康文化旅游产业带"一区两带"发展新格局，全市经济社会保持良好发展态势。2015年，全市实现生产总值955.09亿元，增长8.6%，增速居全省第四；一般公共预算收入突破百亿元大关，达103.58亿元，增长21.5%，增速居全省第二；固定资产投资568.06亿元，增长39.4%，增速居全省第一；外贸进出口总额24.54亿美元，增长12.5%，增速居全省第二。一批长期谋划的重大项目成功落地，梅汕高铁、五华抽水蓄能电站、高陂水利枢纽工程先后动工，粤电大埔电厂建成投产，济广高速平兴段、汕湛高速五华段建成通车，实现"县县通高速"。产业集聚带总体规划得到省政府批准实施，并上升为省级发展平台，产业园区承载力大大增强。启动申报国家级经济技术开发区，规划建设综合保税区。统筹推进江南新城、梅县新城、芹洋半岛建设，医院、学校、公园、道路、桥梁、场馆等公共设施建设顺利推进。连续9年获评全省综治工作优秀市，群众社会治安满意度连续16年超过90%，连续7年群众安全感全省第一，连续4年获评"中国最具幸福感城市"，并获"中华诗词之市"、2015"一带一路"旅游推广十强城市奖等殊荣。

历史纵览

梅州是全国重点侨乡、海峡两岸交流基地。目前，旅居港澳台同胞和海外侨胞500多万人，遍布70多个国家和地区，是"海上丝绸之路"的重要参与者和建设者。联合国教科文组织确定梅州松口镇为客家人移居海外的原乡，并在梅县松口建立了环印度洋地区第七座、中国唯一一座国际移民纪念碑，这是梅州与东南亚各国移民密切联系的见证，松口成为海上丝绸之路——"印度洋之路第一港"。

(1) 梅县水车窑瓷器：**"海上丝绸之路"的重要贸易商品**

唐宋时期，梅县水车窑所生产的瓷器，质量上乘，技术仅落后于有中国唐代第一窑之称的"浙江越窑"，产品大量出口亚非各国。

唐宋水车窑之后，大埔县陶瓷生产"兴于元初、鼎盛于明清"，大埔成为全国四大"瓷都"之一。大量大埔陶瓷经韩江发往潮州港，沿"海上丝绸之路"源源不断地远销东南亚、欧洲等地。

(2) "下南洋"：**客家人移民东南亚历史悠久**

客家人虽聚居于粤闽赣山区，但凭借连接南海的韩江和梅江、汀江等，宋明以来就不断有客家人沿着古老的"海上丝绸之路"，移民到了南洋，形成了"下南洋"的传统。目前印度尼西亚的客家华人华侨达800万，马来西亚约300万，泰国约60万，新加坡约30万。

乾隆年间，大埔人张理偕同邑人丘兆进及永定人马福春共同南渡来到槟榔屿，三人义结金兰，共同开发槟榔屿，奠定了槟城繁荣发展的基础。罗芳伯是梅县石扇镇人，由家乡渡海到婆罗洲坤甸（今印度尼西亚的西加里曼丹）谋生。1777年，他率领以客家人为主的采金矿工，建立了带有"小共和国"性质的华人政权——兰芳公司，当时有数万大埔人、梅县人在当地居住，以开采金矿为生。罗芳伯作为兰芳公司的首任领导人，被称为"大总制"或"大唐客长"。在他去世后，兰芳公司采取选举的方式产生继任领导人，延续了108年，直至1884年才被荷兰殖民政府所灭。

(3) 南洋"开埠"：**客家人开发东南亚贡献巨大**

南洋一带有一谚语广为流传："客家人开埠，广府人旺埠，潮州人占埠。"这是因为早期还处在未开发的南洋各国，其开发者大多是以擅长开荒、种植的客家人。客家人移民南洋地区后，在与当地居民合作开发经济的同时，主动参与社会文化建设，大量兴建医院、路桥、寺庙等公益事业，促进了当地社会文化发展。

(4) 水客：**家乡与南洋联系的"彩虹桥"**

在客家人大量移民南洋地区过程中，家乡与南洋之间的联系相当紧密，每年往来于家乡与南洋之间的人数以万计。甚至出现了一个新行业——水客，沿着"海上丝绸之路"，不断往来于家乡与南洋之间，专门承担家乡亲人与南洋华侨之间的联络，负责带人、带钱、带物、带信。他们所带的信是一种类似汇票一样的信件，俗称为"侨批"，承担着家乡亲人养家糊口的责任。据统计，在1949年以前，往来于梅州与南洋之间的水客达数千人，为家乡亲人与海外华侨之间架起了一座"彩虹桥"。

(5) 中国近代化：**客家华侨深度参与**

清政府在第二次"鸦片战争"被打败后，一些官员为改变中国落后局面，发起"洋务运动"，从西方先进资本主义国家引进机器生产代替传统手工作坊，开启了中国经济近代化的进程，客家华侨积极参与，在葡萄酒、金融、铁路、制造等领域作出了突出贡献。

客家华侨中回国投资最早、影响最大的是南洋巨富张弼士。张弼士首先响应清政府的号召，在国内投资巨款，引进国外先进设备和技术，创办了数十家企业，包括食品、冶矿、制造、农机等种类。其中以山东烟台张裕葡萄酿酒公司花费的心血最多，声誉也最盛。旅居南洋的客家侨商张榕轩、张耀轩兄弟集资300万两，创立潮汕铁路股份有限公司，建成中国第一条由华侨投资的纯商办铁路。1896年，张弼士参与筹办第一家中国银行——通商银行，并担任董事。1905年9月，大清银行在北京西交民巷正式成立，这是由客家华侨张榕轩、谢荣光、张耀轩等奉旨招商承办的，是中国第一家国家银行，民国后改称为中国银行。客家华侨还大量投资制造业。如华侨黄琼清在梅县投资开设"以五堂"，经营车、钳、焊、修理汽车等业务。张弼士在广州市西堤新基创办"广东裕益机器制造灰砂砖有限公司"，在惠阳设立平海福惠玻璃公司等。

新"丝路"、新商机

据权威专家介绍，梅州作为世界客都、客家人移民向印度洋播迁的始发地，与海上丝绸之路、国家"一带一路"建设和战略具有很多独特的对接亮点，主要包括世界客商与海上丝绸之路对接，客家海外移民之路与海上丝绸之路对接，梅州南洋古道与陆上、海上丝绸之路对接，海外客家人为"两洋战略"发挥作用对接等。这些亮点是梅州独有的，综合起来就是梅州在建设"21世纪海上丝绸之路"战略基地和高地拥有的优势，这些优势又与"世界客都"品牌对接，将助力梅州打造"一带一路"的"世界客都"。

2015年，梅州以"汇聚客商力量、共创海丝未来"为主题成功举办第四届世界客商大会，认真落实国家"一带一路"发展战略，推动客属地区和全球广大客商参与海上丝绸之路建设，扩大开放合作，实现互利共赢。来自全球26个国家和地区、国内18个省（直辖市）、32个地级以上市的900多名领导嘉宾出席大会，现场签约项目81个、计划投资总额362.44亿元；梅州在海外设立14个经贸文化联络处和10个旅游推广中心，进一步加强了与"一带一路"沿线国家和地区的文化、经贸、旅游交流合作。

展望未来，梅州将坚持解放思想、包容开放，坚定不移扩大对外开放，增强经济要素通达水平和效率，把握和利用国家推进"一带一路"建设机遇，强化内外联动，推动区域合作共赢。

一是深化区域合作。以"两高一场"建设为重点，发展公铁水联运、江海联运，以大交通促大开放，加强与珠三角、汕潮揭、海西区、赣苏浙、港澳台等区域在基础设施、产业投资、商务贸易、人力资源、科教文化、环境生态等重点领域的合作。深化穗梅全面对口共建产业园区工作，提升新能源汽车、电子信息、电子商务、旅游、农业等产业合作水平。对接周边沿海城市、粤东港口群和内陆腹地，加快跨省铁路、公路项目和机场、梅江韩江黄金水道建设，形成海陆空物流大通道，打造粤闽赣边"两小时经济圈"。推进跨省江河流域水环境协调保护和治理，积极参与南岭山地森林及生物多样性生态功能区建设。强化与港澳台在高新技术产业、现代服务业、特色农业等领域的合作，推进海峡两岸交流基地、梅江台湾农民创业园建设。

■ 梅大高速公路

二是实施乡贤回归工程。严格落实重点招商引资项目联席会议制度，选强配优产业招商队，推行中介招商和商会招商，建立梅州驻外招商机构，夯实招商平台。深入实施乡贤回归投资兴业工程，发挥梅州在珠三角、港澳及东南亚地区乡贤众多的优势，通过乡情、亲情、友情的感召、政策的引导、氛围的营造、措施的落实、服务的到位，组织开展有针对性的招商引资，最大限度地动员、鼓励、吸引在外乡贤回乡投资兴业。充分发挥驻外办事处、经贸文化联络处和商会、协会等社团组织的作用，加强与乡贤的沟通联系，大力引进市外资金、项目、技术和人才。以世界客商大会为平台，加强人文交流，深化经贸合作，探索合作建立产业园区。

三是积极参与"一带一路"建设。充分发挥华侨之乡和世界客都优势，积极抢抓国家实施"一带一路"战略的机遇，利用在外侨胞的资源和平台，加强与海外华人华侨的联系与合作。以松口古镇文化旅游开发为重要抓手，发挥海外旅游推广中心作用，重点加强与东南亚国家和地区的文化旅游合作，探索建立海上丝绸之路文化旅游产业合作区，努力为广东建设"一带一路"战略枢纽及经贸合作中心作出应有贡献。

四是发展开放型经济。抓住国内外、省内外产业调整、转移等机遇，在更高层次、更宽领域、更深程度上参与合作竞争。坚持优进优出并重、货物贸易和服务贸易并重，培育发展跨境电子商务等新业态，创新和完善贸易平台，建立金融、商贸、物流等政策支撑体系，推进外经贸发展转型升级。稳定陶瓷、工艺品等传统优势产品出口，扩大自主知识产权、自主品牌、自主营销网络和高技术含量、高附加值、高效益产品出口。鼓励本地企业外出开展营销网络、生产基地建设，参与互联互通基础设施工程承包，加强资源能源联合开发利用。

主要国民经济数据（2015年）

2015年全市生产总值955.09亿元，增长8.6%，增速分别比全省（8.0%）和比全国（6.9%）平均水平分别高0.6个百分点和1.7个百分点，居全省第4位，粤东西北地区第1位。其中：第一产业增加值187.69亿元，增长4.2%；第二产业增加值350.86亿元，增长8.2%；第三产业增加值416.54亿元，增长11.0%。

2015年全市规模以上工业增加值220.89亿元，增长9.0%，增速比全省平均水平（7.2%）高1.8个百分点，居全省第6位。其中：六大支柱产业工业增加值183.96亿元，增长8.7%；全市省级园区工业增加值68.49亿元，同比增长22.6%。

2015年全市固定资产投资完成568.06亿元，增长39.4%，增速比2014年回落0.2个百分点，比全省平均水平（15.8%）高23.6个百分点，居全省第1位。其中：工业投资208.84亿元，增长59.8%，增速比全省平均水平（20.8%）高39.0个百分点，居全省第1位；房地产开发投资完成168.40亿元，增长31.3%，增速比全省平均水平（11.8%）高19.5个百分点，居全省第3位。

2015年全市社会消费品零售总额555.50亿元，增长11.1%，增速与去年持平。其中：城镇和乡村市场消费分别为389.13亿元、166.37亿元，分别增长11.2%、10.9%；批发零售贸易业、住宿和餐饮业分别为514.94亿元、40.56亿元，同比分别增长11.4%、7.9%。

2015年全市外贸进出口总额24.54亿美元，增长12.5%。其中：外贸出口总额22.72亿美元，增长20.4%，比全省平均水平（-0.4%）高20.8个百分点，居全省第2位。全市实际利用外资0.71亿美元。

2015年全市公共财政预算收入103.58亿元，增长21.5%，增速比全省平均水平（16.2%）高5.3个百分点，居全省第2位。其中税收收入73.82亿元，增长21.5%，增速居全省第2位。

2015年末，全市金融机构本外币各项存款余额1565.28亿元，比年初增长10.9%。其中：城乡居民储蓄存款余额1061.20亿元，比年初增长7.9%。金融机构本外币各项贷款余额736.41亿元，比年初增长15.9%。其中：短期贷款173.41亿元，比年初增长21.9%；中长期贷款549.92亿元，比年初增长13.5%。

2015年我市居民消费价格指数（CPI）为101.6%，上涨1.6%，涨幅比2014年回落0.8个百分点，其中：食品类价格上涨4.3%。工业品出厂价格指数（PPI）为95.8%，下降4.2%。

惠州
打造广东海上丝路"桥头堡"

城市名片

城市名称：惠州市　　　　陆地面积：1.13万平方公里
长途区号：0752　　　　　常住人口：475万
邮政编码：516000　　　　总地区生产值：3140亿元

城市概况

惠州市位于广东省东南部、珠江三角洲东北端，南临南海，毗邻广州、深圳和香港。全市陆地面积1.13万平方公里，海域面积4520平方公里，海岸线长281.4

惠州马鞍洲

公里。现辖惠城区、惠阳区、惠东县、博罗县、龙门县5个县（区），设有大亚湾经济技术开发区、仲恺高新技术产业开发区2个国家级开发区，共有53个乡镇、18个街道办。

惠州对外交通便捷，惠州机场已开通8条航线，通达北京、上海、杭州、重庆、成都、昆明等城市，航线网络覆盖华北、华东、西南、西北和海南地区。惠州港是国家一类对外开放口岸、中国大陆大吨位泊位密度最大的港口，已开通多条国际集装箱航线，并与澳大利亚汤斯维尔港结成"姐妹港"，惠州港已具备与"一带一路"沿线国家港口对接合作、互联互通的良好条件。

惠州产业体系发达，通过实施项目带动和创新驱动发展战略，初步构建起以石油化工和电子信息为支柱的"2+2+N"现代产业体系，是国家级电子信息产业基地、视听产业基地、云计算应用创新基地，世界级石油化工基地初具雏形。惠州是全球重要的液晶电视、智能手机生产基地，2015年惠州手机产量2.1亿部，全球8部手机中就有1部手机产自惠州。多年来，惠州通过实施外向带动发展战略，已与世界120多个国家和地区建立了经贸关系，8000多家外商企业在惠州投资，累计合同利用外资386.6亿美元，实际利用外资262.3亿美元。英荷壳牌、韩国三星、德国巴斯夫等32家世界500强企业在惠州设立了59家企业。同时，惠州开展了"惠货全球行""惠货全国行"系列活动，有效促进了惠州企业、惠州产品开拓海内外新兴市场。目前正在大力推进潼湖生态智慧区、仲恺高新区、环大亚湾新区"一基地双平台"建设，加快建设中韩（惠州）产业园，打造一批对外交流合作平台。

惠州生态环境优美，境内有道教名山——罗浮山、"森林氧吧"——南昆山、国家级森林公园——象头山，全市森林覆盖率达62.34%；惠州江、海、湖、泉兼备，自古就有"半城山色半城湖"的美称，东江水质常年保持国家地表Ⅱ类以上标准；惠州是国家园林城市、国家森林城市，空气质量稳居全国74个重点监测城市前列。

惠州历史文化厚重，先后有480多位文人墨客到过惠州，留下了许多诗词文赋。惠州人文交流广泛，是广东省重点侨乡之一，惠州籍的华人华侨主要分布在东南亚国家，约有80万人。近年来，惠州与东南亚国家的民间交往、文化交流日益频繁，道教文化研讨、小金口麒麟舞队、客家歌舞团巡回演出、潼侨和杨侨"侨文化"、东南亚海外华裔青少年冬令营、龙形拳世界同门恳亲等，都已经成为惠州与东南亚国家民间文化交流的重要品牌和载体。

惠州将充分发挥自身的区位优势、产业优势和人文优势，把东盟、东南亚作为优先合作区域，加强区域间贸易合作、交通对接、社会交流、海洋经济合作，务实推进跨境电子商务试点工作、建立海洋科技成果高效转化示范区、海洋经济示范园区、打造华人华侨文化交流合作平台，推动与沿线国家和地区互通互联和产能合作，努力把惠州建成广东省参与"一带一路"建设的桥头堡。

历史纵览

惠州是岭南地区最早开发的地区之一，先秦时属于百越之地的缚娄国，秦始皇三十三年（前214年）置傅罗县，属南海郡（汉武帝元鼎六年，即公元前111年改称博罗县），隋开皇十年（590年）在归善设循州总管府，宋天禧四年（1020年）改称惠州，元代改称惠州路，明清时又改为惠州府，一座军事重镇古城巍然雄镇岭东。到近现代，惠州一直是东江流域地区中心城市。

早在西周中晚期至春秋时期，"夔纹陶类型"文化遗存遍及惠州，现存有惠城区瓦窑岭遗址、惠东县花树下遗址、大埔顶山遗址、博罗县苏屋岗遗址、梅花墩窑场遗址，以及横岭山古墓葬群等。

惠州是粤东一带海上贸易和海外移民较早的地区。北宋时，惠州东平窑为广东三大民窑之首，据专家估算，东平窑当时年产瓷器达150万件，大量的瓷器通过东江出海，运到东南亚、西亚、非洲北部等世界各地。从惠州纯洲岛、大甲岛等考察发现的古瓷器、古钱币来推测，惠州还是海上丝绸之路往来商贸船只的停靠站点。

惠州是岭南道教发源地。东晋咸和二年（327年），葛洪在惠州罗浮山修行炼丹、济世救人，著有《抱朴子》《肘后备急方》《西京杂记》等书，影响深远。其中屠呦呦就是受《肘后备急方》启发提取出青蒿素，荣获"2015年诺贝尔生理学或医学奖"。

惠州是岭南佛教最早的传入地和传播地。东汉初平年间（约190年），僧人文简在西湖之畔创建的"伏虎台"是岭南地区有记录的最早的佛教活动地。南宋时，理学宗师罗从彦和三朝宰相留正先后在罗浮山创建钓鳌学院和张留山书院，清初著名学者屈大均在《广东新语》中曾感慨"于时讲学之盛，海内莫有过于罗浮者"，罗浮山堪誉为宗教"岭南第一山"。

惠州的东坡文化非常浓厚。北宋大文豪苏东坡在惠州住了两年七个月，留下了587篇诗词文赋，惠州至今保存的王朝云墓、六如亭等东坡遗迹和苏东坡资助修筑的苏堤、东新桥、西新桥，特别是白鹤峰的东坡故居（遗址）、东坡井等文物遗迹遗址，给惠州城市打下了苏东坡的烙印。

惠州是中国民主革命策源地之一，涌现出罗仲霍、郑士良、廖仲恺、邓铿、邓演达、叶挺等大批民主革命志士和革命家。1925年国民革命军两次东征惠州，统一广东革命根据地,至今仍保存有七女湖起义旧址、东征阵亡烈士纪念碑等大量文物古迹。惠州高潭是中国第一个区级苏维埃政府所在地,抗日战争时期,惠州成立了惠宝人民抗日游击总队,后发展为东江纵队。

惠州是客家人的重要聚居地和集散地之一,旅居海外华人华侨、港澳台同胞居"客家四州"之首。惠州籍华侨领袖叶亚来在开发和重建马来亚吉隆坡中居功至伟,被誉为"吉隆坡王"。惠州华侨通过各种方式对家乡建设捐钱出力,现留存由华侨出资兴建的客家围龙屋有100多幢,如南阳世居、会水楼、会龙楼以及碧滟楼等。

从上述历史文物史迹回溯,可知自隋唐以来惠州作为东江流域政治、经济和文化中心,在岭南地区的海上丝绸之路发展史上占有极其重要的地位。

新"丝路"、新商机

惠州注重加强与国家"一带一路"大战略的对接,积极践行开放发展理念,不断建立完善与国际接轨、多层次区域合作的开放型经济体制机制,构建起区域

■ 作业中的惠州国际集装箱码头

协同合作的新格局。

一是推动基础设施建设。加快推进惠州港基础设施建设，将惠州港打造成为广东省21世纪海上丝绸之路的"桥头堡"。加快推进惠州机场二期扩建，设立惠州机场航空口岸，力争开通国际航线，启动航空城规划建设，把惠州机场打造成为惠州对外交流合作的空中通道。加快推进中国铁路国际物流基地建设，打造陆上"丝绸之路"大通道平台。

二是加强经贸文化交流。做大做优"惠货全球行"等商贸平台，加强与"一带一路"沿线国家友好往来，深化与沿线国家在科技、教育、医疗、文化、体育等领域的交流合作。全方位开展对外招商引资和经贸交流合作，不断巩固东盟市场，大力拓展中东、南亚、非洲等新兴市场。

三是实施"走出去"战略。建立健全"走出去"服务体系，鼓励有条件的企业利用现有设备和成熟技术到国外设立生产基地。提升波士顿、科隆等海外异地孵化器服务水平，支持企业在境外科技资源密集的地区设立研发中心。挖掘与东欧、非洲、拉美等新兴市场的合作潜能，加强在资源能源、农业、旅游、基础设施建设等领域的经贸合作。

惠州市目前正在抓紧推进的主要项目有：

一是全力打造亿吨大港。惠州港所处的大亚湾是华南地区难得的天然深水良港，具有优越的建港自然条件，正规划建设港口岸线57.9公里，加快推进马鞍洲30万吨级航道扩建工程，扩大荃湾、东马、碧甲三大港区规模，不断完善港口基础设施，全面提升港口综合服务水平，将腹地范围扩展到珠三角地区、粤东北地区以及江西、湖南、湖北等泛珠三角地区，预计2020年的吞吐能力达1.3亿吨。

二是打造世界级石化基地。惠州大亚湾石化区已成为国内著名的现代化石化产业区之一和广东省沿海石化产业带的重要组成部分。大亚湾石化区将大力发展以化工新材料、高端精细化工品位重点的中下游及关联产业，促进石化产业向基地化、高端化和上下游一体化发展，力争到2017年，园区内石油炼制、乙烯生产能力将分别达到2200万吨、220万吨，石化产业总产值达2700亿元，规模进入世界30强行列；到2020年，大亚湾石化区石油炼制、乙烯生产能力分别达到4000万吨、350万吨，总产值达3000亿元以上，规模进入世界石化行业10强，逐渐构建起资源共享、产业共生、稳定高效的石化基地生态产业链网，形成世界级生态型石化产业基地规模。

三是建设粤港澳滨海旅游休闲度假基地。惠州旅游资源丰富，滨海休闲度假旅游和海上休闲成为惠州对接海上丝绸之路旅游最有特色的旅游产品。惠州海域有大亚湾水产资源省级自然保护区和惠东海龟国家级自然保护区，被誉为"南海水产资源的种质资源库"。目前，惠州正在大力推进巽寮滨海旅游度假区、原生态海洋文化旅游、沣盛滨海旅游、南门海旅游综合开发等项目，着力打造成为服务整个粤港澳地区的近海休闲岛链，建成珠江口东岸文化旅游产业发展集聚区，为对接"一带一路"旅游业，推动旅游合作开发、联动发展奠定坚实的基础。

主要国民经济数据（2015年）

"十二五"期间，惠州地区生产总值相继突破2000亿元、3000亿元，年均增长12%，2015年达3140亿元。人均GDP突破1万美元，年均增长10.7%。地方一般公共预算收入相继突破200亿元、300亿元，年均增长21%，2015年达340亿元。经济总量和财政收入跃居全省第五位。五年来，共实施重点项目455宗，建成投产220宗，累计固定资产投资7105.8亿元，是"十一五"的2.3倍；2015年，固定资产投资1863.9亿元，增长16%。规模以上先进制造业和高技术制造业增加值占规模以上工业比重分别为59.2%、43.6%，达到全省先进水平。五年来，累计完成社会消费品零售总额4336.2亿元，是"十一五"的2倍；2015年，社会消费品零售总额1070.7亿元，增长10.5%。2015年末，金融机构本外币存贷款余额分别为3836.1亿元、2701.6亿元。累计进出口总额2594.7亿美元，是"十一五"的1.9倍。

新兴的赣南、珠东出海口城市

城市名片

城市名称：汕尾市　　　　　总面积：5271平方千米
长途区号：0660　　　　　　户籍总人口：370多万人
邮政编码：516600　　　　　地区生产总值：775亿元

城市概况

汕尾市位于广东省东南部沿海，西连珠三角，东接海峡西岸经济区，是广东省从区位上唯一能够既对接香港又对接台湾，既与深圳等珠三角先进地区有密切产业合作，又紧靠太平洋国际航道，便于打通国际航运的城市。汕尾市处于珠三角1小时经济圈内，水陆交通四通八达，市区距香港仅81海里。全市总面积5271平方千米，下辖市城区、海丰县、陆丰市、陆河县、红海湾经济开发试验区、华侨管理区，户籍总人口370多万人，旅居海外的华侨和港、澳、台同胞130多万人。

■ 滨海新城

2015年，全市实现地区生产总值（GDP）775亿元。

汕尾历史悠久，源远流长。据东南沿海出土文物考证，距今6000年前的新石器时代，就有先民在此渔猎种植，繁衍生息。秦汉时期汕尾全境属交州南海郡博罗县，东晋咸和六年（331年）从博罗县析出海丰县，隋唐以来隶属循州（惠州）。汕尾是潮汕文化、闽南文化、广府文化、客家文化的交汇地，拥有正字戏、西秦戏、白字戏三大稀有剧种，有8个国家级、23个省级非物质文化遗产项目，2008年被中国民间艺术家协会授予"中国民间文化艺术之乡"称号。汕尾是著名的革命老区，全国第一个县级苏维埃政权的诞生地，全国十三块红色革命根据地之一。

汕尾市在国家"一带一路"战略大格局中的定位是：坚定实施向西融珠发展战略，加快深汕一体化，以汕尾港群为依托，构建厦深铁路、广汕铁路、深汕高速、潮惠高速、兴汕高速"三横两纵"道路交通运输网络，成为珠东、赣南、海西重要的出海口城市。

历史纵览

汕尾，古称海丰县。开辟于汉代的"羊蹄峻岭古道"，是古代闽粤交通史上最为悠久的官道，是粤东通达广州的必经之途。汕尾是粤东通衢必经之地，是粤东政治、经济、文化、交通中心之一和军事重镇。

秦始皇三十三年（前214年）统一岭南，在岭南地区设立三个郡：南海郡（治所在今广州）、桂林郡（治所在今广西桂平县）、象郡（治所在今广西凭祥市）。南海郡下又设四个县：龙川县、傅罗县、番禺县、四会县。海陆丰地区（汕尾市）全境属南海郡傅罗县。汉元鼎六年（前111年）汉平南越，置海丰县，为汕尾地区有县级建制的开始，距今已有2200多年。时海丰县隶属东官郡，包括

现汕尾市全境及惠来、普宁、揭西等部分地区。

汕尾地区历史悠久，源远流长。汕尾市现有古遗址72处，部分属新石器时期中、晚期或青铜器早期的遗址，汕尾市捷胜、马宫等地出土了新石器时代中期的磨光石器和夹砂陶片，反映了距今6000年前的新石器时代就有先民在此渔猎种植，繁衍生息。部分历史遗址为唐宋时期，其余大部分建于明清时期。如建于明清时期的遮浪炮台、长沙炮台、浅澳炮台及坎下城等遗址，反映了当时汕尾的军事重镇地位。此外老厝山、东都岭、打泥崛窑址、观音岭官道遗址等也为研究汕尾的军事交通地位和沿海官道发展提供了依据。

汕尾因港而兴。汕尾港是粤东著名的渔港、商港和商品交贸中心，有着辉煌的历史及意义。汕尾港位于粤东沿海中部，是天然深水良港，水路距香港81海里，面向东南亚，处于对外开放的黄金海岸地带，是国家对外开放一类口岸和国家一级渔港。宋朝伊始，汕尾开启了南下大海远帆经商的新时代。据清乾隆时期的石碑记载，"汕尾一镇，舟楫云屯，商旅云集，亦海邑一大区会也"，繁荣景象由此略见一斑。清光绪时期，香港至和公司货轮始与汕尾通航。民国时期有客轮和货轮定期航行于汕尾与香港、广州和汕头等口岸之间，大批商人开始进入汕尾港经商，并进行渔具、原盐、水产品等进出口贸易，这时的汕尾已有1万多人口（渔民占半），财政收入占了海丰全县的三分之二，被誉为"小香港"。孙中山先生在《建国方略之二》中，把汕尾列入"建设沿海商埠及渔港"的范围。新中国成立后，汕尾港又是我国宣布对外开放的最早的16个港口之一，长期开通直达香港的渡轮，并充分利用其地理优势和人文环境、侨商资源，成为沿海改革开放浪潮中一朵璀璨的浪花。

明朝时期，汕尾的军事地位日益重要，碣石卫是与天津、沈阳卫齐名的全国三十六卫之一。明中期，俞大猷等抗倭名将领奋战在汕尾一带。清朝时期，汕尾地区人民通过海上贸易，支援了台湾郑氏政权的抗清斗争。民国初年，广东省省长兼粤军总司令、邑人陈炯明修筑公路直通汕尾坎下城，于此开设兵工厂。1922年，汕尾海陆丰就成立了全国第一个农会组织"六人农会"，掀起了轰轰烈烈的农民运动，并于1927年在此成立了第一个苏维埃政权。

汕尾宗教旅游资源丰富，道儒佛三教交汇的玄武山元山寺始建于南宋建炎元年（1127年），是汕尾地区历史悠久、驰名海内外的名胜古迹，是闽南语系百姓的佛教信仰中心。该寺有清同治皇帝及提督、总兵等题匾共40多面，藏有宋、

■ 汕尾渔港

明、清各代文物共1000多件。潭西清峰禅寺建于唐贞元初年（785年），为佛教禅宗南派九祖大颠法师创建，寺中存有唐、宋、元、明、清等历代古陶瓷、石刻、木雕等历史宗教文物。清云山定光寺初建于明崇祯四年（1631年），是东江地区闻名的佛教古刹，自然景观、人文景观和古迹遗址融为一体，是宗教旅游胜地，是国内规模最大、学员最多、教学设施比较完善的单一的尼众佛学院，部分学员到东南亚地区弘法传道，促进了汕尾市与海外各地的宗教文化交流。"凤山祖庙"建于明末清初，是粤东地区妈祖文化传播中心，是旅居台港澳同胞及海外侨胞寻根问祖的圣地，反映了当地古、近代的渔业、农业、商业贸易、交通运输以及文化艺术、传统习俗和民间信仰，是汕尾港的发祥地。

汕尾的古建筑众多，现有336处，多建于宋元明清时期，分为寺、塔、桥、楼等。建于20世纪二三十年代的汕尾骑楼，以市区二马路、三马路的特色骑楼为代表，体现了南方传统民居的特色，同时又包含了西方巴洛克建筑的特点，是中西合璧的产物。

从上述历史回溯，汕尾自隋唐以来是潮汕文化、闽南文化、广府文化、客家文化的交汇地，同时也是珠三角与潮汕平原、粤东北赣南客家地区之间的经济、文化交流中心。

新"丝路"、新商机

汕尾市在制定"十三五"规划时，加强了与国家"一带一路"大战略的对接。紧紧围绕广东省"三个定位、两个率先"的总目标和汕尾市构建环珠三角宜居宜游新兴的赣南、粤东北出海口城市的中心任务，以创新驱动发展作为核心战略，以全面深化改革作为内在动力，以提质增效升级为发展导向，进一步融入粤港澳大湾区，全面构建融珠发展新格局。

汕尾市目前正在抓紧推进的主要项目有：

（1）实施全面融珠战略，推进交通基础设施建设，加强与珠三角的互联互通

进一步强化全面融入珠三角的战略自觉，强化汕尾作为珠三角重要组成部分的意识，在更大范围、更广领域、更高层次上参与"深莞惠+汕尾"、河源"3+2"经济圈建设。2014年首次参加了莞惠经济圈（"3+2"）党政主要领导联席会议，审议通过《深莞惠交通运输一体化规划》以及几市近期共同推进21项重点合作事项。

目前，汕尾市正在大力推进交通基础设施建设。加快推进广汕铁路2016年动工建设，加快建设兴宁至汕尾高速公路，加大珠东快速推进力度，主动与深圳、惠州等市做好对接，完善我市交通网络。主动做好河源（经惠州）至汕尾高速公路的前期工作。

加快推进海洋交通运输业。充分利用优良的港口建设条件，规划建设汕尾新港区为国际枢纽港口，加快推进甲子港、碣石港为对台小额贸易港口建设。发挥港口对现代物流的带动作用，构建以汕尾港为枢纽的国内外多式联运体系。

（2）实施创新驱动战略，建设"1+4+2"产业园区，打造发展战略平台

着力推动与珠三角特别是深圳在创新驱动上的协同发展，延伸利用好自主创新示范区政策、资源、人才和平台，实现先进地区创新资源与产业培育深度融合，激发全社会创新活力，瞄准中高端搭建协同创新体系，先行探索后发地区创新驱动发展新路子，以创新驱动引领汕尾跨越发展。

一是承接珠三角产业转移。完善招商引资激励机制，围绕"总部在深圳、生产基地在汕尾"的产业转移新模式，实施精准招商、产业链招商。充分利用汕尾的空间、区位和资源优势，建立区域经济合作的协调机制，积极引导珠三角等周边地区的生产要素合理流动，实施一体化的区域产业协同发展，从而打通产业链、供应链和消费链的联系，促进产业的互动与升级。引进了产值超过200亿元的比亚迪新能源汽车项目，将成为新能源汽车生产基地。

二是实施科技兴贸。提高出口商品的技术含量和附加值，实现贸易增长方式由数量型向质量型转变。鼓励支持企业"走出去"，引导具有比较优势的企业赴境外建立生产基地，拓展境外生产、销售、研发、服务网络。依托我市OLED新型显示器件研发生产基地，积极推进信利车载及智能终端专用的第五代TFT显示屏的深度合作，促使项目尽快在我市落地。发挥境内汕尾人口众多的优势，扎实做

好侨务外事及台港澳工作,加强人文经贸交流与合作。

三是加快园区建设。汕尾以深汕特别合作区为重点,已初步形成"1+4+2"产业园区格局,其中"1"是深汕特别合作区,"4"是红草产业园以及海丰产业园、陆丰产业园、陆河产业园,"2"是红海湾国际休闲度假基地,马宫特大中心渔港。规划总面积达160平方公里。

深汕特别合作区2015年实现新增签约项目74个,新增动工项目39个,已投产项目6个,完成固定资产投资28.03亿元;已启动24.58平方公里土地征收工作,完成征地超过2平方公里。4个县市区产业园区建设加快推进,全面启动园区道路、供水、供电、排污等配套建设。2015年入园投产企业5家,新落地工业项目33个,新动工工业项目24个。

红海湾旅游区建设加快推进,打造宜居宜业宜游的滨海旅游区;加快推进投资5亿元的旅游产业园区配套酒店项目、高端旅游项目的建设。

开展了汕尾(马宫)海洋渔业科技产业园区前期规划工作,该园区以汕尾(马宫)现代渔港为基础,逐步建成集港口、产业集聚、滨海新城于一体多功能海洋渔业科技产业园区,发展汕尾海洋经济。

(3)实施空间拓展战略,加强与"一带一路"沿线国家的经贸合作

主动抓住"一带一路"建设的战略机遇,积极参加21世纪海上丝绸之路国际博览会等重大展会,进一步加强对外经贸往来,支持企业"走出去",拓展对外开放空间。

按照广东省参与21世纪海上丝绸之路建设经贸合作专项规划,汕尾应加强与欧美发达国家、海上丝绸之路沿线国家、南太平洋岛国等的经贸交流合作,对接引进欧美高端制造业、现代服务业,扩大对欧美出口,积极争取承接欧美服务外包业务。大力实施"走出去"战略,以东盟为重点设立生产基地,加强同文莱、印尼等东盟国家在海洋渔业、能源资源开发等产业的合作,加强与新加坡、马来

■ "中国水鸟之乡"——海丰东关联安围国际重要湿地

西亚等国家优势产业的对接合作,加强与巴布亚新几内亚岛国经贸合作和经贸往来,鼓励企业对外合作。支持与内地企业合作,拓展边境贸易,开拓亚欧内陆等丝绸之路经济带沿线国家市场。

汕尾市加大对"一带一路"国家市场的开拓力度,通过组织发动企业参加中国—东盟博览会、广东21世纪海上丝绸之路博览会等展会,为企业开拓海丝国家市场搭建平台。2014年,汕尾市与"一带一路"国家贸易额为6306万美元。2015年精心组织汕尾10家企业,16个展位参加海博会,成交项目13个,其中,投资项目6个、贸易项目6个、"走出去"项目1个,成交金额23.2亿元。菲律宾、越南、印度、新加坡、巴基斯坦是与汕尾市贸易额最大的五个国家。汕尾市对"一带一路"国家出口的主要商品为:海产品、佛具、服装及衣物附件;主要进口商品为:纺织纱线及织物制品。

此外,汕尾市充分发挥侨乡的独特优势,加强对外交流、促进对外友好来往,协助举办了广东省第六届粤东侨博会,期间汕尾市推出130多个对外招商项目,涉及投资意向930亿元人民币,这些项目涵盖了产业和基础设施、公共设施等领域。

主要国民经济数据(2015年)

2015年,全市地区生产总值775亿元,同比增长8.1%,增速位列粤东西北第9位,全省第16位。人均地区生产总值25217元,同比增长7.4%。规模以上工业增加值增长7.4%,位列粤东西北第10位,全省第17位。地方公共财政预算收入28.82亿元,同比下降41.9%,位列粤东西北第12位,全省第21位。2015年底,全市中外资金融机构本外币贷款余额和存款余额分别为306.14亿元、631.03亿元,分别增长13.5%、15.6%。完成固定资产投资585.20亿元,同比增长16.8%,增速位列粤东西北第9位,全省第12位。全市62项市重点建设项目完成投资148.57亿元,完成年度计划投资的85.2%,18项省重点建设项目完成投资119.9亿元,为年度计划投资的116.7%。全年实现社会消费品零售总额488.61亿元,同比增长11.0%,增速位列粤东西北第8位,全省第11位。全市外贸进出口总额198.6亿元,同比下降18.1%,增速位列粤东西北第12位,全省第21位。全年实际吸收外资1.0亿美元,同比下降38.8%,增速位列粤东西北第7位,全省第15位。

"一带一路"重要节点城市

城市名片

城市名称：东莞市　　陆地面积：2460平方公里
长途区号：0769　　户籍总人口：195.01万人
邮政编码：523000　　地区生产总值：6275.06亿元

城市概况

东莞市位于广东省中南部，珠江口东岸，东江下游的珠江三角洲。毗邻港澳，处于广州至深圳经济走廊中间。因地处广州之东，境内盛产莞草而得名。全市陆地面积2460平方公里，海域面积97平方公里。东莞于1985年9月撤县建市，1988年1月升格为地级市，不设县（区），现辖28个镇、4个街道。全市户籍总人口195.01万人。东莞约有25万海外侨胞，其中在东南亚的东莞籍华侨华人超过15万

■ 虎门港集装箱码头作业夜景

■ 虎门港太平客运口岸早期相片

人。2015年，全市地区生产总值6275.06亿元。

东莞市在国家"一带一路"战略大格局中的定位是：深入贯彻落实国家"一带一路"战略，统筹利用港口、铁路、华侨、港澳和文化等资源，加强与"一带一路"沿线国家的经贸合作，推动出口市场从传统市场为主向"一带一路"多元化市场全面发展，将东莞建设成为"一带一路"重要节点城市，努力在实施"21世纪海上丝绸之路"战略上走在前列。

历史纵览

广东是中国古代海上丝绸之路的发祥地，而东莞位于广州之东，自古以来是古代商船进出广州港的重要廊道，许多在东莞出土的文物证明东莞是海上丝绸之路贸易往来的重要地区。

港口城市：东莞市东城柏洲边的汉墓中出土的陶质熏炉显示，两汉时期，从海外进口的香料受到了东莞上层社会的欢迎。在唐代，东莞海边的屯门（今香港新界一带，时属东莞县）成为广州港的两个外港之一，也是海上丝绸之路的重要航站。为了保护往返的商船，唐政府在屯门设镇，成立舰队，驻兵2000名。屯门由此成为海上丝绸之路的重要航站、广州港的重要外港，凡有外国商船来广州贸易，一般先在屯门集结，然后进入广州；中国商船西去海外各国，也必经东莞屯门。

文化交流：宋代，当朝鼓励对外贸易，继续发展完善唐代的市舶制度，在出口的推动下，东莞开始形成专业化的莞香种植和生产区域，相关贸易迅速发展。到了元代，不少经商、传教的外国商人、僧人经丝绸之路来到东莞。元代至正六年（1346年），东莞资福寺铸铜钟时，波斯商人和僧侣还捐真鍮铸钟。1973年6月，伊朗参议院议长法多尔·谢里夫·埃马率友好代表团来中国访问时，向周恩来总理提及东莞资福寺铸的铜钟由波斯人所捐真鍮投入铸造之事，并特别说明此史实在伊朗有记载，要求一睹为快。当时，资福寺铜钟曾被运去广州参加中伊文物展览。现在，该钟由东莞市博物馆保存。

引进番薯：明代，海上丝绸之路进入鼎盛时期。东莞的鸡栖（时属东莞县，今属香港）、屯门、虎头门是明代海舶贸易的主要停泊口，对外贸易更加频繁。比如，东莞市中堂人莫登庸进入安南建立了莫氏王朝、白沙巡检司何儒组织仿制佛朗机，虎门人陈益从安南带回番薯种种植，成为引进番薯第一人。陈益，字德裕，虎门北栅人。明万历八年（1580年），陈益随友人往安南（今越南），当地酋长每次宴请，都有味道鲜美的甘薯，但当地法例严禁薯种出境。陈益在当地酋奴的帮助下得到薯种，于万历十年（1582年）带回国，先在花坞里繁殖，继而在祖茔墓地后购地35亩进行扩种。东莞因此成为中国最早种植番薯的地方，在中国农业发展史上具有重要意义。因薯种来自番邦，故名为"番薯"。自此之后，番薯种植遍布天南，成为人们的主要杂粮。陈益从安南引进番薯比福建陈振龙早12年，是中国引进番薯的第一人。

廉政清明：东莞留存的却金亭碑碑文显示，明代东南亚的暹罗（泰国的古称）、爪哇诸国离中国比较近，明朝官方采取睦邻政策，跟随进贡的商船来中国贸易的商品都是免税的。到了明朝中期，广东市舶司的官员对东南亚各国的商船实行封船抽分（按照货物的比例征收实物的进口关税）。嘉靖十七年（1538年），暹罗商船随贡使来中国，广东省府派有政治声望的南海知县李恺负责东莞进口商船的关税事务。李恺按照明朝的既往政策，鉴于实际情况，上书省政府，主张"不封船，不盘点抽分"，责令"自报其数而验之，无额取，严禁人役，不得骚扰"。得到省政府的批准后，李恺就按此执行。当时，暹罗的商人代表"乃以百金"献给李恺，李恺坚辞不受。无奈之下，商人代表就和暹罗使者一起到省政府请求当局用李恺不肯接受的"百金"在东莞建造牌坊和却金亭。

莞香渊源：明清时期繁荣起来的莞香是东莞早已名扬海外的特产。经东莞作家刘松泰在《香市溯源》中考据，东莞最古老的特色产业——莞香也在明清时期商贸繁荣。《广东新语》载："香市，在东莞之寮步，凡香生熟诸品皆聚也。"每年的11月、12月，香农把准备了一个秋季的莞香挑到牙香街上，供各地过来的商人和本土商人寻香。根据广东省政府参事、中山大学教授、珠江文化研究会会长黄伟宗的研究,古丝绸之路是中国向外输出香料之路,东莞生产的莞香就是其中一种,在明末清初时盛极一时,运载莞香所经之地多以"香"字命名,如尖沙咀当时被称作"香埗头",香港岛东南部一处集散莞香的港湾被称作"香港",港口附近的村庄被称为"香港村"。

出口基地:东莞是出口商品的重要生产基地,清代东莞主要出口爆竹、荔枝干、草织品等商品。清光绪十三年(1887年),东莞爆竹出口额达100余万两白银,远销东南亚、非洲等地,草织品也驰誉海外,其中花席年出口达500万张。清代,东莞虎门、镇口、石龙是粤海关的税口。东莞文化也通过海上丝绸之路传播到欧洲,东莞横坑人钟映雪收集整理并评点的木鱼书读本《花笺记》,德国诗人歌德读后,认为"这是一部伟大的诗篇"。

中外交往文物:一是元至正铜钟。资福寺铜钟,由该寺住持圆通主持募铸于元至正六年(1346年),铸造工匠为彭德明。此钟铸造时,曾经掺入波斯人捐赠的一种贵重铜料——真鍮。此钟重2500公斤,高2.1米,口径1.2米。钟款在钟的上方,分四面正书,每面17行,每行字数不等,记述当时僧众化缘铸钟的经过,开列施主名单及其捐财物数量,还记有鸣钟规则、祝词偈颂等。四面的间隔处分别有"国泰民安""风调雨顺""法轮常转""佛日增辉"直书字样。在钟腰处横列咒语、梵文。二是明代却金碑。却金碑有二,一为却金坊碑,一为却金亭碑,均以青石铭刻。明嘉靖年间(1522—1566年),莞城北隅码头是繁荣的港口。当时主持外贸事务的李恺提倡文明经商,兴利除弊,制定规章,不准下属接受贿赂和骚扰外商。嘉靖十七年(1538年),暹罗(今泰国)商人奈治鸦看等持国王印信,运货至莞贸易。李恺亲自承办此事,让外商自报货物,再行检验。检查时,不封船,不抽盘,不多收一文钱税金,让泰商十分感激,以重金酬谢。李恺坚辞不受后,泰商捐黄金百两,在脉沥洲河边演武场南(今东莞市光明路口)建却金亭,立却金坊,挂却金匾,以表彰当地官衙的公正廉明。后来李恺调任朝廷尚书郎,继任蔡存微将此事铭刻于碑,并于嘉靖二十年(1541年),在坊前立却金坊碑,碑高1.57米,宽0.72米;翌年又在亭内立却金亭碑,碑高1.85米,宽1.11米。新中国成立后,该亭和坊无存,两块石碑还在。1985年因城建需要,东莞市将却金坊碑迁至市博物馆保存,却金亭碑则仍留原地。两碑的拓片曾应泰国要求,通过国家外事部门送泰国国家博物馆珍藏。三是陈志敬墓地。位于东莞市虎门镇金洲梁屋村小捷山上。这里是400多年前虎门北栅人陈益从安南(今越南)引种番薯的第一块种植地,也是我国第一块番薯地。陈益,是陈志敬(明嘉靖年间官至左江兵备道按察司佥事,有军功政绩)之孙。明万历八年(1580年),陈益去安南(今越南)经商,后来获得番薯种。万历十年(1582年)冒险犯难,过关归国,在家乡试种。成功后,在其祖父陈志敬墓右置地35亩,招佃种植。从此番薯传种东莞，推广南国。陈益卒于万历二十年（1592年），墓葬在陈志敬墓之右侧。

新"丝路"、新商机

东莞市在国家"一带一路"战略大格局中的定位是：将东莞建设成为"一带一路"重要节点城市，努力在实施"21世纪海上丝绸之路"战略上走在前列。

东莞市"十三五"的发展目标是：到2020年，构建起较为完备的开放型经济新体制，形成互利共赢、多元平衡、安全高效的政策和制度环境。外贸总额及增速位居全国前列，一般贸易进出口占比、高新技术出口占比均超过40%，在转变外经贸发展方式、实际利用外资总量、参与"一带一路"建设、对接自由贸易试验区发展、加强对外经济合作等方面走在全省全国前列。

东莞市目前正在推进的主要工作有：

一是实施开放战略。重点实施"海陆空"国际大通道构建工程，迅速打通空间通道，建设海陆空联动"桥头堡"，打造"一带一路"重要枢纽。

重新规划设计东莞火车站的功能作用，搭建国际物流合作新平台，不断增加"粤满俄""粤新欧"集装箱铁路班列的班次和停靠站点，广泛吸收货源，打通往来丝绸之路经济带沿线国家进出口双向铁路货运通道。以东莞港为航运节点，迅速打通与沿线国家港口直航通道，探索参与沿线港口城市联盟建设，推进互联互通，使东莞港成为"一带一路"海上合作的战略支点。以广州、深圳、香港三大机场"一小时经济圈"为中心，力争开设更多"空陆联运"直通模式的机场货站，铺设通达沿线国家的"空中丝路"。2015年，广州白云机场货站货量增长

■ 虎门港口岸广东中远船务作业现场——两座浮船坞

20%,深圳机场货站货量增长12%,香港机场"超级中国干线"货量增长21%。

二是实施区域经济合作战略。全方位推进与沿线国家合作,加快形成对外经济合作新模式、新路径。

深化拓展与"一带一路"沿线国家在贸易、投资、金融、教育、科技、文化、旅游、卫生、环保等领域的交流与合作,挖掘与新兴市场经济体的合作潜能,推进互利共赢。实施会展业国际化跃升工程,继续办好广东21世纪海上丝绸之路国际博览会、中国加工贸易产品博览会、中国国际影视动漫版权保护和贸易博览会等贸易型展会。加快推动海博会市场化运作,探索与沿线国家共办展会,不断提升展会的国际知名度和影响力。加快建设海博会电商平台,推动展会线上线下一体化融合发展。

加快推进中俄贸易产业园规划建设工作。2015年9月3日,在习近平主席与普京总统的共同见证下,广东省政府和中外运长航集团公司、俄罗斯国家开发与对外经济银行、俄罗斯出口中心签署《关于中国外运长航集团和俄罗斯国家开发与对外经济银行在广东东莞石龙建立中俄贸易产业园合作备忘录》。

三是实施优化外商投资管理服务战略。着力在外商投资、对外贸易、企业通关等领域深化改革,打造法治化国际化营商环境,为扩大与沿线国家经贸交流合作提供更有力的机制保障。

结合东莞实际进行"微改革、微创新",构建"横向拓展、纵向延伸"的全方位改革格局。深化跨部门综合管理体制改革,以"单一窗口"建设为抓手,搭建一个覆盖各部门监管的"一站式"涉外经济综合服务平台。深化外商投资管理服务改革,主动对接自贸区政策创新,实行外商投资准入前国民待遇加负面清单的管理模式。

外商投资体制改革将重点从"管理流程"转到"政策开放"上,积极吸引沿线国家优质企业进驻;内外贸一体化改革重点在打破内贸和外贸的制度性和区域性限制,使包括沿线国家在内的外贸产品实现无障碍的流通运转;"三互"大通关改革在全国率先启动陆运和水运信息互换、监管互认、执法互助的通关模式,使企业通关时间和费用节省一半以上,为东莞与沿线国家的贸易合作创造了更大便利。

四是实施"走出去"发展战略。健全"走出去"服务保障体系,强化与"一带一路"国家与地区的产业合作。

组织企业抱团参加沿线国家知名展会,搭建迪拜"东莞产品展销中心",帮助东莞企业加大对沿线国家出口。创新运用跨境电子商务平台,在俄罗斯开设了第一家中国(东莞)精品互动体验馆,通过电子商务把东莞的产品销往沿线国家。2015年,东莞市对"一带一路"国家贸易额增长20%,"一带一路"国家超过欧盟、日本跃升为东莞市第三大出口市场。按照目前增速，预计3～5年后，"一带一路"沿线国家将成为东莞市主要出口市场。

组织企业赴埃塞俄比亚、斯里兰卡等国考察，为企业提供境外市场需求、投资环境、产业导向等咨询服务，引导东莞企业"走出去"。东莞市华坚鞋业集团在埃塞俄比亚投资设厂，成为该国最大出口企业，2015年又与埃方合作建设华坚国际轻工业园，至2015年已有16家东莞企业签订了进驻协议，预计总投资近25亿美元。

主要国民经济数据（2015年）

2015年，全市地区生产总值6275.06亿元，比上年增长8.0%。人均地区生产总值75616元，同比增长8.4%。规模以上工业增加值增长5.3%。地方公共财政预算收入517.97亿元，完成年计划的100.19%，同比增长10.2%，增速位列珠三角第4位、全省第7位。2015年底，全市中外资金融机构本外币贷款余额和存款余额分别为5980.90亿元、9968.80亿元，较年初分别增长7.4%、6.1%。完成固定资产投资1446.52亿元，同比增长3.3%。全市191个重点建设项目完成投资397.5亿元，完成年度计划投资的123.6%。列入省重点建设项目的30个市管项目完成投资159.1亿元，完成年度计划投资的146.4%。全年实现社会消费品零售总额2154.70亿元，同比增长10.9%，高于年度目标任务0.9个百分点。全市外贸进出口总额1676.73亿美元，同比增长3.1%，增速位列珠三角第2位，全省第7位。全年实际吸收外资53.20亿美元，同比增长17.5%。

争当全省开拓"一带一路"排头兵

城市名片

城市名称：中山市
长途区号：0760
邮政编码：528400
总面积：1783.67平方公里
户籍人口：158.7万人
地区生产总值：3010亿元

城市概况

中山，1925年前称香山。据宋朝《太平寰宇记》记载：东莞县香山在"县南隔海三百里，地多神仙花卉，故曰：香山"。中山市人杰地灵，人才辈出，是孙中山的故乡。

中山市行政管辖面积1783.67平方公里，位于广东省中南部，珠江三角洲中部偏南的西、北江下游出海处，北接广州市番禺区和佛山市顺德区，西邻江门市区、新会区和珠海市斗门区，东南连珠海市，东隔珠江口伶仃洋与深圳市和香港特别行政区相望。市中心陆路北距广州市区86公里，东南至澳门特别行政区65公

■ 中山—科伦坡贸易推介会现场

里，由中山港水路到香港特别行政区52海里。

中山市是不设县的地级市，现辖25个镇区。2015年末，中山市常住人口321万人，户籍人口158.7万人。旅居世界各地海外华侨和港澳台同胞100多万人。2015年，中山市地区生产总值（GDP）3010亿元，全省排名第6位。全市人均GDP达93769元。

中山市是一座社会和谐、经济兴旺、环境优美、民生幸福的现代化城市。拥有国家级产业基地35个，省级技术创新专业镇18个，省级以上名牌名标478个，落户中山的世界500强企业29家。先后获得联合国人居奖、全国文明城市、国家卫生城市、全国园林城市、全国科技兴市先进市、中国优秀旅游城市、全国环保模范城市、全国生态市、中国最具幸福感城市等多项荣誉。

历史纵览

古代香山，是孤悬于珠江口外伶仃洋上的岛屿，境域仅为现时的五桂山和凤凰山周围的山地和丘陵区，即石岐城区至澳门一带地域。考古表明，在距今5000多年前的新石器时代，已有土著古越族人在香山岛屿捕鱼打猎和半定居。南宋绍兴二十二年（1152年）设香山县，距今已有800多年历史；1925年，为纪念孙中山先生，香山县改称中山县；1983年，国务院批准中山撤县建市（县级）；1988年，国务院批准中山升格为地级市。

中山自古与海洋有着不可分割的关系，是海上丝绸之路的重要节点。历来因海而生、因海而长、因海而强。中山的咸淡水文化、华侨文化、商业文化、沉香文化等重要代表文化都体现了海洋性。

明清以来，地处太平洋之滨南海边的香山（含今中山、珠海、澳门），最早受到西方贸易、科技的影响，是当年欧洲各国前来中国传教、游历、贸易，甚至外交的"桥头堡"，是当年中国通往世界各地的重要门户和海路交通枢纽。经香港走向世界的"莞香"，主要产地就在中山五桂山（历史上中山曾属东莞县管辖）。数百年来，中山乡亲远渡重洋，足迹遍及海内外。近代以来，走出了国内第一批开眼看世界的时代风云人物，如近代思想家郑观应、中国第一家百货公司创始人马应彪、民主革命先行者孙中山等等。

在中西文化碰撞与交融中，商业思想超前的中山人引发了近代商业革命，开创中国百货业先河的四大百货的创始人均为中山人。近年来，中山与"一带一路"沿线国家的合作更是日益扩大，外贸逆势增长。2015年，中山市与沿线国家贸易总额达71.8亿美元，同比增长5.3%，其中，出口总额为55亿美元，同比增长5.6%，进口总额为16.8亿美元，同比增长4.3%。主要出口空调、灯饰、自动数据处理设备、家具及服装到"一带一路"国家，并从这些国家进口集成电路、初级形状的塑料、自动数据处理设备、纺织纱线、皮革商品。2015年中山对沿线国家新增投资项目2个，中方合同投资金额3312.50万美元。

新"丝路"、新商机

中山市在国家"一带一路"战略大格局中的定位是：将中山打造成为全省落实"一带一路"战略产业合作新型市，推动孙中山文化成为海上丝绸之路重要文化名片之一。

中山市目前正在推进的主要工作安排有：

（1）构建大交通网络，打通中山对接"一带一路"的世界级通道

中山是珠江口西岸重要交通节点，全市拥有"五纵六横七高速九加密"交通路网布局，随着广珠城轨的建设开通，以及西部沿海铁路、港珠澳大桥、深中通道的规划建设，中山成为粤西连接深圳、香港乃至更宽地域的黄金走廊。90公里半径内有5大机场和4大外轮深水港，港口集装箱吞吐量位居中国十强、世界百强。全市实现"市域半小时生活圈、镇区15分钟上高速、村村通公路公交"。

"十二五"期间，中山市投入230亿元推动交通大发展。近期，深中通道项目获得国家立项，有望成为未来中山对接"一带一路"的世界级通道。按照省政府部署，深圳、中山两侧连接线率先动工建设。"十三五"期间，中山将坚持以交通引领城市发展，构建"四纵四横"的高速路网和"三环十射"的快速路网框架。积极推动或配合深中通道、广中江高速、中开高速及小榄支线、香海大桥、深茂铁路等项目建设，推动中山港口岸东移，探索开辟近洋航线，积极融入通向"一带一路"的交通网。

（2）构建对外开放新格局，优化与沿线国家的经贸交流合作

中山市一向坚持对外开放，近年来又主动抢抓国家"一带一路"重大战略机遇，不断深化与沿线国家的经贸交流合作，争创外贸发展新优势。2015年中山市共组织150多家次企业抱团前往海外参展推介，100多家次企业参加国内对接洽谈，签订贸易项目17宗，意向合同金额6.45亿美元，接待客商近万人，进一步加强与东盟、南亚、中东、非洲等国家地区的经贸交流合作。

随着各项工作的突破，中山外贸对接"一带一路"迎来了新契机。2014年，中山港口岸扩大开放获批，与澳门签署游艇自由行合作协议，中山保税进口商品交易中心、中山市正好华南乳品交易中心入选全省十大重点培育进口商品交易中心。2015年，中山又获批成为全国物流标准化试点城市，设立跨境电子商务产业园区，跨境电商三大平台即将建成投入使用，为接下来推动中山产品、中山企业

■ 广东21世纪海上丝绸之路国际博览会"印尼·中山馆"

大踏步走向"一带一路"沿线国家创造了良好条件。

"十三五"期间，中山市将实施更加积极主动的对外开放策略，制定参与国家"一带一路"建设行动计划，推动对内对外开放相互促进、"引进来"与"走出去"紧密结合，构建更高水平的开放新格局。

一是巩固外贸成果。继续组织企业抱团"出海"，2016年由中山市商务局组织的12场重点展览计划，帮助企业赴印尼、俄罗斯、南非等国家和地区抢抓订单。继续借力"广交会""海博会"等国内展会扩大与沿线国家的经贸合作。继续主动对接港澳，加快澳门—中山游艇自由行项目，与港澳有关机构开展联合办展等合作，不断拓宽两地共同开拓国际市场的空间。

二是培育合作新模式。打造境内外"双平台"互动服务新模式，实现全球外贸战略布局。贸易方面，在当地华人商会的支持下，在南非、尼日利亚、印尼等国家建立中山产品展销中心，在本市建立对口采购中心，促进家电、灯饰等"中山美居"产品率先渗透非洲大陆市场。对外投资方面，在海外设立工业园区，在中山设立综合服务中心，吸引国内有意对外投资的企业落户，实现境内外互动，帮助企业"走出去"，推动中山产业转型升级。

三是优化外贸环境。对接国际经济管理先进理念和通行规则，促进办事准则与国际接轨。加强口岸信息化建设，推行国际贸易"单一窗口"，深化"三互"通关合作，提高通关效率。推广出口退税网上申报和限时办结等制度。加强市场监管体系建设，加大灯饰等产业市场秩序整治力度，确保出口"一带一路"国家的产品质量。

（3）构建重大平台支撑体系，提升对接"一带一路"水平与能力

2013年，中山市翠亨新区被省人代会确立为珠三角区域合作重要平台。以翠亨新区等重大平台为支撑，中山市对接"一带一路"的底气更大、思路更广、水平更高。

"十三五"期间，中山市将继续发挥重大平台示范引领作用，集中资源提升翠亨新区、四个市级产业平台和六个产业协作区的承接能力。翠亨新区将以中山中瑞（欧）工业园、中山港新码头建设为突破口，借助广东自贸区东风，进一步推动粤港澳紧密深入合作。以中机重工、中铁南方工程装备有限公司、广新海事重工、中山广船国际、广东粤新海工等基础建设企业参与"一带一路"建设为引导，鼓励中山优势产业透过翠亨新区产业政策转型升级。

中山在制定"十三五"规划、针对建设开放型国际化城市进行思考时，就把握"一带一路"重要机遇作出了专门的规划。

该市"十三五"建设规划的指导思想是：高举中国特色社会主义伟大旗帜，全面贯彻党的十八大和十八届三中、四中、五中全会精神，以马克思列宁主义、毛泽东思想、邓小平理论、"三个代表"重要思想、科学发展观为指导，深入贯彻习近平总书记系列重要讲话精神，贯彻落实省委十一届五次、六次全会和市委十三届九次、十次全会部署，按照"四个全面"战略布局和"三个定位、两个率先"任务部署，坚持发展是第一要务，坚持创新、协调、绿色、开放、共享的发展理念，紧紧围绕建设"三个适宜"更加美丽中山总目标，以供给侧结构性改革为主攻方向，以提高发展质量和效益为中心，以全面深化改革为根本动力，以创新驱动发展为核心战略，以依法治市为根本保障，切实以基本理念统领经济建设、政治建设、文化建设、社会建设、生态文明建设和党的建设，建成国家创新型城市，全面完成《珠江三角洲地区改革发展规划纲要（2008—2020年）》的目标任务，确保率先全面建成小康社会，力争跨入珠三角经济发展第二梯队行列，向率先基本实现社会主义现代化迈出坚实步伐。

（1）发展目标

确立2017年为全面建成小康社会的目标年，全面小康综合指数达到97%以上。力争比全省提前一年实现GDP、城乡居民人均收入比2010年翻一番。力争2020年跨入珠三角经济发展第二梯队，迈上率先基本实现现代化新征程。

（2）开放战略

以开放合作拓展发展空间，把握参与国家"一带一路"建设和广东省建设广州南沙、深圳前海、珠海横琴自贸区的重大机遇，构建全方位、多层次、宽领域、高水平对外开放新格局。到2020年，形成中山参与国际竞争合作新优势，初步建成与国际接轨的开放型国际化城市。

一是构建对外开放新格局。全面参与全球经济合作和竞争，发展更高层次的开放型经济。丰富对外开放领域，提高对外开放水平。

二是促进外贸发展转型升级。坚持优质优价并重、优进优出并重、货物贸易服务贸易并重、质量效益并重，推进内外贸一体化发展。

三是完善开放型经济体制机制。全面实行准入前国民待遇加负面清单管理制度，促进内外资企业一视同仁、公平竞争。完善境外投资管理，健全对外投资促进政策和服务体系。

（3）战略重点

中山市在制定"十三五"规划时，对建设开放型国际化城市开篇即对融入"一带一路"战略进行阐述。具体为：加强与"一带一路"沿线国家合作。参与广东省21世纪海上丝绸之路合作基金，推动建立中山市"走出去"战略合作联盟，促进与"一带一路"沿线国家的重要城市缔结友好城市。构建"一带一路"的国际经贸平台暨海外展会网络服务体系。支持企业在枢纽港口城市和区域中心布局生产销售链、开展投资并购、组织产业园建设。与"一带一路"沿线国家联合拓展精品旅游线路和旅游产品，提高中山在国际旅游产业的知名度。发挥"一带一路"沿线国家华人华侨、华商组织、华侨企业、对口商会的优势作用，加大我市与其所在国的经贸合作力度。

为加强与"一带一路"战略对接，为中山市"十三五"规划确定了一批对外合作重大平台。

一是翠亨新区粤澳创新创业合作区。建设先进装备制造业技术创新平台、健康医药产业技术研发平台、粤澳两地青年创业成长平台、粤澳中小企业转型升级合作平台。

二是两岸四地现代农业合作示范区。建设台湾新品种示范推广基地，将适宜于台湾农业新品种、新技术成果引进、验证、组装和示范。

三是大宗商品进口平台。加强省级进出口商品交易中心建设，建设木材、酒类、药品等若干国内进口首站，有影响力的大宗商品进口中心，启动中山市进口商品交易中心培育工作。

四是中山保税物流中心。推动保税物流中心申报综合保税区，建设跨境电子商务进口平台，建立若干进口消费品集散中心（跨境直购店），打造成为辐射珠江西岸、面向海外的进出口商品集散中心。

五是中山中瑞（欧）工业园。由广东省牵头与瑞士合作建设，以生物医药、仪表仪器、纺织机械、精密机械等主导产业为抓手，深化中瑞（中欧）合作。

主要国民经济数据（2015年）

2015年，中山市生产总值突破3000亿元，"十二五"期间年均增长（以下简称"年均增长"）10.1%；人均生产总值9.4万元，年均增长9.1%。工业增加值1566.2亿元，年均增长10.4%。服务业增加值1310亿元，年均增长9.5%。固定资产投资1055.4亿元，年均增长17.1%。社会消费品零售总额1080亿元，年均增长11.5%。外贸出口280亿元，年均增长4.5%。全市千亿级产业集群2个，百亿级产业集群10个（其中500亿级达5个）。百亿级企业9家，十亿级企业超100家。境内外上市挂牌企业45家，高新技术企业427家。

江门
联通粤西与大西南的枢纽门户城市

城市名片

城市名称：江门市	总面积：9505平方公里
长途区号：0750	常住人口：451.95万人
邮政编码：529000	地区生产总值：2240.02亿元

城市概况

大江门户，南海明珠——江门，位于珠江三角洲西岸城市中心，东邻中山、珠海，西连阳江，北接广州、佛山、肇庆、云浮，南濒南海海域，毗邻港澳。设立蓬江、江海、新会3个区，下辖台山、开平、鹤山、恩平4个县级市，全市总面积9505平方公里（约占珠三角的1/4），常住人口451.95万人。

江门市海洋资源十分丰富，大陆海岸线长414.8公里，岛岸线长约400公里，大小海岛561个，发展海洋经济潜力巨大。江门素有"中国第一侨乡"的美誉，祖籍江门的华侨、华人和港澳台同胞近400万人，遍布全球107个国家和地区。独特的华侨历史，形成了绚丽的侨乡文化。从建筑、饮食、服饰、风俗习惯，都随处可

■ 江门开平市

见中西交融的痕迹。世界文化遗产开平碉楼与村落就位于江门市下辖的开平市境内，共1833座，是集防卫、居住和中西建筑艺术于一体的多层塔楼式建筑。2007年，"开平碉楼与村落"获世界遗产大会通过，正式列入《世界遗产名录》，成为我国首个华侨文化的世界遗产项目，也是广东省唯一的世界文化遗产。江门市及其下辖县市先后与美国河滨市、美莎市、密尔布瑞市、奥克兰市，澳大利亚阿拉腊市5个海外城市缔结为友好城市，发展友好交流对象城市有10多个。江门山清水秀，自然风光优美，是"全国文明城市""中国优秀旅游城市""国家林城市""国家卫生城市""国家环境保护模范城市""全国小微企业创业创新基地示范城市"，并荣获"中国人居环境范例奖"。

改革开放以来，江门市对外经济日趋活跃，先后被世界银行评为A类地区，被亚太研究所列为香港与珠三角西部地区合作的首选城市，被福布斯杂志评为中国大陆最佳商业城市，成为亚太经合组织中国RISE计划试点城市。

江门的战略发展定位是：将江门建设成为新一轮广东改革发展的"开放之门"，粤西进入珠三角的"方便之门"，珠三角通向粤西、广西乃至大西南的"辐射之门"，积极实施"东提西进、同城共融"战略，加快打造珠西新的城市中心、经济中心、创新中心。

历史纵览

海上丝绸之路广东段，为海丝南线、南海航线之重要线段。从汉代到明清，随着航海技术的进步，这里是海丝南线、南海航线变化最丰富的航段。最迟从唐宋时期开始，广东、福建沿海地区移民经常沿着这条航线出洋谋生，迁徙异域。它见证了古代中国与东南亚、东非、北非、中南欧贸易往来的繁忙；更在航段沿途留下了中外文化交流的遗存。广东段证明，海上丝绸之路是中外航行之路、国际移民迁徙之路、贸易之路、文化交流之路。而其中的江门线段以其优势的地理位置和深厚的历史文化内涵，从多个角度见证和丰富了广东段在海上丝绸之路的航线变化、航运管理体系发育、商贸往来、人口迁徙和文化交流上的重要历史文化内涵。

广东省江门市地处珠江三角洲西部，南临大海，为珠江文化与海洋文化的交汇地带，其境内大陆海岸线由新会崖门起，迤逦西南而下，至台山庙湾角西南一带，与阳江分界。其沿海大陆架东起黄茅海，西至镇海湾，面积约2257平方公里。

江门位于我国传统的西洋航线之上，其沿海地区拥有天然的港湾，海上丝绸之路文化源远流长，泽被深远。台山铜鼓新村沙丘遗址和新会古井镇下沙遗址、

■ 银湖湾生态

沙堆镇炮台山沙丘遗址等新石器时代遗址，提供了4500～5000年前人类在沿海活动的证据，先秦时期生活在沿海的五邑先民已经开始了海洋活动的探索，其后裔应该是海上丝绸之路最早的开拓者之一。唐宋时期，江门为我国外销瓷的生产基地之一，是广州通海夷道上的"放洋"之地。明清时期，江门沿海是东南亚地区各国入贡夷船规定停泊的澳口。地理大发现后，葡萄牙人在这里建立的早期对华贸易的据点，以"贸易岛"著称于世。这里既有华夷船舶往来的交通驿站，又有指引西洋航路的重要航标，还有守护海上丝绸之路的卫所营寨。作为中国著名侨乡，不仅输出的国际移民常年往返于这条航路，更在侨乡遗存了丰富的见证中外经济文化交流的遗址。

相传，早在南朝时期梁武帝天监元年（502年）天竺高僧智药三藏从印度跨海远航，前来中土，弘扬佛法。他途经今台山广海，在此上岸，并在灵湖古寺旁手植一株菩提树，以示纪念。

随着我国航海造船技术的进步，海上丝绸之路航线进一步拓展，海上商业贸易活动也更加活跃。为加强对中外海上贸易的管理，唐代在广州设置市舶使，专门管理往来船只，征收关税。到宋代，为加强海防，以护卫海上商船，朝廷在东南沿海一带，设置巡海水军，立寨巡海。朝廷特在海舶进入广州的第一站的溽洲（又称溽城，位于今天的江门台山市广海镇，上川岛对岸），设立望舶巡检司，派寨兵巡逻海上，以保护商旅往来。

据宋代宣和年间（1119—1125年）朱彧《萍洲可谈》记载："广州自小海至溽洲七百里，溽洲有望舶巡检司，谓之一望。稍北又有第二、第三望，过溽洲则沧溟矣。商船去时，至溽洲少需以诀，然后解去，谓之'放洋'。还至溽洲，则

■ 世界文化遗产——开平碉楼

相庆贺，寨兵有酒肉之馈，并防护赴广州。既至，泊船市舶亭下，五洲巡检司差兵监视，谓之'编栏'。凡舶至，帅漕与市舶监官莅阅其货而征之，谓之'抽解'，以十分为率。"

由此可见，溽洲是北宋时期广州通海夷道的必经之地，也是我国海上丝绸之路的起点或重要站点之一。从广州出发，赴南洋、印度洋一带远航的番舶商船必须经过溽洲停泊，为放洋出海作临行前的最后准备。而从东南亚、印度洋来的番舶商船，到达溽洲，对于经历了沧溟汪洋颠沛的海旅客商来说，意味着一路下去再无海洋上变幻莫测的凶险，解除了商旅安全上的顾虑。同时，他们也还要在这里接受官府的登记盘查，严密监视，以防沿海走私，确保足额关税的征收。因此，溽洲就是唐宋时期海上丝绸之路上番舶商船的"放洋"之地，又是市舶贸易管理体制之中的重要一环。

唐宋时期，海上丝绸之路南海航线与汉代相比，发生了很大的变化，新开辟了一条从溽洲对海之上川乌猪山东直接南下海南岛的新航线，汉代形成的沿海岸线航行到徐闻、湛江，再南下海南岛的航线继续使用。这条新航线到明代定型，乌猪山因之成为明清时期"商船番舶往来中国南海、印度洋等地航路上的重要航标。"乌猪山是海上丝绸之路南海航线深海与近岸航线的交接点，今天在乌猪山南6海里处即为国际航线所在。

除唐宋溽洲望舶巡检司之外，江门沿海明清时期还设置了一些承担海防和管理海上贸易的卫所营寨等机构，也是"海上丝绸之路"贸易管理体制的组成部分，往来商旅船舶的守护者。如驻扎在厓门、铜鼓、上川、下川等地的的卫所营寨分汛，除负责海防之外，还具有保护海上丝绸之路，救助海上失事的华夷商舶的责任。

江门沿海诸澳也是明清时期往来中外船舶停泊的重要海港。新会的奇潭、台山的广海、望峒、寨门等沿海诸澳，可供来往于中国与南洋之间的船只停靠，既可入港避风，又可接受补给。除打着官方名义的入贡夷船之外，还有许多活跃于中国沿海与南洋各地之间的洋船番舶，从事着大规模的海上贸易。它们也喜欢停靠江门沿海诸澳，进行休整补给。时至清朝，清初《海疆图说》记载上下川为粤东海道上可供取水的三十个澳口之一。

中外商旅船舶的停靠不仅是避风补给，也在诸澳开展贸易。台山上川岛就是地理大发现后葡萄牙人开辟的早期对华贸易的重要据点，以"贸易岛"著称于世。除了浔洲，江门新会还是唐代外销瓷的生产基地之一，官冲窑址是直接的见证。

至今，在江门民间还有很多关于海洋文化、海上丝绸之路的传说，如广海镇菩提树、上川岛葡国航海标柱等，反映了海上丝绸之路文化在这里深厚的历史传承与民间认知基础。江门市将积极推进江门地区海上丝绸之路相关史迹申报世界文化遗产工作，开展相关史迹点的资料收集、考古调查和文献研究工作，编制专项保护规划、环境和景观整治及展示方案，完成文物"四有"，启动"海丝"地方立法，力争将江门海上丝绸之路史迹点纳入国家申遗预备名录。

新"丝路"、新商机

江门市在参与"一带一路"建设中的定位是：珠西综合交通枢纽及联通粤西与大西南的枢纽门户城市，世界级轨道交通产业基地，中国与沿线国家产业合作重要平台，粤港澳台深化合作拓展区，全球华侨华人创业创新之城，中国国际特色旅游目的地。

江门参与"一带一路"建设的优势有：

一是交通区位优势。江门是珠三角及港澳地区与粤西、大西南连接的重要门户以及交通枢纽，近年来，江门积极实施"交通大会战"，江门大道、中开高速、深茂铁路江门段等一批重大交通基础设施项目加快建设，区内交通网络日臻完善。

二是产业优势。江门是广东省老工业基地，工业品种齐全，其中先进装备制造业初具规模，产值已突破千亿，已形成了"1+6"核心园区，即1个国家高新区加上6个产业新区。2008年，国务院出台实施的《珠三角规划纲要》，将江门定位为"珠三角先进制造业重点发展区"。近年，省委、省政府作出了打造珠江西岸先进装备制造产业带的重大部署，赋予江门"珠西战略"策源地、主战场和增长极的新定位，对江门的发展寄予厚望。

三是资源优势。江门土地、海洋、华侨资源丰富。土地面积约占整个珠三角地区面积的1/4，土地开发强度仅11%。全市大陆海岸线长414.8公里，海岛岸线长约400公里，共有海岛561个；银洲湖、广海湾、川岛等海域具备建设深水良港的条件，其中乌猪洲可建设30万吨级以上深水码头，银洲湖是西江黄金水道的出海通道。江门还是著名的侨都，祖籍江门的华侨、华人和港澳台同胞近400万人，遍布全球107个国家和地区，在引资引智以及与港澳、"一带一路"沿线国家开展深度合作和对接方面独具优势。

四是环境优势。江门是国家环保模范城市，并获得"中国人居环境范例奖"，曾被世界银行誉为发展中国家可持续发展的范例。连续多年登上"福布斯中国大陆最佳商业城市榜"，营商环境便捷便利。江门还是广东首个全国小微企业创业创新基地示范城市，获得6亿元国家支持资金，是小微企业理想的发展地。

"十三五"期间，江门市将大力推进如下重点工程：

一是以"一大枢纽，四大路网"建设为重点，持续推进大交通建设。规划建设珠西综合交通枢纽江门站，强化与国家铁路网及珠三角轨道网连接，推动高速铁路、城际轨道和货运铁路等建设。加强与周边地区高快速路网对接，打通"深（中）江通道"等跨珠江口大通道网络，加快中开高速等高速公路建设。谋划深水港建设，规划建设广海湾港区，继续完善内河港口功能布局，壮大江—海直达航线，积极开辟国际航线，建设西江流域地区与沿线国家联系的新出海通道。加快空港规划建设，积极谋划货运机场、通用机场及直升机起降点选址建设。

二是建设新型智慧城市，打造粤西信息枢纽。充分发挥信息化和大数据的带动引领作用，强化提升江门市城市管理协同开放水平和智慧化、个性化服务水平。在全市域加快推动"全光网城市"建设，将江门打造成大带宽覆盖的领先城市。

三是擦亮"世遗文化、中国侨都"城市品牌，打造华侨华人的"双创"之城。规划建设华侨华人文化交流合作示范区。创建一批"中国华侨国际文化交流基地"，创新办好"中国（江门）侨乡华人嘉年华""世界江门青年大会"和第三届世界广府人恳亲大会等侨务品牌活动。加强"邑商文化"研究，搭建世界邑商总会、中欧（江门）企业家商会等国内外邑商大平台，强化与国内外行业商会精准对接。成立五邑侨智库，鼓励引导海外华侨华人、留学回国高层次人才，为江门经济发展出谋献策。高标准建设中国（江门）"侨梦苑"华侨华人创新产业聚集区、侨青创新创业园、海创空间和港澳同胞及海外侨胞回归创业基地，打造海内外侨界青年创新创业平台。筹建"华侨华人创新创业发展基金""海创基金"，发挥侨务力量在人脉、资金、网络、渠道等方面优势，制定有利于海内外华侨华人融资投资发展的现代基金运营模式。大力保护和科学开发历史、华侨文化资源。

四是加强产业合作。加强与欧洲驻华机构、重点商协会、投资促进机构的合作，加强对欧美发达国家的产业链招商。重点推进中欧（江门）中小企业国际合

■ 新会陈皮（王维家摄）

作区的建设，探索开展中欧（美）"小微双创"合作，参与"中德工业城市联盟"合作。打造与葡（西）语系国家经贸合作平台。巩固友好城市交往基础，实施"友城倍增"计划，聘用有广泛商界资源、行业影响力强的人士拓展招商网络，依托华侨华人社团组织及第三方专业机构设立国际经贸代表处，紧盯先进装备制造业发达地区，开展"敲门招商"，力争重大项目引进取得突破。

五是推动外贸转型升级和经贸文化交流。积极推进跨境电子商务发展，培育一批跨境电子商务平台和企业。探索在巴基斯坦、秘鲁、澳大利亚等21个已有江门华侨社团及商会的国家和地区设立驻外经贸代表机构。加强与东盟地区在科技、文化、旅游、金融、海洋工程、信息服务领域开展广泛合作。开拓非洲、中东、拉美等新兴市场。鼓励有条件企业到沿线国家建设工业园区，参与当地交通、能源等基础设施建设。支持高等院校与国际知名院校合作，发展为沿线国家人才、企业进入中国市场提供服务的国际职业培训机构。推进旅游文化合作，以开平碉楼与村落世界文化遗产、川岛海上丝绸之路遗迹等为核心，共建海洋旅游精品线路。整合历史文化资源，推动蓬江区"33墟街"、新会区"学宫文心"、江海区"南岸印迹"、鹤山市"岭南鹤武"、台山市"海丝游归"、开平市"碉楼遗风"、恩平市"恩州学泉"等特色文化品牌的塑造。围绕上川贸易岛、唐代官冲外销瓷窑址积极开展海上丝绸之路申遗。台山、开平、恩平三市联合打造世遗文化旅游度假区。推动江门侨乡文化产业的传承和发展。

六是深化对台港澳的合作。积极融入粤港澳大湾区。对接港澳地区大通道、大航道，重点强化与港珠澳大桥的交通联系，加强江门港与港澳国际海港、空港合作联动。建立江港澳一体化旅游机制，共同推进"江门碉楼—澳门历史城区"世遗旅游专线建设，探索游艇出入境的便利化措施，打造特色文化旅游合作区。探索"共同规划、合作开发、共同管理、共享利益"开发模式，引进港澳创新人才和创新资源建设交流合作平台和创业创新基地。

七是开拓江台交流合作新领域。加强江台经贸交流，深化在高新技术产业、新兴产业、服务业、现代农业等领域的合作。大力引进台湾先进技术，推动在机器人及智能装备制造、新材料等领域合作；依托粤台农业合作试验区，加强与台湾在水果花卉培植、水产品养殖和加工业等方面的交流合作；鼓励台湾旅游品牌企业、管理团队到江门开展项目策划与开发，共建海峡两岸青年创业创新示范园等合作园区。

主要国民经济数据（2015年）

2015年，全市地区生产总值2240.02亿元，比上年增长8.4%。人均地区生产总值49608元，比上年增长8.1%。规模以上工业增加值925.99亿元，比上年增长8.1%。地方公共财政预算收入198.98亿元，比上年增长9.1%。完成固定资产投资1307.87亿元，比上年增长17.7%。全市中外资金融机构本外币贷款余额和存款余额分别为2218.01亿元、3766.81亿元，分别比上年增长9.6%、5.2%。全年实现社会消费品零售总额1032.31亿元，比上年增长11.8%。全市今年外贸出口954.7亿元，比上年增长3.0%。全年实际利用外商直接投资约8.79亿美元，比上年增长3.0%。

■ 亚洲最大的火力发电厂——广东国华粤电台山发电有限公司

阳江
21世纪海上丝绸之路重要节点城市

城市名片

城市名称：阳江市　　土地面积：7955.9平方公里
长途区号：0662　　　户籍总人口：289.43万人
邮政编码：529500　　地区生产总值：1250.01亿元

城市概况

阳江于1988年2月经国务院批准，撤阳江县，建立阳江市，为地级市建制，辖

■ 广东海上丝绸之路博物馆外观

江城区、阳东区和阳西县，代管阳春市（县级市），设阳江滨海新区、海陵岛经济开发试验区和阳江高新技术产业开发区。全市共有9个街道办事处、38个镇、116个居民委员会和710个村民委员会，户籍总人口289.43万人，土地面积7955.9平方公里，海岸线总长度（含大陆海岸线和岛岸线长度）458.6公里，主要岛屿40个，岛岸线长135.1公里。

阳江历史悠久，秦时属南海郡，汉武帝元鼎六年（前111年）设高凉县，隋大业二年（606年）置阳江县。阳江是"文化之乡"，是"中国诗词之市"和"中国楹联之市"，荣获"中国优秀旅游城市""广东省园林城市""中国最佳生态旅游城市""中国十大最具幸福感城市"和"中国刀剪之都"等称号。

阳江五金刀剪已有1400多年历史，是我国刀剪发祥地之一。阳江刀剪产业在继承传统制作工艺的基础上，通过不断创新和发展，已形成了从不锈钢冶炼和压延加工、刀剪机械制造、模具制造、热处理、零部件、包装和检测检验到技术研发、工业设计、电子商务、展会展示等完整的产业链条，具有产业规模最大、产业集聚度最高、创新能力最强、产业品牌最响、经济社会效益最好等特点，形成了国内最大的刀剪产业集群，先后被国家和省认定为中国刀剪产业基地和国家火炬计划五金刀剪特色产业基地、广东省五金刀剪产业集群升级示范区，连续多年入选"中国百佳产业集群"，并获得"中国百佳产业集群"称号，是我市首个产值超500亿元的产业集群。阳江先后被评为中国刀剪之都、中国刀剪产业基地，拥有中国菜刀中心、中国剪刀中心、中国小刀中心、中国陶瓷刀中心、中国水果刀中心等"国字号"品牌。

阳江，具有得天独厚的资源禀赋。这里的滨海资源十分突出，拥有26处异彩纷呈、可供开发的优质沙滩，其中被评为"中国十大宝岛"的海陵岛天生丽质，以阳光、沙滩、渔港和"南海Ⅰ号"闻名于世；还有阳西沙扒的月亮湾，东平的珍珠湾，沙滩资源十分优良。这里的岩溶地貌千姿百态，有"百里画廊，水墨阳春"的美誉。这里的地热资源丰富，阳江温泉、阳西咸水矿温泉等深受游人喜爱。阳江紧靠珠三角核心区，得天独厚的港口、土地、旅游等资源优势，顺畅便捷的交通区位，美丽富饶的海洋资源，初具规模的能源工业，宜居休闲的生活环境，成就了这个滨海城市的后发魅力。近年来，阳江市提出打造"国际知名休闲旅游度假胜地"的目标，旗帜鲜明地发展"龙头崛起，两翼齐飞"滨海旅游战略，融入山海联动的建设理念，主打"浪漫银滩、宋船古韵、温泉之乡、水墨阳江、休闲绿城"旅游品牌。当前，一批规模大、层次高的旅游综合项目已落户阳江，阳江正散发出越来越迷人的独特魅力。

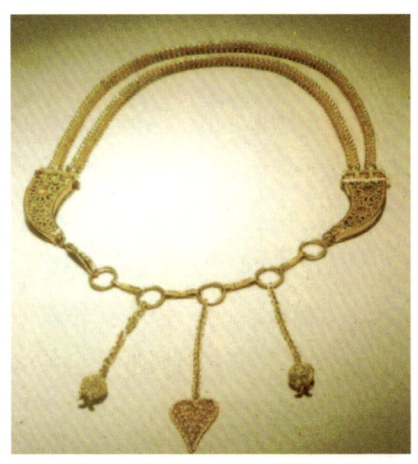 

■ "瓷·金异彩——'南海Ⅰ号'新发现精品文物展"之璎珞胸饰　　■ "瓷·金异彩——'南海Ⅰ号'新发现精品文物展"之金臂钏

历史纵览

阳江，与海上丝绸之路有着悠久的历史渊源，在阳江发掘的"南海Ⅰ号"——宋代古沉船就是这段历史的见证。1987年，英国海洋探测公司与广州救捞局合作，在广东阳江海域搜寻一艘18世纪东印度公司沉船"莱茵堡号"时，意外发现"南海Ⅰ号"，从1989年至2004年，国家文物局先后8次组织水下考古队对"南海Ⅰ号"进行考古调查、勘探。2007年12月28日，按照"整体打捞、原址保护、就地展示"方针，"南海Ⅰ号"成功实现了世界首创的整体打捞，成功移放海丝馆的水晶宫。经国家文物局批准，2009年和2011年，国家水下文化遗产保护中心、广东省文化厅、阳江市政府组织相关专业机构对"南海Ⅰ号"进行了两次室内试发掘，并于2013年11月28日正式启动"南海Ⅰ号"全面保护发掘工作。经测量，"南海Ⅰ号"船长30.4米（残存约22米），船宽约9米，是目前世界上发现年代较早、船体较大、保存较为完整的宋代远洋贸易商船，船载文物6万~8万件，主要是瓷器，还有铁器、漆器等，瓷器主要有景德镇窑、龙泉窑、德化窑、磁灶窑。"南海Ⅰ号"是中国古代海上丝绸之路航线上的标志性发现，也是中国水下文化遗产保护事业的里程碑。随着"南海Ⅰ号"保护、研究、利用的深入开展，其所承载的海上丝绸之路文明在800年后将重新焕发光彩，成为建设"21世纪海上丝绸之路"的文化使者。

新"丝路"、新商机

阳江市在国家"一带一路"战略大格局中的定位是：打造"21世纪海上丝绸之路"重要节点城市。

"十三五"期间，阳江市将加强与国家实施"一带一路"战略的对接，紧紧抓住以"3+1"模式参与"珠中江"经济圈建设的重大机遇，综合运用国际国内两个市场、两种资源，重视国内国际经济联动效应，坚持"引进来"和"走出去"相结合，以打造分工合理、优势互补、互利共赢的产业协作体系为重点，加强与"珠中江"经济圈、珠三角地区、港澳台地区、东盟自由贸易区、"一带一路"沿线国家和地区的多层次区域协作，构建全方位对外开放新格局，全面提升开放型经济水平，打造粤西对接珠三角的桥头堡。其工作重点有：

一是立足粤西，对接珠三角。强化我市连接粤西和珠三角的经济走廊地位，积极参与"珠中江+阳江"经济圈和珠江西岸先进装备制造产业带建设，加大承接珠三角信息、人才、产业、资源配置等方面的力度，全面融入珠西都市圈。联合珠三角打造钢铁、能源、水泥建材等优势产业，为珠三角提供原材料支撑和能源支持。共同开发旅游精品线路和旅游品牌，共同发展健康养老产业和特色效益农业，共建阳江滨海旅游休闲度假基地和优质无公害农产品生产基地。

为加速推进融入珠三角1小时经济圈，构建快速连接珠三角、对接粤西的综合

■ 阳江港

■ "南海Ⅰ号"考古发掘现场

交通网络,要大力推进"一港四路"(阳西军民结合两用港、广州至湛江客运专线阳江段、粤西沿海高速公路阳江段、中山至阳江高速公路阳春段、云浮至阳西高速公路阳江段)等重大交通基础设施的谋划建设。加快推进深茂铁路阳江段建设,加强阳阳铁路与三茂铁路以及大西南地区铁路网的营运合作,推进阳阳铁路复线建设。加强国道、省道公路升级改造,加快贯穿市内经济节点的"经济线"建设。加快海港、空港建设。

二是积极参与泛珠区域合作。积极对接珠江—西江经济带、北部湾经济区和海南国际旅游岛,构筑以铁路、高速公路为动脉的联通周边省市的经济廊带。深化与港澳台地区合作。充分利用港珠澳大桥等跨境基础设施功能,加快推进形成"阳江—珠海—港澳"合作格局,积极发展与台湾的经贸合作。加快沿海港口深水码头泊位、进港航道、集疏运系统等建设,优化港口结构,加强与珠三角、粤西地区海港的联系,推进与湛江港、广州港、珠海港等主要港口之间的资源整合。加快阳江港和阳江港丰头作业区进港航道改造工程、港口码头集疏运系统建设,拓展为服务于珠三角和泛珠三角经济发展、连接粤西及西南腹地、面向东南亚及全球的深水良港。加大融资力度,改造提升阳江机场,规划建设阳江货运机场。

三是加强与"一带一路"沿线国家和地区的经贸合作。2014年,阳江市组团参加了21世纪海上丝绸之路国际博览会,达成各类签约项目共17个,包括2个投资项目和15个贸易项目,总投资金额25.4亿元。2015年,阳江市组团参加了21世纪海上丝绸之路国际博览会,达成各类签约项目共14个,包括4个投资项目和10个贸易项目,总投资金额23.22亿元。市委主要领导率阳江市经贸代表团赴以色列、约旦开展系列经贸活动,签订了5200多万美元的贸易意向合同,进一步帮助企业开拓了中东市场。

"十三五"期间,阳江市将以互联互通为基础,以产业合作为重点,稳定劳动密集型等优势产品对沿线国家出口,抓住沿线国家基础设施建设机遇,带动成套设备及技术、服务出口,加快机电产品和高新技术产品出口,支持轻工纺织、食品加工等行业企业到沿线国家投资办厂。深化与东盟地区合作。参与和推动中国—东盟自贸区升级版建设,引导本地企业以东盟为重点的目标市场,开展营销网络、工程等建设,加强资源开发合作,共同构建能源及铁矿石等大宗原材料商品的绿色通道。

四是全面提升开放型经济水平。阳江市目前已经与新西兰纳尔逊市缔结首个国际友好城市,国际区域合作开创新局面。"十三五"期间,阳江将把扩大外贸出口与产业优化升级紧密结合,加快餐厨用品基地、水产品基地等外贸升级基地建设,稳定五金刀剪、水海产品、塑料制品、农产品等传统优势产品出口,大力推阳江特色产品和服务"走出去",积极组织企业参加国际知名专业博览会、展销会。大力推动跨境电子商务发展。支持有条件的企业开展跨国并购,建设境外营销网络和生产基地,培育更多本土跨国公司。发挥阳江餐厨用品国家级示范基地和阳江水产品省级示范基地的效应,培育优势产品出口集群,力争将"阳江刀剪""阳江水产"等打造成为面向全球和国内商品采购出口集散中心。大力提升招商引资水平。优化调整招商引资结构,围绕城市功能定位和产业调整、升级方向,抓好"1+10"专业招商和先进装备制造业等领域招商,积极吸引资金投向生产性服务业、战略性新兴产业和高端制造业。抓好招商引资平台建设,不断完善园区各项条件,使其成为招商引资的主战场、主阵地。

五是打造21世纪海上丝绸之路重要节点城市。2014年,阳江市加入"高铁+游轮"中国岸线旅游联盟,海陵岛以总分第一名获"广东十大美丽海岛"称号,大角湾海上丝路旅游区通过国家5A级景区景观质量评审。作为海上丝绸之路重要历史见证的"南海Ⅰ号"得到全面保护,发掘进展顺利。2015年,全市接待游客1658.57万人次,旅游总收入181.3亿元,分别增长10.7%、18%。"十三五"期间,阳江将继续深入挖掘海上丝绸之路历史文化积淀,筹划一批跨境海上丝绸之路主题旅游项目,办好南海开渔节、休渔放生节、国际风筝节及旅游文化节等海洋民俗活动和节庆活动,挖掘"南海Ⅰ号"丰富的历史文化内涵,联合申报海上丝绸之路世界历史文化遗产。探索与21世纪海上丝绸之路沿线友好城市共建港口联盟,促进民心相通、人文相亲。着力提升旅游业发展水平。

主要国民经济数据(2015年)

2015年,全市地区生产总值达11250.01亿元,增长8.5%;三次产业比重由上年同期的16.5:48.0:35.5调整为16.4:47.3:36.3;地方公共财政预算收入达67.92亿元,增长6.2%;规模以上工业总产值2001.9亿元,增长11.9%;规模以上工业增加值493.58亿元,增长13.2%;固定资产投资691.13亿元,增长4.4%;社会消费品零售总额583.46亿元,增长9.7%;外贸进出口总额28.6亿美元,增长6.3%;实际利用外资0.85亿美元,下降27.5%;金融机构本外币存款余额1014.74亿元,贷款余额757.74亿元,分别比年初增长11.4%、7.2%;城镇常住居民人均可支配收入23088元,增长8.7%;农村常住居民人均纯收入12543元,增长9.2%;全市接待游客1658.57万人次,旅游总收入181.3亿元,分别增长10.7%、18%。全市重点项目累计完成投资267.05亿元,增长8.1%,为年度计划投资的112.2%,超额完成年度计划投资。建成投产阳江核电站2#、3#机组、阳春海螺水泥二期、市第二水厂等11个项目,新开工建设阳江抽水蓄能电站、阳东鑫业太阳能发电站、江城三威汽车零配件等24个项目。27个省属重点项目,全年完成投资184.34亿元,为年度计划投资的117.4%。

构建21海上丝绸之路的重要战略支点城市

城市名片

城市名称：湛江市　　　　陆域面积：1.33万平方公里
长途区号：0759　　　　　户籍总人口：822.96万人
邮政编码：524047　　　　地区生产总值：2380亿元

城市概况

湛江市位于中国大陆最南端，广东省西南部，包括整个雷州半岛及半岛北部的一部分。东濒南海，南隔琼州海峡与海南省相望，西临北部湾，背靠大西南。陆域面积1.33万平方公里，海域面积2万平方公里，海岸线长2023.6公里，其中大

■ 城区新貌：湛江开发区

陆海岸线长1243.7公里，岛屿岸线长779.9公里，湛江市城市规划区范围为1934.22平方公里，中心城区陆域面积225.79平方公里。全市户籍总人口822.96万人，市区常住人口167万人。2015年，全市地区生产总值2380亿元。湛江区位独特，位居粤、琼、桂三省（区）交汇处，是中国首批沿海对外开放城市，中国南方的重要港口城市，中国西南各省通往国外的主要出海口，也是中国通往东南亚、西亚、非洲、欧洲和大洋洲海上航程最短的重要口岸。

1984年，湛江市被国务院列为首批14个沿海对外开放城市之一。湛江市先后被评为中国人居环境范例城市、中国城乡建设范例城市、中国优秀旅游城市、全国双拥模范城市、国家园林城市、全国绿化达标城市、国家卫生城市、中国十佳低碳生态城市、中国十佳绿色城市、中国十大休闲城市、中国特色魅力城市、中国海鲜美食之都、中国对虾之都。

2015年3月，国家三部委联合发布推动共建"一带一路"的《愿景与行动》，湛江成为我国沿海15个重点加强建设的港口城市之一，成为国家"一带一路"海上合作战略的重要节点城市。

伴随国家新一轮改革开放战略的实施，湛江凭借得天独厚的历史人文、地理区位、资源禀赋和蓬勃发展优势，成为构建"21世纪海上丝绸之路"的重要战略节点。湛江建设海上新丝路有"六大优势"：

优势之一：史记最早。湛江徐闻是我国最早有正史记载的海上丝绸之路始发港，历史地位优势无可置疑。

优势之二：大陆最南。湛江位于祖国大陆最南端，是我国经略南海的大后方，广东对接东盟的先行区，在建设海洋强国、实施"一带一路"大战略中具有举足轻重的地位和作用，战略区位优势无可取代。

优势之三：航程最短。湛江是我国大陆通往海上丝绸之路沿岸国家航程最短的口岸城市，交通地理优势无可复制。

优势之四：港口最优。湛江港是我国南方尤其是西南、华南沿海最大的天然深水良港，湛江天然海港湛江湾风平浪静，30万吨到40万吨的船可以直靠，天然港口优势无可比拟。

优势之五：岸线最长。湛江是我国海岸线最长的地级市，也是我国重要的海洋资源和海洋经济大市。湛江大陆岸线总长1243.7公里，占整个中国大陆岸线的6.7%，占整个广东省岸线的36%。

优势之六：实力最强。湛江是我国大陆北部湾沿海经济带综合实力最强的城市，是广东区域性中心城市和重要的现代化新兴港口工业城市。

历史纵览

据史料和湛江考古发现，湛江自西汉以来，即与"海上丝绸之路"有着密不可分的关系。2000多年前，湛江徐闻就是海上丝绸之路的始发港，其港商贾云聚，百舸争流，对外贸易盛极一时。湛江徐闻地处雷州半岛最南端，早在虞舜时代就有先民居住。汉武帝元鼎六年（前111年），伏波将军路博德率师平南粤，建置徐闻县。西汉年间，中央政府在徐闻设左右侯官，积聚对外贸易货物，派船队携黄金、杂缯（即丝绸）从徐闻出发，经日南（今越南）沿海岸西行，到达黄支国（今印度境内）、已不程国（今斯里兰卡），换回明珠、琉璃和奇石等异地货物，开启了闻名中外的海上丝绸之路，也开启了东西方经济文化交流的和平之路、友谊之路、发展之路、共赢之路。《汉书·地理志》记载："自日南障塞，徐闻、合浦船行可五月，有都元国；又船行可四月，有邑卢没国；又船行可二十余日，有谌离国；步行可十余日，有夫甘都卢国。自夫甘都卢国船行可二月余，有黄支国，民俗略与珠崖相类。其州广大，户口多，多异物。自武帝以来皆献见。有译长，属黄门，与应募者俱入海，市明珠、璧流离、奇石、异物，赍黄金、杂缯而往……"这是"海上丝绸之路"最早的文字记载，也是湛江徐闻作为海上丝绸之路最早始发港的有力铁证。

随后，中央政府加强海上丝绸之路沿海港市的管理。唐代《元和郡县图志》有载："汉置左右侯官在徐闻县南七里，积货物于此，备其所求以交易有利，故谚曰：'欲拔贫，诣徐闻'。"在郭沫若主编的《中国史稿》也有记录："从中国高州合浦郡徐闻县（今广东徐闻县西）乘船去缅甸的海路交通，也早在西汉时期已开辟"，"那时，海路交通的重要都会是番禺（即今广州），船舶的出发点则是合浦郡的徐闻县。"

■ 徐闻二桥那涧堰饕餮纹铜铺首

■ 徐闻二桥村后灰场汉墓出土的陶熏炉

汉代以后，尽管海上丝绸之路始发港逐渐北移，但大量"万岁"瓦当、汉代私印等出土文物表明，雷州半岛始终是海上丝绸之路的重要节点和通道。

唐宋是南海"丝绸之路"的繁盛时期。湛江古代主港口移到雷州治所海康县，称雷州港。这时是湛江航海运输较大的发展时期，当时来往运输的船只都是数十吨的大木帆船，而且有载重300吨左右的铜皮大型风帆船运输。据《宋史·食货志》记载，雷州港主要是集散雷州半岛生产的谷、米、牛、酒、黄鱼及雷州半岛制造的陶瓷器皿等货物。其中大量的陶瓷产品，主要内销本地，有一部分则凭借港口、海道的优势销往边远岛屿、广潮闽浙和出口外销。目前，陶瓷在东南亚不少地区有出土，在西沙群岛和南洋群岛的一些地方，也都发现了宋元时期雷州半岛窑场烧制的瓷器。

明清时期，湛江主港再次北移至赤坎，成为粤西地区明清至民国期间最繁荣的商港。

近代，湛江曾沦为法租界，当时的名字叫"广州湾"，是爱国诗人闻一多笔下的"七子"之一。"广州湾"作为自由港，进出口货物不收税，"商人趋之若鹜"。民国三年（1914年），广州湾对外贸易以法国、越南、香港、澳门、退逻、南洋（印尼）、澳大利亚为主。1937年抗日战争爆发后，南京、上海、广州、香港等大城市相继沦陷，唯独广州湾对外通商贸易。以至赤坎成为人口重镇，据记载：通过赤坎港的货物年吞吐量达20万吨，广州湾"商贾云集，极盛一时"，在东南亚声名远播。在新加坡、马来西亚等地，雷高会馆传承百年，延续至今，一直是华人华侨、海外游子联络感情的交流平台。1945年9月21日，我国政府同时从日、法手中收回广州湾，以原范围划设市治，定名"湛江市"。

建国初期，国家开始大规模建设，湛江建起了现代化大型商港，建成了大型农垦企业，为开发雷州半岛、实现湛江现代化奠定了基础。

■ 徐闻二桥遗址出土的西汉印"臣固私印"印面

■ 徐闻华丰岭出土的波斯蒜头壶

从江河时代迈向海洋时代，从古代"海上丝绸之路"到"21世纪海上丝绸之路"，湛江走向海洋、走向振兴的步伐更加坚定，致力建设国家21世纪海上丝绸之路的重要战略支点。

新"丝路"、新商机

在国家实施"一带一路"战略中，湛江发挥优势，努力建设"一带一路"的排头兵。我们的《愿景与行动》是通过落实"1236"方案，全面扩大对外开放、加快融入世界经济，努力实现开放发展。

"1"是咬定一个目标，加快建设环北部湾地区中心城市，力争与全省同步建成全面小康社会。

"2"是着力推动产业结构和城市建设"双转型"，以产业转型带动城市转型，以城市转型支撑产业转型，实现产城融合、升级发展，走出一条湛江特色的发展之路。

"3"是着力抓好陆海统筹、城乡协调和创新驱动三件大事。湛江港是我国华南、西南沿海最大的天然深水良港，我们坚持推进陆海统筹，实施港口兴市，壮大临港产业，加快蓝色崛起；我们坚持推进城乡协调，一手建设"中心城区—县城—中心镇"雷州半岛城镇链，一手推进基本公共服务均等化，实现城乡协调发展；湛江之未来在于创新，我们推进创新驱动，支持大众创业、万众创新，加快技术、产品、市场、组织和管理创新，全力推动湛江南方海谷建设，以创新发展实现绿色发展。

依托机遇优势，乘"一带一路"东风，打造六大节点：

一是港口节点——湛江港。深水良港湛江港创造了最佳的物流成本洼地，依托枢纽大港口，我们加快建成保税物流中心（B型），建设40万吨级航道和雷州半岛港口群，参与共建区域港口联盟，全力打造国际航运节点。

二是城市节点——湛江湾。"一湾两岸"是湛江的城市特色，这里环境优美、空气清新、呼吸自如。我们坚持以TOD（公共交通）为导向，推进扩容提质，构建东西两翼、组团布局、拥湾发展、多点支撑的环北部湾中心城市，全力打造南海门户城市。

三是工业节点——湛江园。依托深水良港，我们加快实施港口兴市，壮大临港工业，建设现代化新兴港口工业城市，现已形成家电、水产、医药、食品、家俱、机械六大传统产业，正在建设国家级循环经济岛东海岛，建设全国最好的钢铁基地、最大的炼化合资项目、最大的造纸基地，全力打造现代制造业节点。

四是创新节点——湛江谷。湛江拥有广东海洋大学等四所全日制普通高校和众多科研院所，是粤西及环北部湾地区科教中心。我们发挥科教人才优势，深化政产学研用一体化合作，加快创新驱动发展，与清华启迪展开合作，共同建设"南方海谷"，构建大众创业之家、万众创新之园，推进创新链与产业链、资金链"三链"融合，发展战略性新兴产业，全力打造海洋科技创新节点，推动湛江创新发展。

五是军民节点——湛江舰。湛江是海军南海舰队司令部所在地，是国家经略南海、开发南海、维护南海权益的战略大后方，"十里军港"远近闻名。我们发挥驻军大市优势，大力发展军民融合产业，发展现代船舶修造与海工装备产业，建设奋勇高新区国家级军民融合产业示范基地，打造军民融合发展节点。

六是农业节点——湛江绿。雷州半岛"蓝天白云、碧水晚霞、沃野千里、生态极佳"，湛江一年四季瓜果飘香。利用特色资源，我们依托湛江农垦和国家现代农业示范区，实施雷州半岛水利建设、农业结构调整和生态修复三大规划，发展热带水果等特色产业，建设现代热带农业强市，全力打造热带特色农业节点。

"十三五"期间，湛江市"一带一路"重点推进的项目有：

一是推进基础设施互联互通，构建综合、多维国际通道。建设海上合作航运中心，大力发展海陆运输。强化雷州半岛港口码头和航道建设，做好湛江港30万吨级航道改扩建工程等24项航运通道建设工程。加强陆港集疏运体系建设，规划建设连接港口的铁路、高等级公路，发展高速公路、铁路、水路、管道多式联运。打造区域综合交通枢纽，加强与大西南、珠三角、北部湾等重点区域互联互通。扎实推进湛江国际机场迁建项目，形成空港与海港"双港驱动"发展格局。加强区域"五网"互联互通。规划实施"互联网+"行动计划，促进互联网和经济社会融合发展。加强信息网络基础设施建设，推进"宽带中国"示范城市申报工作。

二是搭建自由贸易平台，促进对外贸易往来畅通。大力发展跨境贸易，健全商贸物流体系建设，创建自由贸易平台。做好湛江宝满保税物流中心工程、雷州乌石港口物流中心工程、广东北部湾农产品综合流通示范园区、湛江商贸物流城、霞山区湛江义乌小商品城项目、渤海商品交易所粤西国际交易中心项目、湛江市海产品物流综合服务中心项目7个项目建设前期工作。

■ 宝钢湛江钢铁基地

■ 汉徐闻港遗址（华丰岭汉墓群）航拍全景

三是多措并举，打造对外产业合作支点。提高渔业综合服务保障能力，深入推进海洋产业。大力发展临港工业和口岸贸易。进一步加强与东盟等海上丝绸之路沿线国家的农业合作。提升传统优势产业的外向型发展水平。继续完善广东奋勇东盟产业园、海东新区、湛江经济开发区、粤桂北部湾（湛江—北海）经济合作区建设。积极培育滨海旅游，建成北部湾旅游经济圈重要节点和环南海旅游经济圈重点区域。重点推出海丝精华两日游、港湾游、雷州历史文化名城游、湖光山色、滨海风光一日游和多日游等一程多站的特色旅游线路。

四是以海洋科技创新为引领，推动蓝色经济创新发展。重点抓好"南方海谷"核心区建设，目标建成中国南方海洋科技研发、孵化和产业化示范区、广东海洋经济示范区的先行区。

主要国民经济数据（2015年）

湛江市2015年完成生产总值2380亿元，增长8.5%。固定资产投资1313.7亿元，增长28.7%。社会消费品零售总额1298亿元，增长11.7%。公共财政预算收入121.9亿元，来源于湛江的财政总收入491.6亿元。居民人均可支配收入16631.7元，增长8.7%。年末金融机构存款余额2675亿元，存贷比58.2%。外贸进出口总额51.5亿美元，实际使用外资1.57亿美元。重点项目建设加快推进，155个市级重点项目完成投资452.3亿元，其中92个省级重点项目完成投资383.8亿元，居粤东西北地区首位。年内投产工业项目112个，完成技术改造项目35个，新增"个转企"286户，规上企业60家。规上工业总产值2259.6亿元，增长9.8%，增加698.8亿元、增长9.9%。钢铁基地完成投资169亿元，累计完成投资391亿元。

茂名
向海而兴的滨海新城市

城市名片

城市名称：茂名市　　　　陆地面积：11427平方公里
长途区号：0668　　　　　户籍人口：785.84万人
邮政编码：525000　　　　地区生产总值：2445.63亿元

城市概况

茂名市位于广东省西南部，鉴江中游，东毗阳江市，西临湛江市，北连云浮市和广西壮族自治区，南临南海，是粤西几何中心、广东省与大西南陆路交通要冲和大西南、中南出海重要通道。现辖茂南、电白两区，代管信宜、高州、化州3

■ 茂名文化广场

个县级市。全市陆地面积11427平方公里，迂回海岸线182.8公里。2015年末户籍人口785.84万人，是广东省第三户籍人口大市。

茂名历史悠久、文化厚重，古属高凉郡地。茂名自古以来就是海上丝绸之路重要节点城市。气候温和，土地肥沃，水源充足，使茂名成为岭南开发最早的地区之一；而高凉郡悠久的桑蚕生产及广阔的经济腹地，为茂名开辟古代海上丝绸之路奠定了坚实的物质基础。大量史料证明，早在汉武帝元鼎六年（前111年）之前，茂名已成为往西罗马帝国贸易之海港。在相当长历史时期，茂名都是古代地方性海上贸易重要口岸，在海上贸易史上具有重要地位。

茂名是广东省重要沿海城市。茂名港是华南地区新兴港口、我国地区性重要港口，处于东南沿海铁路与洛湛铁路交会点，并通过它们与西南、中原铁路网沟通，距离国际主航道近，是通往东南亚航程最短的口岸之一。目前，茂名正大力建设茂名滨海新区，依托茂名滨海新区起步区、水东湾城区、高新区"三大平台"推进港—业—城联动发展。借力"一带一路"战略，茂名将以茂名港、疏港铁路及洛湛铁路和包茂高速两大动脉为支撑，形成巨大的吞吐能力和疏解能力，辐射我国广大内陆地区，以至东南亚等海上丝绸之路沿线国家。

历史纵览

茂名地处鉴江平原、南海之滨，古驿道横贯境内，上达广肇六郡，下通雷琼四府，扼钦廉之咽喉，堪称粤西交通要道，参与古代"海上丝绸之路"的经济腹地广阔，加之优越的自然环境和丰富的物质资源，自古以来即为岭南地区重要通商口岸。

春秋战国时期，茂名沿海已有民间海外自由贸易往来。据史料记载，春秋战国时期越人已能造船，乘船飘浮于海，造船技术得以在岭南沿海传播。秦汉时期，因中原对南越国战事频繁，有力促进了越人造船业发展，造船业发展又带动了贸易发展；岭南地区沿海出产和从海外贸易换来的象齿、犀角、翡翠、珠玑、香料等珍贵特产及龙眼、荔枝等水果，也经茂名、番禺（今广州）等地集散，通过水陆联运、海路输入中原地带。两汉时期，岭南西南沿海蚕桑业已兴起，茂名地区是岭南蚕业产地之一。丝绸之路开辟后，茂名地区蚕桑贸易日益频繁。

南朝梁陈期间，冼夫人主政茂名地区，推行民族和睦友好团结政策，茂名地区持续安定，经济得到很大发展，海外通商日渐频繁，有力促进了海运事业和造船业发展。当时对外通商的港口有水东港、电白港、莲头港、赤水港、流水港等十余个口岸。据传，当年冼夫人就是从现茂名博贺新港出海渡船海南岛。冼夫人赠给陈后主的信物"扶南犀杖"就产自现在柬埔寨、越南、老挝一带。唐朝年间鉴真和尚第六次东渡日本，得到了冼夫人后人冯崇债、冯若芳的厚待和资助。2002年，日本前首相小泉纯一郎在参加博鳌论坛时，一开始便热情洋溢地讲述了这段典故。

唐宋元明清时期，经济社会文化繁荣发展。据茂名出土的有关文物证实，唐代茂名地区与东南亚及非洲海外贸易往来已深入茂名内陆地区。宋元时期，罗江、石龙镇（今化州城）渔业、商业出现鼎盛时期。入港（石龙港）货物主要是海鱼、海盐、洋货；出港货物主要是土绢、土布、橘红等土特产。明朝时期，茂名成为海外贸易重要口岸。据《明实录》记载："先是暹罗、东西洋、佛郎机诸国入贡者，附省会而进，与土著贸迁，设市舶提举司税其货。正德（1506—1521年）间，移泊高州之电白县。"从正德至嘉靖几十年间，电白港的"市舶贸易"很为繁盛。据道光年间《电白县志》卷七记载："自蕉南三里为鸡笼山，滨临大海，遥对大小放鸡山，南门、博贺两港中分，为海舶必经水道。"地理位置的优越使茂名成为古代海上丝绸之路交通要道。

民国初年，孙中山先生在《建国方略》中，将茂名港规划为九大商港之一，并称"于电白湾之东南半岛颈地，开一新出口，以达深海，可成为佳港""以容巨船"。说明茂名港具有优越的建港条件，既源于茂名港优越的地理位置，也反映了茂名港历史上对外经贸联系密切。

冼夫人（512—602年），南北朝时期高凉郡（今广东茂名）南越族人，为南越族杰出的女领袖和军事家。在梁、陈、隋三朝，她以维护国家安定统一、促进民族和睦团结为重，协助朝廷打击岭南地区分裂割据势力，先后被中央王朝敕封为"石龙郡太夫人""宋康郡夫人""谯国夫人"等。冼太夫人历事三朝，"唯用一好心"，保障南越地方安宁，使百越百姓过着安居乐业的生活，被百越百姓奉为"岭南圣母"。后人为纪念冼夫人，粤、琼、桂和中国香港、中国台湾、马来西亚、新加坡等海上丝绸之路沿线国家及地区都建了很多冼太庙和纪念馆。茂名电白隋谯国夫人冼氏墓被国务院核准为全国重点文物保护单位。对冼夫人的信仰也成为连接岭南地区与东南亚地区的重要精神纽带。

高凉古城始建于汉武帝元鼎六年，曾是州、府、县治所在地，是中国巾帼英雄第一人——冼夫人和冯宝公的故乡和执政地。古城现存古迹众多，有始建

■ 冼夫人像

年代最早、规模最大的"冼太庙",也有冯宝公祠、"古窑群""莲花古井"等多处历史文化景观和颇具观赏价值的"内外四景"。冼太庙位于现高州市区,是全国民族团结教育基地。明嘉靖十四年(1535年),为纪念杰出的民族首领冼夫人而修建。太庙坐北向南,内有木雕、石雕、壁画等岭南艺术珍品和大量明清碑刻,其大型双面立体屏风"百鸟朝凤"体现了冼夫人融和百越、团结统一的爱国精神。正殿的冼太像,可站可坐,是一件精美绝伦的艺术精品;大殿冼夫人像座联236字,被称为广东庙宇第一长联;庙前广场记载冼夫人史迹的大型红砂岩浮雕照壁,为全国同类艺术品之最。

新"丝路"、新商机

"十三五"时期,茂名对接落实国家"一带一路"战略总体设想是:紧紧把握国家实施"一带一路"战略机遇,坚持开放发展理念,认真落实省、市"十三五"时期目标任务,以建设粤西重要交通枢纽、形成立体化交通网络为战略支点,拓展国际、国内两个市场,统筹国际、国内两种资源,壮大内外贸发展空间,努力推动茂名产业结构优化调整、产业层次迈向中高端,推动茂名外向型经济转型发展,以外经贸的优化发展带动茂名经济社会可持续发展。

当前,茂名市正在抓紧推进的重大项目有:

一是大力推动深水大港建设,打造茂名参与"一带一路"战略支点。目前,博贺新港区开发建设初具规模。东西防波堤加快推进,粤电煤炭码头工程基本建成,广州港集团通用码头项目近期计划开工建设。粤西LNG陆域形成工程加快前

■ 建设场面气势磅礴的博贺新港(区东防波堤)

■ 风光旖旎的茂名浪漫海岸滨海旅游度假区

期工作。疏港铁路前期工作加快推进，力争2016年开工建设。优化提升茂名港水东港区。加快水东港区3万吨级航道、3万吨综合码头工程建设，提升既有码头承载能力。

　　二是加快建成粤西重要交通枢纽，加快与更广阔区域实现互联互通，融入全国性市场乃至近洋国际市场。建设完善"三横三纵"高速公路网。包茂高速粤境段建成通车，使茂名真正融入全国发展版图，从而融入丝绸之路经济带。汕湛高速公路云浮至湛江段全面开工建设。云茂高速公路确定年内开工建设。完善"四横两纵"铁路网。深茂铁路江门至茂名段全面开工建设，计划于2017年底建成通车，届时，茂名将融入珠三角"两小时生活圈"。湛江机场迁建首选场址已经确定，积极谋划建设空港经济圈。

　　三是加快港业城联动发展，打造具有核心竞争力的新增长极。

　　以博贺新港区为重点，打造港城一体的滨海绿城。重点开发建设茂名港博贺新港区，加快临港产业布局。谋划建设以博贺渔港为依托的海洋产业园，发展水产品加工和远洋捕捞业。推进滨海旅游带建设，推进粤西百越特色文化产业创意园（冼夫人故里文化旅游景区），加快浪漫海岸旅游度假区、放鸡岛海洋度假公园等景区新建项目建设。同步推进博贺湾城市片区规划建设，加快博贺湾大道、博贺湾大桥、保利茂名大都会等项目建设。

　　以高新区为重点，打造产城融合的产业新区。着力创建国家级高新区。延长化工下游产业链，建设中德（茂名）精细化工园。兼具工业地产和孵化器功能的国信创谷一期工程开工建设；健康产业园区、光伏发电项目有序推进。市民高新片区现代物流集聚发展，粤西农批、亿丰家居、华南商贸城等项目加快建设或建成投产。

以水东湾新城区为重点，打造生态优美、宜居宜业的滨海绿城。着力把茂名建设成为真正意义的滨海城市。水东湾综合整治、水东湾大桥、水东湾清淤等一批项目加快建设；路网工程加快推进，高地智慧城获广东省唯一智慧城乡试点。海洋公园（一期）项目纳入全省首批美丽海湾示范点。推动南海旅游岛整体申报国家4A级景区。规划建设养老、旅游地产，加快推进一批科教文卫项目建设。

四是加强区域合作，提升对外开放的深度和参与度。参与区域经济合作交流，参加第八届西江经济发展论坛市长圆桌会议，加强与珠江、西江流域城市交流互鉴；与梧州市签署双方战略合作框架协议。抢抓包茂高速开通机遇，与包茂沿线城市梧州、桂林、重庆、西安等城市联系，加强产品推介，深化合作共识，拓展合作领域，旅游、媒体、农业等领域率先实现合作共赢。

五是积极"走出去"，与"一带一路"国家经贸合作效益明显。参加中国—东盟、中国（湛江）海洋经济博览会、广东海上丝绸之路博览会等大型展销展览会，向国内外商家推介茂名产品，与海上丝绸之路国家建立了比较密切的贸易往来和投资合作关系。2015年，茂名对"21世纪海上丝绸之路"沿线国家进出口总额33.7亿元人民币，同比大幅增长73.8%，占全市外贸总值的33.0%。马来西亚、印尼及新加坡是主要贸易国家及地区。其中，对马来西亚进出口10.8亿元，激增1.4倍；对印度尼西亚进出口7.3亿元，激增2.1倍；对新加坡进出口2.8亿元，增长29.8%。茂名出口以服装及衣着附件、水海产品和竹编制品为主。进口商品以传统大宗商品等资源性产品为主。其中，进口食用植物油11.7亿元，激增3倍；进口芳烃混合物2.6亿元，激增5.3倍。

茂名市"十三五"期间参与"一带一路"建设中的战略重点是：

一是坚持擦亮深水大港名片。重点建成博贺新港区，启动吉达港区建设，加强连接港口、园区、新城的交通网络建设。充分发挥包茂高速、洛湛铁路作用，加快博贺新港区建设，加强与沿线城市贸易联系。力争把博贺新港、博贺渔港等港口建成海上丝绸之路的重要出海口。大力支持茂名港集团做大做强，优先发展化工仓储产业，以产业带动港口物流和港口服务发展。大力发展能源物流、先进制造业和海洋产业，构建富有特色的临港产业体系。

二是坚持推进产业转型升级。做大做强石油化工、矿产资源及建材、新型金属加工、特色轻纺、农副产品加工等七大主导产业，重点延伸产业链条，实现优势产业集聚。加快发展现代服务业，突出抓好粤西商贸物流集聚区、滨海旅游产业集聚区、电商物流园等新兴产业，逐步完善服务业各项配套。

三是坚持推进创新驱动发展战略。依托化工、装备制造等重点产业和企业，培育新型研发机构和科技企业孵化器。大力支持企业组建重点实验室、工程技术研究中心等研发机构。加强国家危险化学品质量监督检验中心、茂名高新技术创业服务中心、茂名高新技术协同创新研究院等科技创新载体应用。抓好国家知识产权试点城市建设。加快精细化工中试基地等孵化基地发展。

四是坚持拓展区域和对外合作。建设广东对东盟开放的重要基地，以经贸合作为重点，支持企业扩大对沿线国家特色产品进出口。以茂名港和洛湛铁路、包茂高速两大大动脉为依托，形成巨大吞吐能力和疏解能力，辐射桂、湘、鄂、陕、渝等地区，建设华南重要出海口。积极推进与沿线国家在产业投资、贸易和能源资源等领域合作。抢抓北部湾对东盟开放及北部湾经济区上升到国家战略机遇，积极谋求茂名在北部湾地区的新定位、新机遇、新发展。

主要国民经济数据（2015年）

2015年，全市实现地区生产总值2445.63亿元，同比增长8.0%，经济总量居全省第7。人均地区生产总值40324元，同比增长7.4%。规模以上工业增加值713.02亿元，同比增长8.2%。来源于茂名财政总收入474.5亿元，同比增长7.2%；地方公共财政预算收入完成113.92亿元，同比增长10.6%，完成年度目标任务。2015年底，完成本外币存款余额和贷款余额分别为1974.75亿元、858.33亿元，比年初分别增长11.4%、13.0%。完成固定资产投资1115.49亿元，同比增长28.0%。全市125项重点项目完成投资247.4亿元，完成年度投资计划123.2%，同比提高28个百分点；资金到位率114.7%，同比提高27.8个百分点。全年实现社会消费品零售总额1213.38亿元，同比增长10.9%。全市外贸进出口总额16.34亿美元，同比增长19.0%。实际利用外资1.72亿美元，同比增长10.4%。

珠三角连接大西南的枢纽门户城市

城市名片

城市名称：肇庆
长途区号：0758
邮政编码：526000
行政区域面积：1.5万平方公里
户籍人口：438.27万人
地区生产总值：1970亿元

城市概况

肇庆市位于广东省中西部，西江干流中下游，是珠三角主体城市和粤港澳通往广西、云南等地的重要交通枢纽。辖端州、鼎湖、高要3区，广宁、德庆、封

■ 西江大桥

开、怀集4县，四会市和国家级肇庆高新技术开发区，设立了肇庆新区和粤桂合作特别试验区。肇庆历史文化底蕴深厚，人居环境得天独厚，先后荣获国家历史文化名城、中国优秀旅游城市、国家园林城市、国家卫生城市、国家环保模范城市、"中国砚都"、全国投资环境百佳城市、全国综治"长安杯"等荣誉称号。2015年9月，联合国开发计划署、联合国教科文组织、联合国世界旅游组织等共同发起联合国海陆丝绸之路合作项目下的"联合国海陆丝绸之路城市联盟"，肇庆市是8个国内创始成员之一。肇庆市在国家"一带一路"战略大格局中的定位是：建设成为珠三角连接大西南的枢纽门户城市。

历史纵览

肇庆，古称端州，建城已有2200多年历史。自秦汉以来，肇庆是粤西政治、经济、文化交通中心和军事重镇，在岭南地区的海上丝绸之路发展史上占有极其重要的地位。

秦汉时，中原文化主要经西江传播到岭南地区，而肇庆正是西江通衢必经之地。汉代交趾刺史部绝大部分时间设在苍梧郡治广信县，使之成为岭南早期的文化中心之一。肇庆西汉元鼎六年（前111年）在苍梧郡下始设高要县治，次年（前110年）汉朝廷又在此设立盐官，珠江口内外所产的盐均通过高要北运。汉武帝开辟海上丝绸之路后，西江成为海上丝绸之路在陆上的延伸。中原所产丝绸通过西江经当时的苍梧郡治广信（今封开县和广西梧州之间）和高要县到达广州。此时，肇庆作为连接海上丝绸之路的重要通道，逐渐发展为西江流域的政治、经济、文化中心之一。从肇庆古墓葬出土的文物反映了当时的社会风貌。在肇庆城区及封开、德庆、四会、高要等地汉代墓葬中出土的陶瓷多为实用器，也有明器。铜器有鼓、镜、剑、洗、壶、釜、勺、劈刀及五铢钱等。铁器有剑、刀、锸等。此外，还出土一些银器、石器、玛瑙、珠饰。其中出土的铁器和陶牛、陶仓等器物表明，铁器从汉初已在岭南的农业、手工业等重要生产部门较为普遍地使用，肇庆地区当时已跨进了铁器时代，牛耕也逐渐推广。这标志着岭南地区生产力水平发展到了一个新的阶段。德庆官村东汉墓出土的陶船模型适用于海上航行，这种江、海两用陶船模型，反映了汉代岭南造船业的发展和河海交通贸易的繁荣。

两晋南朝时期，西江流域战乱较少，人口增加，农业与手工业随之繁荣发展。2001年在肇庆市郊坪石岗东晋墓出土的陶水田模型器是广东晋墓出土陶水田模型器中形制最大的一件。同时出土的陶马模型、城堡模型、陶井模型、陶畜圈模型器，从侧面反映了当时岭南地区水稻生产有长足的发展，说明当时肇庆的农

■ 崇禧塔

■ 阅江楼

■ 梅庵

业已相当发达。墓中出土的玻璃器皿为广东首次发现，从形态观察，似属容器，很可能是出自西亚，为研究晋代的对外商贸交通提供了依据。

肇庆经汉、晋两代，其政治军事地位日显重要。南朝宋设广州宋熙郡，郡治在今高要南岸宋崇水口。天监六年（507年），梁武帝升高要县为高要郡，并设广州都督府于高要郡。从507年至589年，梁陈两代广州都督府驻高要82年。当时高要郡实际成为广州州治及岭南军事与政治中心。

唐宋至明清时期，是社会文化发展的兴盛期。宋元两代，肇庆经济有了进一步发展。明清时期，两广总督驻肇庆，这里再次成为岭南的政治、经济、文化中心。唐宋以来，李邕、李绅、杨衡、宋之问、包拯、郭祥正、俞大猷、陈献章、汤显祖、屈大均、袁枚、张之洞、黄遵宪等历代名人都曾在肇庆或兴利除弊，或设学堂，或赋诗作文，加速了当地文化的发展。文化的繁荣带动了文房用具的生产，端州所产砚台自唐代起已闻名遐迩，众多的砚坑遗址和端砚实物是研究我国传统文化和地方民俗文化的珍贵资料。

端州与海外文化交往始于唐代。日本入唐留学僧荣睿因与鉴真五次东渡未果，于天宝七年（748年）辗转来到端州，后染病圆寂于龙兴寺。鼎湖山建有荣睿纪念碑。明万历年间，意大利传教士利玛窦在肇庆知府王泮的支持下，建起了中国大陆第一间天主教堂"仙花寺",主编了中国首部葡华字典《平常问答字义》,绘制出版的第一幅中文世界地图《山海舆地全图》被誉为"沟通中西文化第一人"。今崇禧塔东侧有"仙花寺"遗址,西侧有王泮生祠。

肇庆是我国历史上佛教传播重地之一,有唐代六祖惠能的高徒智常禅师在鼎湖山创建的白云寺。保留至今的著名宋代建筑——梅庵大雄宝殿,既完整地保留了宋代木构架的形制和做法,又具有浓郁的岭南特点,为广东现存宋代木构建筑的孤例,在全国也极为少见。到了明清时期,岭南地区政治比较安定,经济繁荣,由于统治阶级的提倡,佛教、道教、伊斯兰教、天主教等宗教建筑大量增多。特别是佛教的寺庙比较多,始建于明崇祯年间的庆云寺被列为"岭南四大名刹"之一,在国内和东南亚一带享有盛名。

道教建筑有市区的七星岩三仙观、玉皇殿、鼎湖何真人庙和封开北帝庙等。天主教建筑有现存城区的勒竹围天主教堂,高要南岸上清湾天主教堂,莲塘荷村、罗勒、坎头的天主教堂。伊斯兰教建筑有城东和城西清真寺。

自唐宋科举盛行以后,学宫、书院应运而生。宋代开始在西江兴办官学,北宋包拯兴建的星岩书院,是岭南最早的书院之一。明清时期,学宫、书院遍及城乡。其中以元代德庆学宫大成殿最为典型,是广东保存较好的明代学宫建筑艺术珍品。

肇庆祭祀江河的坛庙建筑以德庆悦城龙母祖庙最为著名,在民间影响甚深,香火鼎盛。该庙相传始建于秦汉,今为晚清建筑,其规模庞大,这座建筑群,既继承了古代建筑艺术传统,又吸收了西方一些建筑艺术精华,并根据南方水乡的

■ 德庆悦城龙母祖庙

■ 古端名郡——丽谯楼

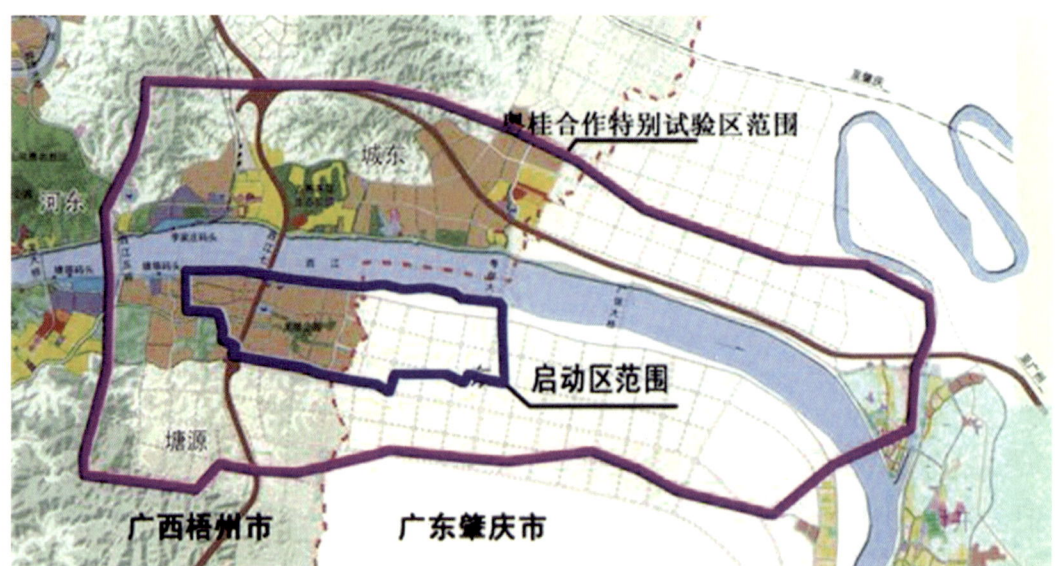

■ 粤桂合作特别试验区范围图

特点，从外观艺术造型，到内部梁架结构，都是精心设计和制作，许多石雕、砖雕、木雕、陶塑和壁画，技艺精湛。悦城龙母祖庙，与广州陈家祠、佛山祖庙合称南方古建筑的"三瑰宝"。

肇庆的塔幢建筑比较多，现存有10多座，分有佛塔、墓塔、风水塔等，多为楼阁式穿壁绕平座结构的砖石风水塔。位于市区西江河段两岸的肇庆明代四塔，双双隔江对峙，独具特色，尤以崇禧塔最为巍峨壮观。清末民初出现有独特风格和地方特色的骑楼和中西合璧的建筑，以肇庆城区城中路、十字街、正东路特色骑楼街为代表。

新"丝路"、新商机

"十三五"时期，肇庆市将继续全面贯彻党的十八大和十八届历次全会精神，深入贯彻习近平总书记系列重要讲话精神，在国家"一带一路"战略引领下，按照广东省"三个定位、两个率先"的目标要求，紧紧围绕建设珠三角连接大西南枢纽门户城市的核心任务，深入实施"两区引领两化"战略，以改革开放创新为动力，以"产业高端、市场多元、区域协调"为路径，以结构调整、转型升级为抓手，在国内外经济格局变革中，充分利用国际国内"两个市场、两种资源"，积极实施"外向带动、创新驱动、空间拓展、可持续发展"的开放型经济发展战略，全面提升新时期的开放水平，加快建设珠三角连接大西南枢纽门户城市。主要战略举措有：

一是全力推进交通建设大会战。积极参与"一带一路"重大交通基础设施建设，打通肇庆连接东盟和南亚等地区的国际大通道。肇庆作为"一带一路"铁路支点，建成开通南广高铁、贵广高铁和广佛肇城轨，积极推进柳肇铁路肇梧段、肇顺南城轨肇庆段动工建设和广茂铁路升级改造，谋划建设广湛高铁肇庆段。加快推进西江"黄金水道"扩能升级，尽快使西江肇庆段达到常年3000吨级通航标准，肇庆新港实现5000吨轮船通达江海，打造江海联运、铁水联运无缝接驳平台。建设连接泛珠三角直通沿海港口高速公路快捷干线，加快推进广佛肇、汕昆、汕湛、怀阳等高速公路建设，确保广佛肇高速大旺至封开段年底前开通。进一步提升肇庆交通网络通行能力和通达深度，形成纵贯广东省西部地区的南北纵向大通道，强化珠三角连接大西南的综合交通枢纽地位。

二是加快推动"两化并进"。高标准编制实施肇庆高新区国家自主创新示范区三年创新创业计划和五年发展规划，大力吸引珠三角核心区高科技企业孵化成果落户转化，带动引领全市新型工业化发展。东南板块瞄准先进装备制造业和高端电子信息、生物医药、节能环保、新材料等战略性新兴产业和现代服务业，特别是关键环节和核心技术，引进科技型、生态型、规模效益型的优质项目，不断提升产业核心竞争力。山区板块瞄准龙头企业、引进带动性强的大项目，带动新型建材、林产工业等优势传统产业的转型升级。落实国家新型城镇化规划和相关政策，优化"肇庆新区引领、市区融合、中心片区一体互动、山区集约发展"的城市发展格局。全力推进肇庆新区"八年建新城"，打造环保科技、商贸会展、电子商务、健康医疗、高端电子"五个百亿产业组团"。大力推动东南板块城市一体化建设，促进端州—高要、鼎湖—肇庆新区、肇庆高新区—大沙（四会）组团融合发展；加快西江、绥江沿线城镇群扩容提质。通过强化枢纽门户城市功能建设，进一步提升对珠三角和大西南的服务能力。

三是积极拓展区域发展空间。深化广佛肇经济圈建设，加快推进广佛肇（怀集）经济合作区建设，主动对接中国（广东）自由贸易区，深度融入广佛肇一体化发展，协同共建"广佛肇+清云韶"经济圈。深入推进肇梧战略合作，充分发挥粤桂合作特别试验区列入《珠江—西江经济带发展规划》两广合作先行示范平台的战略优势，加快试验区"六个一"基础设施建设和重大项目引进。加快推进肇贺战略合作，《粤桂产业合作示范区发展规划》已通过专家评审会审议，争取尽快获得两省区政府批复实施。

四是全面扩大对外开放。将参与"一带一路"建设作为肇庆提高对外开放水平的重要突破口，充分发挥与海上丝绸之路沿线国家的地缘、商缘、人缘优势，加强与沿线国家的交流合作。2015年，肇庆市与"海丝"国家贸易额为10.9亿美元，实际吸收来自"海丝"国家外资1880万美元。肇庆将进一步发挥连接珠三角与大西南、粤港澳通向东盟的区位优势,深化与港澳和东盟的合作,通过组织发动企业参加中国—东盟博览会、广东"21世纪海上丝绸之路"博览会和(泰国)中国品牌商品展等知名展会,为企业开拓海丝国家市场搭建平台。全面加强与欧美主要国家的直接交流合作,力争与其高端制造业和现代服务业,形成全球范围内的新一轮配套对接。

主要国民经济数据（2015年）

2015年,肇庆实现地方生产总值1970亿元,比上年增长(以下简称"增长")8.2%；一般公共预算收入143.35亿元,增长1.2%。经济运行主要呈现以下特点:

一是从产业运行态势看,一产稳定,二产较快,三产提速。一、二、三产业增加值分别增长4.4%、8.5%、9.2%。农林牧渔业增加值增幅排名全省第一,粮食生产实现"七连增",名优特新农产品生产规模和产量均居全省前列。规模以上工业总产值达到4058亿元,完成规模以上工业增加值938.2亿元,增长7.6%。第三产业对经济增长贡献率达到39.2%；全市景区接待人数2928.1万人次,旅游收入241.62亿元,增长9.3%。

二是从需求运行态势看,投资拉动增强,消费拉动明显,出口拉动平稳。投资、消费、出口分别增长16.8%、12.9%、3.5%。完成工业投资699.82亿元,增长25.3%,占全市总投资比重达52.6%,其中工业技改、高技术产业投资分别增长41.6%、204.4%。社会消费品零售总额增速排名全省第二、珠三角第一。外贸进出口总额82.1亿美元,增长4.8%,高于全省平均水平9.8个百分点。

三是从要素运行态势看,发展活力不断提升。全年招商引进项目126宗,计划投资总额757亿元；实际吸收外资13.9亿美元,增长4.6%。全市金融机构存贷比达到71.8%,排名全省第二。新登记市场主体及其注册资本金分别增长23.5%和6.7%。民间投资完成1052.56亿元,占全市总投资比重达79.1%；民间项目投资达907.43亿元,增长25%。

"十二五"期间,地区生产总值比"十一五"期末接近翻一番,年均增长11.1%；一般公共预算收入年均增长14.1%；规模以上工业增加值年均增长17.8%；固定资产投资、社会消费品零售总额、外贸出口总额分别年均增长19.8%、14.9%、12.9%,5年来累计完成投资5039亿元,实际吸收外资61.5亿美元。

南融北拓桥头堡，水秀山青后花园

城市名片

城市名称：清远市　　　　总面积：　　　1.9万平方公里
长途区号：0763　　　　　户籍总人口：　418.5万人
邮政编码：511500　　　　地区生产总值：1285亿元

城市概况

清远市位于广东省中北部、北江中游、南岭山脉南侧与珠江三角洲的结合带上。市区距离广州60公里，距离广州新白云国际机场30多公里。清远是接受港澳和珠三角经济辐射的前沿，也是连接珠三角与内地市场的重要经济走廊。

■ 清远中心城区"一江两岸"（《清远日报》记者李作描摄）

■ 东汉时期开凿的骑田岭古道，位于连州（市史志办提供）

■ 东汉西京古道（英德段）

清远1988年撤县设立地级市，下辖2区（清城区、清新区）、2市（英德市、连州市）、4县（佛冈县、阳山县、连南瑶族自治县、连山壮族瑶族自治县）和1个国家高新技术开发区。总面积1.9万平方公里，是目前广东省陆地面积最大的地级市。2015年末，户籍总人口418.5万人，其中少数民族人口20万多人。清远的语言主要有粤方言（广州话）、客方言、瑶方言、壮方言四大语言。

清远是一个历史悠久的岭南古邑。早在新石器时代已有先民在这片土地栖息繁衍，春秋战国时属百越（粤）之地。自秦以来，随着北江作为连接中原和岭南地区的文化丝绸之路作用的凸显，清远成为当时岭南经济文化最先发展地区和瑶、壮等少数民族聚居地。汉元鼎六年（前111年）已置中宿、桂阳等5县，梁天监六年（507年）置清远郡，隋开皇十年（509年）改设清远县，至今已超过1500年。

清远境内山峦叠翠，江河纵横。全市海拔1000米以上的山峰达198座。位于阳山县北端湘粤交界处的石坑崆，海拔1902米，是广东境内最高峰。全市山地面积占42%、丘陵占37%、平原占17%。境内兼有平原、丘陵、山地和喀斯特地貌。大自然鬼斧神工，造就了众多的奇峰峻岭、峡谷险滩、秀水名泉和形态奇异的石灰岩溶洞、地下河等自然奇观。

清远资源丰富。广东省已发现的116种矿产中，清远占62种，位居全省前三位的矿产有15种。生物资源丰富，全市森林面积2071万亩，森林覆盖率达72%，构成了我国南方珍稀动植物的物种基因库，在全国、全省中均占重要地位。

清远境内河流纵横，流域面积100平方公里以上的中小河流68条，水力资源居全省首位。境内最大的北江河是广东的主要河流之一。水路通航里程达660多公里。投资50多亿元的飞来峡水利工程枢纽是全省最大的水利枢纽。北江航道升级改造后，千吨级货轮可从清远由水路直达港珠澳地区。

清远是全国三大陶瓷资源材料基地之一，是中国麻鸡之乡、中国红茶之乡、中国麻竹笋之乡。清远旅游资源丰富，少数民族风情浓郁。连南千年瑶寨、连山壮族风情，令游客陶醉。清远是中国优秀旅游城市、国家园林城市、中国宜居城市、中国温泉之城、中国漂流之乡、中国龙舟之乡，被誉为"珠三角后花园"。

清远市的发展战略是：围绕一个奋斗目标（全面建成小康社会），坚持一个战略定位（南融北拓桥头堡、水秀山青后花园），实施一个发展战略和两个行动计划（广清一体化战略、南部地区加快融入珠三角行动计划和北部地区全面建成小康社会行动计划）。

历史纵览

清远建市虽晚，但境内人文历史悠久。1996年，省考古工作者在英德宝晶宫发现14件人工打制的砾石石器，经考证确定为距今10万年前的古人类用具。英德牛栏洞古人类生活遗址出土的非籼非粳的水稻硅质体，将岭南地区人工栽培稻的年代前推到距今1万年前后，清远是广东原始农耕文明的发祥地。

清远位于湘广交流冲要之地，因而成为内地文化最早浸润的岭表之地。"三代"（夏、商、周）以前的尧舜时期，舜文化影响到南粤传闻甚多，韶关有韶石山，英德有鸣弦峰等传说；而寻找尧文化在广东的影响，唯一可作探讨依据的只有清远市英德境的尧山及其传说。自西周以来，内地文化对清远地区的渗透渐趋明显。连山发现的西周早期的青铜钟、佛冈出土的西周早期的青铜铙，成了西周时期南北文化交流的历史见证。

秦始皇统一岭南后，为了加强对南越人的统治，大力修筑通粤陆道。其中一条通道是骑田岭路，起自今湖南郴州，越骑田岭山隘，南抵今连州与小北江水路衔接，时称"新道"，即官道。官道沿途设置湟溪、阳山、洭浦三关，这三关都在今清远市境。

古代广州是我国海上丝绸之路衔接陆上丝绸之路的交通枢纽。广州北上中原经商，可选择西江路、东江路和北江路。而走北江路距离最短，遂成为首选路线。商船从广州启航，溯北江主河道进入清远境至连江口后，往东北，可继续溯北江主河道至韶关，改行浈水至南雄城转陆路逾大庾岭山隘入内地；往西北，可溯小北江而上，沿途有英德浛洸、阳山青莲和连州境内诸港口与相关的陆路衔按而逾岭北上，其中经由连州顺头岭出骑田岭山隘的陆路是秦始皇所开凿四大通越"新道"之一，为逾岭主干道。东汉时期，南海郡上送宫廷的荔枝、龙眼等时鲜贡品，就是经由这条官道不断换用快马接力护运的。

繁盛的南来北往的人流物流络绎不绝于清远市境的南北通道上，有力地促进了清远地区经济文化的发展。汉武帝平定南越国后，在今广东境内共设置了19个完整的汉县，其中今清远市境占5个（桂阳、阳山、浈阳、含洭、中宿），置县密度远远高出全省的平均数。古代农业经济发展取决于劳动力的数量，人口规模是设县的最重要的依据。清远汉县多，表明汉代时期清远地区人口密度和经济发展都居全省前列。据史料记载，从汉代至唐代，连州地区的人口密度一直居全省之冠。铁器是推动古代社会长足发展的重要条件。汉代桂阳郡领辖的耒阳县产铁，清远5汉县中有4汉县与耒阳县同属桂阳领辖，为普遍使用先进的铁器用于生产、生活创造了方便条件。在铁器广泛使用的基础上，东汉末年，连州龙口袁氏兄弟捐资倡修了一条长7公里的"龙腹陂"，使5000余亩农田受其灌溉之益。龙腹陂是珠江水系历史上第一宗水利灌溉工程，至今仍在发挥作用。汉代清远北江河道的商运情况未见史籍记载，但有清城江口东汉墓中的随葬物品可供管窥，该墓出土的玛瑙、绿松石等饰物原材料，其时中国未见生产，当是海外来的"洋货"。从当地人用"洋货"陪葬可推知，这类舶来品的入境数量应很多，平民不难购得。据此进而可推知，既然数量众多，则必然会带来经清远河道远销内地的商运的繁荣。

两晋南北朝时期，中原社会长期动荡不安。与此相反，其时远处岭南的清远市域却呈现出大发展势头。连州龙口西晋墓出土的陶水田犁田耙田模型表明，其时清远的稻作农业已发展到精耕细作的新阶段。这件文物是我国目前发现的最早时期的耖耙类实物模型，标志着西晋时期连州地区的农耕技术在全国稻作地区居领先地位。在该地另一座西晋墓里发现一套酿造烧酒的器具，将我国烧酒酿造史前推了400余年。酿造烧酒是对粮食作物进行深加工，极大地提高其实用价值和附加值；同时也表明生产力有显著的提高，农户的粮作收获除满足饱腹外，还有富余转作他用。南朝时期，清远小北江河运的战略地位更加凸现，以致梁武帝于天鉴六年（507年）分湘、广二州置衡州。州治择建在今英德浛洸圩。东汉末至南朝，州是地方最高行政机构。衡州是广东政区设置史上继广州后的第二个州级机构。小小的浛洸圩竟然成了与广州同级的州治地，其中原因当与它在南北商运中的重要地位有关。浛洸南齐墓出土的3枚波斯萨珊王朝银币表明，其时的浛洸港口是南来北往商船的停泊基地和部分货物的集散地，中外货币都在此流通。佛教文化也在南朝时期浸润到清远，最早的寺院出现于连州，后寺院虽毁，寺塔保存，即今连州慧光塔。该塔建于南朝刘宋泰始元年（465年），历经维修保存至今，成为国家文物重点保护单位。有"岭南三大古刹"之称的飞来寺始建于南朝梁普通元年（520年），1400多年来香火盛旺、名僧云集，集聚着丰富的文化内涵。

入隋，连州的战略地位凸现，隋王朝于连州置熙平郡，除辖今连阳四邑外，还领属今肇庆和广西贺县的部分地盘，管控着连江、贺江两条逾岭交通命脉。唐代，清远市境分属连州和广州管辖。两宋时期，清远市境除原有的连州和隶属广州的清远县外，宋王朝还特别在今英城设置英州，辖真阳、浛洸二县，清远市域的战略地位再次受到中央王朝的重视。

唐宋两代是古代清远市域经济文化发展的高峰期。繁盛的北江河运商贸活动使政府关税大为增加。唐宋期间，清远也有出洋经商者。据明《永乐大典》卷五七七〇引湖南《湘潭志》记载说：宋元符元年（1098年），连州连山人罗远出洋经商船过"万里长沙"（今南沙群岛）"千里石塘"（今西沙群岛）海域时遭遇狂风暴雨而沉没，在昏迷中飘浮的罗远因梦见神人慰勉而生还。繁盛的商贸运输也使大、小北江沿岸城邑日益发达。《舆地纪胜》等史籍记载：英州"舟楫所通……富家乐商贩"；连州"人物富庶，商贸阜通，有小梁州之号"。文化随着经济的繁荣而兴旺，尤以连州为盛。五代至宋，连州建过5所书院，官方于宋代兴建了学宫。唐末至宋，连州出进士124名，与广州、韶关并驾齐驱，成为广东三大人才中心之一。其中涌现出官至宰相之位的刘瞻、南汉尚书左仆射黄损以及名震南粤的琴谱大师陈拙、"诗价满江南"的五代著名诗星孟宾于等拔尖人才。

清远通道商运活动的繁荣与通道的管护工作密相关联。修路护道，历代都有举措。史载东汉建武年间（25—55年），桂阳郡太守卫飒组织民工开凿西京路，北起湖南郴州，中经韶关乐昌、乳源、曲江抵英德浛洸，全程500余里，沿途五里一亭，十里一驿，往来商旅称便。溯小北江而上的商船中，部分船只在浛洸卸货，转由夫役陆路载运至郴州。东汉建初八年（83年），朝廷大司农郑弘奏请开凿桂阳峤道，沿袭秦代"新道"路基进行加固扩修。这条过岭陆道，北起郴州，中经宜章、临武，南入连州境与小北江水路衔接。今连州顺头岭路段仍保存完好。北江河道峡多水急，先民们曾多次炸礁疏航，化解险情。连州楞伽峡峭崖上至今保存有宋嘉泰二年（1202年）的石刻《开峡记》，就是一个生动的见证。宋仁宗时，广东转运使荣諲开凿英州浈阳峡至连江口的古径，作栈道70间，道上铺板，围以长栏，沿途设立邮驿。此径一开，从英德下清远去广州、端州，路程分别缩短83里和120里。时人宋俞于英德南山摩崖刻字，及时记载了这项工程的开凿过程。

明清时期，封建王朝的国都设于北京，海运北上日益走俏，北江河道的战略地位虽因此受到冲击，但商贸往来仍然很活跃。近人容闳在《西学东渐记》中指出：鸦片战争前，"湘潭至广州间，商贸异常繁盛，交通皆从陆，行人肩货来往于南风岭者不下十万人。"他所说的"从陆"，就是指经今清远市域穿越骑田岭山隘的陆路。

综上所述可知，历史上的清远市域是连接岭南海上丝绸之路与岭北内地陆上丝绸之路的桥梁和纽带，清远的河道陆路在古代中国"一带一路"的国际商路运营中发挥过积极的作用，作出过重要的贡献。

新"丝路"、新商机

清远市"十三五"建设规划积极对接国家"一带一路"大战略，总体设想是：围绕经贸合作，拓展与"一带一路"沿线国家合作，在陆海内外联动、东西双向开放的全面开放新格局中发挥重要节点作用。依托广州空港经济区腹地优势，主动对接自贸区，规划建设现代铁路集装箱物流集聚区，开拓丝绸之路经济带进出口双向铁路货运新通道。加强与省内重大基础设施互联互通，完善清远出省出国出海通道。依托清远国家级高新区和广清产业园，建设"一带一路"产业合作平台，着力引进国际资金、技术、人才和管理经验，承接一批高端产业项目。立足广清一体化品牌，谋划一批重大国际性展会、投资促进和开放活动，提升对外贸易投资层次，进一步优化对外贸易结构，扩大重点区域产品出口。立足特色优势产业，对接"一带一路"沿线国家或地区建设发展需要，支持企业扩大工程承包、电子商务等服务贸易，推动建筑材料、生态旅游、现代物流、现代农业等优势产业做大做强。

清远市目前正在抓紧推进的主要项目有：

一是以长隆旅游经济区为龙头，促进清远旅游发展再上新台阶。长隆国际森林旅游综合体项目于2015年11月11日开工建设，长隆旅游经济区的基础设施建设包括交通路网建设和十大旅游产品体系，主要有：在长隆片区内或周边，打造各具特色的美食村镇（城、街）、多层次主题型酒店群、武广高铁及广清城轨交通枢纽接驳配套、夜间旅游活动载体、清远特色长隆纪念品、商务会展文化节庆活动、健康养生运动项目、青少年主题研学旅行、少数民族风情游、探索性漂流运动等。该区域，将打造三大特色旅游产品线路。一是以长隆为起点，向佛冈、英德两地延伸，打造森林主题游乐线路。二是联动清远北部三连一阳地区少数民族特色区域景点，打造清远少数民族风情旅游线路。三是以夜间游乐、夜间表演等项目，向中心城区转移城市夜游线路。

二是将广清合作园（石角片区）建设成为广东省合作共建示范区和清远市产业发展新引擎。清远要紧紧抓珠三角地区产业转移及广州对口帮扶清远市的发展机遇，立足现有基础和区位优势，借助广州开发区的产业优势资源和园区开发建设经验，以

■ 英德红茶

"高效、生态、协调、带动"为原则，打造具有竞争力的产业集群，重点发展新材料、汽车及关键零部件主导产业，着力发展电子信息、生物医药支撑性产业，积极培育现代服务业辅助产业，完善园区基础设施、健全园区公共服务配套、强化土地集约利用，将广清合作园建设成为广东省合作共建示范区和清远市产业发展新引擎。

三是充分利用佛冈拥有的优越区位优势，发展广清合作园（佛冈拓展区）。充分利用佛冈拥有的优越区位优势，打造广清合作的重要节点，凭借初步具备的良好的食品饮料、电子信息和通用装备制造产业基础，以产城融合为开发目标，打造广州开发区和广清合作园石角片区的主导产业延伸区和配套区。

四是抓紧完成北江航道扩能升级项目。北江航道扩能升级是我省优化交通运输体系、延伸海上丝绸之路的重要项目，也是推动粤东西北振兴发展、促进区域协调发展的重要举措。改造成千吨级航道后其运输能力将比目前提高5倍多，这对促进清远北江经济带发展，尤其是促进清远北部主导产业的发展意义重大。

主要国民经济数据（2015年）

全市地区生产总值1285亿元，同比增长8.4%，位列粤东西北第5位、全省第14位。完成规模以上工业增加值415亿元，同比增长7.5%，位列粤东西北第6位、全省第15位。地方一般公共预算收入108.4亿元，同比增长（可比口径）2.8%，位列粤东西北第4位、全省第13位。2015年底，全市金融机构本外币贷款余额和存款余额分别为1061.2亿元、1699.8亿元，较年初分别增长11.3%、10.8%。完成固定资产投资完成额621亿元，同比增长4.1%，位列粤东西北第8位、全省第17位。全年实现社会消费品零售总额570.5亿元，同比增长9.7%。位列粤东西北第7位、全省第16位。全市外贸出口总额169亿元，同比增长14.9%，位列粤东西北第6位、全省第15位。全年实际吸收外资1.42亿美元，同比下降37.6%，位列粤东西北第5位、全省第14位。

"海丝"文化重镇、潮人精神家园

城市名片

城市名称：潮州市	总面积：3679平方公里
长途区号：0768	总人口：264.05万人
邮政编码：521000	地区生产总值：910.1亿元

城市概况

潮州市位于广东省最东端，东邻福建，濒临南海，是连接珠三角和海西两大经济区的重要节点城市，也是21世纪海上丝绸之路的重要节点城市。全市总面积3679平方公里，其中海域面积533平方公里，海岸线长136公里。全市总人口264.05万人，辖潮安区、饶平县、湘桥区和枫溪区。2015年，全市地区生产总值910.1亿元。

潮州历史悠久，文化底蕴深厚，产业特色明显，港口资源优越，城市印记突出，是国家历史文化名城、中国优秀旅游城市、中国著名侨乡、国家园林城市、中国瓷都、中国陶瓷出口基地、中国婚纱晚礼服名城、中国工艺美术之都、中国潮州菜之乡，是一座充满活力、富有魅力的滨江临海城市。潮州是"潮文化"发祥地，千百年来淬炼出"创业、精致、感恩、包容"等优秀文化特质，成为"海丝文化重镇、潮人精神家园"。境内有文物景点1345处，其中国家重点文物保护单位9处，国家级非物质文化遗产15项、国家级非遗代表性传承人16名、国家级非遗传承基地2个、国家级民间文化艺术之乡4个。潮州话、潮州工夫茶、潮州音乐、潮州菜等文化符号享誉全球，广济桥、开元寺、韩文公祠、牌坊街等文化遗产影响深远，成为天下潮人的根。

■ 友谊通花瓶

历史纵览

潮州,古称"凤城",自古为岭东首邑,最早的建制始于东晋咸和六年(331年),建城至今已有1600多年的历史,人文渐盛,名贤辈出,被誉为"海滨邹鲁""岭海名邦"。

"潮之州,大海在其南"。潮州因地临南海取"潮水往复"而得名,在西汉时期就已有航海的记载。唐代陶瓷贸易兴盛后,凭借强大的陶瓷生产能力和航海优势,潮州迅速发展成为陶瓷贸易的主要港口。宋代之后,海上丝绸之路的政策给潮州地区带来了机遇,海运贸易应运而生,潮州成为中国海上丝绸之路的一个重要支点。

陶瓷重镇——潮州作为千年中始终窑火不息的海上陶瓷贸易之城,早在唐代武则天时期,潮州瓷器就已远销罗马和埃及。北宋是潮州瓷器生产最为发达的年代,作为岭南最大的陶瓷生产基地,一次烧制的陶瓷可达几百万以至上千万件,巨大的产量主要面向广阔的海外市场,潮州因此有"南国瓷都"之称,现存的笔架山宋窑遗址可见其规模。明代潮州瓷器又迎来一个生产和出口的鼎盛时期,所产瓷器远销日本、东南亚、中西亚乃至非洲和欧洲。直至今天,潮州的陶瓷出口额依然稳居国内首位,艺术陶瓷仍然是潮州陶瓷业的名产,通花陶瓷更是潮州陶瓷艺术的代表作,因被作为国礼而闻名遐迩,而日用陶瓷则一日千里,成为潮州的重要支柱产业。在长达千年的历史中,潮州作为岭南海外陶瓷贸易重镇的地位未曾改变。今日,潮州已成为我国活力最好、发展最快、出口最大的陶瓷产区,先后被认定为"中国瓷都""国家日用陶瓷特色产业基地""中国陶瓷出口基地""全国陶瓷外贸转型升级示范基地""广东省陶瓷产业集群升级示范区"。

文物古迹——陶瓷贸易为唐宋时期的潮州带来滚滚财富，著名的唐代开元寺、宋代广济桥等重要建筑均在此时建成，这两处文物均已被列入全国重点文物保护单位名单。开元寺的天王殿是全国汉地佛寺同类殿宇中最大的

■ 三环光通信连接器用陶瓷插芯扩产技术改造项目

建筑，其精妙的建筑式样是日本著名东大寺佛殿宋代建筑式样的源头。建于宋乾道七年（1171年）的广济桥，以其"十八梭船廿四洲"的独特风格与赵州桥、洛阳桥、卢沟桥并称"中国四大古桥"，并被著名桥梁专家茅以升誉为"世界上最早的启闭式桥梁"。广济桥可同时满足航运和路面交通需要的这一启闭式精妙设计理念，从侧面说明了当时航运对潮州的重要性。

东方大港——宋代之前，潮汕地区最主要的商贸港是潮州港，其出海主要通道是韩江支流古潮州溪和古彩塘溪。潮州港是古代瓷器出口的重要港口，是岭南地区进行海上陶瓷贸易的第一大港，是中国古代"海上丝绸之路"上名副其实的东方大港。柘林古港是潮汕地区最早的对外通商港口，是古代"海上丝绸之路"的重要中段港。早在元代，柘林港内及东小门海面礁石上便建有"龟塔""蛇塔"，山上建有"镇风塔"，为当时进出港口的船舶安全导航。明代虽然实行严厉的"海禁"，但柘林港仍是"商船巨舰往来之所"，货物运输北上津沪，南下吕宋、安南、暹罗、马来西亚。柘林港在雍正年间到达全盛时期，当时兴起了"红头船"海运之风，港内常泊着数百艘各类船只，航行于台湾、广州、上海、天津、宁波、福州、泉州等地及海外的吕宋、安南、暹罗等国家和地区。

海关总口——康熙二十四年（1685年），清廷为顺应海上贸易需求，在广东创建"粤海关"，并相继成立了七大总口。其中，潮州总口就设在庵埠，俗称"庵埠总口"，辖潮州府境内各分口。数百年来，从庵埠海关进口的货物有大米、黄白藤、暹绸、胡椒和木材等，而各种各样的"潮货"也源源不断地销往世界各地。

著名侨乡——潮州是中国著名侨乡，有"本土一个潮州、国内一个潮州、海外一个潮州"之说。历史记载，雍正至道光年间，潮州人到海外谋生已成风气，红头船也有专门载客"过番"的业务。据统计，通过"红头船"方式移民海外者

近百万人。现旅居海外的潮籍华侨华人和港澳台同胞约250万人（属原大潮州的超过1000万人），除港澳台同胞外，主要分布在泰国、新加坡、澳大利亚以及欧洲部分国家。全球现有各类潮团组织173个。在潮籍侨胞中，有被誉为知名实业家的李嘉诚先生、国际汉学大师饶宗颐先生、爱国侨领陈伟南先生、国际摄影大师陈复礼先生等诸多杰出人士。其中，饶宗颐先生早在1974年就提出"海道之丝路"概念，也是重申"海上丝绸之路"概念的人。

历史上，无数潮人先辈秉承"创业、精致、感恩、包容"的文化特质，乘坐"红头船""大龟船"走向世界，浓墨重彩地书写着海外创业史。潮州的瓷器、茶叶、丝绸、红糖及潮州木雕、潮绣、麦秆工艺品等大量精致工艺品遍布"海丝之路"，被运送到世界各地。借助海上丝绸之路，潮州走向世界，奠定了潮州作为"海丝文化重镇、潮人精神家园"的历史地位。

新"丝路"、新商机

今日的潮州，凭借资源禀赋和现代发展需要，主动融入国家"一带一路"战略，牢固树立"创新、协调、绿色、开放、共享"发展理念，乘借省促进粤东西北振兴发展的东风，围绕"广东特色经济示范区、重要临港产业基地、世界潮文化体验旅游目的地、国家旅游改革综合试点市、有重要影响力的历史文化名城"的战略定位，积极谋划新发展，全力构筑大平台，实现凤城展翅腾飞。

潮州市目前正在抓紧推动的主要工作有：

（1）优化空间布局，促进区域协调新发展

根据市域地理形态和发展方向，引入"凤凰展翅"发展理念，在全省各地级市中率先启动并完成全域规划编制，确立"一中心三片区"战略定位，优化提升全域功能。重点是将涵盖湘桥区、枫溪区的城市中心区，以韩东新城开发建设为引擎，打造成为全市首善之区；将涵盖潮安南部各平原镇的潮安片区，以高铁新城开发建设为引擎，打造成为粤东县域科学发展排头兵；将涵盖饶平中部和沿海的饶平片区，以闽粤经济合作区开发建设为引擎，打造成为闽粤台融合发展桥头堡；将涵盖潮安和饶平北部山区12个镇的北部片区，以绿色生态示范区开发建设为引擎，打造成为绿色经济发展示范区。

（2）建设四大平台，打造振兴发展新引擎

围绕打造"一中心三片区"，谋划推进四大平台建设，形成新的经济增长极。

一是建设韩东新城。按照"拓东先拓中、重点在南部、北部自然成"的总体思路，围绕将韩东新城打造成为"人文荟萃、科教领先、配套完善、山水宜居"高品质城市新区的目标，力推韩东新城开发建设，推动新区加快发展。目前，韩东新城建设开局良好，51个新城重点建设项目齐头并进。

二是建设高铁新城。高铁新城总面积约78平方公里，优先发展的三个启动区，分别为：北部厦深高铁潮汕站周边区域、中部东山湖周边区域以及南部梅林湖周边区域。未来，潮州将按照"一年起步、三年成型、八年成城"的总体要求，把高铁新城打造成潮州新门户、城市新家园、产业新高地、生态新空间和交通新枢纽。

三是建设闽粤经济合作区。闽粤经济合作区是我国东南沿海历史上出海贸易的重要节点和当前对台开放的前沿阵地，战略区位重要，开发潜力巨大，对于打造"21世纪海上丝绸之路"、提升对台开放合作水平、振兴原中央苏区等均有重要意义。目前，闽粤经济合作区发展规划已经获得闽粤两省政府批准实施，合作区核心区47项重点项目正在稳步推进。

四是建设凤泉湖高新区。依托原径南工业园的基础，高起点规划建设总面积20平方公里的凤泉湖高新技术产业开发区，重点发展新能源、新材料、高端装备制造、文化创意等产业。至目前，凤泉湖高新区建设进展顺利，已引进超亿元项目66个，建成项目7个，在建项目48个。

（3）首创"8+1"模式，形成经济增长新支撑

潮州市首创以"八网"建设及产业提升为核心的"8+1"发展模式，集中三年时间补齐发展短板，抢抓发展先机。"8"是指"八网"，包括综合交通网、燃油燃气网、绿道网、水网、供电网、商贸物流网、互联网、旅游网，是针对潮州基础设施的特定现状提出来的补足欠账、补齐短板的重要举措。"1"是指产业，主要聚焦陶瓷、服装、食品、不锈钢等八大传统特色产业以及房地产业，是优化产业布局、加快转型升级、提升经济综合实力的重要举措。"8+1"规划已于2016年1月全面启动实施，2016—2018年三年计划投资约600亿元，所有项目总投资将超千亿元。

（4）深化开放合作，构建互利共赢新格局

积极参与"21世纪海上丝绸之路"建设，加大与海上丝绸之路沿线国家的交流合作。目前，潮州与海上丝绸之路35个沿线国家和地区的贸易总额占全市外贸进出口的半壁江山；沿线国家在潮州投资项目投资总额突破10亿元大关。同时，支持企业"走出去"，积极拓展海外营销网络。2015年，筹划设立了驻泰经贸代表处；赴深圳、厦门、香港、台湾等地以及泰国、美国、加拿大等国家举办系列招商推介活动，累计签约项目111个，总投资额达750亿元；第六届粤东侨博会在潮州顺利举办，签约项目22个，投资总额187亿元。

"十三五"时期，潮州经济社会发展的主要目标是：生产总值年均增长11%以上，到2020年达到1700亿元以上；人均生产总值年均增长10.5%以上，到2020年达

到1万美元；地方一般公共预算收入年均增长14%以上，力争到2020年达到100亿元；固定资产投资年均增长25%左右；城乡发展差距缩小，城镇化水平提高到66%以上。

潮州市在制订"十三五"规划时，加强了与国家"一带一路"大战略的对接，围绕"潮州要更加开放"的要求，充分利用好国内外两种资源、两个市场，统筹对内对外开放，增创开放型经济发展新优势。

一是激发市场主体活力。着眼"双创"生态系统建设，坚持创新驱动发展，实施工业转型升级攻坚战三年行动计划，培育大型骨干企业。加大对中小微企业的服务扶持，支持陶瓷国家质量安全示范区和各类外贸转型升级示范基地建设，激发产业集聚效应。

二是扩大港口辐射带动。以港口基础设施建设为主轴，加快口岸发展平台建设，以港城结合、联动发展和建设海洋经济特色市为目标，将柘林湾和潮州港经济区建设成为初具规模的现代化港口和临港产业聚集滨海新城。

三是提升区域合作水平。抓好"海丝"、闽粤、中潮"三大合作"，积极主动融入丝绸之路经济带和"21世纪海上丝绸之路"、东盟经济区、珠三角经济区、海峡西岸经济区及闽粤合作区。

四是加大招商引资力度。深入实施"乡贤回归"工程，加强海外潮人联谊工作，切实把侨乡优势转化为发展优势。统筹整合园区资源，积极营造招商引资的良好环境。

五是支持企业"走出去"。抓住国家实施"一带一路"战略的重大机遇，支持有实力的企业开展境外投资合作，建立海外自有营销渠道，提高潮货占有率。

主要国民经济数据（2015年）

2015年，全市地区生产总值完成910.1亿元，比上年增长8.3%，位列粤东西北第2位、全省第14位。人均地区生产总值3.45万元，同比增长10.11%。规模以上工业增加值361.2亿元，增长7.8%，位列粤东西北第1位、全省第11位。地方公共财政预算收入47.2亿元，增长14.4%，位列粤东西北第1位、全省第5位。税收总收入92.3亿元，增长1.4%。2015年末，全市金融机构本外币贷款余额和存款余额分别为369亿元、1076亿元，分别增长3.3%、7.2%。固定资产投资391.9亿元，同比增长25.2%，位列粤东西北第2位、全省第5位。全市72个年度重点项目共完成投资110.9亿元，占年度投资计划的107.4%。社会消费品零售总额443.1亿元，同比增长11.9%，位列全省第5位。外贸出口总额27.6亿美元，实际利用外资2044万美元。

打造"一带一路"广东对德合作门户

城市名片

城市名称：揭阳市　　　　陆地面积：5240平方公里
长途区号：0663　　　　　总人口：702万
邮政编码：522000　　　　地区生产总值：1890亿元

城市概况

揭阳市位于广东省东南部，地处珠三角与海西两大经济圈的轴线中心，东接汕头、潮州，西连汕尾，南濒南海，北邻梅州。1991年12月设立为地级市，现辖榕城、揭东2区，揭西、惠来2县，代管普宁市，设蓝城、空港经济区2个非建制区，普侨、大南山2个侨区和大南海石化工业区，全市陆地面积5240平方公里，海

■ 中德金属生态城

域面积9300平方公里，人口702万。2015年，全市实现地区生产总值（GDP）1890亿元，是粤东总面积、总人口、总经济量最大的地级市。

揭阳，是广东省历史文化名城，潮汕文明发祥地之一，见诸史载已有2200余年。以位于揭岭之阳而得名，享有"海滨邹鲁""国画之乡""小戏之乡""龙舟之乡""华侨之乡"等美誉。春秋战国时期隶属百越地，秦始皇三十三年（前214年）设揭阳县，隶属南海郡。自此，潮汕地区开始有正式行政建制。从现已出土的文物看，早在4000多年前，粤东文明与中原文明同步并行，而榕江流域是古揭阳较为繁荣之地，揭阳市榕江和练江流域历史上是粤东地区经济文化较发达的地区之一。最迟从唐宋开始，揭阳便是"海上丝绸之路"的一个重要口岸，是"海上丝绸之路"历史中一个不容忽视的重要节点。

揭阳在国家"一带一路"战略大格局中的定位是：积极对接国家"一带一路"战略，以全面深化对德合作为引领，加快建立与国际接轨的开放型经济体制，实施更大力度、更宽领域、更高水平的对外开放，努力建设成为广东对德合作的门户、中国对德合作的枢纽。

揭阳是连接珠三角和海西经济区的重要节点城市。揭阳港现有5000吨级码头4座、5000吨级以下码头32座，榕江航道是省内著名的黄金水道，常年通航3000DWT海轮，乘潮可通航5000DwT海轮。揭阳潮汕国际机场位于汕、潮、揭三市中心，年旅客吞吐量超过320万人。厦深高铁建成通车，并在境内设两个站。2015年，随着汕湛高速揭博段建成通车，境内实现县县通高速。空港、海港、河港、高速、高铁"五位一体"的立体交通优势明显。

历史纵览

揭阳是岭东最先建起的古县，尔后又建海阳、潮阳，合称"三阳"。位于虎头埔的新石器时期窑群遗址证明，早在4000多年前，这里已有较高的手工技术。专家称，粤东文明与中原文明同步并行。榕江流域是古揭阳较为繁荣之地，揭阳市榕江和练江流域历史上是粤东地区经济文化较发达的地区之一。

揭阳见诸史载已有2200余年。秦始皇三十三年（前214年），秦将任嚣、赵佗平定南越，遂置南海、桂林、象3郡，南海郡领4县：龙川、番禺、揭阳、博罗。今潮汕全境、梅州及福建龙溪、漳浦一带隶属揭阳县。汉元鼎六年（前111年），汉武帝发兵平南越，复置南海郡，辖揭阳、龙川、番禺、博罗、中宿、四会6县，史定任揭阳县令。以后几经复废，至宋绍兴十年（1140年），又复置揭阳县。至1991年12月7日，国务院批准揭阳撤县建市（地级）。

在"海上丝绸之路"的历史中，揭阳是一个不容忽视的重要节点。大量的文

■ 神泉港旧照

献和实证表明，最迟从唐宋开始，揭阳便是"海上丝绸之路"的一个重要口岸。揭阳市惠来县的神泉港，在唐朝就是潮汕进出口物资的转运点，也是闽粤商船过往的必经地和中转站。当时，许多商人集聚于此，贸易活动非常活跃，揭阳出产的红糖、茶叶、夏布、抽纱、萝卜干、木雕、玉器、陶瓷等等，都从这里出口到东南亚、香港一带，并从东南亚进口木材、橡胶等原材料。元和十四年（819年），韩愈所写的《送郑尚书序》中称："外国之货日至，珠香、象犀、玳瑁，稀世之珍溢于中国。"

而以榕江为区域的临海河港揭阳港，随着南宋初年揭阳县城的开辟而兴起，利用榕江江阔、水深、感潮的"黄金水道"优势，一直保持作为潮州地区最有活力外贸港口的态势，是"海上丝绸之路"及其开展的经济文化活动的主线之一。明永乐（1403年）以后，榕江南北河沿岸村镇已拥有大批木帆船，用以运载土特产外销，并运回外地商品，仅渔湖梅兜一乡拥有的木帆船就近百艘，穿行于泉州、台湾、温州等地，还乘季候风赴南洋群岛及安南、暹罗等地。清朝咸丰、同治年间，潮州、汕头相继定为通商口岸，揭阳之水运日盛。

借助"海上丝绸之路"的开拓，揭阳与东南亚等地积极开展各种经济文化活动。现在揭阳的许多生物品种、语言词汇、建筑样式、食物与生活生产用具等，就是从"海上丝绸之路"的海外国家吸收和引进的。如揭阳水稻中的占稻，蔬菜中的丝瓜、南瓜，花果中的李子、海棠、鸡冠花等；建筑上有榕城、炮台、洪阳骑楼街等。而由揭阳本土输出、传播并在东南亚扎根的传统文化，如潮菜、揭阳小吃、潮剧以及潮汕传统习俗、道德观念、价值观念、思维方式等，都对东南亚一带的国家产生几近"汉化"的影响,增强了"中国—东南亚文化圈"两极的文化认同。

揭阳是全国著名的侨乡,有华侨320多万人。所辖的惠来县,自明嘉靖三年(1524年)置县以来,便有成批破产农民搭船往东南亚各国谋生。其中有许多在侨居地定居下来,经过艰苦创业,苦心经营,有的成为当地豪商巨富。这些华侨华人在故乡还有祖屋祖坟,仍与故乡亲人保持亲密往来,虽然身在异域,但情系桑梓,积极捐资支持家乡社会经济建设。

揭阳著名的宗教文化建筑包括三山国王庙、双峰寺等,从另一个层面展现了揭阳兼容并蓄的文化传承。

三山国王庙又称霖田祖庙。始建于隋,至今已有1400年历史。封赐额又谓"明贶庙"。位于揭西河婆镇西南2公里玉峰(即庙山)脚下,前临榕江,后倚玉峰,是一座规模宏大的灰沙土夯墙盖瓦建筑物,殿廊皆雕梁画栋,富丽堂皇,极具民族特色。庙前有石拱桥,入门两侧各置泥塑将军像一座,其旁又各有一匹泥塑白马,正殿为三山国王坐像,两廊供诸官神像、罗汉,后殿供三山国王夫人,共百余尊神像,皆栩栩如生。三山国王历来被岭东人民奉为"守护神",民间多有关于他们救驾护国、保土安民的传说。潮汕古代的山民多以狩猎和山林为生,敬奉山神,因而揭西的三座山——巾山、明山、独山被形象化,被称为"三山国王"。后来,随着大量潮汕人移民海外,也把三山国王信仰传到了我国台湾以及泰国、马来西亚、新加坡、印尼等东南亚国家。据不完全统计,仅在台湾现有奉祀"三山国王"的庙宇就达500多座,信众达800多万人。揭西的霖田祖庙也成为海内外各分庙的鼻祖,每年迎来大批海内外及港、澳、台同胞的进香团,除进香外,还进行寻根问祖活动,甚为感人。实际上,"三山国王"作为一种地方民俗文化,已经发展成为弘扬中华文化、促进海内外和海峡两岸文化交流活动的纽带和桥梁。

双峰寺位于揭阳市区马山巷。宋绍兴十年(1140年)由僧人释法山创建于磐溪都双山,故名双峰寺,与潮州开元寺、潮阳灵山寺并称"潮汕三大名刹"。明洪武二十五年(1329年)移建今址,后历经两次扩建重修。重修后寺院呈中轴线布局,依次为山门、前厅、大雄宝殿、泰佛殿,有东西两廊。寺中有历代文人雅士的碑刻,全国佛协主席赵朴初为寺宇题匾。现存"虎""寿"二方,"虎"字系清同治年间提督张国栋手迹;"寿"字碑则从宋初理学家陈抟手迹拓刻。泰佛殿为楼阁式,正殿中有金身泰式佛像一座,相传人一走近前,其耳钩即不断轻摇,被传为异事。

从上述历史文物史迹回溯可知,揭阳自秦朝始置揭阳县以来,逐渐发展成为粤东经济文化较为发达的地区之一,并凭借海运、水运优势,与海外交往日盛,成为海上丝绸之路的重要节点。

新"丝路"、新商机

揭阳市在制定"十三五"规划时，加强了与国家"一带一路"大战略的对接。深入实施振兴发展和创新驱动发展"两大战略"，全面推进"抓落实、促发展，抓基层、强基础"两项部署，以产业强市夯实发展基础，以对德合作实现引进创新，以"互联网＋"彰显后发优势，以绿色生态增强可持续发展能力，努力推动经济增长保持中高速，奋力开创揭阳振兴发展新局面。

揭阳在"一带一路"战略中的定位是：以对德合作为切入点扩大对外开放，加快构建开放型经济新体制新格局，努力将揭阳打造成为广东对德合作的门户、中国对德合作的枢纽。

揭阳市目前正在抓紧推进的主要项目有：

一是着力构建对接"一带一路"互联互通网络。积极抢抓省委省政府加快交通基础设施建设的政策机遇，着力加快打造空港、海港、河港、高铁、高速"五位一体"的交通体系，强化揭阳在"一带一路"中的节点地位。揭阳潮汕国际机场于2011年12月建成通航，是国家一类航空口岸、广东第四大国际机场，实现了对台直航，开通了国际通程航班。目前，揭阳正谋划启动机场改扩建前期工作，整合资源，增开航线，开辟"揭泰欧"空中新丝路。厦深高铁建成通车，在揭阳设立2个站点，正在建设的梅汕客专在揭阳新设2个站点，并与机场对接，规划建设空铁换乘中心。扎实推进揭阳疏港铁路、广梅汕铁路揭阳段改线和汕潮揭城际轻轨前期工作。汕湛高速揭博段通车，揭阳境内实现县县通高速，潮惠、揭惠高速揭阳段加快建设，全部建成后揭阳的高速总里程将翻番超过400公里。依托136.9公里大陆海岸线，联合荷兰鹿特丹港务局等共建产业枢纽港，惠来电厂、中委炼

■ 揭阳潮汕机场

油、中海油LNG等一批10万～30万吨级产业物流码头陆续建成投用，未来通过疏港铁路实现联运。与中外运合作建设100万标榕江港码头，培育榕江产业物流带，开通"揭港欧"海上新丝路。

二是着力打造集聚"海丝之路"资源承接平台。在产业梳理基础上，为各县（市、区）确立鲜明的产业主题，围绕产业主题规划建设全产业链特色产业园区，为产业、要素、资源的集聚提供平台。大力实施产业引进工程，出台政策明确每年50%土地指标用于产业项目，推动产业项目落地建设。目前，正在重点打造的产业平台有：以中委年产2000万吨世界级石化炼油项目为核心的大南海石化工业区；以揭阳潮汕国际机场为依托的先进制造业与现代服务业双轮一体的空港经济区；以传统产业开放合作转型升级为主线的中德金属生态城、纺织服装生态城、海峡食品药品绿色产业合作区和揭东经济开发区、普宁英歌山工业园等。其中，海港经济区总投资150亿元的中海油粤东LNG一体化项目将于2016年投产，首期投资586亿元，抓紧推进年炼油能力2000万吨的中委广东石化炼油项目及一批石化中下游项目；世界物流巨头普洛斯、圆通速递粤东总部等项目落户空港经济区，空港新城起步区建设扎实推进；中德金属生态城进园道路、贝多芬森林公园、中德合作创新基地以及金融、科研、设计、服务"四大中心"基本建成，"零排放"表面处理中心、保库智能管网等成功投产，中德科技文化交流中心、中德跨境电商产业园和生活配套区等正抓紧推进；海峡食品、药品绿色产业合作区是广东省首个食品专业园区，目前已有燕塘乳业、康师傅、福家欢等20家企业落户；其他产业平台也在加快建设。

三是着力依托"海丝之路"实施引进型协同创新。德国是全球制造业标杆，也是新丝绸之路经济带和21世纪海上丝绸之路的交汇区。近年来，我们按照胡春华书记关于"着力加强与欧盟等发达国家合作、努力提高对外开放水平、促进广东经济转型升级"的指示和朱小丹省长"深化广东对德多领域合作"的要求，锁定德国开展深入合作，一步到位对接德国工业4.0，实施引进型协同创新，创建全国首个德国工业园区参与规划设计管理营运的园区。承办中国共产党与德国社民党第二次可持续发展对话会。创立中德中小企业合作交流会，组建对德（欧）"百人团"，在德国、奥地利、西班牙共创建8个办事处，与德国执政党基民盟经济委员会、德国工商大会、德国雇主协会等9大协会和弗劳恩霍夫研究所、埃斯林根应用科技大学等科教机构建立合作联盟。中德资源再生基地、德国先进技术合作中心、电镀·"零排放"项目在中德两国领导人见证下签约，保库智能管网等26家企业落户或达成协议，中德金属生态城成为中德经济合作委员会成员。接下来，揭阳将依托国家"一带一路"战略，以中德金属生态城为起点，建设通往德国的"高速公路"，把揭阳打造成为广东对德合作的门户、中国对德合作的枢纽，提升揭阳的国际化水平，强化揭阳在全球资源链中的配置能力。举全市之力建设中德中小企业合作区，以对德合作"百人团"及德语夜校建设，增强民众对德合作主动性。扩展对德合作广度，挖掘对德合作深度，实现从产业合作到多领域合作。

四是着力创建"海丝之路"电商港实现"互联网+"。在进入互联网时代的今天，揭阳市按照"互联网+"思维，提出了创建"21世纪海上丝绸之路电商港"目标。创建国家电子商务示范城市和工业电子商务区域试点城市，建成全国闻名的军埔电商村。2015年全市快递业务量比上年增长197.6%，增速全省第一。实施十万电商人才大培训。启动电商下乡工程，揭西、揭东实现农村电商全覆盖，普宁跻身全国淘宝村集群四强。接下来，将着力抓好"一基地、两大赛、三工程"，打造面向全国的电商免费培训基地；举办中国电商好讲师邀请大赛和中国电商人才擂台大赛，努力形成全国电商人才"孔雀揭阳飞"的局面；推进电商下乡、电商进厂、跨境电商三项工程。实施电商下乡工程，实现电商服务站农村全覆盖，推动"互联网+""一镇一品"。实施电商进厂工程，引导企业上网触电，以"互联网+"助推企业供给侧改革。实施跨境电商工程，结合德贸中心和关地合作，支持十万电商青年人才零成本创建特色德国网店，让德国中小企业零人力资源成本拥有中国跨境网店，建设德（欧）名优产品线上线下交易平台。

五是着力加强与"海丝之路"沿线国家的交流合作。充分发挥我市侨乡优势，通过联谊会、招商会、展销会、考察访问、文化交流等活动形式，积极加强与海上丝绸之路沿线国家特别是泰国、新加坡、马来西亚等国家地区政界、商界、文化界、科技界等各界人士广泛接触往来，积极拓宽合作领域，提升合作层次，努力实现优势互补、互利共赢、共同发展。我们已与泰国北柳府缔结友好城市，同时积极发展与美国加利福尼亚州安大略市的交往。

主要国民经济数据（2015年）

2015年，全市生产总值1890亿元，同比增长8.0%；规模以上工业增加值1123亿元，同比增长7.2%；固定资产投资1362亿元，同比增长24.5%；社会消费品零售总额857亿元，同比增长13%；外贸进出口70.44亿美元，同比增长29%；地方公共财政预算收入77.4亿元，同比增长5.0%；金融各项存款、贷款余额分别增长7.5%、6.7%，贷存比提高至50.7%；快递业务量增长197.6%，增速全省第一。

连接珠三角、沟通大西南的"广东大西关"

城市名片

城市名称：云浮市　　总面积：7785平方公里
长途区号：0766　　　总人口：298.93万人
邮政编码：527300　　地区生产总值：710.07亿元

城市概况

云浮市于1994年设为地级市，辖云城区、云安区、新兴县、郁南县，代管罗定市，总人口298.93万人，总面积7785平方公里。位于广东省中西部，东接珠三角，与佛山、肇庆、江门相邻，西连桂东南，与广西梧州市接壤，北临西江黄金水道，市区距广州140公里，水路距香港170海里，得天独厚的区位优势和便捷顺

■ 云浮市区新貌

畅的交通网络，使云浮市成为连接珠三角、沟通大西南的"广东大西关"。

云浮市有"禅宗之都、云石之都、东方硫都"之美誉。云浮文化底蕴深厚，处于广府文化发祥地的核心地带，保留了很多原汁原味的古岭南风俗，有禅宗文化、南江文化、石艺文化三大特色文化品牌。云浮人杰地灵，民风淳朴，生态优良，旅游资源丰富，特色产业远近闻名。历史上曾孕育出中国佛教禅宗六祖惠能、著名抗日将领蔡廷锴、著名工人运动领袖邓发等一大批杰出人物。云浮是广东省生态环境最好的地区之一，并且是珠江三角洲的天然生态屏障。有蟠龙洞省级风景名胜区、新兴龙山温泉省级旅游度假区和龙山国恩寺、郁南连滩大湾明清古民居等风景旅游名胜。石材、不锈钢制品、水泥、硫化工等特色产业集群闻名国内外，是中国三大石材生产加工基地之一，是广东省重要的水泥、硫化工和不锈钢制品生产基地。云计算及信息服务产业、生物医药产业、先进制造业、健康养生旅游产业以及现代特色农业等"四新一特"产业全，成为全市经济社会发展创新驱动引擎。云浮的"两园五区"，即佛山（云浮）产业转移工业园、佛山顺德（新兴新成）产业转移工业园以及佛山（云浮）产业转移工业园的都杨片区、思劳片区、六都片区、双东片区、都城片区产业园区，已经成为投资热土，吸引了包括华为、海尔、高丘六和等一批知名企业来此落户发展。

云浮市在国家"一带一路"战略大格局中，面临着重要的战略机遇期。珠三角一体化和"广佛肇清云韶"经济圈的融合发展，为云浮市的发展注入了新动力，有助云浮借力、借脑、借资加快发展；梧州—云浮战略合作框架协议，推动两市全面构筑经济一体化的发展格局；粤桂黔高铁经济带合作试验区广东园云浮分园建设，推动云浮市全面融入"粤桂黔4小时经济圈"和"珠三角1小时生活圈"，提高区域竞争力和辐射带动力。省正在论证、规划的珠三角新干线机场，建成后将为云浮带来更大的交通便利和区位竞争力。国家"一带一路"建设打通云浮市连接世界的新型贸易之路，有望构筑新的经济增长极；南沙自贸区服务对接内陆的"无水港"的启动，国际船舶货物将直接运往云浮港；水陆空立体交通网络的建设，使云浮市与广州、佛山等发达地区的时空距离将进一步缩短，极大提升和释放区位优势。

"丝路"渊源

云浮市辖区设县管辖已有2200多年历史。云浮市，唐朝时称"勤州"。早在战国时期，中原文化已经传播到南江流域。秦汉时，中原文化主要经西江传播到岭南地区，而云浮正是西江通衢必经之地。汉代交趾刺史部绝大部分时间设在苍梧郡治广信县，云浮大部分属苍梧郡而成为岭南早期文化发展较快的地方之一。

■ 异国铜钱

■ 云浮罗定罗镜镇南朝墓出土的金手镯

■ 云浮罗定罗镜镇南朝出土的刻莲瓣纹越窑青瓷豆形高足碗

■ 云浮罗定战国墓出土的组合印纹陶瓮

云浮是古代通往海边的重要通道，在岭南地区的海上丝绸之路发展史上占有极其重要的地位。

西汉元鼎六年（前111年）始设临允县（今新兴县域），属当时的交州合浦郡，南海以及珠江口内外所产的盐，均可通过西江北运。汉武帝开辟海上丝绸之路后，西江成为海上丝绸之路在陆上的延伸。中原所产丝绸通过当时的西江达广州，经水路西江支流的临允县等地，再经陆路到达合浦郡。云浮作为连接海上丝绸之路的重要通道之一，逐渐发展为西江流域经济较为发达的地区之一。从云浮古墓葬出土的文物则反映了当时的社会风貌。在云浮市城区及罗定等地汉代墓葬中出土的陶瓷多为实用器，其中，铜镰、云雷纹铜鼎、铜鉴、斜角纹铜矛、窃曲纹铜矛和陶罐是广东首次发现。铁器有剑、刀、锸等。出土的铁器和陶牛、陶仓等器物表明，铁器从汉代已在岭南的农业、手工业等重要生产部门较为普遍地使用，云浮市地区当时已跨进了铁器时代，牛耕也逐渐推广。云浮市出土的汉代铜鼓，其含锡量比春秋末年《周礼·考工记》所记载的"六分其金而锡居一"的铸鼎略低一些，但技术也是不差了。

两晋南朝时期，西江流域战乱较少，人口增加，农业与手工业也随之繁荣发展。1983年，位于罗定市罗镜镇水摆村鹤咀山发现南朝墓，出土的金手镯扁凸形，用简易的冲压工具制成，表面刻有四组栩栩如生的神兽瑞草图案，带有西亚风格，说明当时云浮的农业、手工业已相当发达。

隋唐宋至明清时期，是社会文化发展的兴盛期。宋元两代，云浮经济有了进一步发展。明代中期开始，广东的社会经济开发从沿海地区，向粤西、粤北广大山区发展。到了清代，经过清初的恢复，云浮在康乾盛世时发挥着两广贸易中转站的重要作用。

云浮市是我国历史上佛教传播重地之一。隋唐时，佛教在今云浮地区传播，孕育了禅宗六祖惠能。惠能就出生、成长在浓厚佛教文化氛围的新州（今新兴县），并主导创建报恩寺（后改称国恩寺）。唐朝初年，佛教盛行，新州境内已有寺庙7座。建于唐高祖李渊武德四年（621年）的龙龛道场在武则天圣历二年（699年）进行第二次重修。其时在国都长安供职的泷州（今罗定市）人陈集原撰文纪念这件事，写下了《龙龛道场铭并序》，镌刻于岩洞西侧石壁靠洞顶处。铭序内有武则天时代创制的新字12个，是我国石刻与文字史上不可多得的文化遗迹。

明清时期，岭南地区政治比较安定，经济繁荣，由于统治阶级的提倡，佛教、道教等宗教建筑日渐增多。特别是佛教寺庙，数量较多，影响较大，始建于唐代的国恩寺被列为中国禅宗祖庭之一，在国内和东南亚一带享有盛名。

自唐宋科举盛行以后，学宫、书院应运而生。宋代开始在西江兴办官学。明清时期，学宫、书院遍及城乡。其中以罗定学宫最为典型，是目前西江流域仅存

■ 广东内河第一大港——云浮新港

的清代学宫建筑群。

清末民初出现有独特风格和地方特色的骑楼和中西合璧的建筑，以新兴李耀汉大屋为代表，还有郁南县城的中山区路、建设路特色骑楼等。

从上述历史文物史迹回溯，可知云浮市自战国秦汉以来便是西江流域经济、文化比较发达的地区，在岭南地区的海上丝绸之路发展史上占有极其重要的地位。

新"丝路"、新商机

云浮市实施国家"一带一路"战略的思路和定位是：深入贯彻落实粤东西北地区振兴发展战略，坚持生态立市、产业兴市、特色美市、改革活市、依法治市，加快构建对外开放新格局；积极融入"广佛肇清云韶"经济圈，增强经济圈对接功能；加快规划与建设粤桂黔高铁经济带合作试验区广东园云浮分园，打造泛珠三角合作交流平台；加快交通基础设施建设，加强内引外联，实现开放发展；积极探索对外经济合作新模式、新路径、新体制，构建云浮市对外开放新格局，建成珠江—西江经济带的重要节点城市和现代生态城市。

云浮市实施创新驱动、协调发展和持续发展三大战略。战略重点有：

一是加强交通基础设施建设。南广铁路开通运行，广梧、云罗、罗岑、江罗新兴段高速公路建成通车，罗阳、汕湛、怀阳高速等重点交通设施加快建设，高速铁路运营里程、高速公路通车总里程分别达到106公里、209公里；与佛山联合谋划珠三角新干线机场工作，"珠海—阳江—罗定"低空航线的开通盘活了云浮罗定机场；西江航道云浮段和港口码头加快扩能升级改造。

二是加强与"一带一路"沿线国家的经贸合作。2015年，云浮市利用海博会

平台，推动企业与沿线国家、地区的经贸合作，扩大合作区域。举办第十二届中国（云浮）国际石材科技展览会、第六届石文化节暨2015云浮·大西关建设经贸活动，有美国、新西兰、印度、英国、意大利、中国台湾等14个国家和地区的境外企业参展，境外参展企业和嘉宾数量为历届之最。

"十三五"期间，云浮市将发挥作为沟通珠三角、联结大西南和当前我国对东盟开放合作和"21世纪海上丝绸之路"重要门户的区位优势，搭建面向东盟国家的跨境电子商务及物流信息共享平台，促进与21世纪海上丝绸之路沿线区域信息互联互通、货物通关和人员往来便利化。提升港口口岸通关能力，加强与"一带一路"沿线国家在港口、物流和配送中心等建设管理方面的合作，开辟日韩、东南亚、非洲等国际航线，争取升级成为省"海上丝绸之路"的重要战略支点。

加强与新兴市场经济国家的经贸互动。充分利用中国—东盟自由贸易区的优惠政策和中国—东盟博览会的平台，发挥珠江—西江产业带重要节点城市的区位优势，推动云浮市云计算、石材、汽车配件、旅游、特色农产品等拓展出口市场。进一步开发包括南美、东南亚以及俄罗斯、伊朗等国家在内的国外市场，促使云浮市企业走出海外建立营销网络、生产加工基地、资源供应基地，扩大资源能源产品的进口规模。

三是加快重要平台建设。大力推进"两园五区"建设。继续以完善基础设施建设、优化发展软硬环境为重点，突出发展经济和优化生态相结合，大力推进佛山（云浮）产业转移工业园、佛山顺德（新兴新成）产业转移工业园以及佛山（云浮）产业转移工业园的都杨片区、思劳片区、六都片区、双东片区、都城片区等产业集聚区建设，使之成为海内外客商投资的热土，吸引知名企业来此落户发展。

"十三五"期间，云浮将加强与发达国家的产业对接。重点加强与意大利、美国、德国等国家在石材装备、低碳环保、生物医药、水处理、新能源汽车、工业设计等领域的合作。与美国环保协会、研发机构、企业进行紧密合作，筹划在佛山（云浮）产业转移思劳片区召开"中美生态环保产业国际论坛"，提升云浮国际影响力。针对重点领域开展产业链招商，引进先进技术、高端人才和管理经验，鼓励世界500强和行业龙头企业来云浮市投资。

加快建设重大合作平台。推进粤桂黔高铁经济带合作试验区广东园云浮分园的规划与建设，加大与贵广、南广高铁沿线政府合作力度，积极承接区域间的产业梯度转移。

四是加强区域合作，构建区域发展新格局。建设珠江—西江经济带重要节点城市。抓住珠江—西江经济带发展规划加快实施的战略机遇，加强与经济带城市衔接，进一步细化、实化规划，着力打造产业合作平台，推动具体合作项目落实。以梧州—云浮战略合作为重点，加快推进粤桂（罗岑）产业合作示范园区建设、粤桂（郁南—龙圩）生态农业高新科技合作示范区等合作项目，谋划推出一批基础设施、产业、旅游等领域的合作项目。

加快建设粤桂黔高铁经济带合作试验区云浮分园。加大与贵广、南广高铁沿线政府合作力度，积极承接区域间的产业梯度转移。重点发展大数据产业合作、大医药大健康产业合作，大力推进生态联防联建，推进健康旅游连线扩片，在旅游产品开发、市场推广、信息服务、快递电商服务、人才培养等方面进行系列合作，共同打造区域健康养生品牌形象。

全方位融入"广佛肇清云韶"经济圈。主动承接广州、佛山辐射，把交通一体化、产业一体化、城市一体化、服务一体化、环保一体化作为合作对接的突破口，实现与广佛肇清韶地区错位发展，规划衔接。强化生态保护合作，共同推进西江水资源保护，加强水环境治理和污染防治。建立西江流域、跨界区域、交通干道等生态系统保护合作机制，形成一体化的绿色生态架构。

全面提升与港澳合作水平。依托云浮新区和"两园五区"，加快融入大珠三角湾区经济建设，提升与港澳合作水平。

全面拓展与台经贸合作领域。加快与台共建先进制造业、现代服务业、现代农业等重大产业合作平台，着力突破在生物医药、新材料、新能源等高技术产业和金融、物流、服务贸易等现代服务业的深度合作。

主要国民经济数据（2015年）

2015年，全市经济增长稳中有进、稳中提质。全市实现地区生产总值710.07亿元，同比增长8.5%。规模以上工业总产值突破千亿元大关，实现全市规模以上工业企业总产值1099.44亿元，同比增长12.2%。完成固定资产投资额794.15亿元，同比增长17.6%。实现社会消费品零售总额299.71亿元，同比增长11.6%。地方一般公共财政预算收入58.7亿元，按可比口径计算，同比增长9.3%。全市存贷款余额增速分别排在全省第8位，12月末，中外资金融机构本外币存款余额915.88亿元，同比增长10.8%；中外资金融机构本外币贷款余额598.05亿元，同比增长12.1%。完成省重点建设项目年度计划投资112.9%。

五、广东2015年重要经济数据

◎广东2015年重要经济数据
◎广东2015年对外贸易状况分析
◎《"一带一路"大数据报告（2016）》（摘要）

（一）广东2015年重要经济数据

2015年，广东实现地区生产总值7.28万亿元，同比增长8.0%，增幅同比提高0.2个百分点，圆满完成年度增长目标。全年物价上涨平缓，CPI上涨1.5%，同比回落0.8个百分点；就业总体稳定，城镇新增就业人口155.5万人，提前超额完成全年任务，促进创业22万人，城镇登记失业率2.45%，控制在预期目标内；固定资产投资完成30031.20亿元，同比增长15.8%；实现社会消费品零售总额31333.44亿元，同比增长10.1%；财政收入持续较快增长，地方一般公共预算收入增长12.0%（可比口径），经济发展基本面总体良好。

1. 全年经济保持稳中有升增长态势

2015年，广东按照中央对经济工作的决策部署，积极应对经济下行压力，抓住关键环节精准发力，推动全省经济保持平稳向好。加快推进省重点项目建设，超额完成年度计划；出台财政支持稳增长措施16条；出台外贸稳增长政策20项等。全年四个季度GDP分别增长7.2%、8.1%、8.3%和8.3%，呈稳步提升态势。

2. 广东主要经济指标表现良好，为全国经济稳定发展提供重要支撑

全年全省经济稳中有进，稳中有好，动力转换提速，全年GDP增长6.9%，广东GDP增速比全国高1.1个百分点，对全国经济增长的贡献率超过10%。广东规模以上工业增长7.2%，增速比全国高1.1个百分点；固定资产投资增长15.8%，比全国高5.8个百分点；社会消费品零售总额同比增长10.1%，比全国低0.6个百分点；进出口同比下降3.9%，降幅比全国小3.1个百分点；一般公共预算收入同比增长12.0%（可比口径），增幅比全国高5个百分点以上。

3. 从供给侧看，农业、工业增速平稳，服务业增速较快，发挥拉动作用

农业生产持续平稳增长。全年农林牧渔业实现增加值3344.82亿元，同比增长3.4%，增幅同比提高0.1个百分点。农作物播种面积稳定，粮食产量小幅增长，水果产量提高，畜牧业生产缓慢恢复，渔业生产维持稳定。

工业生产保持稳定。2015年规模以上工业增加值分季累计增速分别为7.4%、7.4%、7.3%、7.2%，波动很小。全年工业对GDP增长的贡献率达到39.1%，拉动GDP增长3.1个百分点。工业中民营经济发挥了重要作用，2015年规模以上民营工业企业增加值增长11.8%，比工业平均水平高4.6个百分点，占全省规模以上工业

增加值的比重为46.2%，比上年同期提高2.6个百分点，对工业增长的贡献率接近七成。从主要行业看，电子行业支撑作用明显，计算机、通信和其他电子设备制造业增长10.5%，增幅比全省规模以上工业高3.3个百分点，占规模以上工业增加值的比重达23.7%；汽车制造业实现增加值1539.31亿元，同比增长7.6%，增幅持续回升；化学原料和化学制品制造业同比增长8.7%，通用设备、专用设备制造业分别增长8.3%、9.8%，增幅均较为平稳，高于全省平均水平。

2015年广东经济增速上行主要依靠服务业拉动，金融业、房地产业和生产性服务业的贡献比较突出。全年部分规模以上服务业企业实现营业收入增长9.7%，增幅同比提高1.5个百分点，全部服务业增加值增长9.7%，同比提高1.7个百分点，对经济增长的贡献率为57.1%，拉动GDP增长4.6个百分点。从金融领域看，全年证券市场虽然波动较大，但证券交易额同比增长137.1%，证券交易所带来的营业收入、税收均有较高的增速，资本市场发展对经济增长的贡献高于2014年。2015年，全省金融业增加值增长15.6%，对经济增长的贡献率为12.3%，拉动GDP增长1.0个百分点。从房地产市场看，2015年的回暖态势比较明显，全年商品房销售面积11681.01万平方米，同比增长25.4%。房地产业增加值增长11.4%，对经济增长的贡献率为8.2%，拉动GDP增长0.7个百分点。金融业和房地产业合计对经济增长的贡献率为20.5%，拉动GDP增长1.7个百分点。生产性服务业发展加快，实现增加值增长10.1%，高于整体服务业0.4个百分点，占第三产业的比重为53.1%，同比提高0.1个百分点；全年部分规模以上服务业中生产性服务业实现营业收入增长9.6%，占规模以上服务业营业收入的87.4%。

4. 从市场销售看，国内市场相对较好，外部市场疲弱

国内消费市场保持稳定。企业努力开拓国内市场，工业产品内销明显好于外销。2015年，规模以上工业实现销售产值12.13万亿元，同比增长3.5%，其中内销增长5.9%，占比73.1%，而出口交货值同比下降2.4%。2015年，广东累计实现社会消费品零售总额31333.44亿元，同比增长10.1%，扣除价格因素，实际增长10.5%。全年四个季度累计增速分别为10.0%、9.8%、10.1%和10.1%，保持稳定。全年限额以上单位实现零售额13830.73亿元，同比增长5.3%。批发零售业增长放缓，住宿和餐饮业经营好转。全年批发和零售业实现零售额28065.95亿元，同比增长10.0%，增速比上年回落2.3个百分点；住宿和餐饮业实现零售额3267.49亿元，同比增长10.7%，增速比上年提高2.1个百分点。分行业看，传统消费增长平稳，信息、网络消费继续较快增长，汽车类消费回升。全年限额以上批发零售业粮油、食品类零售额同比增长17.6%，化妆品类同比增长12.7%，金银珠宝类同比增长15.9%，日用品类同比增长15.8%；石油及制品类零售额同比下降9.8%，降幅比前几月有

所收窄；汽车类零售额3775.84亿元，同比增长1.4%，增速继续回升；通信器材类商品零售额增长27.5%。住房相关类别消费增势良好，家具类商品零售额同比增长15.9%，增速高于全省平均水平。

进出口持续下降。2015年，广东完成进出口63559.7亿元，同比下降3.9%，降幅同比扩大1.4个百分点，占同期全国外贸总值的25.9%；其中出口39983.1亿元，增长0.8%，进口23576.6亿元，同比下降10.8%。贸易结构持续改善，加工贸易进出口持续下降，一般贸易进出口保持稳定增长，全年实现一般贸易进出口2.68万亿元，同比增长4.9%，加工贸易进出口2.74万亿元，同比下降14.4%。

5. 广东对"一带一路"国家贸易投资简况

国际金融危机以后，世界经济发展速度放缓，经济格局发生深刻调整，发达国家与发展中国家的贸易摩擦日益激烈，中国经济发展的外部环境更加错综复杂。在这样的背景下，提出"一带一路"战略，将沿线国家串在一起，争取多赢，符合各国的利益，也有利于中国保持经济的稳定发展、推动经济结构的战略性调整、促进各项改革的深化。

"一带一路"战略目前所涵盖的沿线国家和地区一共65个。2013年，65个国家和地区的总人口约44亿人，占全球的63%；GDP规模约21万亿美元，占全球的29%。2015年，我国与"一带一路"沿线国家双边贸易总额6.2万亿元，占同期我国进出口总额的比重超过1/4；我国企业在"一带一路"相关的49个国家进行了直接投资，投资额达148亿美元，比上年增长18.2%。不少企业觅机抱团出海，赢得了新的发展机遇。2015年，我国企业在"一带一路"相关国家的投资中，投向交通运输、电力、通讯等优势产业直接投资117亿美元，比上年增长80.2%，装备制造业对外投资70亿美元，增长154.2%。

"一带一路"战略是一个大局，而占有全国经济总量约1/10、进出口约1/4的广东，则是这个大局中很重要的一部分。广东也是中国大陆与沿线国家经贸合作量最大、人文交流最密切的省份。进出口方面，2015年，广东与沿线64个国家的进出口总额达到1.22万亿元，下降2.2%，其中出口7777.1亿元，增长7.1%；进口4453.3亿元，下降15.1%。广东占中国大陆与沿线国家进出口总额的19.7%，占全省进出口总额的19.2%。在外贸形势依然严峻的情况下，广东对"一带一路"分别主要国家进出口保持较快增速，其中马来西亚、菲律宾和印度分别增长13.8%、16.3%和16.3%，沙特阿拉伯、泰国、新加坡也分别增长8.8%、4.5%和3.0%。

利用外资方面，2015年，来自沿线18个国家的实际利用外商直接投资额为5.64亿美元，占全省实际利用外资总额的2.1%。主要投资国家为新加坡、马来西亚、文莱，利用外商直接投资分别为4.73亿美元、0.45亿美元和0.31亿美元。

对外投资方面，2015年，广东企业对"一带一路"相关的20个国家进行了直接投资，投资额合计4.97亿美元，占中国大陆到沿线国家总投资的3.4%，占全省对外投资额的4.7%。广东对"一带一路"沿线国家投资增长迅速，同比增长达到44.7%，高于全省平均水平约33.8个百分点。其中印尼、越南、印度和巴基斯坦实际投资增速同比均超过100%；对印度尼西亚投资更是达到1.34亿美元，同比增长超过4倍。

表1 2015年广东省主要经济指标

指标	1–12月	增长（%）
地区生产总值（亿元）	72812.55	8.0
第一产业	3344.82	3.4
第二产业	32511.49	6.8
建筑业	2441.85	6.0
第三产业	36956.24	9.7
批发和零售业	8134.37	5.0
交通运输、仓储和邮政业	2901.85	5.3
住宿和餐饮业	1417.05	3.0
金融业	5152.03	15.6
房地产业	4992.67	11.4
其他服务业	14209.88	11.8
规模以上工业增加值（亿元）	30313.61	7.2
固定资产投资额（亿元）	30031.20	15.8
社会消费品零售总额（亿元）	31333.44	10.1
进出口总额（亿元）	63559.7	−3.9
出口总额	39983.1	0.8
居民消费价格指数（上年同期＝100）	101.5	1.5
工业生产者购进价格指数（上年同期＝100）	95.3	−4.7
工业生产者出厂价格指数（上年同期＝100）	96.8	−3.2
全社会用电量（亿千瓦·时）	5310.69	1.4
工业用电量（亿千瓦·时）	3437.46	−0.4
制造业用电量（亿千瓦·时）	2760.66	−2.1
货运量（万吨）	376020	6.3
金融机构（含外资）本外币存款余额（亿元）	160388.22	11.6
居民储蓄存款余额（亿元）	55008.70	4.5
金融机构（含外资）本外币贷款余额（亿元）	95661.12	12.3
来源于广东的财政总收入（亿元）	20934.00	9.7
地方一般公共预算收入（亿元）	9364.76	12.0
地方一般公共预算支出（亿元）	12801.64	40.1
居民人均可支配收入（元）	27859.90	8.5

续表

指标	1-12月	增长（%）
农村常住居民人均可支配收入（元）	13360.40	9.1
城镇常住居民人均可支配收入（元）	34757.20	8.1

注：本表数据为快报数，地方一般公共预算收入增速为可比口径，其余增速为同比增长。

表2　2015年广东与"一带一路"沿线64个国家的经贸合作情况

国家和地区	进出口总额（亿人民币）	实际利用外商直接投资（万美元）	实际对外投资（万美元）
合计	12230	56423	49728
阿富汗	6.52		
巴林	16.27		
孟加拉国	176.08	24	196
不丹	0.17		
文莱	17.93	3133	13
缅甸	74.99		5
柬埔寨	60.56		10263
印度	895.30	148	1239
印度尼西亚	679.04	36	13491
伊朗	456.22	3	
伊拉克	101.18	1	
以色列	148.38	5	
约旦	43.48		1690
科威特	85.00		
老挝	18.64		314
黎巴嫩	32.59		
马来西亚	1758.02	4541	386
马尔代夫	3.90		
蒙古	7.92		
尼泊尔联邦民主共和国	7.55		
阿曼	46.51		
巴基斯坦	216.27		612
巴勒斯坦	1.69		
菲律宾	828.62	5	3
卡塔尔	50.44		
沙特阿拉伯	466.70	19	95
新加坡	1216.30	47343	19203
斯里兰卡	64.52		200
叙利亚	11.58	27	
泰国	1360.14	822	1192

续表

国家和地区	进出口总额（亿人民币）	实际利用外商直接投资（万美元）	实际对外投资（万美元）
土耳其	239.22	264	
匈牙利	167.15		
阿联酋	712.23	10	253
也门	11.90		
越南	1027.79		915
东帝汶	1.07		
哈萨克斯坦	25.84		2
吉尔吉斯斯坦	6.31		
塔吉克斯坦	2.98		
土库曼斯坦	5.95		
乌兹别克斯坦	18.97		
埃及	168.68		
阿尔巴尼亚	3.98		
保加利亚	13.89		
波兰	227.95		
罗马尼亚	40.02		
爱沙尼亚	13.68		
拉脱维亚	11.64		
立陶宛	16.55	22	
格鲁吉亚	8.75		
亚美尼亚	1.40		
阿塞拜疆	4.91		
白俄罗斯	20.94		57
摩尔多瓦	1.71		
俄罗斯联邦	364.83	9	48
乌克兰	42.27		
斯洛文尼亚	35.17		
克罗地亚	12.10		
捷克	112.76	11	
斯洛伐克	44.07		
前南马其顿	1.78		
波黑	1.67		
塞尔维亚	8.74		
黑山	0.91		

注：本表数据为快报数，进出口数据来自海关广东分署，实际利用外商投资和对外投资数据来自广东省商务厅。

（广东省统计局提供）

（二）广东2015年对外贸易状况分析

广东是大陆进出口规模最大、对外开放度最高的省份。"一带一路"建设带给广东对外贸易的更多机会，使广东在全国对外贸易中的地位得到进一步提升。

2015年广东的对外贸易

2015年全国各省份进出口总值均呈下降趋势，但广东进出口形势好于全国。

（1）进口减少，但减幅小于全国

表3数字显示，2015年，全国只有6个省（区）（河南、湖北、广西、贵州、西藏、陕西）进口总值出现增长，其他省区均为减少。与2014年相比，全国减少13.2%，广东减少10.8%；广东减幅比全国低2.4个百分点。

与2014年增幅或减幅相比，2015年进口总值增幅上升或减幅缩小的只有河南、广西和贵州，其他各省份均为减幅扩大；广东减幅扩大5.3个百分点，但大大小于所有其他省份。

表3　2014年和2015年全国各省（区）的进口总值及增长率

地区	2014年		2015年		
	总值（亿美元）	增长率	总值（亿美元）	增长率	比2014年升降百分点
全国	19602.9	0.4	16775.6	−13.2	−13.6
北京	3533.1	−3.7	2640.2	−24.2	−20.5
天津	813.2	2.3	629.7	−21.5	−23.8
河北	241.7	0.9	194.7	−22.5	−23.4
山西	73.1	−6.3	62.7	−12.8	−6.5
内蒙古	81.6	3.3	70.7	−12.2	−15.5
辽宁	552.0	10.5	450.8	−17.3	−27.8
吉林	206.0	7.9	142.5	−30.1	−38.0
黑龙江	215.6	−4.8	129.1	−39.3	−34.5
上海	2562.5	7.9	2527.4	—	—
江苏	2218.9	—	2062.9	−5.7	—
浙江	817.9	−6.0	705.2	−12.5	−6.5
安徽	177.8	3.0	156.5	−10.3	−13.3
福建	640.4	1.9	561.6	−11.0	−12.9
江西	107.4	25.2	93.2	−11.7	−36.9
山东	1323.7	—	973.9	−25.3	—
河南	256.5	7.0	307.7	21.9	14.9

续表

地区	2014年 总值（亿美元）	增长率	2015年 总值（亿美元）	增长率	比2014年升降百分点
湖北	164.2	21.2	164.0	1.4	-19.8
湖南	110.0	6.3	102.0	-5.1	-11.4
广东	4305.1	-5.5	3785.0	-10.8	-5.3
广西	162.2	14.8	232.9	45.6	30.8
海南	114.6	0.9	102.2	-9.5	-10.4
重庆	320.4	46.3	192.4	-39.1	-85.4
四川	254.0	12.3	182.0	-27.2	-39.5
贵州	14.2	0.9	22.9	69.0	68.1
云南	108.2	12.3	78.9	-26.0	-38.3
西藏	1.5	206.0	3.3	114.4	-91.6
陕西	134.8	36.1	156.9	18.4	-17.7
甘肃	33.2	-40.3	21.8	-33.3	7.0
青海	5.9	6.3	2.9	-50.0	-56.3
宁夏	11.3	70.2	8.1	-27.9	-98.1
新疆	41.9	-20.9	21.6	-47.7	-26.8

资料来源与说明：《中国经济景气月报》2015年第1期和2016年第1期。2015年美元数值按人民币值和全年美元兑人民币平均汇率1美元=6.2284元人民币计算。增长率按人民币计值的进口总值计算。

应该注意，2015年广东进口总值的减少，并非完全是因为进口数量减少。一些进口物品国际价格下降，也是一个重要原因。2015年广东一些主要物品进口总值涨幅小于进口数量涨幅，一些主要物品进口总值降幅大于进口数量降幅（见表4），可以间接说明这一情况。

表4　2015年广东主要进口物品的数量和金额变动

进口货物种类	数量（万吨）	增长率（%）	总值（亿元）	增长率（%）
谷物及谷物粉	730.6	52.7	139.7	37.1
大豆	522.8	-1.1	137.2	-23.5
食用植物油	159.0	218.9	63.6	150.2
天然橡胶（包括胶乳）	12.7	10.7	11.2	-14.2
铁矿砂及其精矿	1700.6	-8.8	61.5	-44.8
氧化铝	50.0	-36.1	13.0	-37.8
原油	1406.4	-21.2	343.9	-57.8
成品油	276.8	-3.2	80.4	-42.4
初级形态塑料	797.9	1.3	904.9	-10.5

续表

进口货物种类	数量（万吨）	增长率（%）	总值（亿元）	增长率（%）
纸浆	162.8	3.1	63.7	1.5
钢材	382.5	-15.8	219.8	-24.7
未锻造的铜及铜材	66.3	-11.7	287.9	-22.6

数据来源与说明：2015年广东省国民经济和社会发展统计公报（广东省统计局网站）。

2015年广东进口数量为什么减少？重要原因在于，国内经济开始深度调整，为化解产能和供给过剩，国内投资大幅减速，从而减少了对进口的需求。另一方面，世界经济不景气所导致的中国出口减少，也减少了中国生产出口产品所需投入的进口。

（2）出口保持增长，虽涨幅下降但降幅小于全国很多省份

表5数字显示，2015年出口总值全国下降（-1.8%），31个省份中，14个省份保持增长，17个省份减少。广东保持增长（0.7%），在东部发达省份中，涨幅高于江苏（0.1%），低于浙江（2.3%），与山东相等。

与2014年涨幅相比，2015年出口总值涨幅，全国只有河南和青海上升，其他省份均为下降。全国涨幅下降7.9个百分点，广东涨幅虽然也下降，但降幅为全国最小（0.8个百分点）。

表5 2014年和2015年各省（区）的出口总值及增长率

地区	2014年		2015年		
	总值（亿美元）	增长率（%）	总值（亿美元）	增长率（%）	比2014年升降百分点
全国	23427.5	6.1	22679.2	-1.8	-7.9
北京	623.5	-1.2	545.2	-11.3	-10.1
天津	526.0	7.3	509.8	-1.7	-9.0
河北	357.1	15.4	327.9	-6.9	-22.3
山西	89.4	11.8	80.0	-4.7	-16.5
内蒙古	63.9	56.2	56.2	-10.8	-67.0
辽宁	587.6	-8.9	504.7	-13.0	-4.1
吉林	57.8	-14.3	46.3	-18.7	-4.4
黑龙江	173.4	6.8	79.7	-53.4	-60.2
上海	2101.6	2.9	1953.2	-5.7	-8.6
江苏	3418.7	4.0	3375.2	0.1	-3.9
浙江	2733.5	9.9	2756.8	2.3	-7.6
安徽	314.9	11.5	322.4	3.8	-7.7
福建	1134.6	6.6	1126.0	0.6	-6.0
江西	320.4	13.7	329.5	4.3	-9.4
山东	1447.5	7.9	1437.4	0.7	-7.2

续表

地区	2014年 总值（亿美元）	2014年 增长率（%）	2015年 总值（亿美元）	2015年 增长率（%）	比2014年升降百分点
河南	393.8	9.4	430.9	11.0	1.6
湖北	266.5	16.7	291.7	11.0	-5.7
湖南	200.2	35.1	190.7	-3.1	-38.2
广东	6462.2	1.5	6418.7	0.7	-0.8
广西	243.3	30.2	279.3	16.4	-13.8
海南	44.2	19.2	37.3	-14.4	-33.6
重庆	634.1	35.5	548.6	-12.3	-47.8
四川	448.5	6.9	330.2	-25.3	-32.2
贵州	94.0	36.5	99.3	7.0	-29.5
云南	188.0	20.0	165.5	-10.7	-30.7
西藏	21.0	-35.7	5.8	-71.9	-36.2
陕西	139.3	36.2	147.5	7.4	-28.8
甘肃	53.3	14.0	58.0	10.5	-3.5
青海	11.3	33.2	16.3	46.8	13.6
宁夏	43.0	68.6	29.6	-30.3	-98.9
新疆	234.8	5.5	175.1	-24.4	-29.9

资料来源与说明：《中国经济景气月报》2015年第1期和2016年第1期。2015年美元数值根据人民币值和全年美元兑人民币平均汇率1美元=6.2284人民币计算。增长率按人民币计值的出口总值计算。

2015年，广东出口总值的减少，主要不是因为出口物品的国际价格下降，而是因为一些物品出口数量减少。表6数字显示，2015年广东出口物品中，集成电路继续保持高增长，汽车、集装箱、自动数据处理设备以及无线电话等都出现减少。

表6 2015年广东省主要出口物品的数量和金额变动

出口货物种类	单位	数量	增长率（%）	金额（亿元）	增长率（%）
钢材	万吨	413.0	20.7	232.6	-11.8
纺织纱线、织物及制品				781.3	5.8
服装及衣着附件				2460.9	10.2
鞋类				991.6	4.9
家具及其零件				1286.1	6.6
自动数据处理设备及其部件	万台	92714.7	-10.3	2592.7	-9.5
手持或车载无线电话	万台	81021	-0.9	3096.6	2.5
集装箱	万个	51.3	-30.7	95.4	-36.1

续表

出口货物种类	单位	数量	增长率（%）	金额（亿元）	增长率（%）
集成电路	百万个	31816	32.8	783.4	31.4
液晶显示板	万个	129686.6	-9.1	723.1	-3.3
汽车（包括整套散件）	万辆	2.0	-33.1	40.4	-12.0

数据来源与说明：2015年广东省国民经济和社会发展统计公报（广东省统计局网站）。

2015年广东一些物品出口数量为什么减少？除了世界经济普遍下滑、各国进口需求减弱以外，估计一定程度上也与中国进口数量减少有关。中国进口减少，导致贸易伙伴出口减少，出口很大程度上决定着进口，贸易伙伴出口减少导致其进口减少，从而最终导致中国出口减少。今天中国的进口占世界进口总值的10%以上，中国进口减少对世界出口有着不可忽视的影响。

当前广东对外贸易的结构

（1）出口结构的变动

表7数字显示，过去20多年，广东出口产品结构发生了很大变化。1990年代末期以前，广东出口中第一位的是服装及衣着附件。1995年广东服装和衣着附件出口总值占全省出口总值的14.4%，2014年降为5.6%，由第一位降为第三位。2005年前后，数据处理设备出口总值由10位之外一跃升为第一位，并多年保持这一位次。无线电话出口总值位次也一再跃升，2014年跃升为第一位。出口结构的这些变化，折射出广东产业结构的变化、产业水平的跃升和产品层次的提高。

广东出口结构变动的另一个特征是，出口产品的种类日益增多，各类出口产品的数量也越来越大，由此导致前几位产品出口总值之和占全省出口总值的比重大幅下降。1995年前五大出口产品的出口总值之和占全省出口总值的比重高达33.4%，2014年降为28.8%，下降了4.6个百分点；前十大出口产品出口总值之和的比重，1995年为41.9%，2014年降为38.1%，下降了3.8个百分点。这一变化意味着，广东出口产品的国际竞争力普遍提高，广东出口具有较强的稳定性（出口产品品种越多，出口的总体稳定性就越强）。估计这也是2015年在全国各省份出口减少的情况下广东出口依然能够保持增长的一个原因。

表7 广东省十大出口商品（按出口总值排序）

1995年			
序号	商品类型	金额（万美元）	占全省出口比重（%）
1	服装、衣着附件	813780	14.4

续表

2	鞋	341825	6.0
3	纺织品	297153	5.3
4	玩具	249421	4.4
5	箱包、旅行用品	187198	3.3
6	塑料制品	170015	3.0
7	手表	98753	1.7
8	有线电话	73379	1.3
9	家具	72343	1.3
10	贵金属及首饰	70495	1.2

2000年

序号	商品类型	总额（万美元）	占全省出口比重（%）
1	服装、衣着附件	989924	10.8
2	鞋	453360	4.9
3	玩具	408433	4.4
4	纺织品	333461	3.6
5	塑料制品	260678	2.8
6	箱包、旅行用品	196269	2.1
7	家具	188613	2.1
8	灯具、照明用品	153759	1.7
9	有线电话	152324	1.7
10	贵金属及首饰	114334	1.2

2005年

序号	商品类型	总额（万美元）	占全省出口比重（%）
1	数据处理设备	2853465	12.0
2	服装、衣着附件	1580980	6.6
3	鞋	721538	3.0
4	纺织品	620166	2.6
5	家具	555255	2.3
6	塑料制品	457490	1.9
7	玩具	453710	1.9
8	无线电话	394223	1.7
9	静止式变流器	360131	1.5
10	彩电（整套散件）	330940	1.4

2010年

序号	商品类型	总额（万美元）	占全省出口比重（%）
1	数据处理设备	4639340	10.2
2	服装、衣着附件	2767070	6.1
3	无线电话	2532393	5.6
4	家具	1352521	3.0
5	鞋	1247484	2.8
6	纺织品	1001231	2.2

续表

7	静止式变流器	885017	2.0
8	玩具	717652	1.6
9	箱包、旅行用品	620587	1.4
10	塑料制品	620511	1.4
2013年			
序号	商品类型	总额（万美元）	占全省出口比重（%）
1	数据处理设备	4946801	7.8
2	无线电话	4055220	6.4
3	集成电路、微电子件	3854192	6.1
2013年			
序号	商品类型	总额（万美元）	占全省出口比重（%）
4	服装、衣着附件	3310648	5.2
5	贵金属及首饰	2577262	4.0
6	家具	1745059	2.7
7	鞋	1391691	2.2
8	纺织品	1179349	1.9
9	静止式变流器	1152513	1.8
10	塑料制品	884205	1.4
2014年			
序号	商品类型	总额（万美元）	占全省出口比重（%）
1	无线电话	4918980	7.6
2	数据处理设备	4664324	7.2
3	服装、衣着附件	3634325	5.6
4	贵金属及首饰	3461015	5.4
5	家具	1964855	3.0
6	鞋	1472141	2.3
7	纺织品	1202066	1.9
8	静止式变流器	1160792	1.8
9	灯具、照明用品	1120938	1.7
10	塑料制品	1041281	1.6

数据来源与说明：根据历年《广东统计年鉴》数据整理计算。

表8数字显示，过去20多年，广东的出口市场也在发生变化。尽管香港始终是广东第一大出口市场，但20世纪90年代末期以来，对香港出口占广东全部出口总值的比重大幅下降。90年代中期占比曾高达80%以上，90年代末期快速降到35%左右并一直稳定在这一比率上。

20世纪末期以来，在香港市场相对地位不断下降的同时，美国、日本和欧洲在广东出口市场中的相对地位日益上升。其中提升最快的是美国市场。1995年广东对美出口仅占广东全部出口总值的3.0%，2000年前后快速上升到25%左右，近些年虽有所下降，但通常都高于15%。

还需要注意的是，1995年广东十大出口市场出口总值之和占广东全部出口总值的比重曾高达94.3%，2014年降为70.2%，24年下降了24.1个百分点。这意味着，广东出口市场日益多元化，即出口市场越来越广泛。

目前广东最主要的出口市场是中国香港、美国、欧洲和日本。广东对这些地区的出口占到广东全部出口总值的65%以上。

表8 广东省十大出口市场（按出口总值占全省比重排序）

序号	国家或地区	总额（万美元）	占广东省出口比重（%）	占中国对该地区出口比重（%）	占进口方进口比重（%）
	1995年				
1	中国香港	483.4	85.4	134.3	24.65
2	美国	17.1	3.0	6.9	0.22
3	日本	11.6	2.0	4.1	0.34
4	中国台湾	10.6	1.9	34.2	—
5	德国	3.1	0.6	5.5	0.07
6	新加坡	2.3	0.4	6.7	0.19
7	英国	1.7	0.3	6.2	0.07
8	法国	1.6	0.3	8.9	0.06
9	荷兰	1.2	0.2	3.7	0.06
10	加拿大	1.1	0.2	7.0	0.06
	2000年				
1	中国香港	315.3	34.3	70.8	14.7
2	美国	236.3	25.7	45.4	1.9
3	日本	77.5	8.4	18.6	2.0
4	德国	31.6	3.4	34.0	0.6
5	英国	25.9	2.8	41.0	0.7
6	荷兰	22.6	2.5	33.8	1.0
7	新加坡	20.8	2.3	36.1	1.5
8	中国台湾	17.5	1.9	34.7	—
9	法国	14.5	1.6	39.2	0.4
10	澳大利亚	11.2	1.2	32.6	1.6
	2005年				
1	中国香港	837.2	35.2	67.3	27.9
2	美国	571.1	24.0	35.1	3.3
3	日本	138.4	5.8	16.5	2.7

续表

4	德国	75.1	3.2	23.1	1.0
5	荷兰	72.1	3.0	27.9	2.0
6	英国	60.5	2.5	31.9	1.2
7	新加坡	48.7	2.0	29.3	2.4
8	韩国	44.6	1.9	12.7	1.7
9	中国台湾	35.4	1.5	21.4	—
10	法国	29.7	1.2	25.5	0.6

2010年

序号	国家或地区	总额（万美元）	占广东省出口比重（%）	占中国对该地区出口比重（%）	占进口方进口比重（%）
1	中国香港	1527.9	33.7	70.0	34.6
2	美国	838.5	18.5	29.6	4.3
3	日本	216.4	4.8	17.9	3.1
4	德国	138.6	3.1	20.4	1.3
5	英国	108.7	2.4	28.0	1.8
6	荷兰	99.8	2.2	20.1	1.9
7	韩国	99.3	2.2	14.4	2.3
8	新加坡	84.7	1.9	26.2	2.7
9	印度	78.5	1.7	19.2	2.2
10	法国	65.7	1.4	23.8	1.1

2013年

序号	国家或地区	总额（万美元）	占广东省出口比重（%）	占中国对该地区出口比重（%）	占进口方进口比重（%）
1	中国香港	2622.0	41.2	68.2	42.1
2	美国	937.0	14.7	25.4	4.0
3	日本	264.0	4.1	17.6	3.2
4	韩国	238.4	3.7	26.1	4.6
5	德国	141.2	2.2	21.0	1.2
6	英国	123.5	1.9	24.2	1.9
7	荷兰	107.8	1.7	17.9	1.8
8	新加坡	94.0	1.5	20.5	2.5
9	马来西亚	90.2	1.4	19.6	4.4
10	中国台湾	80.6	1.3	19.8	—

2014年

序号	国家或地区	总额（万美元）	占广东省出口比重（%）	占中国对该地区出口比重（%）	占进口方进口比重（%）
1	中国香港	2293.7	35.5	63.2	38.2
2	美国	998.8	15.5	25.2	4.1
3	日本	259.4	4.0	17.4	3.2
4	韩国	257.4	4.0	25.7	4.9
5	德国	152.0	2.4	20.9	1.2

续表

6	英国	142.7	2.2	25.0	2.1
7	荷兰	125.2	1.9	19.3	2.1
8	新加坡	110.8	1.7	22.7	3.0
9	阿联酋	97.6	1.5	25.0	—
10	印度	94.4	1.5	17.4	2.1

资料来源与说明：根据历年《广东统计年鉴》和《中国统计年鉴》数据整理计算。

（2）进口结构的变动

过去几十年，广东的进口结构也发生了较大变化。1995年广东进口中第一位的是钢材，现在已降到前五位之后。集成电路和电子件进口，自90年代中期以来始终名列前茅，特别是2010年以来，在广东全部进出口总值中占比达到20%左右。21世纪以来，位次上升最快的是数据处理设备，始终在前五位（见表9）。这些变化，一方面反映了广东产业结构、产品层次和高新技术产业的变化发展，另一方面也说明我国集成电路、数据处理设备生产的相对落后和提升我国集成电路、数据处理设备的生产能力和水平的重要性。

表9 广东省十大进口商品（按进口额排序）

序号	商品类型	总额（万美元）	占全省进口比重（%）
\multicolumn{4}{c}{1995年}
1	钢材	250096	5.3
2	集成电路、电子件	172710	3.6
3	初级型状聚苯乙烯	162905	3.4
4	纸及纸板	115116	2.4
5	成品油	103456	2.2
6	棉布	94648	2.0
7	化纤布	90375	1.9
8	牛皮革、马皮革	85018	1.8
9	铜材	73430	1.5
10	机床	59131	1.2
\multicolumn{4}{c}{2000年}
1	集成电路、电子件	661658	8.5
2	钢材	349239	4.5
3	原油	237547	3.0
4	初级形状聚苯乙烯	222654	2.8
5	纸及纸板	198110	2.5
6	半导体器件	153726	2.0
7	数据处理设备	145236	1.9

续表

8	铜材	142820	1.8
9	成品油	128944	1.6
10	电路保护装置	104235	1.3

2005年			
序号	商品类型	总额（万美元）	占全省进口比重（%）
1	钢材	765448	4.0
2	数据处理设备	614032	3.2
3	半导体器件	457713	2.4

2005年			
序号	商品类型	总额（万美元）	占全省进口比重（%）
4	原油	422597	2.2
5	电路保护装置	353015	1.9
6	成品油	319316	1.7
7	初级形状聚苯乙烯	295943	1.6
8	铜材	279935	1.5
9	纸及纸板	204517	1.1
10	液化石油气	180723	1.0

2010年			
序号	商品类型	总额（万美元）	占全省进口比重（%）
1	集成电路、电子件	6288651	19.0
2	数据处理设备	1077085	3.2
3	半导体器件	786338	2.4
4	原油	695952	2.1
5	钢材	642280	1.9
6	电路保护装置	635971	1.9
7	印刷机械	579203	1.7
8	铜材	444003	1.3
9	成品油	425279	1.3
10	初级形状聚苯乙烯	370683	1.1

2013年			
序号	商品类型	总额（万美元）	占全省进口比重（%）
1	集成电路、电子件	10062381	22.1
2	数据处理设备	1329311	2.9
3	半导体器件	1249088	2.7
4	原油	1098584	2.4
5	电路保护装置	768566	1.7
6	印刷机械	503075	1.1
7	钢材	494251	1.1

续表

8	成品油	460269	1.0
9	铜材	363707	0.8
10	初级形状聚苯乙烯	319375	0.7
2014年			
序号	商品类型	总额（万美元）	占全省进口比重（%）
1	集成电路、电子件	7932789	18.4
2	原油	1325633	3.1
3	数据处理设备	1311994	3.0
2014年			
序号	商品类型	总额（万美元）	占全省进口比重（%）
4	半导体器件	1192531	2.8
5	电路保护装置	798550	1.9
6	印刷机械	482473	1.1
7	钢材	474990	1.1
8	液化石油气	367575	0.9
9	铜材	324101	0.8
10	初级形状聚苯乙烯	314919	0.7

数据来源与说明：根据历年《广东统计年鉴》数据整理计算。

表10数字显示，广东进口贸易伙伴也在不断发生变动。20世纪90年代，广东进口第一来源地是香港。1995年广东来自香港的进口占广东全部进口总值的64.0%。其次是中国台湾和日本，分别为8.4%和2.4%。

2000年前后，广东进口总值中，来自台湾的进口所占比重上升为第一位，为15%~20%。来自日本、韩国和美国的进口所占比重，也大幅提升。现今，台湾、日本和韩国一直稳居前五位。2014年，广东从这三个地区的进口之和占广东全部进口总值的33.6%。（1995年广东从美国的进口占广东全部进口总值的比重仅为1.0%，2014年提高到5.1%。）

同时，近几年，来自非洲的进口快速增加。2014年，仅来自南非的进口就已占广东全部进口总值的5.3%，挤进广东进口总值的前五位。

表10 广东省十大进口产品来源地（按占全省进口比重排序）

		1995年			
序号	国家或地区	总额（万美元）	占广东省进口比重（%）	占中国从该地区进口比重（%）	占出口方出口比重（%）
1	中国香港	303.5	64.0	353.3	17.5

续表

2	中国台湾	39.9	8.4	27.0	—
3	日本	11.6	2.4	4.0	0.3
4	美国	4.8	1.0	3.0	0.1
5	瑞典	3.7	0.8	36.7	0.5
6	中国澳门	2.6	0.6	205.0	13.2
7	德国	1.5	0.3	1.8	0.0
8	新加坡	1.3	0.3	3.8	0.1
9	法国	1.1	0.2	4.2	0.0
10	俄罗斯	1.1	0.2	2.9	0.1
2000年					
序号	国家或地区	总额（万美元）	占广东省进口比重（%）	占中国从该地区进口比重（%）	占出口方出口比重（%）
1	中国台湾	151.3	19.3	59.3	—
2	日本	140.1	17.9	33.8	2.9
3	韩国	68.6	8.8	29.5	4.0
4	美国	53.1	6.8	23.7	0.7
5	中国香港	52.5	6.7	55.7	2.6
6	马来西亚	26.0	3.3	47.4	2.6
7	泰国	23.0	2.9	52.5	3.3
8	德国	21.1	2.7	20.3	0.4
9	新加坡	20.2	2.6	39.9	1.5
10	澳大利亚	15.2	1.9	30.3	2.4
2005年					
序号	国家或地区	总额（万美元）	占广东省进口比重（%）	占中国从该地区进口比重（%）	占出口方出口比重（%）
1	中国台湾	308.6	16.3	41.3	—
2	日本	302.5	15.9	30.1	5.1
3	韩国	160.4	8.4	20.9	5.6
4	美国	89.2	4.7	18.3	1.0
5	马来西亚	73.1	3.9	36.4	5.2
6	中国香港	61.9	3.3	50.6	2.1
7	泰国	59.2	3.1	42.3	5.3
8	新加坡	51.7	2.7	31.3	2.2
9	菲律宾	44.1	2.3	34.3	10.7
10	德国	43.9	2.3	14.3	0.5
2010年					
序号	国家或地区	总额（万美元）	占广东省进口比重（%）	占中国从该地区进口比重（%）	占出口方出口比重（%）
1	日本	465.9	14.0	26.4	6.1
2	中国台湾	438.4	13.2	37.9	—

续表

序号	国家或地区	总额（万美元）	占广东省进口比重（%）	占中国从该地区进口比重（%）	占出口方出口比重（%）
3	韩国	309.9	9.3	22.4	6.6
4	马来西亚	156.5	4.7	31.0	7.9
5	美国	145.0	4.4	14.2	1.1
6	泰国	119.5	3.6	36.0	6.2
7	德国	90.5	2.7	12.2	0.7
8	新加坡	89.1	2.7	36.0	2.5
9	澳大利亚	60.5	1.8	9.9	2.8
10	中国香港	59.7	1.8	48.7	1.5
2013年					
序号	国家或地区	总额（万美元）	占广东省进口比重（%）	占中国从该地区进口比重（%）	占出口方出口比重（%）
1	中国台湾	672.1	14.8	43.0	—
2	韩国	464.0	10.2	25.3	8.3
3	日本	415.5	9.1	25.6	5.8
4	撒哈拉以南非洲	265.6	5.8	54.9	6.4
5	美国	251.8	5.5	16.5	1.6
6	马来西亚	178.0	3.9	29.6	7.8
7	泰国	129.4	2.8	33.6	5.7
8	德国	87.5	1.9	9.3	0.6
9	新加坡	84.7	1.9	28.2	2.1
10	瑞士	74.0	1.6	13.2	3.2
2014年					
序号	国家或地区	总额（万美元）	占广东省进口比重（%）	占中国从该地区进口比重（%）	占出口方出口比重（%）
1	中国台湾	560.3	13.0	36.9	—
2	韩国	465.7	10.8	24.5	8.1
3	日本	419.8	9.8	25.8	6.1
4	南非	229.3	5.3	51.4	25.2
5	美国	218.9	5.1	13.8	1.3
6	马来西亚	159.6	3.7	28.7	6.8
7	泰国	135.2	3.1	35.3	5.9
8	德国	84.2	2.0	8.0	0.6
9	新加坡	81.3	1.9	26.4	2.0
10	瑞士	79.0	1.8	19.5	—

数据来源与说明：根据历年《广东统计年鉴》和《中国统计年鉴》数据整理计算。

（作者田秋生系广东省人民政府参事，华南理工大学经济与贸易学院副院长、教授）

（三）《"一带一路"大数据报告（2016）》(摘要)

编者按：2016年10月28日，《"一带一路"大数据报告（2016）》（简称《报告》）在北京对外发布。该报告由推进"一带一路"建设工作领导小组办公室指导，国家信息中心"一带一路"大数据中心编撰完成。该报告，已由商务印书馆正式出版发行。现根据《报告》摘要，形成如下资料，供读者参考。

1. 全球首份"一带一路"大数据报告发布

《"一带一路"大数据报告（2016）》，是"一带一路"倡议提出三年来，国内首部利用大数据技术全面评估"一带一路"建设进展与成效的综合性年度报告，也是全球首次发布指数对"一带一路"国别合作度和"一带一路"省市参与度进行综合评价。

《报告》指出：2013年，习近平总书记明确提出共建"一带一路"的重大倡议。这是党中央在新时期统筹国内国际两个大局、全面谋划全方位对外开放的重大抉择，也是构建我国开放型经济新体制的顶层设计，是参与和完善全球治理体系的主动行为，是助力实现"中国梦"的重大举措。

报告认为："一带一路"建设作为中国梦与世界梦的交汇桥梁，高度契合了沿线国家和地区谋发展、促和平的共同诉求，正在得到越来越多国家及国际组织的积极响应和高度认同。目前，已经有100多个国家和国际组织表达了对一带一路"建设的支持和参与意愿，我们已与30多个沿线国家签署了共建"一带一路"合作协议，同20多个国家开展了国际产能合作，一批有影响力的标志性项目正在落地。

《报告》指出："一带一路"建设不仅要商通四海，也要文播天下。近年来，国家信息中心按照"一带一路"建设领导小组办公室和国家发改委的统一部署和要求，利用大数据技术研发出了一套针对"一带一路"建设情况的综合评价方法体系和报告。《报告》的发布，将会为社会各界提供一个新的视野和角度来展示"一带一路"建设发展情况。今后，《"一带一路"大数据报告》将每年发布，力争形成国家层面，面向全球的"一带一路"相关的年度品牌报告。

2. "一带一路"国别合作度评价报告：俄罗斯、哈萨克斯坦、泰国、巴基斯坦、印度尼西亚位列前五名

为客观反映我国与"一带一路"沿线国家的互联互通合作发展水平，课题组按所构建的"一带一路"国别合作度指标体系，对"一带一路"沿线64个国家进

行了综合测评。测评结果显示,"一带一路"沿线国家国别合作度指数平均得分为43.55分。将64个参评国家按照得分高低划分为四种类型,其中,深度合作型(80-100分)国家有2个,快速推进型(60-80分)国家有13个,逐步拓展型(40-60分)国家有17个,有待加强型(40分以下)国家有32个。其中,俄罗斯、哈萨克斯坦、泰国、巴基斯坦、印度尼西亚位列前五名。

所谓"国别合作度指数"是指围绕"一带一路"五大合作重点构建形成的系列评价指标及其测评方法,具体是从政策沟通度、设施联通度、贸易畅通度、资金融通度、民心相通度五个维度。

从国别所属区域来看,东北亚、东南亚国家与我国"一带一路"合作最为紧密,西亚北非和中东欧的合作度有待加强。东北亚两国(俄罗斯、蒙古)和大多数东南亚国家都属于"深度合作型"和"快速推进型"。其中,东北亚国家在政策沟通、设施联通、资金融通和民心相通上的平均得分均最高,东南亚国家在贸易畅通度上的平均得分最高。西亚北非、中东欧的国家从得分上看多数属于有待加强型,仅部分国家属于逐步拓展型。资金融通度和设施联通度的各国得分差异较大。从五个维度得分看,民心相通度的平均分最高,为11.29分,其次为政策沟通度(9.98分)、贸易畅通度(9.71分)、资金融通度(6.66分),而设施联通度平均分最低,仅为5.91分。

《报告》指出,中国与"一带一路"沿线国家的政策沟通效果整体较好,政治互信明显增强,通信设施基本达到"互联互通",而设施联通水平则呈现出明显的地域特征。

3. "一带一路"省市参与度评价报告:广东、浙江、上海、天津、福建位列前五名

为客观反映我国各省、自治区、直辖市参与"一带一路"建设的现状和潜力,课题组按照所构建的"一带一路"省市参与度指标,对全国31个省(区、市)进行综合测评。

测评结果显示,"一带一路"省市参与度指数平均得分为59.60分。广东、浙江、上海、天津、福建位列前五名。从31个省(区、市)参与度水平来看,5个处于高水平,12个处于较高水平,9个处于中等水平,5个处于低水平。

总体来看,各省、自治区、直辖市参与度水平之间存在较大的差距。参与度水平最高的广东省得分为85.61分,最低者得分仅为26.54分,前者是后者的3.2倍。31个省(区、市)参与度的最大相对差距指数为0.69(即得分最低的比最高的落后69%),表明各省(区、市)参与度水平之间存在较大的差距。

从区域来看,东部沿海地区参与度水平最高,平均得分为71.07分,遥遥领先

于其他四个区域。参与度水平处于高水平的五个省（区、市）均来自东部沿海地区。东北地区平均得分为57.57分，且三个省份的得分比较集中。中部地区平均得分为55.47分，河南省位列中部地区第一，全国第八。西北地区和西南地区的省市参与度水平相对较低，区域内得分最高的分别为陕西和云南。除东北地区外，其余四个区域内参与度水平差距均较大，其中，西南地区区域内差距最大，最大差距指数为0.615。

从五个一级测评维度来看，"一带一路"省市参与度的"政策环境"维度得分率最高（71.15%），其次是"综合影响""人文交流""设施配套"等维度，"经贸合作"维度得分率最低（48.7%）。

4. 《报告》提出的对策建议

《报告》根据分项指标评价结果分析，作出如下结论：

一是各地"一带一路"政策环境不断优化。

二是设施配套建设加快，综合效益有待提升。

三是对外经贸合作潜力有待进一步发挥。

四是"一带一路"人文交流各具特色。

五是各地参与"一带一路"建设的综合影响力开始显现。

《报告》提出的对策建议是：

第一，进一步健全政策引导机制，继续完善参与"一带一路"建设的政策文件，提供针对性的专项资金，为企业"走出去"提供资金保障。

第二，根据自身特点和优势不断完善相关交通基础设施建设，并积极对接布局海外园区，不断完善参与"一带一路"建设的设施配套服务。

第三，明确自身优势，加强对相关重点国家的经贸和产能合作，面向重点国家推出的重点项目，进一步发挥对外经贸合作的潜力。

第四，加强与"一带一路"沿线国家的民心相通，广泛开展人文交流，提升文化软实力及海外影响力。

六、广东省"一带一路"大事记

- 先秦
- 秦
- 汉
- 三国两晋南北朝
- 隋唐五代
- 宋元
- 明
- 清
- 民国时期
- 中华人民共和国

（一）先秦

距今6500～5000年深圳咸头岭文化。

早在先秦，史有"越人造大舟，溺人三千"的记录。

先秦时期，南越人的祖先就已在南海附近的岛屿活动。史载"越人善舟"和1989年发现的珠海高栏宝镜湾的石刻岩画，证明他们是开发南海海上交通的先行者。

公元前五六世纪，中国的丝绸便已到达了欧洲。有的记载，甚至称在公元前10多世纪。

春秋战国时期，公元前3世纪，印度孔雀王朝月护王的一位大臣在《政论》一书中记载了公元前4世纪中国丝织品运到了印度，又由印度商人运往欧洲的曲折经历。

春秋战国时期，《吕氏春秋》中就已有：

如秦者，立而至，有车也；适粤者，坐而至，有舟也。

（二）秦

秦始皇嬴政三十三年（前214年），秦平南越，统一岭南，分南海、桂林、象郡。南海郡治番禺，郡尉任嚣筑番禺城。

（三）汉

汉高祖刘邦三年（前204年），赵佗建立南越国。

1983年，广州市越秀区象岗山，发现了惊动中国也震动世界的南越王墓，就在这古墓里，找到了一个海洋大国的众多物证——众多来自海外的舶来品。

诸如：主棺室出土的银盒、金花泡以及别的室内出土的原支大象牙等。

仅以银盒为例。它通高12.1厘米，腹径有14.8厘米，盖与身吻合，整体呈扁球形，盖面隆起一个圆周，且有两圈凹线弦纹，外周为向外交错的蒜形凸纹，表面有薄薄的鎏金。上有铭文"名曰百册一""一斤四两右游一私官容三斗大半"，这显然是后来刻上去的。重量为572.6克。

这一银盒，与汉代中国及之前的银器的风格、形态都不一样，却与西亚波斯帝国的金银器相类同。它的造型与纹饰与伊朗薛西斯王时期（前5世纪）的银器几近一致，这可以与《世界考古学大系》第十一卷中刊有的这类银器相比对。

这批舶来品，是广州目前发现的最早的海外"来客"。

南越国建立在公元前二世纪前后，而这些银器的相关工艺，出现在公元前四世纪的两河流域，而后流行于北非、南亚等地。可见，在公元前二世纪之前，中国与南亚的海上交通业已建立了起来。

元鼎六年（前111年），汉武帝平南越后，将原南越故地分为了七个郡，分别为南海、郁林、苍悟、合浦、交趾、九真与日南郡。为了"初开粤地，宜广布恩信"，在今封开梧州，即贺、漓两江入西江处，设立了其管辖岭南各郡的"交趾刺史部"，并给此地命名为"广信"——取"广布恩信"之义。

广信位置之重要——上接灵渠连湘江，入长江，即与中原沟通，而沿漓江而下，正是在广信进入珠江的主干之一——西江，也就进入了广府腹地，正好把陆海丝绸之路连接起来，与今日"一带一路"相一致。

元鼎六年至后元二年（前111—前87年），西汉武帝派黄门译长招"应募者"，从徐闻、合浦、日南港起航，出海入南海，开辟了到马来亚半岛、印度，最后到已程不国（今斯里兰卡）的海上贸易航线。此是广东（也是中国）海上丝绸之路的最早起点之一。

《汉书·地理志》（班固著）中就有：

> 自日南障塞，徐闻、合浦船行可五月，有都元国；又船行可四月，有邑卢没国；又船行可二十余日，有谌离国；步行可十余日，有夫甘都卢国。自夫甘都卢国船行可二月余，有黄支国，民俗略与珠崖相类。其州广大，户口多，多异物，自武帝以来皆献见。有译长，属黄门，与应募者俱入海市明珠、璧流离、奇石异物，赍黄金杂缯而往。所至国皆禀食为耦，蛮夷贾船，转送致之。亦利交易，剽杀人。又苦逢风波溺死，不者数年来还。大珠至围二寸以下。平帝元始中，王莽辅政，欲耀威德，厚遣黄支王，令遣使献生犀牛。自黄支船行可八月，到皮奈宗。船行可二月，到日南、象林界云。黄支之南，有已程不国。汉之译使自始还矣。

司马迁的《史记·货殖列传》中就有："番禺亦其一都会也，珠玑、犀、玳瑁、果布之凑。"

始元二年（前85年），黄支国献犀牛。

汉代扬雄，当过黄门郎，自是了解海路上的繁盛，他在《交州箴》中更有：牵来其犀，航海三万，盛不可不忧，隆不可不惧。

建武十八年（42年），马援由海路镇压九真征侧、征贰反汉起义。

永元九年（97年），掸国人进献。

永建六年（131年），叶调王遣使贡献。

延熹二年（159年），天竺国首次经"海上丝绸之路"与中国交往。

延熹九年（166年），大秦国（罗马）王安敦（Marcus Aurelius Antoninus）遣使自日南（今越南平治天省及广南至岘港省沿海一带）来广东献象牙、犀牛和玳瑁等。此是罗马首次经"海上丝绸之路"与中国直接交往。此后，天竺、罗马皆由南海丝绸之路来广东以至江苏扬州等献方物，首次经"海上丝绸之路"与中国直接交往。

建安十六年（211年），交州刺史步骘到岭南。

建安二十二年（217年），将交州州治迁于广州。

（四）三国两晋南北朝

黄武五年（226年），孙权分交州置广州，命吕岱为首任广州刺史。作为州一级行政建置，广州正式正名。广州成为岭南地区的政治中心。

同年，大秦商人秦论来到交趾，并由交趾抵达孙吴都城建业（南京），孙权亲自接见秦论。

黄龙二年（230年），卫温和诸葛直航海探寻到达夷洲（今台湾省）。

黄龙三年（231年），朱应和康泰出使南海诸国，南宣国化，是我国史书所载中国首次派专使出使南海诸国。

太康二年（281年），广州成为大秦遣使来中国的登陆港口，广州正式成为海上丝绸之路的起点之一。

晋代墓砖，上有铭文："永嘉世，天下荒，余广州，皆平康"。

永嘉二年（308年），求那拔陀罗随商舶泛海至广州。

隆安年间（397—401年），昙摩耶舍到达广州，入住白沙寺（今光孝寺），并建大殿5间。

隆安四年（400年），法显随商人大船，东北行趣取广州，从此耶婆提直航广州的航线开辟。

永初元年（420年），昙无竭率徒25人于南天竺随商舶泛海到达广州。

永初年间（420—422年），求那罗跋三藏来广州光孝寺。

元嘉七年（430年），诃曼陀国（今印尼苏门答腊岛）国王向宋文帝上表文，广州成为外国商船来中国贸易的主要港口。

天监年间（502—519年），王僧孺、萧励任职广州，进入广州的外国商船较大增加，广州成为海上丝路上重要的起航港。

东晋南朝时期，大量佛教高僧从天竺及南洋一带进入中国传教。

天监元年（502年），知药三藏法师自天竺航海来到广州王园寺。

梁大通元年（527年）南朝时，菩提达摩在广州"舍筏登陆"，于是，在今日广州的下九路，便立有了他登岸的纪念碑，旁边更有"西来初地"的寺庙。并从此开始了中国的禅学历程，六祖慧能，则成了中国南禅宗的一代宗师。

相传达摩东渡，还有一首诗偈：

路行跨水复逢羊，
独自栖栖暗渡江。
日下可怜双象马，
二株嫩桂久昌昌。

这里的"逢羊"，讲的是到达"羊城"——这正是广州的别名。可见广州在海外是久负盛名的了。重洋之外，连广州的别名，乃至传说，也都一清二楚。

《梁书》记载，番禺"外国贾人，以通货易。旧时州郡以半价就市，又买而即卖，其利数倍，历政以为常"。

永定年间（557—559年），拘那罗陀经狼牙修、扶南来广州。

（五）隋唐五代

开皇九年（589年），隋文帝下《安边诏》，宣扬皇化，革除弊政；告诫广州当局，不得侵渔前来通商朝贡的海外客商，"外国使人欲来京邑，所有船舶沿溯江河，任其载运，有司不得搜检。"

开皇十四年（594年），隋朝在广州南海镇建南海神庙，祀南海神祝融。

大业元年（605年），隋朝遣大将军刘方为骧州道行军总管，经略林邑，于其地置比景、海阴、林邑3郡，领12县，4135户。

大业三年至四年（607—608年），隋炀帝先后派羽骑尉朱宽、武贲郎将陈棱、朝请大夫张镇周从义安郡（今广东潮州）经略流求（今台湾省），密切了大陆与台湾的关系。

同年，隋炀帝派屯田主事常骏、虞部主事王君政出使赤土国，大大加强了隋朝与南海诸国的友好关系。

大业六年（610年），设四方馆于京师建国门外，以侍四方使者；东方曰东夷使者，南方曰南蛮使者，西方曰西戎使者，北方曰北狄使者，各一人，掌方国及互市事。

祭祀南海于广州，以广州都督刺史任祭祀官。

大业间（605—618年），"南荒诸国朝贡者十余国"。可考者有赤土、林邑、真腊、婆利、丹丹、盘盘。

贞观元年（627年），分天下为十道，即十个行政监察区，十道州、府均兼有涉外任务，后为一级政区。岭南道"远夷则控百越及林邑、扶南之贡献焉"。

唐太宗看重与各国的经济贸易，对外"就申睦好"，对内，则"静乱息民"。他称"自古皆贵中华贱夷狄，朕独爱如一。"颇有大国之君的气度，他更进一步表示："盖德泽合，则四夷可使如一家……"史载"海外诸国，日以通商"。

贞观二年（628年），伊斯兰教由"海上丝绸之路"传入中国。

贞观九年（635年），基督教聂斯脱利派（Nestorians）教士阿罗本（Olopen）等人来到唐朝，向各地传播景教。高宗时，景教"法流十道""寺满百城"；开元初，景教活跃在长安与广州之间，与广州市舶使周庆立"广造奇器异巧以进"。

唐高宗年间，约650年后，设置外贸事务，则有市的舶使。市者，互市交易，乃市圩管理；舶者，当是专指航运了。所以，又名为监舶使，押蕃舶使。后一名称更明确，是监管"蕃舶"即外国商船的。

显庆六年（661年）二月十六日，颁布《定夷舶市物例敕》，大约在此时设置市舶使，"籍名物，纳舶脚，禁珍异"，总管东南海路邦交贸易，其机构称为"市舶使院"。

初置时，建制尚简单。市舶使院附属有"海阳馆"，则是以皇帝名义接待外宾的驿馆。立市舶使，当"籍其名物，纳舶脚，禁珍异"，所谓"舶脚"，当是指按商船容量征收的进口货物税，故有"除舶脚、收市、进奉外，任其来往通流，自为交易，不得重加率税"。进奉，其意自明；收市，即"官市物"，沿南朝之例，从进口货物中以低价征买专卖商品，利用专卖价格获高额的财政收入。

上元二年（675年）之前，以桂管佐僚杨志本充任岭南市舶珠玉使，职掌"握水衡之钱，权御府之产"。

咸亨（670—674年）以后，由海路西行求法的佛教徒大增，并逐渐占据主导地位，其中大部分为中国僧人，少数为高丽、新罗和日本僧人。

咸亨二年（671年）十一月，齐州僧义净师徒在广州搭乘波斯舶泛海西行求法，经室利佛逝、末罗瑜、羯荼等国，抵达东印度耽摩梨底国，后往中印度，瞻礼圣迹，历经30余国；永昌元年（689年）二月回到广州，住制止寺。其年十一月，又南航室利佛逝，译写佛经，抄补梵本。长寿三年（694年）夏，返回广州。义净游历印度、南海诸国25年，是继东晋法显、唐初玄奘之后又一位杰出的求法高僧和译经师。他共译佛经五十六部二百三十卷，撰《大唐西域求法高僧传》二卷、《南海寄归内法传》四卷，是研究7世纪下半叶印度与南洋历史以及中外关系史的珍贵史料。

光宅元年（684年），胡商不堪官吏侵渔，大闹广州都督府，杀死都督路元睿及左右10余人，扬长而去，官府追之不及。

开元二年（714年），岭南豪族、邵州首领周庆立以右威卫中郎将出任市舶使。

开元四年（716年）五月甲辰，有胡人上言："海南多珠翠奇宝，可往营致，因言市舶之利；又欲往师子国求灵药及善医之妪，寅之宫掖。"玄宗准备派监察御史杨范臣偕胡人前往求之，因范臣谏而中止。

同年十一月，张九龄奏准主持开凿五岭交通要道大庾岭路，促进南北交通与海上丝绸之路的贸易，把陆海丝绸之路连接起来。

开元十年（722年），内府局丞韦某充任广州市舶使，"赆赆纳贡，宝贝委积，上甚嘉之。"

开元十一年（723年），新罗僧慧超从广州泛海往天竺，巡礼五天竺，后经中亚于开元十五年（727年）十一月上旬到达安西。著有《往五天竺国传》三卷，记录8世纪上半叶印度及南海诸国社会历史，具有重要价值。

开元二十年（732年），广州设置蕃坊与蕃市。广州城中，"广人与夷人杂处"，"与海中蕃夷、四方商贾杂居"。后人有云："自唐设结好使于广州，自是商人立户，迄宋不绝，诡服殊音，多流寓海滨湾泊之处，筑石联城，以长子孙……"阿拉伯人更称当时的广州，是"阿拉伯商人的荟萃之地"。除开杂处、杂居外，进而谈婚论嫁，没有人认为这有什么问题。《新唐书·卢钧传》中就有："蕃僚与华人错居，相婚嫁，多占田，营第舍，吏或桡之，则相挺为乱。"大唐皇朝赋予外侨以民族自治权力，规定其犯法，"同类自相犯者，须同本国之制，依其俗法断之，异类相犯者，若高丽之与百济相犯之类，皆以国家法律，论定刑名"。

开元二十二年（734年），分天下为15道，各置采访处置使。又于边境置十节度经略使，"式遏四夷"；岭南五府经略使"绥靖夷僚"。

开元二十九年（741年）十二月，师子国僧不空在广州搭乘昆仑舶，携国书至师子国，得到国王殊礼相待。广求《密藏》及诸经论，又游历天竺。天宝五年（746年），回到长安，翻译佛经，弘扬密法，成为中国密宗祖师。

天宝初年，广州外国侨民在城西形成密集的居住区，官府设置蕃坊，委任番客大首领（即"番长""番酋"）以自治；番坊中阿拉伯人、波斯人占多数，因而番长一般由穆斯林担任。

天宝七年（748年），律宗高僧鉴真从扬州乘海舶第五次东渡日本，海上遇飓风飘至海南，转辗至广州，见珠江中"有婆罗门、波斯、昆仑等舶，不知其数，并载香药、珍宝，积载如山；其舶深六、七丈。师子国、大石国、骨唐国、白蛮、乌蛮等，往来居［住］，种类极多"。

天宝十年（751年），玄宗封南海神为广利王，"祝号祭式，与次俱升"；"常以立夏气至，命广州刺史行事祠下"。

开元至天宝间（714—756年），与唐朝有官方关系的国家和地区共70余个；广州"每岁有昆仑舶以珍物与中国交市"。

肃宗乾元元年（758年）十月又再发生广州的大食人、波斯人联合暴动，一举攻入广州城内，抢劫仓库的商品，火烧豪宅大院，"劫仓库，焚庐舍"，一番掠劫之后，又冲出城去，上了早已备好的大船，"浮海而去"。

广德元年（763年）十二月，宦官市舶使吕太一乘岭南军队北上勤王、兵力空虚之机，矫诏募兵，逐岭南节度使张休，"纵下大掠广州"，盘踞广州达3年之久。

大历四年（769年），京兆尹李勉出任广州刺史兼岭南节度使，为官清廉，不干预市舶事务，又平定冯崇道、朱济时叛乱，地方一时靖安；广州贸易复兴。

大历八年（773年）九月，循州刺史哥舒晃发兵攻广州，杀岭南节度使吕崇贲；江西观察使路嗣恭受命进讨，商舶之徒，多因晃事诛之。

兴元元年（784年），岭南节度使杜佑督造战船，共有楼船、艨艟、斗舰、走舸、游艇、海鹘6种，技术、性能、设备皆达到先进水平。

贞元八年（792年），因外商多不来广州而往安南贸易，岭南藩帅李复请求往安南派遣市舶中使，以收其利；中书侍郎平章事陆贽上言辩其不可，其事乃寝。

柳宗元在《岭南节度飨军堂记》中称：

> 唐制，岭南为五府、府部州以十数，其大小之戎，号令之用，则听命于节度使焉；其外大海多蛮夷，由流求、诃陵、西抵大夏、康居，环水而国以百数，则统于押蕃舶焉。内外幅员万里，以执秩拱稽，时听教命；外之羁属数万里，以译言赘宝，岁帅贡职。合二使之重，以治于广州。

贞元十四年（798年），岭南节度使王虔休兼广州市舶使。《进岭南王馆市舶使院图表》："革划前蔽"整饬海阳旧馆，"诸蕃君长，远慕望风，宝舶荐臻，倍于恒数。"

贞元中，宰相贾耽撰《海内华夷图》《皇华四达记》等地理著作，记述一条自广州始发经波斯湾、红海到东非沿岸直至欧洲的远洋航线，名曰"广州通海夷道"，全程约14000公里，是16世纪前世界上最长的远洋航线。

元和八年（813年），岭南节度使马总兼领押蕃舶使。同年，以福建管内官员为广州结好使。

元和十二年（817年），国子祭酒孔戣拜御史大夫岭南节度等使，罢"下碇之税"及"阅货之燕"；"海商死于吾地而有财产者，妻子来请，悉与之"。

大和八年（834年）八月二十三日敕文：当司应州郡死商，及波斯、蕃客资财货物等，谨具条流如后：

1. 死商及外界人身死，应有资财货物等，检勘从前敕旨。内有父母、嫡妻、男、亲侄男、在室女，并合给付；如有在室姊妹，三分内给一分。如无上亲族，所有钱物等，并合官收。

2. 波斯及诸蕃人资财货物等，伏请依诸商客例，如有父母、嫡妻、男女、亲女、亲兄弟相随，并请给还。如无上件至亲，所有钱物等并请官收，更不牒本贯追勘亲族。同年，文宗发布《疾愈德音》，告诫岭南、福建、淮南三镇帅臣，对海外客商宜"常加存问，除舶脚、收市、进奉外，任其往来，自为交易，不得重加率税。"严禁向外商索取货物，对"海商死于吾地而有财产者"，还要等待其妻儿等家属前来认领。

大中四年（850年），广州都监李敬实兼市舶使，"蕃商大至，宝货盈衢，贡献，不愆，颇尽臣节；秩满朝觐，献奉之礼，光绝前后"。

咸通七年（866年）春，日本高岳亲王（真如法亲王）获准前往天竺求法，南下广州；正月二十七日，率从僧贤真、宗睿等起航往天竺，至罗越国，不幸亡故。

咸通九年（868年），靖海节度使高骈发动民工，疏凿交、广水道，使两地"舟济安行，储饷毕给"。

乾符六年（879年）正月，黄巢率农民军攻占广州，求为岭南节度使，朝议不许。左仆射于琮云："南海有市舶之利，岁贡珠玑；如令妖贼所有，国藏渐当废竭。"此次战乱给广州贸易造成巨大破坏，外国商民罹难者据称多达12万人（一说13万，一说20万人）。"据熟悉中国情形的人说，不计罹难的中国人在内，仅寄居城中经商的伊斯兰教徒、基督教徒、拜火教徒，就总共有十二万人被杀害了。""死亡人数之所以能知道得这样确凿，那是因为中国人按他们的人（头）课税的缘故。"一位于9世纪到广州的阿拉伯商人苏莱曼曾记述过："有人头税，根据表面的财富，每个男性必须交纳一定数量的税收，在中国的阿拉伯人或其他外国人，要按其动产交纳税收"。

马斯欧迪的《黄金草原》则是作了如下描述："谋反者（指黄巢）急忙进犯广州，连连发起猛攻，此市人口系由伊斯兰教徒、基督教徒、犹太人、波斯拜火教徒以及中国人组成。……占领省城，杀戮大批居民。伊斯兰教徒、基督教徒、犹太人以及波斯拜火教徒，在逃避刀兵中死于水火般的劫难者，计有20万之众。"

为此，"从尸罗夫港（今伊朗巴斯港）到中国的船运也中断了。"外国商人惟有改在箇罗（今马来半岛吉打）与中国商人贸易。

唐末五代初，清海、静海节度使刘隐掌握了包括外贸管理和市舶之利等地方的实权，为讨好朱温，刘隐进海外奇宝名药，品类甚多。开平元年五月，"进奇宝名药，品类甚多"；十月，"又进龙脑腰带、珍珠枕、玳瑁、香药"等；十一月，"进龙形通犀腰带、金托里裹含陵玳瑁百余副，香药珍巧甚多"；开平四年七月，"贡犀、玉、献舶上蔷薇水"；乾化元年十二月，"贡犀象奇珍及金银等，其估数千万"。

乾化元年（911年），刘隐之弟刘岩继承其官位，以岭南二使（清海、靖海节度使）兼任广州市舶使，大力发展南海对外贸易，从此外贸日盛，"犀象、珠玉、翠玳、果布之富，甲于天下"。在南汉国的王宫里，海商均可以当座上宾，"许群寮士庶、四海蕃商俱入内庭，各得瞻礼"。在南汉国内，中国人与外侨均可以通婚，连后主也纳一位波斯女子入宫。

南汉高祖，派大将梁克贞帅舰队远征占城，"胁以兵威，载宝以还"，使"海外皆慑服"。

（六）宋元

大宝六年（964年），命内侍监李托至翁源云门寺迎僧人文偃真身入宫，"许群僚士庶，四海蕃商，俱入内廷，各得观瞻。"后来，宋神宗在评价南汉国时，认为其"笼海商得法""内足自富，外足抗中国"。

大宝七年（965年），后主尊南海神为昭明帝，庙为聪正宫，其衣饰以龙凤。刘岩把广州改名为"兴王府"。

兴王府的江北片是连在一起的，北部子城，是宫殿园林区，是南汉国皇宫所在；南部是商业区，西部是城外商业游览区，供外国侨民所居住。南汉宫殿，史载"凡数百，不可悉数"，大半在北部子城内；而到了中宗时，更"作离宫千余间，以便游猎"，这一下子便把亚历山大港比下去了。如今，尚有数十座宫殿可以考证，这里就不一一列举了。仅引用一下古史的记载，就能感受其奢华的程度：金铸宫顶，珍珠铺水渠……玉堂珠殿，"饰以金碧翠羽"；昭阳殿，"以金为仰阳，银为地面，桄榔栘桷亦皆饰之以银，殿下设水渠，浸以珍珠，又瑹水晶琥珀为日月，列于东西二楼之上"；南薰殿"柱皆通透刻缕，础石各置炉燃香，故有气无形"。乃至后主时，"所居宫殿以珠，玳瑁饰之……宫城左右离宫数十，游幸常至月余或旬日，以豪民为课户，供宴犒之费"。

至于园林，更数不胜数，人称将自然景观通过人工改造，从而成为大型的园林，广东此为一最。如南宫药洲，为今日西湖路至海珠广场一带，面积之大，可见一端，其利用天然河段，开500余丈，潴水成湖，湖中奇石兀立，千姿百态……花、石、湖、洲、桥并胜。

开宝四年（971年），后主刘鋹为了娱乐，居然"益得志、遣巨舰指挥使暨彦赟以兵和掠商人金帛，作离宫游猎"，不知先祖正是靠海上贸易发达起来的，却自毁国纲，加上苛政酷刑，人心丧尽。二月，南汉主的几位宠臣纵火焚毁府库、宫殿。南汉主素服出降，潘美承制释之，宋军进入广州。六月，初置市舶司于广州，知州潘美、尹崇珂同兼市舶使，通判谢处砒兼市舶判官。

开宝五年（972年）八月，知州潘美、尹崇珂并兼岭南转运使，原转运使王明为副使，太子中允许九言为判官。

太平兴国二年（977年）三月，禁买广南、占城、三佛齐、大食国、交州、泉州、两浙及诸蕃国所出香药、犀牙。同年，设置榷易局，出官库香药宝货，增价出售，许商人用金帛购买。

太平兴国七年（982年）闰十二月，广南、漳泉等州船舶上继续禁榷香药等物。京师及其他地方，除玳瑁、犀牙、镔铁、鳖皮、珊瑚、玛瑙、乳香外，其他30多种药物不再禁榷。

太平兴国八年（983年）十二月，自京师至广州传置卒每月增钱百文。

雍照四年（987年）五月，内侍八人，赍敕书、金帛分四纲往海南诸蕃国勾招进奉，博买香药、犀牙、珍珠、龙脑。每纲赍空名招书三道。

淳化二年（991年），始行十分抽二税制。除禁榷货外，其他贷择良者只市其半，粗恶者不再官市。

至道元年（995年）三月，内外文武官僚不得遣亲信出海贩鬻。六月，广州等地官员不得收买蕃商杂货及违禁物品。

咸平五年（1002年）七月，改善交通条件，省自京至广南驿递军士及使臣6100余人。

咸平六年（1003年）五月，知州凌策献《外诸蕃地理图》。

景德元年（1004年），蒲加心以"大食国蕃客"的身份到达广州。

景德四年（1007年）三月，诏杭、明、广州市舶司运送犀象、珠玉到京，入内藏库；内藏库拣香者纳香药库。

大中祥符元年（1008年），知州马亮"敦谕"大食陀婆离、蒲含沙贡方物泰山下。

大中祥符二年（1009年）十一月，广州蕃商大集，遣内侍赵信抚犒设。知州马亮等奉命订立《蕃商犯罪决罚条》。

大中祥符五年（1012年）八月，遣使修葺广州南海神庙。

大中祥符七年（1014年）七月，外国贡物至广州者，犀象、珠贝、揉香、异宝可运送京师；其余重物，存留广州，估价闻奏。私物一律收税。赐予所得，贸市杂物，可以免税。

天圣元年（1023年）十一月以后，大食国使应取海路经广州至京师。

天圣六年（1028年）七月以前，广州蕃舶稀少，仁宗下令广州地方官员派人安抚外商，希望他们多来广州贸易。本州与转运司受命招诱安南。

景祐三年（1036年）四月，广州海南蕃商不得多市田宅，与华人杂处。

皇祐四年（1052年）五至七月间，侬智高部围攻广州达五十七日。七月，自京师至广州增置马送铺，令内侍一人提举。

皇祐中，海舶岁入象犀、珠玉、香药之类53万余。皇祐年间，广州城外坊郭户"蕃汉数万家"。

宋嘉祐年间（仁宗年号，1056—1063年）经略魏炎建海山楼在镇南门外，下即市舶亭。

熙宁二年（1069年），神宗下诏要搞好海上贸易，不要光图眼前利益。并要求那些主持外贸的官员注意改进工作，进一步搞好海上贸易。同年，开始实行均输法，市舶上供物品改由发运司有偿调拨。

熙宁五年（1072年），广州知州程师孟兴建广州西城，并命其东南为"航海"，三个南门，一个叫"朝宗"，其义自明，另两个叫"善利""阜财"，由此看得出他对外贸的重视，并视外贸为积聚财富的重渠道。这次建西城，已是北宋第二次扩城了。这与前边提到的宋神宗有很大的关系，可见皇帝很在意"笼海"。八月"筑广州西城及修完旧城毕"，用钱20万贯，耗工158万。西城周围长13里余，高2丈4尺，共9门，环城都修筑了水濠，水均流入珠江，这第二次扩建，广州也就有了东城、子城、西城三城，有城门16座，城墙逶迤连绵20里。城中，又同唐代一样，"蕃汉杂居"，各色人种触目皆是，中外奇珍异宝琳琅满目，中外商品交易天天不绝。

熙宁七年（1074年），市易法以设立市易务的形式推广到广州。当年七月以前，曾经有过将广州市舶司归入市易务的动议。同年，广州市舶司亏岁课20万缗。开放铜钱之禁，持续10余年。

熙宁九年（1076年），市易法以设立市易务的形式推广到广州。当年七月以前，曾经有过将广州市舶司归入市易务的动议。同年，广州市舶司亏岁课20万缗。开放铜钱之禁，持续10余年。

程师孟请罢杭、明州市舶，远洋船舶皆隶广州市舶司。

熙宁十年（1077年），广州市舶司收购乳香占全国乳香收购量的98%。熙宁中，大食国使辛押陀罗进钱银助修广州城，不许。

元丰三年（1080年），朝廷以广州为试点，制订《广州市舶条》，此"市舶条"是中国最早的市舶管理条例。并以广东转运副使孙回提举广州市舶司，知广州不再兼领，同时向全国推广。

崇宁初，浙、闽、广三路各置提举市舶官，"三方唯广最盛"。

崇宁三年（1104年），蕃商欲往他郡者，由市舶司给券放行，不得夹杂禁物、奸人。海舶欲至福建、两浙贩易者，广南舶司给防船兵仗。

大观元年（1107年）三月，诏广南、福建、两浙复置市舶提举官。

大观以后，犀牙、紫矿之类皆变作细色，旧日一纲，分为三十二纲，多费官钱300余贯。

大观、政和间（1107—1117年），广州、泉南请建蕃学。

政和二年（1112年）三月，曾鼎旦任广州蕃学教授。

宋徽宗政和四年（1114年），朝廷进一步制订了"蕃商五世遗产法，"制订这一法，便可见蕃商在广州人数之多，居住时间之长了。当时，蕃人在广州是可以置产业、通婚姻的，官府不禁，百姓不奇，而且可以改为汉姓，甚至三代之内有为官的，还可以宋宗室通姓，这都在法律允许的范围之内。

政和七年（1117年）七月，广东之民多用白巾、习夷风，有伤风化，令州县禁止。

宋代大兴水利，珠江三角洲则是最受惠的地方。著名者，莫过于南顺（南海与顺德，其时顺德尚未立县）的桑园围。据《南海县志》称，桑园围是在1121—1125年间兴建的，当时宋朝的官府，发动了西樵、九江、沙头、龙江、龙山数以万计的人进行全面修筑，"延袤数千丈"，也就是上十公里，后来更是"上自丰滘，下至狐狸，以迄甘竹，东绕龙江，上至三水，周数十里"，可见规模之大，执政者有何等气魄！正因为大规模的水利工程，使得珠江三角洲农业生产成倍增长，尤其是桑蚕业的长足发展，商品经济走在了全国的前边。

宣和七年（1125年）三月，降给空名度牒，广南、福建路各五百道，两浙路三百道。

建炎元年（1127年）十月，许商人赴行在纳钱，执据往闽广等市舶司取得舶货。

建炎四年（1130年）二月，广州市舶库逐日收支宝货钱物浩瀚。六月，诸路市舶司钱物，不许诸司擅自移用。

绍兴元年（1131年），广南市舶司抽买到香品答成套，召人算请。阿拉伯商人向广州进口大象牙290株，大犀角35株，所售之价，每5万贯交易轻货输行在。

绍兴二十六年（1156年），外商蒲晋、蒲延秀因经常支持广东的海外贸易，对繁荣市舶作出了贡献，分别被授予忠训郎和承信郎官职，以资鼓励。

绍兴二十七年（1157年）前后，广州"琛赆充溢"。

乾道（1165—1173年）初，福建、广南市舶贸易繁盛，"物货浩瀚。"

乾道七年（1171年），广南运送粗色香药物货，每纲20000斤，加耗600斤，依旧支破水脚钱1662贯有余。

淳熙二年（1175年），福建、广南市舶司粗细物货，并以50000斤为一全纲。

淳熙九年（1182年），广、泉、明、秀州漏泄铜钱，坐其守臣。

淳熙十二年（1185年），分拨榷货务乳香于诸路出卖，每纲10000贯，输送左藏南库。

嘉泰三年（1203年）七月，颁布《庆元条法事类》。

开禧三年（1207年），停止博买乳香。

嘉定十二年（1219年），只许用绢帛、锦绮、瓷器等交易舶货，以防金银漏泄。

德祐元年（1275年）五月，罢市舶分司，令通判任舶事。

至元十六年（1279年）十二月，广东招讨司达鲁花赤杨庭璧从广州起程出使俱蓝国。

至元十七年（1280年），广州海港贼霍公明等，杀招讨马应麟，官军捕斩之。

至元十九年（1282年），发淮、浙、闽、湖广军五千人，海船百艘，战船二百五十艘，命唆都为将，从广州出发征讨占城。广州建市舶亭。

至元二十年（1283年）六月，定市舶抽分例，舶货精者取十之一，粗者十五之一。

至元二十一年（1284年）以前，广东尚无市舶司。合刺普华（哈喇布哈）任广东转运盐使兼领诸蕃市舶。至元二十一年，始行官本官船法。

元世祖至元二十二年（1285年），禁"商贾航海者"；正月，立市舶都转运司。六月，减商税，罢牙行，省市舶司入转运司。八月，罢禁海商。

至元二十三年（1286年），再禁。

八月，建立广州市舶司，以市舶司隶泉府司。后改广东转运市舶提举司为船课市舶提举司，隶广东宣慰司。印度半岛、苏门答腊岛、马来半岛的一些国家纷纷来广东进行贸易，与元朝建立友好关系。十一月，改广东转运市舶提举司为盐课市舶提举司，隶广东宣慰司。

至元二十四年（1287年），始立行泉府司，专掌海运。

至元二十五年（1288年）四月，从行泉府司沙不丁、乌马儿之请，正式设置市舶提举司。八月，禁止广州官民于乡村籴米，前往海外占城等国出卖。

至元二十六年（1289年）正月，沙不丁上市舶司岁输珠400斤、金3400两。二月，自泉州至杭州立海站十五，站置船五艘、水军二百，专运番夷贡物及商贩奇货，且防御海道。闰十月，江西宣慰使胡颐孙援沙不丁例，请至元钞千锭为行泉府司，岁输珍异物为息。

至元二十八年（1291年）八月，罢江西等处行泉府司、广州人匠提举司；罢泉州至杭州海中水站15所等。

至元二十九年（1292年）正月，禁商贾私以金银航海。六月，以征爪哇，暂禁两浙、广东、福建商贾航海者，俟舟师已发后，从其便。九月，广东道宣慰司遣人以返国主所上金册诣京师。

至元三十年（1293年）四月，颁行市舶法则。九月，立海北海南博易提举司，税依市舶司例。

至元三十一年（1294年）十一月，罢海北海南市舶提举司。

元贞元年（1295年）闰四月，禁止行省、行泉府司借抽分市舶物货之机，藏匿珍细。

元贞二年（1296年），舶商不得携带金银出海贸易，出使海外者不得为商。

元成宗大德三年（1299年）六月，申禁海商以人马兵仗往诸番贸易。

大德七年（1303年）再"禁商下海"；二月，禁止以金银丝线等物下番。

大德十一年（1307年）十二月，收售宝货，暂且停罢。

至大元年（1308年），复立泉府院，整治市舶司事；行泉院专以守宝货为任，禁止私献宝货。

至大二年（1309年），罢行泉府院，以市舶提举司隶行省；禁止海舶兴贩金、银、铜钱、绵丝、布帛下海。

皇庆年间（1312—1313年）以前，广东豪民濒海筑堰，停商舶以牟利。

元仁宗延祐元年（1314年）以前，富民往诸蕃商贩，率获厚利，商者益众，中国物轻，着货反重。是年七月，广东、泉州、庆元复立市舶提举司，杭州依旧设立市舶库，知专市舶公事，直隶行省，颁行市舶法则。"仍禁人下蕃，官自发船贸易"开下蕃市舶之禁。

延祐七年（1320年）四月，罢市舶司，禁贾人下蕃。五月，遣使榷广东蕃货。

至治二年（1322年）三月，复置市舶提举司于泉州、庆元、广东三路，禁子女、金银、丝绵下蕃。

至治三年（1323年），听海商贸易，归征其税。

天历二年（1329年）前后，任格任南行台御史，盛暑乘传诣广州，按问省臣盗海舶罪。廷议以广东海舶病民，命任格罢之，收舶货入官。

元统二年（1334年）十一月，中书省官员奏请发两艘船下蕃，为皇后营利。至正七年至八年（1347—1348年），中世纪四大旅游家之一，摩洛哥人伊本·白图泰来游广州，称广州为世界大城之一，市场之优美，为世界大城所不能及。其造船业发达，可造1000人的远洋船舶，并可远航至印度半岛及波斯湾等地。

（七）明

洪武元年（1369年），《大明律》于二月修成，颁行天下。规定：凡将牛、马、军需、铁货、铜钱、缎匹、绸绢、丝绵私出外境货卖及下海者，杖一百；将人口、军器出境下海者，处绞刑。

洪武二年（1369年），刚登基一年的明朝皇帝朱元璋，为宣耀明朝新政，命使臣刘叔勉出使西洋琐里，"以即位诏谕其国"。改元朝的广东道为广东等处行中书省，治所广州。广东省自此得名。

洪武三年（1370年）八月，命御史张敬之、福建行省都事沈秩出使渤泥国。在广州设置市舶司，与外国进行贡舶贸易，划定香山南部的浪白澳为外国商船停泊和贸易的港口。

洪武四年（1371年）四月，朱元璋为了防止逃亡海上的张士诚、方国珍余部势力卷土重来，不准"片板下海"下令禁止濒海民人出海贸易。罢三市舶司，禁止私人通商海外，对外贸易以朝贡的形式出现，叫"朝贡贸易"。

洪武十四年（1381年），又重申禁止濒海居民不得私人通海外贸易。此后，洪武二十三年（1390年）、洪武二十七年（1394年）、洪武三十年（1397年），都有类似的禁令颁布。但是，私人海外贸易是不可能完全被禁止的。

洪武二十六年（1393年），香山（今中山）三灶岛便发生居民吴进添所谓"通蕃"事件。而明朝另一种贸易形式——以走私为主的私人海外贸易，也就在这个时期形成了。

洪武三十一年（1398年），朱元璋见一禁再禁不灵，又再旨："严禁广东通蕃。"

不准造双桅以上的大船，前往国外做买卖，更不准造大船卖与外国人。甚至沿海采捕鱼虾，广东商人贩卖米谷，也都一律"不准"。

当海洋贸易只定位为"贡舶"后，民间私人出海贸易，在中方可说是被压下去了，可外方却不好办。于是，一种"朝贡—勘合体制"在海禁政策出现了，这无疑是一种有限的松动。本来，市舶司的职责，在明代只余为维持明朝以中央大国的居高临下姿态接受"万邦来朝"的"朝贡"，而后，作为回报，明朝的礼部，则给外国的贡使以相当的"回赐"。而"松动"之处，则是允许随贡舶而来的外商，可在市舶司所在地，即"怀远驿"、海山楼下，或者在京师会同馆，进行一种变相的贸易，这便被叫作"朝贡—勘合体制"。

为此，外国贡舶来华，除朝贡外，还应持有明朝礼部所颁发的，被称为"勘合"的通行证，才可以捎带进行变相的贸易，而这，则被称为"勘合贸易"。

《大明会典》上很清晰地记有：

"凡勘合号簿，洪武十六年始给暹罗国，以后渐及诸国。每国勘合二百道号簿四扇。"这里所说的"渐及诸国"是指：日本、占城、爪哇、满剌加、真腊、苏禄、柯支、渤泥、锡兰山、古里、苏门答剌、古麻剌等。这种勘合贸易除了由市舶司机构安排在市舶司港口（宁波、泉州、广州）小范围进行之外，主要安排在京师会同馆（接待各国贡使的宾馆）进行。《大明会典》记载："各处夷人朝贡领赏之后，许于会同馆开市三日或五日，惟朝鲜、琉球不拘期限。俱有客司出给告示，于馆门首张挂，禁戢收买史书及玄黄、紫皂、大花、西番莲段匹，并一应违禁器物。各铺行人等将物入馆，两平交易，染作布绢等项立限交还。如赊买及故意拖延，骗勒夷人久候不得起程者，问罪，仍于馆前枷另一个月。若各夷故违，潜入人家交易者，私货入官，未给赏者量为递减。通行守边官员，不许曾经违犯夷人起送赴京。凡会同馆内外四邻军民人等代替夷人收买违禁货物者，问罪，枷号一个月，发边卫充军。"

永乐元年（1403年），重新恢复广州、泉州、宁波三市舶司的设置。但私人海外贸易仍然是被禁止的。

永乐三年（1405年）六月，明成祖朱棣一改其曾宣布海禁之初衷，派遣太监郑和率士卒27800多人，62艘大船，带着金币、丝绸等礼品从苏州刘家港出发，经福建五虎门出海，经福州、泉州、厦门到广东南澳岛、大星尖（今惠东县东南小星山岛对面突出之海角）、独猪山（今海南岛万宁县东南之大洲岛），到七洲洋（南海七洲列岛），出访占城、爪哇、苏门答腊、锡兰山、古里（今印度尼西亚喀拉拉邦北岸的卡利库特，Calicut）、旧港（今巨港）等国家和地区，永乐五年（1407年）七月回国，向惠帝复命。史称"郑和下西洋"。同年，明政府设置浙江、福建和广东三市舶司，管理对外通商。

永乐五年（1407年）九月，郑和复受命"首从广东往占城"、暹罗、满剌加、渤泥、苏门答腊、锡兰山、柯钦、小葛兰（今印度南部西岸的奎隆，Quilon）、古里、加异勒（Kagal，今印度南部东岸的卡异尔镇，Cail）等国家和地区。此次郑和出使，带去大量丝绸、香炉、花瓶、烛台、灯盏、香盒、金莲花、香油、蜡烛、金一千钱、银五千钱等贵重物品，向当地佛寺布施。七年（1409年）夏，回国。是为郑和从广东出发的二下西洋。

永乐七年（1409年）九月、十年（1412年）十一月、十五年（1417年）十二月、十九年（1421年）正月、宣德六年（1431年）六月，郑和又先后五次出使西洋，均经广东沿海岸港口之航线出访。总计郑和七下西洋，历时29年，到达亚、非洲的39个国家和地区，最远处到达南纬8°55′的麻林地（今坦桑尼亚的基尔瓦·基西瓦尼）。这是明初由郑和开辟的中国海上丝绸之路的最远航线。

正统年间（1436—1449年），英宗朱祁钰命刑部申明：禁止"濒海居民私通外夷，贸易番货"。在此期间，明政府实施"朝贡贸易"的外贸政策，"凡外夷贡者，我朝皆设市舶司领之……许带方物，官设牙行与民贸易"。

明成祖三年（1450年），广州设立了"怀远驿"。

《明史·食货志》：永乐初，西洋剌泥国回回哈只、马哈没奇等来朝，附载胡椒与民互市，有怀请征其税，帝曰："商税者国家抑逐末之民，岂以为利？今夷人慕义远来，伯侵其利，所得几何，而亏辱大体多矣。"不听。三年，以诸番贡使益多，乃置驿于福建、浙江、广东三市舶司以馆之。福建曰来远。浙江曰安远。广东曰怀远。

广州十八甫设置了怀远驿，建有120间房屋，归属于市舶司，供外来蕃商居住。

弘治六年（1493年），两广总督都御史向朝廷上奏疏，报告广东沿海地方多私通蕃舶，络绎不绝。

弘治十一年（1498年），葡萄牙人达·伽马绕过好望角，到达印度，发现了欧洲通往东方的新航线，同时也开始了葡萄牙殖民主义势力的向东方扩张。

正德四年（1509年），暹罗船舶遭风暴飘流入广东海域，镇巡官按规定"以十抽三"，准其贸易。后广东一直保持"不拘年份，至即抽货"，准予外国商船至广东贸易。

正德十二年（1517年），葡萄牙安特拉特的舰队冒充明王朝的藩属国满剌加，前来朝贡，要与中国建立正式的贸易关系。

正德十六年（1521年），葡萄牙人在屯门被逐。

嘉靖元年（1522年），因"争贡之役"，明廷"遂革福建、浙江二市舶司，惟存广东市舶司"贸易。于是，广东成为中国海上丝绸之路惟一合法的进出口港口。暹罗、占城、爪哇等东南亚诸国与中国贸易，"俱在广州，设市舶司领之"。

嘉靖二十年（1541年），葡萄牙先后在宁波惨败，之后被驱逐，在漳州也无法站稳脚跟，最后仍回到了广东，在距澳门不远的"浪白澳"做贸易。

嘉靖三十二年（1553年），葡萄牙人东来，借口船遇风暴，被水浸湿货物，欲借澳门晾晒货物。经广东海道副使允准，上岸晾晒货物，搭茅房居住。此为葡萄牙人进入澳门之始。因为葡萄牙人属非朝贡国，现在居然得以入居澳门贸易，故明朝的朝贡贸易制度在广东已名存实亡。

嘉靖三十四年至四十五年（1555—1566年），葡萄牙人以租居的澳门为中转港开辟了广州—澳门—果阿—斯里本远洋航线，进行国际贸易。此航线从广州出发，经澳出海，经印度洋到印度的果阿，然后航达葡萄牙的里斯本，全程长达11890海里。

嘉靖三十六年（1557年）左右，广州海珠石的"准贩东西洋"的"广州交易会"每年举行两次，一次从一月开始，另一次从六月开始，每次持续时间为2个月，但因为经常延长，所以"两次长期的集市要花差不多半年时间"。1557年澳门—广州二元中心的确立。

法国人裴化行称：1555年，中葡间"商业的利益，是被原籍为广州、徽州、泉州三处的十三家商号垄断着"，这里徽州即指安徽，泉州可泛指福建。梁嘉彬"又寻到西班牙传教士的有关记载称，1556年葡人入市之初，有十三商馆（行）与之贸易，其中广人五行，泉人五行，徽人三行，共十三行等语"。所以，后来的《粤海关志》才有："国朝（指清朝）设关之初……令牙行主之，沿明之习，命曰十三行。"

隆庆元年（1567年），明廷鉴于倭乱基本平定，同意福建巡抚涂泽民的提议，在福建漳州月港部分开放海禁，准许私人出海贸易。这一政策的改变，大大有利于原来已准予的广东市舶司为合法出海贸易，使广东海上丝绸之路更好发展。

隆庆三年（1569年），卡内罗来澳门传教时，在澳门开设拉法医院（俗称白马行医院）。此是中国建立的第一所西医院。

万历三年（1575年），开辟了广州—澳门—马尼拉—拉丁美洲航线。此航线的终点是墨西哥的阿卡普尔科（Aeapuleo）港和秘鲁的利马（Lima）港。这条航线被西方人称为"太平洋上的丝绸之路"。因为航行此航线的多是西班牙制造的"大帆船"（Great ship），故又称"大帆船贸易之路"。两位西班牙传教士从马尼拉来到广州，以"使节"的名义，要求通商。

万历七年（1579年）七月二十二日，意大利人耶稣会士罗明坚（Michel Ruggieri）抵达澳门，1580—1582年，他随葡萄牙商人入广州参加定期市贸易（交易会），并借此机会学讲中国话以及与广东官员打交道。1582年5月，承总督陈瑞邀请到肇庆居住15天，31日返澳门。

万历十一年（1583年），从广州经澳门出口到马尼拉的商品货物总值为22万西元（Pesos），其中丝货量值为19万西元，占86.3%。

万历十六年（1588年）九月初，罗明坚、利玛窦（Matheo Ricci）乘船离澳门，十日到达肇庆传教，九月十五日得两广总督批准，在崇禧塔附近无偿拨给地皮一块建造教堂和寓所，作为传教场所，称"仙花寺"。并在教堂中内供奉圣母玛利亚画像；又在墙上挂一幅世界地图；周围陈列三棱镜、自鸣钟、日晷、洋装书、天鹅绒等欧洲器物，吸引不少肇庆民众前来参观。岭西按察司副使肇庆知府王泮亲笔提"仙花寺"三个大字的匾牌于教堂门前。

万历二十一年（1593年），利玛窦在韶州（今韶关）和南雄将《四书》译为拉丁文寄回意大利出版。

万历二十八年（1600年），广州经澳门出口的一艘葡萄牙商船运经果阿到欧洲的生丝达到1000担，各种绸缎1000~20001匹，和大批丝线；运往长崎的白丝500~600担，各种丝线400~500担，各种绸缎1700~2000匹。

明万历二十九年（1601年），荷兰商船第一次驶来广州。

万历三十三年（1605年），利玛窦翻译《乾坤体义》为中文出版，向中国介绍地图和地理知识，说明"日球大于地球，地球大于月球"的科学知识。在利氏影响下，李之藻著《浑盖通宪图说》一书，具体介绍"地圆""地动"理论，冲破中国传统的"天圆地方说"。

崇祯二年（1629年），崇祯皇帝命礼部尚书徐光启为监督、李之藻为副监，组织耶稣会士邓玉涵、汤若望、南怀仁、熊三拔、蒋友仁、罗雅谷等人在北京宣武门的"首善书院"成立"西局"，修改历书，并于1633年完成，名为《崇祯历书》，一百三十七卷，又名《西洋新历法书》，是一部天文学的百科全书。

崇祯晚年即1637—1638年，葡萄牙耶稣会士奥伐罗·塞默多，汉名曾德昭，在其著的《大中国志》中称：

广州是"中国最开放和最自由的交易地点"，每年两度年集，"中国大部分最好的商品都由此运往各地"。

天启六年（1626年），金尼阁在韶州、南京传教期间，在中国学者王徵、吕维棋、韩云等人的帮助下著了《西儒耳目资》，完成了汉字的拉丁拼音。他用五个元音（自鸣字母）和20个辅音（同鸣字母）互相结合配上五个声调记号，拼出汉字的读音，方便西方人学习中国语言文字。

万历十年至崇祯十三年（1582—1640年），从墨西哥经菲律宾马尼拉经澳门运入广东购买中国丝绸等货的白银达到2025万西元（Pesos），占当时运入中国白银2924万西元的68.9%。

明崇祯八年（1635年），英国东印度公司被葡萄牙人雇用的商船"伦敦"号，装载货物，首次抵达中国，并在澳门停留了三个月。

崇祯十年（1637年）八月，英国葛廷联会（一译科腾商团）威代尔引领整个舰队，强行驶入珠江，进犯广州。当英舰驶到虎门附近的亚娘鞋时，与中国军队发生冲突。英国并派出三位代表，到广州谈判通商事宜，不许。

（八）清

顺治四年（1647年），清立国仅三年，便在广东实施海禁，不允许中国海商出海贸易，只允许外国"贡使"（大都有海商相随），"悉从正道，直达京师"。

顺治十二年（1655年），清政府第一次向沿海各省颁布禁海令。

顺治十三年（1656年），清政府第二次颁布禁海令。明确禁止浙、闽、粤及江南、山东、天津等地"商民船只私自出海"贸易，扩大到几乎整个中国的海岸线上。在广东，凡是"无号票引及私制二桅以上大船"的出海贸易，更全部禁止了。

顺治十七年（1660年），清政府下达迁海令，将山东、江苏、浙江、福建、广东沿海人民尽迁内地，距离海岸由二三十里直至二三百里不等，设界防守，片板不许下水，粒货不许越疆，广大沿海地区变成人为的"无人区"。

顺治十八年（1661年），奄奄一息的顺治皇帝，又签署了"迁界令"，进一步推动了"禁海令"的执行。

康熙元年（1662年），又颁布禁海令和迁海令。

康熙三年（1664年）三月，朝廷又以"时以迁民窃出鱼盐，恐其仍通海舶",再度下令,往内续迁三十里,加上之前的五十里,一共为八十里,以至本非濒海的县份也被划在了里面,如广东的顺德、番禺、南海、海阳。

康熙四年(1665年),再次颁布禁海令和迁海令。

康熙五年(1666年)旨,荷兰国既准八年一贡,其二年贸易,永著停止。

法国组织东印度公司开展对华贸易,所派出的商船在中途遇到暴风雨沉没了。

康熙七年(1668年)九月,已在病危中的王来任遗疏请求朝廷"复界"。

康熙八年(1769年),闽、粤、浙、苏各省地方官纷纷上书要求废除迁海、禁海政策,实行开海贸易。清廷宣布广东等部分地区展界。

康熙九年(1670年),澳葡当局派耶稣会士刘迪峨(Jecoques Le Favre)和使臣玛纳·撒尔达聂哈(Manuel de Saldanha)到达北京,向清政府请求对澳门免予迁界。

康熙十七年(1678年),经德国传教士汤若望(Adam Sehall Von Bell)从中多方斡旋,清政府终于批准澳门为"化外教门"的特殊地区,准予免迁,并开放澳门到广州的陆路贸易,澳门港市有所恢复。同年,清政府第五次颁布禁海令,规定如有"擅造两桅以上大船,将违禁货物出洋贩往番国",以及"造成大船,图利卖与番国,或持大船赁与出洋之人,分取番人货物者",皆交刑部治罪,企图用行政命令的方式禁绝沿海商民与海外贸易往来。

康熙二十二年(1683年),清朝统一台湾,为废除海禁创造了条件。英国东印度公司的商船"卡罗莱娜"号(Carolina)曾到大屿山贸易,在该地停泊达两月之久。这可能是英国人首次到达香港地区。

康熙二十年(1681年),平定"三藩之乱"。

康熙二十三年(1684年),清廷正式停止海禁,开海贸易。

"沿明之习",重立"十三行"便提到了议事日程上。

康熙二十四年(1684年),广东巡抚发布了《分别住行货税》的文告。明确地把国内商业税收和海关税收分开,内地各省商人"如来广东省本地兴贩,一切落地货物分为住税……赴税课司纳税;其外洋贩来货物,及出海贸易货物,分为行税……赴(海)关部纳税"。把经营国内商业的商人和从事国外贸易的商人严格划分开来,分别"设立金丝行、洋货行两项货店"。

康熙二十四年(1685年),清廷宣布广东的广州、江苏的松江、浙江的宁波、福建的厦门为对外贸易港口,设立粤海关、江海关、浙海关和闽海关4个海关,代替市舶司负责管理对外贸易和征收关税等事务。此为中国历史上正式建立海关之始。是年,粤海关首任监督设立。粤海关监督全称"钦命督理广东沿海等处贸易税务户部分司",充任者多为内务府满员,是皇帝的直接代表,由皇帝简派。法国路易十四派出的传教士，亦是其科学院之"代表团"，来到康熙近侧，传授历法、地理、数学等西学。

康熙二十五年（1686年），广东十三行设立。是年，为了加强对海外贸易的管理，保证关税的征收，广东巡抚李士桢会同两广总督和粤海关商定以广东巡抚的名义，用法令的形式发布文告，将从事国内沿海贸易的商人和从事对外进出口贸易商人的活动范围及性质分开，明确规定洋货行是专门经营对外进出口贸易的机构。于是，经营对外贸易成为一种专门行业。

康熙三十八年（1699年），法国第一艘商船"安菲特立特号"初航来到了广州。粤海关对法船应缴的关税给以豁免，以示优待，而且允许法国人在广州设立夷（商）馆。

康熙三十九年（1700年），英商在定海设立商馆失败。此后，英国及其他欧洲国家将贸易重点逐渐转移到广州口岸。英国麦士里菲尔德号首航来到了广州。英国东印度公司在广州设立了商馆，即成为"十三夷行"中的一员。

康熙四十三年（1704年），"三藩"被削，王商倒了，而皇太子失宠，"皇商"铩羽而去，退出十三行。

康熙四十六年（1707年），清朝取消了顺治制订的不许民间私造双桅以及多桅海船的禁令。

康熙五十五年（1716年），英国商人根据东印度公司的指令，在广州十三行租下了"夷馆"，正式开设了英国的商馆。

康熙五十六年（1717年），颁发了"南洋禁航令"。称"朕临御多年，每以汉人为难治""海外有吕宋、噶剌吧等处常留汉人，自明代以来有之，此即海贼之薮也"。

南洋禁航令明确宣布："凡商船照旧东洋贸易外，其地，南洋吕宋、噶喇吧等处不准商船前往贸易，于南澳等地方截住。令广东、福建沿海一带水师各营巡查，违禁者严拿治罪。其外国夹板船照旧准来贸易，令地方文武官严加防范。"并规定，出海贸易的人民，三年之内准其回籍；三年不归，不准再回原籍。

康熙五十九年十一月二十六日（1720年12月26日），由最著名的各位行商，在祖坛前杀鸡啜血，共同盟誓，举行隆重的仪典，缔结公行行规十三条。

这十三条是：

（一）华夷商民，同属食毛践土，应一体仰戴皇仁，誓图报称。

（二）为使公私利益界划清楚起见，爰立行规，共相遵守。

（三）华夷商民一视同仁，倘夷商得买贱卖贵，则行商必致亏折，且恐发生鱼目混珠之弊，故各行商应与夷商聚一堂，共同议价，其有单独行为者应受处罚。

（四）他处或他省商人来省与夷商交易时，本行应与之协定货价，俾卖价公道：有自行订定货价或暗中购入货物者罚。

（五）货价既经协议妥帖之后，货物应力求道地，有以劣货欺瞒夷商者应受处罚。

（六）为防止私贩起见，凡落货夷船时均须填册；有故意规避或手续不清者应受罚。

（七）手工业品如扇、漆器、刺绣、图画之类，得由普通家任意经营贩卖之。

（八）瓷器有待特别鉴定者（指古瓷），任何人得自行贩卖，但卖者无论赢亏，均须以卖价百分之三十纳交本行。

（九）绿茶净量应从实呈报，违者处罚。

（十）自夷船卸货及缔订货合同时，均须先期交款，以后并须余款交清，违者处罚。

（十一）夷船欲专择某商交易时，该商得承受此船货物之一半，但其他一半归本行同仁摊分之；有独揽全船货物者处罚。

（十二）行商对于公行负责最重及担任经费最大者，许其在外洋贸易占一全股，次者占半股，其余则占一股之四分之一。

（十三）头等行，即占一全股者，凡五，二等者五，三等六；新入公行者，应纳银1000两作为公共开支经费，并列入三等行内。

雍正元年（1723年），开始停止简派海关监督，将关务交给巡抚，由地方官监管。从此，粤海关管辖权一直在中央和地方官员之间更换。锦纶会馆创建。

雍正二年（1724年），清朝规定到广东的西方商船一律到广州的黄埔港停泊，除商人外，水手等皆不得登岸。

十月上谕，"海禁宁严毋宽，余无善策"。

雍正四年（1726年）五月十一日，雍正题匾"神昭海表"四字。

广东巡抚杨文乾为增加收入，决定按贸易总额再增加10%的附加税，名为"缴送"即加一征收。

雍正五年（1727年），荷兰在广州设立商馆。

雍正宣布"开洋"。"应请复开洋禁。以惠商民。并令出洋之船。酌量带米回闽。实为便益。应如所请，令该督详立规条、严加防范，从之。"

雍正皇帝更严令广东将"缴官公费需索商人陋规银一万余两情由查出革除"，并将"规礼"额定为1950两，这比过去的3250两与2962两大大下降了。

雍正六年（1728年），法国在广州正式设立商馆。广州、宁波分别设立了洋商总。

雍正九年（1731年），丹麦在广州设立商馆。

雍正十年（1732年），瑞典在广州设立商馆。腓特烈国王号的初航广州，海关监督祖秉圭"官渔商利，把持行市"，雍正雷霆震怒，上谕广东总督鄂弥达将祖秉圭捉拿归案。

从1716年（康熙年间）一开始，瓷器贸易便有记载，1728年，瓷器仍是仅次于茶叶的第二大商品，1732年，仅以"温德姆号"为例，丝织品购款为2898两银子，瓷器为2725两银子，茶叶为2330两银子，三者几乎平分秋色。后来亦各有起落，但到了乾隆末期，瓷器几乎已经完全退出了十三行的对外贸易了，因为欧洲已经逐步掌握了烧瓷的技术。

雍正十三年（1735年），考虑到黄埔为广州外港，广州为省会之地，何得容他族逼近，清政府令外国船舶改泊澳门。该规定因遭到居澳葡人坚决抵制而未能实行。

乾隆元年（1736年），乾隆帝下令，明确允许外国来粤商船可以停泊于黄埔，张廷玉、李绂等名臣上书，要求取消"加一征收"。

乾隆立即要求粤海关取消对西方商船加征的"缴送"即加一征收关税。

乃近来夷人所带之炮，听其安放船中，而于额税之外，将所携置货现银，别征加一之税，名曰"缴送"，亦与旧例不符。朕思从前洋船到广，既有起炮之例，此时仍当遵行，何得改易？至于加增"缴送"税银，尤非朕加惠远人之意。著该督查照旧例按数裁减，并将朕旨宣谕各夷人知之。所为"缴送"，即此"百分十"之税是也。

时任两广总督的杨永斌，特向乾隆呈报：

皇上特旨裁减，仰见圣主怀柔德竟无远，弗（法）国夷商仰休恩波，无不欢欣踊跃，叩首焚香，实出中心之感戴。

乾隆年间，平均每年到达中国的西洋船只，大大超过了雍正年间。乾隆元年至六年（1736—1741年），西方国家来广州船员共76艘，其中英船29艘，法船16艘，荷兰15艘，瑞典9艘，丹麦7艘。而乾隆十五年至二十一年（1750—1756年）共154艘，年平均22艘，几乎翻了一倍。

乾隆二年（1737年），根据水师提督苏明良和两广总督鄂弥达的建议，乾隆皇帝下旨免除西方商船进港后启动大炮交中方收贮的规定。

哥德堡号，当年曾三次到过广州：

第一次是乾隆四年即1739年，一月至第二年的六月；

第二次是乾隆六年即1741年，二月至第二年的七月；

第三次是乾隆八年即1743年，三月至第二年九月，这是灾难之旅，所以也是最后一次。

乾隆五年（1740年），荷兰殖民者推行排华政策，下令逮捕所谓失业和无证居留的华侨，7月，更下令监禁所谓可疑华侨，10月19日，又借口搜查华侨是否藏有武器，实施种族灭绝的大屠杀，被杀害华侨达一万以上，烧毁房屋600余间，由于杀人太多，鲜血把溪水都染红了，所以，历史上便把这称之为"红溪事件"。最后，华侨不得不拿起武器，进行自卫，后转战中爪哇，且与当地人民联合反抗，一直坚持到1743年。

乾隆八年（1743年），清政府规定外国商船来闽、粤等省贸易，如带米1万石以上，免船货税5／10；带米5000石以上，免船货税3／10。

乾隆二年（1737年）七月下（七月丁亥朔，丙午即二十日）处决祖秉圭刑部等部奏：原任粤海关监督祖秉圭侵欺各项银共一十四万余两，奉雍正十一年（1733年）十月谕旨："祖秉圭依拟应斩监候，将应追银两限二年交完。倘逾限不完，著请旨即在广东正法。"今届二年限满，仅追银二万余两，尚未完银一十二万两有零。祖秉圭应即在广东正法。其未完银果否家产尽绝，仍令该督该旗确查，送部核办。得旨："祖秉圭，改为应斩，著监候秋后处决，余依议。"

乾隆七年（1742年），清王朝为是否再度禁止海洋贸易展开了争议。以兵部、后任广州将军的策楞为一方坚决认为，一定要禁止南洋商贩所进行的贸易，否则后患无穷，大伤朝廷脸面。以御史李清芳为首为另一方，则提出"暂停各国买卖，南洋各道不宜尽禁，照旧听其贸易"。

乾隆皇帝没有偏信偏听，下旨：将禁止商贩于沿海贸易，商民生计有无关碍，一并交与闽、浙、东、广督抚逐一详查议奏。两广总督庆复认为再度禁止海洋贸易"于商民衣食生计实有大碍"。朝议一番，便得出结论：还是得继续"开海贸易"。

乾隆十一年（1746年），由于海上霸权的易手，西班牙一度吞并葡萄牙60年，而英国、荷兰更先后称雄于东南亚，而葡萄牙国王竟然颁布了不许英、荷、法等国商人入住澳门，且在澳门贸易的禁令。

乾隆十五年（1750年），复设海关监督，与总督共同管理海关。

乾隆十九年（1754年），清朝政府下令，今后，凡外船的船税、贡银、行商与通事的手续费，出口货税，朝廷搜罗的奇珍异品（即采办官用品物）之类的业务，统一由十三行的行商来负责。这一规定，正式确立了十三行的保商制度。

乾隆二十年（1755年），发生"乾隆朝外洋通商案"。英吉利商人洪任辉一直往北驶去，开到大清帝国首都就近的天津。这是东印度公司一手策划的，为了大英帝国的商业利益，洪任辉告粤海关贪污，目的是想在中国多开几个口岸，让厦门、浙江，甚至于津沽，都能让英国商船开进去做贸易。

乾隆二十一年（1756年），英国与其他国家为一方，爆发了著名的"七年战争"。英、法两国之间的战争主要发生在海上、北美、西印度群岛与印度。1761年，英国消灭了法国在印度的势力。1763年，双方签订的《巴黎和约》，确保了英国在战争中获得的殖民地。从此以后，英国继葡萄牙、西班牙、荷兰之后，成了海上的霸主。

乾隆二十二年（1757年），英国在印度发动了殖民战争——普拉西战役。十来年后，英国进一步占领了孟加拉，当时的孟加拉是鸦片的产地，英国人发现鸦片可以卖得大价钱，本小利大，当奇货可居，能扭转对华贸易所造成的银元逆差的被动局面。英属的印度殖民政府，便给予了英国东印度公司独占鸦片的专卖权。

十一月，清廷宣布封闭闽、浙、江3个海关，仅保留粤海关对外通商，指定外国商船只能在广州口岸进行贸易，并对丝绸、茶叶等传统产品的出口量严格加以限制。虽然在吕宋的西班牙商船继续被允许前往厦门贸易，但习惯上人们把这一年视为清代多口贸易时期的结束和广州一口通商的开始。

十一月，乾隆皇帝在时任闽浙总督杨应琚的奏折上批"所见甚是"，分别给广东、浙江下达谕旨："仅留广东一地对外通商。"圣旨云："晓谕番商将来只许在广东收泊交易，不得再赴宁波，如或再来，必押令原舡返棹至广，不准入浙江海口……"

乾隆二十三年（1758年），英国东印度公司汉语翻译洪任辉（James Flint）不顾清朝禁令，乘船从浙江定海直驶天津大沽口，状告粤海关。乾隆皇帝认为，此案涉及外夷，有关国体，必须彻底追查，捍卫天朝典章。遂派人前往广州，会同两广总督共同审理。结果，将粤海关监督李永标革职流放，并进一步认可广州一口通商体制。

十三行商人顺德人黎光华，去世时欠下了进口税饷五万余两，不能完纳，洪任辉（James Flint）一告，乾隆则下令查抄变卖黎光华在广州与福建的家产，予以抵债，不足的数额，由其他行商与地方上"按股匀还"，令行商人叫苦不迭。是年底，两广总督李侍尧提出《防范外夷规条》，经乾隆批准成为清朝全面管理外商来广州贸易的正式章程。规条对外商在广州留住的时间、地点、与中国商人关系以及对外雇员的限制、对外国商船的防范监视等均作出严格规定。该条例的出台，在使清廷控制外商制度法律化，同时也进一步强化了广州一口贸易的地位。

清政府向外商颁布九条禁令：

（一）外洋战舰不得驶进虎门水道；（二）妇女不得带进夷馆，一切凶械火器亦不得携带来省；（三）公行不得欠外商债务；（四）外人不得雇用汉人婢仆；（五）外人不得乘轿；（六）外人不得乘船游河；（七）外人不得直接向大府申诉，有需申诉者，亦必经行商转递；（八）在公行所有夷馆内寓居的外人，须受行商管束，购买货物须经行商之手，此后外人不得随时自由出入，以免与汉奸结交；（九）交易季节过后，外商不得在省过冬，即在通商贸易期间内，如货物购齐及已卖清，便须随同原船回国，否则，即使有因洋货一时难于变卖，未能收清原本，不得已留住名粤东者，亦须前往澳门居住。

乾隆二十四年（1759年），针对丝绸价格不断上涨的情况，清政府下令禁止丝绸出口，规定对私贩绸缎、绵绢出洋者按照贩运丝斤例治罪。

乾隆二十五年（1760年），当时已成气候的潘启官，便联合了其他8家洋行商人，向清政府呈请重新组织"公行"。

乾隆二十七年（1762年），正式宣布松弛丝绸出口的禁令，规定到东洋办铜的商船，每船可配买土丝5000斤、二蚕湖丝3000斤。但对头蚕湖丝及绸绫缎匹仍然禁止。从此，丝绸出口一直按此规定执行。

乾隆三十四年（1769年）八月十三日，法国政府宣布收回法国东印度公司的垄断贸易权，贸易向全体法国人开放。经6年的清理、交流，该公司处理完了在广州贸易的最后事务，正式宣布结业。前法国东印度公司主任蒂英莱秉乘"雅姆号"离开广州回国。

乾隆三十五年（1770年），"公行"又一次撤销。"因各洋商潘振承等复行具禀，公办夷船，众志分岐，渐至推诿，于公无补。经前督臣李侍尧会同前监督臣德魁示禁，裁撤公行名目，众商皆分行各办。"

乾隆三十七年（1772年），行商潘振承把西方使用的外商金融汇划结算的方法，引入到同文行的经营运作之中，使资金迅速流转，安全兑现。

乾隆四十年（1775年）"公行"又一次复兴。行商建立一种秘密基金（即后来英国东印度公司所称"公所基金"，公所即行会，具体称公行），公所的每个成员要把他贸易利润的十分之一交作基金，在必要时用来应付官吏的勒索。

粤海关重申保商制度不可更改与侵害，布告命令：

凡欧洲人的船只到埠时，通事必须将各项输入货品售给保商的组织，而保商即承保该船。

他们必须从保商处购入回航货物。如去年的散装商船离埠时几乎是空船，不向保商而向小商店购货，而这种小商人不将他托交的税饷缴付，致令税收受损失。

现在勒令通事和行商必须向大班指明,如果他们的买卖不经保商,则禁止将任何物品带上岸,亦不准将船停泊黄埔,将被驱离境。

假如有任何船只在季度末期离开而没有向保商购妥全部舱货者,政府决定将行商及通事惩处。

乾隆四十二年(1777年),英国东印度公司管理会一状告到了海关,称这一年有应收款74542两未到账,涉及6位十三行行商,其中丰进行商倪宏文欠银11762两无法偿还,粤海关代还了11216两,乾隆又御笔一批,倪宏文被抄家革职,流放到伊犁。这也是清宫档案又一个"第一",是第一个由皇帝亲自批准抄家革职流放的十三行商人。

乾隆四十六年(1781年),英国东印度公司取得了继续垄断对华贸易的特权。

乾隆四十七年(1782年),英国瓦特发明了联动式蒸汽机,加速了英国的工业革命。

英国"嫩实兹"号第一次用军舰向中国大规模倾销鸦片4000箱,一箱鸦片从印度运往中国,可以获得6倍多的利润,从一箱25印币长到1500印币。1775—1797年,中国平均每年进口鸦片1814箱。1798—1799年,平均每年为4113箱。1800年,更达到4570箱。

18世纪的1721—1800年,中国白银的流入为1.73亿银元,而在鸦片大规模倾销的1808—1856年间,中国白银的流出大约为3.68亿银元,是过去80年的2倍多。

乾隆四十八年(1783年)冬,美国人罗伯特·摩里斯(Robert Morris)和丹涅尔·巴驾(DanidPaker)等纽约商人,合资购置木制帆船,定名为"中国皇后"(The Empress of China)号,装载大量花旗参,准备首航广州。

乾隆四十八年(1783年)九月,英美签订了《巴黎和约》,英国正式承认美国独立。可英国立即又以美国已独立为由,宣布取消了美国在英帝国范围内所享有的一切贸易优惠,禁止美国船只进入英国的主要海外市场。

乾隆四十九年(1784年),行商在重重盘剥下,已经萎缩到只剩下4家。四月,海关颁布了招商事宜,力图恢复到13家。而后陆续进入十三行的,则有后来称之为八大家中的卢、伍、叶、梁、杨五家。除开叶家是几进几出外,其余4家均为后起之秀。

二月二十二日,美国"中国皇后"号从纽约起航,绕过南非的好望角,跨越印度洋,八月二十三日到达澳门,再溯珠江而上,二十八日到达广州黄埔港,航程1.3万多英里。同年十二月二十八日,"中国皇后"号从广州黄埔港返航,次年五月十一日安抵纽约。"中国皇后"号是第一艘到达中国贸易的美国商船,也是中美直接贸易的开始。

1784—1790年，来华贸易的美国船只达28艘。据估计，1790年的全美进口货物中，有七分之一出自中国。在这之后约40年，美国开往广州与十三行贸易的船只，就达到了1140艘，仅次于英国，平均每年有近30艘，为解决美国建国初期的困厄，起到了重大的作用。

乾隆五十一年（1786年），美国驻广州第一任领事山茂召（Samuel Shaw）到广州上任。

乾隆五十三年（1788年）至嘉庆元年（1796年），海关则任万和行蔡世文为总商，称之为"文官"。

乾隆五十四年（1789年），美国船只"哥伦比亚"号和"华盛顿女士"号从波士顿港出发，沿南美洲最南端的合恩角，取道太平洋直达广州，开辟美国至广州的太平洋航线。回程时横越印度洋，绕行好望角，于1790年8月回到波士顿。这是美国船只首次环球航行所开辟的航线，成为参与"北皮南运"贸易的美国船只所采用的典型路线。

乾隆五十七年（1792年），粤海关改由监督专管，但督抚仍然负有稽查粤海关的行政责任。至此，粤海关官制最后确立。

西藏发生叛乱，朝廷出兵。向行商蔡世文、潘致祥、石中和、陈钧华、杨岑龚、任国钊、许永清、卢观恒、叶上林等人募捐30万，另要盐商捐30万，一共是60万，充当朝廷的军饷。

乾隆五十八年（1793年），英国使臣马戛尔尼（Macartney）访华，要求扩大中英贸易的口岸至天津、江浙等地，遭到乾隆皇帝的拒绝。

使团向清政府提出的七项具体要求：

（一）开放宁波、舟山、天津、广州为贸易口岸；（二）允许英国商人仿照俄国在北京设一行栈，以收贮发卖货物；（三）允许英商在舟山附近一岛屿存货及居住；（四）允许选择广州城附近一地方作英商居留地，并允许澳门英商自由出入广东；（五）允许英国商船出入广州与澳门水道，并能减免货物课税；（六）允许广东及其他贸易港公布税率，不得随意乱收杂费；（七）允许英国教士到中国传教。

乾隆六十年（1795年）时，粤海关监督舒玺亦奏报皇上：英王雅治进乾隆物品多件，由行商蔡世文代进。可没到一年，这位显赫一时的"总商"便吞鸦片自杀了。

嘉庆元年（1796年），嘉庆帝下令禁止鸦片进口。

粤海关监督与最大的贸易伙伴英国东印度公司大班商定,把每一种商品的交易额分成20~30等份(其中毛织品22份),定出每份交易额须交纳的现金(1806年为每份3000~4000元),由各行商承揽。除总商可得两份或三份贸易额外,一般行商多为一份或半份。

嘉庆六年(1801年),由于欧洲市场上的中国瓷器已经达到了一定数量,而且英、法、德、荷等国纷纷模仿中国著名瓷产品而发展起本国制瓷工业,对中国瓷器的进口不断减少,英国东印度公司最终停止了对中国瓷器的进口。

嘉庆八年(1803年),俄国"希望号"与"涅瓦号"首航中国广州便铩羽而归。

嘉庆十四年(1809年),清王朝又规定公行必须保证他们所承保的每艘外国货船到达黄埔时没有装载鸦片。于是,鸦片贸易开始从黄埔向澳门转移。英国公司以每年交纳海关10万两为条件,使澳葡当局允许英国船只每年运鸦片5000箱进入澳门。从此,澳门成为西方殖民国家向中国倾销鸦片的转运站,大量鸦片由澳门输入内地。

嘉庆十五年(1810年),十三行商创设文澜书院,以振西关文风。

嘉庆二十一年(1816年),英国又再度派出一个使团,同由一个勋爵即阿美士德所率领,他们曾偷偷到了宝安,返回英国后,即向政府递交了一份报告,称:从各方面来看,无论出口入口,香港水陆环绕的地形,都是世界上无与伦比的良港。

嘉庆二十四年(1819年),詹姆士·孖地臣从广州向新南威尔士的杰克逊港(Port Jackson)开出了第一艘满载茶叶的商船"哈斯丁侯爵(Austin)"号。广州到大洋洲的航线由此开通。

道光元年(1821年),清政府颁布《查察鸦片烟条例》,再次下令查禁鸦片烟,并下令封锁黄埔和澳门,惩办一批勾结外国烟贩的行商和澳门的囤户,增加了广州附近地区鸦片走私的困难。于是,外国鸦片贩子退出澳门和黄埔,将鸦片贸易移往珠江口外的伶仃洋,并逐渐向闽粤交界的南澳海面和香港一带转移,南澳和香港洋面成为重要的鸦片走私基地。

道光二年(1822年),十三行大火。十一月一日晚上九时半,十三行附近一家饼店大火,火势迅速蔓延,几乎遍及整个十三行。无论是行商的商馆,还是外商的夷馆,没有几家能逃此一劫的。正可谓童谣中所称:"一夜冇清光"。

道光二年(1822年),壬午八月十八晚,省城太平门外失火至二十日乃熄,延烧铺户一万余家,乡中在省城买卖者被灾甚众。

钱泳《履园丛话》中称:"太平门外火灾,焚烧一万五千余户,洋行十一家,以及各洋夷馆与夷人货物,约计值银四千余万两。"汪鼎《雨韭盦笔记》则称:"烧粤省十三行七昼夜,洋银镕入水沟,长至一二里,火熄结成一条,牢不可破。"

道光四年（1824年），总督阮元奏请"免除各国专运洋米来粤船只、船钞"得到批准，黄埔、澳门年增输入大米10万余石。

道光六年（1826年），制定"查禁官银出洋及私货入口章程"七条。内中有一条，明确委派十三行行商们对夷商有无夹带鸦片严加监督，如有失职，自逃不了干系。

道光八年（1828年），贸易平衡转而对中国不利，白银开始大量外流，数量不断增加。有人估计，在1827—1849年的20多年中白银的出口可能占到以前125年中流入中国的西班牙银元总量的半数，与货币供应大增的18世纪正好形成鲜明对比。

道光十三年（1833年），英国东印度公司，因其对华贸易的专利到期而被撤销。

道光十六年（1836年），英国议会议决来粤贸易的商船寄碇于香港。

道光十九年（1839年），林则徐在广州禁烟。六月三日，林则徐主持了震惊世界的虎门销烟。虎门销烟共21天时间，销毁的鸦片一共有19179箱，2119袋。除开包装外，其重量为2376254斤。

八月三十一日，"窝拉疑"号抵达香港海面。

十月一日，英国国会以微弱多数通过侵华的军事预算案。

道光二十年（1840年），鸦片战争爆发。

道光二十二年（1842年），《南京条约》签订于南京城下。

道光二十九年（1849年），重修南海神庙。

咸丰七年（1857年），十三行毁于第二次鸦片战争。

宣统二年（1910年），重修南海神庙的韩愈碑亭。

（九）民国

1926年，再度重修南海神庙。

1930—1935年，将南海神庙前亭、后殿改建为钢筋混凝土的硬山顶建筑。

（十）中华人民共和国

1957年，第一届广交会。

1986—1990年，南海神庙重修工程。

1990年，联合国教科文组织"海上丝路"考察团30多名学者，乘坐"和平之舟"号来广州考察。

2005年，瑞典歌德堡号Ⅲ复航广州。

（作者谭元亨系广东省人民政府原参事，华南理工大学教授、博导）

七、专题报告：
持续深化扩大战果

◎认识和献策的深化扩大
◎考察和发现的深化扩大
◎定位和开发的深化扩大
◎范围和方式的深化扩大
◎著述和致用的深化扩大

为响应习近平总书记于2013年夏秋发出的建设"一带一路"号召，笔者于2013年12月4日，将广东省海上丝绸之路研究开发项目组（下称"项目组"）和广东省珠江文化研究会同仁组成的学术团队，在广东省人民政府参事室党组领导下，从20世纪90年代初起步以来，一直进行海上丝绸之路和珠江文化研究开发工作的情况和体会，写成关于研究开发广东海上丝绸之路的调研报告提交，题目是《持续发掘海上丝绸之路文化，全方位发挥海洋文化软实力》（下称《持续》一文），受到广东省委、省政府有关领导的高度重视，使我们这个以项目组为核心的学术团队受到极大鼓舞和鞭策，更是马不停蹄、快马加鞭地进行研究开发工作，迄今不觉两年半有余了。在这短短的时间里，我们"持续"做了些什么呢？概括地说，是持续深化扩大战果，具体是：

（一）认识和献策的深化扩大

首先，在撰写调研报告的时候，我们反复学习了习总书记的号召和中央有关文件，深刻认识到这是一个很有文化内涵和战略意义的伟大号召。这个号召，既指明了丝绸之路是最有中国传统文化内涵的一种世界文化，又指明了建设"一带一路"是最有中国特色的世界和平发展之路，是中国今后最重要的世界和平发展战略。我们还从中国传统的纽带理论、现代文化学和文化软实力等三个理论的层面上，认识习总书记这个号召，从而在认识和献策上都有持续的深化扩大。

2014年2月初，我们从战略高度提交参事建议《建设21世纪海上丝绸之路战略刍议——并论全方位发挥文化软实力之"五力"》；同年3月初，又提交《广东海上丝路文化的十大星座及星群——对广东海上丝路的研究开发进程及今后工作建议》，受到广东省委、省政府有关领导重视，并在《南方日报》发表。尤为重要的是，在2014年"广东省参事决策咨询会"上，我们作了专题发言，题目是《全方位强化理论、优势、模式和实力建设——关于广东21世纪海上丝绸之路建设的调研报告》，再次受到参会省委、省政府领导的重视。

值得特别报告的是，当《持续》一文提交之后不久，省政府有关领导接见了参事室和项目组领导，郑重指出要以更高的眼光进行海上丝路研究开发工作，持续进行实地考察，持续有新发现，持续提出新献策，支持项目组编写《海上丝绸之路研究书系》。2014年3月，项目组完成了书系的第一辑［开拓篇］（共4册，200万字），为广东开拓21世纪海上丝绸之路，起到"名片"作用。2015年11月，书系的第二辑［星座篇］（共10册，200万字）出版。此篇以重点评介十大文化"星座"的方式，深入全面地展现了广东两千年海上丝绸之路的文化资源和优势，对推进"一带一路"建设和战略，起到了积极作用，被列为广东省出版计划的重点课题。

（二）考察和发现的深化扩大

我们的方针，是坚持"五个结合"（即：参事文史工作与学术研究结合、理论与实践结合、田野考察与文案研究结合、历史文化与现代文化结合、文化研究与多学科交叉研究结合）。这个方针，使我们在20多年的学术道路上，持续不断地有新的学术发现。如，1995年夏天，我们在南雄发现并提出珠玑巷及其寻根后裔文化，为后来成立珠玑巷后裔联谊会和世界广府人联谊会开路；接着又在封开发现广信文化、广府文化和粤语发祥地，为岭南文化找到源流；2000年6月，我们在徐闻重新发现和肯定中国最早的海上丝绸之路始发港，将中国海上丝绸之路史推前了1300多年；2005年在粤西四市考察，发现"南江文化"，并先后发表有关西江、北江、东江文化的专论著作系列，确立了珠江水系文化系统；此后接连于2007年在粤北梅关珠玑巷等地发现并提出海上与陆上丝绸之路对接通道，2009年在东莞凤岗提出客侨文化概念，在江门发现"后珠玑巷"、在台山提出广侨文化概念等，均被称为"填补学术空白"的新发现。

从表面看来，我们在田野考察中所得的新发现，是浅尝辄止、不系统、不深刻的，其实是有系统、有层次地层层深化的。例如对南雄珠玑巷的考察，20世纪90年代初，我们发现珠玑巷是中原移民岭南的重要中转站，广东各地尤其是珠江三角洲的居民，以至海外许多华人华侨，都承认自己是珠玑巷后裔，珠玑巷是自己家族的"祖根"。于是我们倡议建立珠玑巷后裔联谊会，并倡导"寻根问祖"旅游，受到了著名人士霍英东和时任广州市市长黎子流的赞许，带头成立了南雄珠玑巷后裔联谊会，受到了海内外人士的热烈响应。2000年8月，我们再次到珠玑巷考察，发现珠玑巷在7年时间内有很大发展，尤其是新建姓氏宗祠增多。据此我们又提交了《关于开发南雄珠玑巷和中华姓氏文化的建议》，起到了深化珠玑巷文化内蕴的作用。2006年6月，我们第三次到珠玑巷考察，依据张九龄开凿梅关序和实地勘测，确定梅关—珠玑巷是对接海陆丝绸之路的重要通道，填补了学术空白，又深化并拓展了其文化内涵与性能。更可喜的是，2006年10月，我们到江门考察，在蓬江区良溪村发现南雄珠玑巷领头人罗贵南迁开发遗址，从而确定其为"后珠玑巷"；2014年8月，我们又在江门潮连岛，发现大量珠玑巷南下而至海外移民文化遗存，又确定其为"后珠玑岛"，均受到海内外人士的重视与欢迎。2013年11月，在广州举办了首届世界广府人恳亲大会，来自全球的3000多广府华人华侨与会，产生了世界影响。由此，珠玑巷文化的内蕴与性能得到了纵横深化和拓展。

近两年来，我们的考察和发现工作，进入了更自觉的有系统、有层次的持续深化扩大的境界，主要表现在我们以艰辛的实地考察和翔实的论证，将海外华人华侨的移民文化融入海上丝绸之路的文化研究开发，使其纳入国家"一带一路"建设和战略。2014年秋，我们应梅州市委邀请为其中心组做报告并进行文化考察，在梅县松口镇发现有座联合国教科文组织竖立的"印度洋之路移民广场"纪念碑。经深入了解，才知道这是为纪念开发印度洋的移民功绩而竖的7个纪念碑之一，六个岛国各有一座，松口所竖纪念碑是中国的唯一一座，因为参与开发印度洋的客家人多是从松口出发的，而印度洋六个国家都有客家人参与开发的功绩，所以特竖此碑纪念。这些客家人出海外后仍经常与家乡来往，支持国内建设，可见他们无论出外开发或者是在外与家乡联系，都要经海上交通线。所以，华人华侨之路也即是海上丝绸之路，梅县的松口港也当是客家人出洋始发港，是海上丝路之印度洋之路第一港。2015年8月，在梅州举行了国际性的学术研讨会，包括当年主持竖碑仪式的联合国代表和多国专家与会，一致肯定了这个发现和定位。接着在梅州举行了第四届世界客商大会，来自世界的3千名代表也都对这个发现和定位表示赞赏。

另一例是2015年8月，我们从网上发现一则信息，说在澳大利亚亚拉腊市淘金地有座铜像，其碑文中有这样的一段话："我们向阿拉雷特市（今亚拉腊市）的创建者致以崇高的敬意。1875年，一支700人的中国淘金队伍，从中国珠江流域南部的广东四邑地区出发，4月抵达澳大利亚国。他们用扁担挑着全部财产，头戴苦力帽，辫子盘在头顶……"碑文上还记载着：这段时间出国的契约华工约有300万人，占广东各口岸出去的华工七成以上。我们以此信息为指引，前往江门考察，果然在台山广海湾海口埠港口发现尚有遗迹和遗址，于是可以确定是这班淘金队伍从"广东四邑地区出发"的港口，即"广府人出洋第一港"。这个发现经台山宣传部门通过澳大利亚侨民团体证实，海内外多家媒体作了报道。我们在2015年12月于广州举行的广东省广府人世界联谊会理事会上，公布了这一发现，来自海内外的侨乡代表莫不为之振奋。

（三）定位和开发的深化扩大

我们在考察进程中持续的新发现，大都从珠江文化或丝绸之路文化的高度上为其作出文化定位，并为其作出开发策划，以促使其建设发展。例如，2002年，在南华禅寺1500周年庆典提出并参与主持《六祖禅宗文化》国际论坛，提出"禅宗与禅学的概念有别"的观点（前者为宗教，后者是思想哲学），并为六祖惠能作出"珠江文化古代哲圣"的文化定位；2003年在阳江为南海1号宋代沉船定位为"海上敦煌"，受到联合国教科文组织和世界著名海洋学家吴京院士的赞许，为南海1号开发项目进入建设文化大省和国家规划提供了有力的文化支撑。

从领域文化而言，我们最早发现并提出"科技文化""丝绸文化""校园文化""园林文化""现代商居文化""客侨文化""广侨文化"等概念；为拟定广东改革开放文化精神，提出以"开拓进取，领潮争先"为精髓；从水域文化而言，在西江流域，为封开定位为广府文化发祥地和海陆丝绸之路最早对接点，肇庆是西方海洋文明在中国最早传播地和中国砚都，怀集是中国燕都和中国禅道；在南江流域，称郁南是南江文化咽喉，罗定是南江文化集萃地，新兴是中国禅都，云浮是中国石都；在北江流域，称清远是"海陆通津，南北天桥"，称韶关是"韶阳文化之都"，称丹霞山是"丹霞世界，世界丹霞"，并是"珠江文化三祖（始祖舜帝、哲圣六祖惠能、诗祖张九龄）圣地"；在东江流域，称东莞文化是"龙口文化"，称惠州是"东江明珠""养生文化之都"等。这些定位和开发策划，对各领域或水域和全省的文化建设都起到积极的实际作用。

近年来，我们更自觉地持续深化扩大定位和开发策划的力度和广度，尤其着重从纳入"一带一路"发展规划的高度，为一些尚未受到注视的地域或领域，提出新的文化定位和开发策划。如：2014年初，我们在广州南沙港考察时，为其作出"21世纪海上丝绸之路第一港"的文化定位，并提出具体开发建议；2015年夏，先后提交《擦亮西来初地品牌，将广州建设成为"一带一路"的禅学文化交流中心》，以及在乳源瑶族自治县提出建设"世界瑶族'一带一路'交流中心"的建议；2016年，接连为佛山提出《弘扬千年海上丝绸之路丝绸产销大港，创建世界"一带一路"丝绸文化立体博览园》，以及《以新定位、新理念、新举措，将佛山建设为世界"一带一路"陶瓷丝绸"大港"、"名城"、"自贸区"》等定位和开发建议，都受到省市领导的高度重视，并连续举办两次学术论坛，受到与会专家和企业家的一致认同。

（四）范围和方式的深化扩大

从研究开发的范围和方式上说，20余年来，我们的学术活动范围，主要是着重以广东境内为范围进行海上丝路和珠江文化的研究开发；在研究开发的视野范围上，我们多从广东或各地市的实际出发，偏重个体或局部微观的实际开发；在进行研究开发的方式上，主要是以考察发现、提交参事建议和举办论坛等方式。这些偏重的范围和方式，从我们属于广东省的一个学术团体，又是负有参政议政职责的一个学术团队而言，当是职责所在，理当如此。但是，从负有研究开发具有全国性和世界性的珠江文化和丝绸之路而言，则活动与视野范围和方式应当是更广更多的，而且应当是不断持续深化扩大的。

总体来说，我们对此还是有所认识并逐步有所增强改进的。2002年春，广东省委先后发出建设文化大省和泛珠三角（9+2）经济合作区的时候，我们既提出了《充分发挥珠江文化优势，建设文化大省》的参事建议，又以对媒体记者发表《泛珠三角不仅是经济概念，也是个文化概念》的谈话方式，为泛珠三角提供文化支撑，并且以确立珠江文化与黄河文化、长江文化并列的学术文化体系（即：黄河文化始祖是黄帝，哲圣是孔子，形象似"龙"，风格是李白诗所写的"黄河之水天上来，奔流到海不复回"；长江文化始祖是炎帝，哲圣是老子，形象似"凤"，风格是苏轼所写的"大江东去，浪淘尽千古风流人物"；珠江文化始祖是舜帝，哲圣是六祖惠能，形象似"多龙争珠"，风格是岭南第一诗人张九龄所写的"海上生明月，天涯共此时"。）以宏观比较的文化体系理念对这跨界性的建设号召，予以深层次的理论支持，产生了良好效果。这事例典型地体现了我们对海上丝路和珠江文化的研究开发，既有着重范围又有宏观突破，既以提交参事建议方式为主，又以深层次的理论研究和通过媒体宣传的方式，不断深化扩大研究开发的范围和方式。2009年和2013年，我们先后完成的《中国珠江文化史》和《中国南海文化丛书》课题，更是范围和方式持续深化扩大的成果和体现。

自从学习习总书记号召后，我们则是更自觉地这样做了。2014年冬，我们先后应邀与广西梧州学院共同主办牟子文化学术研讨会，共同提出挂靠"珠江—西江经济带"而共建"两广禅学文化带"的建议；2015年春至2016年春，我们应广西贺州市邀请，先后为该市中心组作"一带一路"专题报告，并在"记住乡愁、潇贺古道"研讨会上作主旨发言，还为贺州市作出"千年文化古邑，海陆丝路通衢"的文化定位，为该市八步区的"贺街故城"，提出"观古寻根之都"的文化定位和复建规划。2015年冬至2016年秋，我们先后三次到广西梧州市，与其共办"岭南文化古都"论坛，作出"海陆丝绸之路最早对接点"的定位并竖立碑记，为其纳入"一带一路"建设和战略鼓与呼，对两广合作起到积极作用。

从宏观理论建树和宣传方式上说，也有更多的深化扩大战果。2015年冬，我们应《中国水利报》邀请，在杭州举行的全国江河文化研讨会上提交《从珠江文化看江河文明摇篮史道》专题报告，提出："人类正在从数千年的江河'摇篮文明'时代，迈向'航空母舰'的海洋文明时代"的观点，受到与会专家瞩目。2016年5月，我们提交的参事建议《挖掘岭南古道文化，与绿道交相辉映，纳入"一带一路"建设并申报"世遗"》，从广东到整个珠江水系、以至全国古道的文化内涵，提出古道既是海陆丝绸之路文化遗产，又是一种有独特性并自成体系的文化遗产，既可以申报列入世界文化遗产名录，又可自成一条亮丽风景线，并可与前些年全省建造的绿道共进开发，受到省领导的重视。

从开发和宣传方式上说，近年的深化扩大战果特别明显，除持续运用发新闻、提建议、办论坛等方式外，增多了做报告、搞合作、立项目、做课题、办展览等方式。从2013年冬至2016年春，我们的主要成员先后应邀到多个厅局和地市作"一带一路"专题报告,包括省文化厅、交通厅、水利厅、海洋局、航运局、地税局、参事室(文史馆),以及东莞市、梅州市、江门市、广州市荔湾区,还有广西的贺州市、梧州市等,并共商合作"一带一路"的建设大计,举办论坛、做课题、立项目;与海内外媒体的合作,更是有明显的深化扩大,我们的主要成员都以专家或顾问的身份,先后参与了中央电视台、中国新闻纪录制片厂、凤凰卫视中文台、香港电视台、广东电视台、广西电视台、南方电视台、广州电视台等有关珠江文化和"一带一路"专题片的制作;作为项目组和珠江文化研究会合作课题或项目的单位,还新增加了南方日报、羊城晚报、广州日报、广东省旅游局、广东省科协、广东省民间文艺家协会、广东科学馆、广东经济出版社、广东旅游出版社、广东科技报社、中国西樵艺术院,尤其是广东各市,如佛山南海区与罗定市,以及属于西江流域和珠江—西江经济带的广西贺州、梧州市等,可见我们的"朋友圈"越来越大。

(五)著述和致用的深化扩大

2015年11月15日,为庆祝广东省珠江文化研究会和项目组成立15周年,我们在广东科学馆举办了学术成果汇报展。展览以300余幅学术活动照片、300余件参事建议和报刊文章、百余种学术著作,展现我们自20世纪90年代初以来走过的学术道路和取得的成果。省委、省政府有关领导予以高度评价和热情鼓励;来自省内外的专家学者和各地市县领导及各界人士百余人参展,也都表示赞许。

这次展览,既是我们20年成果的汇报,也是我们响应习总书记"一带一路"号召后,"持续"深化扩大战果的初步展示。我们还同时举办了一批新著的赠书仪式。这批新著包括:属于《珠江文化丛书》体系的《中国珠江文化简史》《珠江文行》《珠江文珠》《珠江文化之旅》《珠江粤语与文化探索》《梧州:岭南文化古都》等,还有《海上丝绸之路研究书系》第一辑[开拓篇](包括《海上丝绸之路的研究开发》《海上丝绸之路与海洋文化纵横论》《广东海上丝绸之路史》《中国古代海上丝绸之路诗选》)、第二辑[星座篇](包括《徐闻古港》《海陆古道》《广州十三行》《侨乡三楼》《古锦今丝》《南海港群》《海上敦煌》《沧海航灯》《香茶陶珠》《广交会》),以及《梅州:"一带一路"世界客都》《海丝映粤》等。

确切地说,这些新著虽是新编出版,却主要是我们20多年来坚持走研究与开发并进的学术道路、持续著述和致用深化扩大战果的结晶。我们的行动口号是:"走万里路,写千字文,著百种书。"所谓"走万里路",是指坚持考察、发现、定位、开发之路,即侧重于致用,并为著述之基础;所谓"写千字文",是指写参事建议和报刊文章；所谓"著百种书"，是指每项考察发现的结果，都要编撰成一种书，力争达到百种以上。这两项要求和目标，是侧重著述，但也是以理论的高度将成果致用。所以，我们的每项成果都是著述与致用深化扩大的产物，都是理论与实践统一的著作；我们的学术道路，也是著述与致用不断持续深化扩大的道路，甚至可以说，是一直以螺旋形的势态深化扩大的道路。

20世纪90年代初，当我们先后在封开、南雄珠玑巷考察，发现广信文化、广府文化时，当即提出开发岭南古都文化和珠玑巷后裔文化建议，与当地或相关部门举办学术研讨会论证，会后出版《珠江文化论》等论文集。2000年6月，我们在徐闻发现中国丝绸之路西汉始发港，即提出全面研究开发海上丝路文化建议，并即编著《珠江文化丛书.海上丝路专辑》系列（包括《开海》《千年国门》《广府海韵》等），为2002年11月在湛江召开的国际学术研讨会和当地开发，提供了坚实的理论基础和指引；2003年12月，为支持文化大省和泛珠三角（9+2）区域合作，我们用体系化升华考察发现的做法，编著了《珠江文化丛书.十家文谭》系列（包括《珠江文化系论》《泛珠三角与珠江文化》《海上丝路与广东古港》等）；2009年7月，300万字的大型史著《中国珠江文化史》出版，既填补了中国江河史的"空白"，又对国务院规划建设的《珠三角经济圈》起到学术支撑作用，从而受到广东省委领导的致信表扬；2013年7月，为支持国家和广东开发海洋战略，编著了《中国南海文化丛书》（含《中国南海海洋文化论》《中国南海海洋文化史》《中国南海海洋文化传》《中国南海古人类文化考》《中国南海商贸文化志》《中国南海民俗风情文化辨》），获得了国家出版基金奖；2013年8月，为纪念禅宗六祖惠能圆寂130周年，我们除提交参事建议：《应当大力促进六祖惠能文化"中国化""平民化""世界化"》外，还献上《中国禅都文化丛书》（含《出生圆寂地》《顿悟开承地》《坛经形成地》《报恩般若地》《农禅丛林地》《禅意当下地》等六册）；2013年11月，我们参与主办在广州召开的"首届世界广府人恳亲大会"和"广府文化论坛"，出版了《广府大典》《广府寻根，祖地珠玑》《广府人——广府文化论坛专刊》等大型论著。可见我们的学术道路和每个项目，都是著述与致用深化扩大的进程和结晶。包括此次出版的《"一带一路"广东要览》，既是我们坚持"走万里路，写千字文，著百种书"奋斗目标的新成果，又是我们一直走持续深化扩大战果之路的一个阶段性里程碑，今后我们还是要走持续深化扩大战果之路。

（作者黄伟宗系广东省人民政府参事室特聘参事、广东省海上丝绸之路研究开发项目组组长、广东省建设21世纪海上丝绸之路专家智库成员、广东省海上丝绸之路研究院学术委员、广东省珠江文化研究会创会会长、中山大学教授，《珠江文化丛书》《海上丝绸之路研究书系》总主编。）

后 记

"丝路"明月照岭南

■ 王培楠

丙申年夏夜,数点疏星,朗朗明月。披灯夜读,再一次校阅即将付印的《"一带一路"广东要览》全书,心情是如此的不平静。

我推门而出,漫步于校园之中。只见万家灯火将广州的城市天际线装扮得格外璀璨,那尘封的岁月,那陆海丝绸之路的驼铃、羌笛、大海、帆船,顿时变得鲜活起来。

"人生代代无穷已,江月年年望相似。"仰天长问,天上的明月,你可曾伴随"丝路商旅",走过这古城、山道、珠江乃至茫茫大海?

研读广东历史,有一个很奇特的现象。自秦灵渠、梅岭古道开通之后,广东并没有因五岭阻隔,而成为闭塞蛮荒之地。相反,这里的人们因珠江而面朝大海,因古道而相连于中原,涌现了许多奇人奇事。

广东并不仅仅是在改革开放时期"领跑中国",就是在丝绸之路的开辟上,也曾经"领跑中国"。

张骞是西汉时期伟大的探险家,他自请出使西域,足迹遍及天山南北和中、西亚各地,是中原去西域诸国的第一人。张骞来到西域,感到很奇怪,为何大夏商人,已经在销售蜀地的丝绸、竹杖、枸酱等。他赶紧上报朝廷,汉武帝层层追问,最后得知"道西北牂牁江,江广数里,出番禺城下。"原来蜀货是经江河到广东,再由番禺下海,辗转到达印度,并销往大秦(罗马帝国)的。

罗马帝国与秦汉大帝国,是当时世界的两大中心,而丝绸之路,就是这两大中心的重要纽带。这段历史记载表明,在汉武帝打通陆上丝绸之路之前,民间海上丝绸之路早已开通。汉武帝是获悉蜀货南运出海,才毅然决定派人自徐闻、合浦起航出海。这就是被视为海上丝绸之路首航的第一批规模巨大官方船队，并第一次记载在史书之中。

曾听人感叹，广东人务实、灵变，但拙于战略性的宏观大思维。但当我读完《"一带一路"广东要览》全书，却深深感受到，广东人敏锐追赶时代潮流，善于抓住历史机遇，从而开创一个全新的局面。

受聘于省政府参事，有缘结识一批乐学善思、开拓进取的参事、文史馆员，得知他们从20世纪90年代开始，研究珠江文化，由江涉海，进而研究海上丝绸之路，遍访古港码头，历史遗址。他们在广东省人民政府参事室（文史馆）的大力支持下，将一批调研成果，通过研究、挖掘、整理的方式，出版了许多关于于珠江文化、海洋文化、丝绸之路的专著。当习近平总书记提出"一带一路"伟大战略构想时，他们的眼界更加开阔，更感到责任重大。为此，他们想到，能否出版一部专著，以鉴史通今、图文并茂的形式，全面扼要地介绍广东各地市在"一带一路"中的历史纵览，乃至在实现中华民族伟大复兴征程中的奋斗足迹。

鉴史通今、立史为鉴、继往开来，是编辑出版《"一带一路"广东要览》的宗旨。广东经济总规模、进出口贸易总额，已经双超"万亿美元"。自习近平总书记提出"一带一路"伟大构想后，广东紧跟国家战略，截至2015年底，广东已在境外设立企业6492家，遍及全球129个国家（地区），境外企业资产总额近6000亿美元。正是在这样一个宏观大背景下，编辑出版《"一带一路"广东要览》，就更显得意义重大。

希望这本书能够成为人们了解广东各地历史、现状以及"十三五规划"亮点的"问路石"，成为广东各地市在"一带一路"中招商引资的"指南"。因经济数据处在不断的变动之中，更希望这本书，将来能够通过修订，进一步完善，成为广东对外交往亮丽的"名片"。

《"一带一路"广东要览》在编辑出版过程中，得到了省、市政府相关部门，及方志、档案、文化部门的鼎立支持，更汇聚了许多专家教授多年的研究成果，谨在此，向他们表示深深的感谢与敬意。

本书根据文责自负原则编辑，学术争论问题不强求统一。由于《"一带一路"广东要览》涉及面很广，资料不全、研究不深而数据又在变动之中，难免出现许多错漏之处，请专家与读者多多指教，以便我们在《"一带一路"广东要览》再版时修正。

2016年7月22日

（作者系本书主编、广东省人民政府原参事、南方报业传媒集团原副总编辑）